로마서 40일 묵상

하나님이 일하십니다!

God is working now!

로마서 40일 묵상

하나님이 일하십니다!

God is working now!

2020년 6월 1일 초판 1쇄 인쇄
2020년 6월 8일 초판 1쇄 발행

지은이 | 유요한
펴낸이 | 김영호
펴낸곳 | 도서출판 동연
등 록 | 제1-1383호(1992년 6월 12일)
주 소 | 서울시 마포구 월드컵로 163-3
전 화 | (02) 335-2630
팩 스 | (02) 335-2640
이메일 | yh4321@gmail.com

ISBN 978-89-6447-584-3 04230
ISBN 978-89-6447-582-9 04230(세트)

로마서
40일 묵상

유요한 목사 **성서강해 2**

God is working now!

하나님이
일하십니다!

유요한 지음

동연

하나님이 일하십니다!

주 안에서 사랑하는 성도님들에게!

기독교는 은혜의 종교입니다. 성경이 말하는 '은혜카리스, χάρις'는 뜻밖에 받게 되는 하나님의 '선물gift'을 의미합니다. 아무런 조건 없이 베풀어 주시는 하나님의 사랑과 호의입니다. 이 세상을 향한 최고의 선물은 바로 예수 그리스도입니다. 그 선물을 믿음으로 받아들이고 그 안에서 구원의 기쁨과 자유를 마음껏 만끽하면서 사는 것이 기독교의 신앙 생활입니다. 거기에는 오직 하나님을 향한 '찬양'과 '감사'와 '감격'이 있을 뿐입니다.

그런데 어찌된 일인지 많은 그리스도인이 '은혜'로 시작하여 '율법'으로 마치는 것을 봅니다. '율법'이란 무엇을 해야 하는지, 말아야 하는지의 기준과 지침을 말합니다. 물론 우리에게는 율법이 필요합니다. 하나님의 백성답게, 하나님의 자녀답게 사는 길이 무엇인지 알아야 합니다.

그러나 율법은 구원의 조건이 아닙니다. 율법을 잘 지켰기 때문에 구원을 받는 것이 아닙니다. 그래도 사람들은 마치 구원이 율법의 준수 여부에 달린 것처럼 생각합니다. 엄격한 율법의 잣대로 신앙생활을 측정하려고 합니다. 매사가 그런 식이니 점점 신앙생활이 힘들어질 수밖에요.

더욱 큰 문제는 자신에게뿐만 아니라 다른 사람에게도 율법의 잣대를 적용하기 시작한다는 사실입니다. 이른바 '믿음이 좋다'고 하는 사람들에게서 흔히 발견하게 되는 율법주의적인 태도입니다. 그들은 옳고 그름의 문제에 대해서 몹시 민감하게 반응합니다. 자신이 생각하고 있는 기준에 미치지 못하는 사람들을 너무나 쉽게 판단하고 정죄합니다.

그리고 그들의 잘못을 지적하고 충고하는 것을 무슨 대단한 의무라도 되는 듯이 생각합니다. 그러다가 결국 '처음 사랑'을 잃어버린 에베소교회가 되고 맙니다(계 2:4). 짧지 않은 제 목회의 경험에 따르면, 시끄러운 교회에는 반드시 자칭 '믿음 좋은 사람들'이 많이 있습니다.

무엇이 문제일까요? 어디서부터 잘못된 것일까요? 개구리 올챙이 적 생각 못하고 있는 것입니다. 하나님의 은혜를 잊어버린 것입니다. 구원의 복음을 잃어버린 것입니다. 우리가 아직 죄인 되었을 때에 하나님이 우리를 사랑하셔서 예수 그리스도를 통해 구원해주셨다는 사실을 잊어버린 겁니다(롬 5:8). 우리가 하나님께 아무 쓸모가 없던 그때에 당신의 아들을 십자가에 내어주심으로 구원이라는 선물을 받게 되었다는 사실을 까맣게 잊은 겁니다. 우리가 그렇게 쉽게 판단하여 정죄하는 그 형제와 자매를 또한 사랑하여 구원하고 싶어 하시는 하나님의 애절한 마음을 놓쳐버리고 있는 것입니다.

그런데 하나님의 은혜에 대한 '기억상실증'보다 더 심각한 문제가 있습니다. '신앙의 열심'이라는 이름으로 하나님이 하시는 일을 가로채려고 하는 우리의 '설익은 믿음'이 그것입니다. 예수 그리스도를 통한 하나님의 은혜를 받아들이고 세례를 받기는 했지만, '그의 죽으심과 합하는 세례'(롬 6:3)를 받지는 못한 탓입니다. 예수의 삶 속으로 들어가는 세례, 즉 예수와 함께 죽고 예수와 함께 다시 살아나는 세례는 아직 받지 못한 것입니다. 그래서 하나님을 제쳐두고 자기가 무얼 해보려고 자꾸 나서는 것이지요.

'열심히 믿는 것'보다 '잘 믿는 것'이 더 중요합니다. 구원의 감격과 신앙 생활의 기쁨을 회복하려면 먼저 우리 가운데 하나님의 일하심을 회복해야 합니다. 우리에게 구원의 선물을 주신 하나님께서 우리 안에서 계속 일하시도록 해야 합니다. 그러기 위해서 우리는 십자가의 복음으로 돌아가야 합니다. 이를 가장 정확하게, 가장 탁월하게 증언해 주는 성경이 바로 '로마서'입니다.

지금까지 하나님은 로마서를 통해서 수많은 사람의 인생을 바꾸어 오셨습니다. 위대한 신학자 성 아우구스티누스St. Augustin과 개신교 종교 개혁자 루터Martin Luther와 감리교의 창시자 웨슬리John Wesley와 같은 위대한 믿음의 선각자들을 만들어 오셨습니다. 지금도 하나님은 로마서를 통해서 평범한 수많은 그리스도인의 삶을 바꾸고 계십니다.

앞으로 40일 동안 매일 로마서를 묵상하는 동안, 마치 봄철에 농부가 쟁기로 논밭을 갈아엎듯이 우리의 삶을 근본적으로 갈아엎는 복음의 말씀을 경험하게 될 것입니다. 자신도 모르는 사이에 신앙 생활의 체질이 바뀌고, 우리의 삶에 하나님의 일하심이 회복되는 근본적인 변화를 체험하게 될 것입니다. 그때 우리 모두 이렇게 고백하게 될 것입니다.

"하나님이 일하십니다!" God is working now!

2020년 4월 29일

그리스도의 종 한강중앙교회 담임목사 유 요 한

말씀 묵상을 위한 팁

저는 한 지역교회a local church를 섬기는 목회자입니다. 교회 안에서 목회자가 감당해야 할 많은 사역이 있지만, 그중에서 가장 중요한 것은 뭐니 뭐니 해도 '말씀 사역'일 것입니다. 지금까지 헤아릴 수 없을 만큼 많은 설교를 해오면서, 또한 얼마나 많은 시행착오를 겪어왔는지 모릅니다. 말씀을 묵상하고 설교를 준비하는 일은 언제나 제 힘에 부치는 압박이었습니다.

그러던 어느 날, 설교에 대한 새로운 원칙을 발견하게 되었습니다. 이 원칙은 성경을 대하는 자세와 말씀을 묵상하는 태도를 근본적으로 바꾸어놓았습니다.

성경이 말하게 하라! Let the Bible Speak!

그동안 저는 성경을 하나님의 말씀이라 고백하면서도 성경이 직접 말하게 하지는 않았습니다. 오히려 시대적인 상황 속에서 또는 성도들의 현실 속에서 직면하고 있는 여러 가지 문제들에 대한 답을 성경에서 찾으려고 해왔습니다. 설교는 제가 찾은 근사한 답을 전하는 통로였습니다. 그러다 보니 새로운 설교를 만들어내는 일이 점점 더 힘들어질 수밖에요. 그렇게 성경을 열심히 두리번거린다고 해서 말씀 묵상의 깊이가 더해지는 것도 아니었습니다. 성경 본문은 단지 필요에 따라서 취사선택하는 대상이고, 많은 경우에 미리 정해놓은 답을 증명하기 위한 수단으로 사용되었기 때문입니다.

그러던 저에게 "성경이 말하게 하라!"는 가르침이 아프게 부딪혀왔습니다. 그리고 그 앞에 무릎 꿇었습니다. 그렇습니다. 성경의 주인공은 하나님이십니다. 하나님은 지금도 성경을 통해서 우리에게 말씀하고 싶어하십니다. 하나님이 우리의 목적을 달성하기 위한 수단이 아니듯이, 성경 또한 우리의 필요를 채우는 수단으로 사용하면 안 됩니다. 겸손하게 하나님의 말씀 앞에 서야 합니다. 그리고 그 말씀에 귀를 기울여야 합니다.

따라서 저와 같은 설교자가 해야 할 일은 '성경을 잘 해석하여 전하는 것'이 아니라 '성경이 직접 말하게 하는 것'이어야 합니다. 성도들이 성경 본문에 대한 설교자의 해석을 듣게 할 것이 아니라, 성경이 말하려고 하는 메시지를 들을 수 있도록 도와주어야 합니다. 그러기 위해서 우선 성도들이 성경을 충분히 읽게 해야 합니다. 성경 이야기가 어렵게 느껴지지 않도록 해야 합니다. 그러면 하나님이 말씀하십니다. 그 말씀이 삶을 변화시킵니다.

어떻게 성경이 말하게 할 것인가 씨름하던 중에 제 나름대로 한 가지 방법을 터득하게 되었습니다. 그것은 바로 '성경을 성경으로 풀이하는 것'입니다. 이는 흔히 알고 있는 것처럼, 신약이나 구약의 다른 부분의 말씀을 가져다가 본문에 대한 이해를 높이는 그런 방식이 아닙니다. 오히려 한 본문에 대한 여러 가지 성경의 번역을 직접 읽으면서 비교해 보는 것입니다.

성경 번역 그 자체에 이미 뜻풀이가 담겨 있기에 그것을 자세히 들여다보는 것만으로도 본문의 메시지를 어느 정도 파악할 수 있습니다. 저는 '개역개정판 성경'을 주로 사용하지만, 그 외에도 한글로 번역된 다른 성경들을 반드시 참조합니다. 예전에는 '공동번역'과 '표준새번역'을 많이 읽었는데, 요즘에는 '메시지 성경'을 더 많이 읽고 있습니다.

필요한 경우에는 히브리어나 헬라어 원어 성경을 찾아보기도 하지만, 대부분은 영어 성경을 활용합니다. 제가 주로 활용하는 번역은 NIV_{New}

International Version, KJBKing James Bible, NASBNew American Standard Bible, AMPAmplified Bible, CEVContemporary English Version, ESVEnglish Standard Version 그리고 MSGThe Message 등입니다. 그 외에도 사용 가능한 여러 가지 번역을 참조합니다.

그러다 보니까 한 본문을 묵상할 때에 저는 최소한 10개 정도의 번역을 읽게 됩니다. 특히 영어 성경은 그 어순이 성경의 원어와 거의 일치하고 있기 때문에 우리말 성경으로는 잘 드러나지 않는 메시지의 강조점을 발견하는 데 큰 도움이 됩니다. 물론 반드시 이렇게 해야 성경의 메시지를 발견할 수 있다고 주장하려는 것은 아닙니다.

저는 말씀을 묵상할 때마다 다음과 같은 원칙에 충실하려고 애써 왔습니다.

1. 성경을 직접 충분히 읽게 하자

성경 본문을 가능한 한 많이 기록해 놓았습니다. 여러분이 따로 성경을 찾으실 필요가 없을 정도입니다. 다른 내용은 그냥 눈으로 읽어가더라도 성경 본문이 나오면 반드시 소리를 내어 읽어 주십시오. 자신의 목소리가 귀에 들리도록 소리 내어 읽으면 그만큼 더 잘 이해가 되고 또한 은혜가 됩니다.

2. 본문을 잘 이해하게 하자

가능한 한 쉽게 본문의 내용을 이해할 수 있도록 애를 썼습니다. 필요한 부분에서는 영어 성경이나 다른 번역을 인용하기도 했습니다. 혹시라도 성경의 원어인 히브리어나 헬라어, 또는 영어가 자주 인용되는 것에 거부감을 느끼는 분들이 있다면, 본문의 의미를 보다 잘 설명하기 위한 저의 선한 의도를 생각하여 널리 양해해주시기 바랍니다.

3. 목회자의 묵상이 먼저다

목회자가 성도들을 가르치려고만 하면 그 설교는 딱딱한 강의가 되기 쉽습니다. 목회자는 말씀을 가르치는 교사이기 전에 먼저 말씀을 묵상하는 사람이어야 합니다. 본문에 담겨 있는 메시지의 영적인 의미들을 깨닫고 그것을 먼저 자신에게 적용하려고 해야 합니다. 제가 말씀을 묵상하면서 받은 은혜를 성도들과 함께 솔직하게 나누려고 애를 썼습니다.

이것이 말씀을 묵상하는 유일한 방법이라고 말할 수는 없습니다. 단지 이 방법은 제게 주어진 목회의 자리에서 말씀을 붙들고 치열하게 살아온 삶을 통해 얻은 열매입니다. 이 묵상이 누군가에게 하나님의 메시지를 발견하는 통로로 사용되기를 소망합니다.

차 례

구원을 위해
일하시는 하나님

God is working for salvation!

| 로마서 1-8장 |

복음이 필요한 사람들

읽을 말씀: 로마서 1:1-7, 15-16

새길 말씀: 그러므로 나는 할 수 있는 대로 로마에 있는 너희에게도 복음 전하기를 원하노라. 내가 복음을 부끄러워하지 아니하노니 이 복음은 모든 믿는 자에게 구원을 주시는 하나님의 능력이 됨이라. 먼저는 유대인에게요 그리고 헬라인에게로다(롬 1:15-16).

모든 성경이 하나님의 감동으로 기록된 것이지만, 로마서는 성경 66 권 중에 아주 특별한 책입니다. 하나님께서 로마서를 통해 지금까지 얼마나 많은 사람을 바꾸어 오셨는지 모릅니다.

성 아우구스티누스(St. Augustin, 354-430)는 로마서 13장 13-14절을 읽고 회심한 후에 그동안의 방탕한 삶을 완전히 청산했습니다. 그리고 바울 이래로 기독교 역사에 가장 큰 영향력을 끼친 위대한 신학자가 되었습니다. 루터(Martin Luther, 1483-1546)는 로마서 1장 17절 말씀에 붙잡혀서 '믿음으로 받는 구원'의 확신을 얻게 되었고 그 말씀에 힘입어 개신교 종교개혁운동을 일으키게 되었습니다.

웨슬리(John Wesley, 1703-1791)는 어느 집회에 참석하였다가 루터가 쓴 로마서 서문을 듣던 중에 마음이 뜨거워지는 성령 체험을 하게 됩니다. 그 후에 '세계는 나의 교구'라는 기치를 세우고 땅끝까지 복음을 전하는 일에 헌신하여 우리 감리교회의 창시자가 되었습니다. 바르트(Karl Barth, 1886-1968)는 1918년에 발행된 그의 저서 '로마서 주석'으로 당시 유럽의 신학 흐름을 인간 중심의 자유주의에서 하나님 중심의 복음주의로 바꾸는 일을 했습니다.

이처럼 로마서는 위대한 믿음의 선각자들을 통해 기독교의 역사를 바꾸어왔을 뿐만 아니라, 이름을 알지 못하는 수많은 평범한 그리스도인의 삶을 변화시켜왔습니다. 그들은 로마서를 통해 구원의 확신을 얻었고 하나님의 은혜를 체험했습니다.

로마서가 이처럼 수많은 사람을 변화시키고 기독교의 역사에 지대한 영향을 끼쳐온 이유는, 예수 그리스도의 복음을 가장 정확하게, 또한 가장 탁월하게 증언해주는 성경이기 때문입니다. 그러나 로마서는 만만한 책이 아닙니다. 바울 신학의 깊이를 충분히 이해하기 위해서는 많은 시간과 노력이 필요합니다.

무엇보다도 우리말 성경으로 읽어내기가 쉽지 않다는 점이 가장 큰 문제입니다. 하지만 제대로 읽어낼 수만 있다면 누구라도 폭포수처럼 쏟아지는 하나님의 은혜를 맛볼 수 있습니다. 그리고 그 은혜를 한번 맛보고 나면 다시는 이전으로 돌아가서 살 수 없게 됩니다. 앞으로 로마서를 묵상하면서 우리의 신앙 생활에도 그와 같은 급진적인 변화가 나타나기를 기대합니다. 성령님께서 우리의 마음을 만져주시고 신앙의 체질을 변화시켜 주실 것입니다.

로마교회에 보낸 편지

로마서는 로마교회에 보낸 사도 바울의 편지입니다. 신약성경에 기록된 바울의 편지는 모두 13개입니다. 그중에서 로마서를 제외한 나머지 서신들은 바울 자신이 직접 세운 교회에 보낸 것이거나, 바울이 개인적으로 잘 알고 있던 디모데나 디도와 같은 제자에게 보낸 편지였습니다.

그렇기에 편지를 받는 수신자들의 형편이나 교회 공동체가 안고 있는 구체적인 문제들에 대해서 바울은 이미 잘 알고 있었습니다. 따라서 그들에게 보내는 편지는 그들이 씨름하는 문제들에 대해서 답변해 주는 것을 주요 내용으로 하고 있습니다.

그러나 로마서의 경우는 완전히 다릅니다. 우선 로마교회는 바울이 세운 교회가 아니었습니다. 로마서를 기록할 때까지 바울은 단 한 번도 로마에 가본 적이 없었습니다. 로마교회의 몇몇 성도들과 개인적인 친분을 가지고 있었지만, 교회의 자세한 사정이나 문제에 대해서는 다른 교회들만큼 잘 알지 못했습니다. 그래서 그런지 바울은 로마서에서 교회가 당면하고 있는 현실적인 문제가 아니라, 오히려 '십자가의 복음'에 집중하여 그것을 체계적으로 설명할 수 있었습니다.

그렇다고 해서 바울이 다른 교회에게는 이 '복음'을 전혀 가르치지 않았다고 말할 수는 없습니다. 바울이 그 지역을 방문하여 전도할 때에 이미 복음에 대해서 자세히 설명해주었기 때문에(살전 2:13) 굳이 그것을 편지에 기록할 필요가 없었을 뿐입니다. 어쨌든 로마교회 성도들에게 복음을 가르치고 싶어 하는 바울의 관심은 편지의 첫 부분에서부터 아주 두드러지게 나타납니다.

오늘 본문 중에서 우선 1절과 7절을 이어서 읽어보겠습니다.

1예수 그리스도의 종 바울은 사도로 부르심을 받아 하나님의 복음을 위하여 택정함을 입었으니… 7로마에서 하나님의 사랑하심을 받고 성도로 부르심을 받은 모든 자에게 하나님 우리 아버지와 주 예수 그리스도로부터 은혜와 평강이 있기를 원하노라(롬 1:1, 7).

대개의 편지가 그렇듯이 서두에는 발신자와 수신자 그리고 인사말을 밝히는 것이 보통입니다. 여기에 보면 1절에는 로마서의 발신자인 '바울' 자신에 대해서 이야기합니다. "예수 그리스도의 종 바울은… "이라고 말입니다. 그런데 수신자인 '로마교회'와 은혜와 평강을 비는 '인사말'에 대한 언급은 이와 뚝 떨어져서 7절에 기록되어 있습니다. 그리고 그사이 (2-6절)에는 복음에 대한 바울의 설명으로 채워져 있습니다. 이것은 바울의 다른 편지들과 비교해 볼 때 아주 두드러지는 특징입니다.

예를 들어서 데살로니가전서를 시작하는 부분을 함께 읽어보겠습니다.

바울과 실루아노와 디모데는 하나님 아버지와 주 예수 그리스도 안에 있는 데살로니가인의 교회에 편지하노니 은혜와 평강이 너희에게 있을지어다(살전 1:1).

여기에는 한 절 속에 발신자와 수신자 그리고 인사말이 모두 들어있습니다. 이것이 전형적인 편지입니다. 바울의 나머지 서신들도 내용이 조금 길어지기는 해도 대동소이합니다. 그런데 유독 로마서에서만 바울은 자신의 이름을 언급하면서 "하나님의 복음을 위해 택정함을 입었다"는 사실을 이야기하다가, 아예 본격적으로 '복음'이 무엇인지 길게 설명하고 있는 것입니다. 이를 통해 우리는 바울이 로마서를 쓰게 된 가장 중요한 동기가 '복음'을 설명하고 가르치는 것임을 알 수 있습니다.

예수 그리스도의 복음

그렇다면 바울이 그렇게 서둘러서 설명하고 싶어 하는 '복음'의 구체적인 내용이 과연 무엇일까요?

> 2이 복음은 하나님이 선지자들을 통하여 그의 아들에 관하여 성경에 미리 약속하신 것이라. 3그의 아들에 관하여 말하면 육신으로는 다윗의 혈통에서 나셨고 4성결의 영으로는 죽은 자들 가운데서 부활하사 능력으로 하나님의 아들로 선포되셨으니 곧 우리 주 예수 그리스도시니라(롬 1:2-4).

바울이 말하는 '복음'은 한 마디로 '예수 그리스도'입니다. 그 분은 하나님이 선지자들을 통하여 성경에 미리 약속하신 분입니다. 혈통으로 따지면 '다윗의 후손'이지만, 그 고유한 정체성unique identity으로 보면 '하나님의 아들'이십니다. 그런데 어떻게 그 분이 하나님의 아들인 줄 알게 되었을까요. 왜냐하면 죽은 자들 가운데서 부활하셨기 때문입니다. 그래서 하나님의 아들로 선포되었다고 합니다.

우리는 "예수 그리스도가 복음이다!"라는 바울의 설명에 대해서 아무런 거부감을 가지지 않습니다. 왜냐하면 우리는 이미 예수님을 그리스도로 영접하여 믿고 있는 사람들이기 때문입니다. 그렇게 생각해보면 예수 그리스도의 복음을 들어야 할 사람들은 우리 그리스도인이 아닙니다. 아직도 예수님을 믿지 않는 사람들, 아직도 교회를 다니지 않는 사람들, 예수님의 이름을 한 번도 들어본 적도 없는 미전도 종족들에게나 '복음Good News'이 필요하지 않겠습니까?

그런데 바울은 지금 누구에게 이 복음을 전하고 싶어 합니까? 로마교회 성도들에게 전하고 싶어 합니다. 이와 같은 그의 간절한 소망은 뒤의 15절에 더욱 분명하게 표현되어 있습니다.

그러므로 나는 할 수 있는 대로 로마에 있는 너희에게도 복음 전하기를 원하노라
(롬 1:15).

'로마에 있는 너희'가 누구인가요? 로마교회의 성도들입니다. 그들은
이미 자생적으로 예수님을 믿으면서 신앙 생활 하고 있던 그리스도인입
니다. 그들 중에는 사도행전 2장에 기록되어 있는 오순절 성령강림 사건
당일에 그 일을 직접 목격한 사람들도 있었습니다(행 2:10). 예수님의 죽
으심과 부활을 담대히 선포하는 사도들을 통해서 예루살렘교회가 세워
질 때, 그곳에서 한동안 함께 신앙 생활 하기도 했습니다. 후에 로마로
돌아와서 그들 나름대로 믿음의 공동체를 만들었습니다. 그것이 바로 지
금의 로마교회가 된 것입니다.

그런데 바울은 그들에게도 "할 수 있는 대로 복음 전하기를 원한다"라
고 말하고 있습니다. 이것은 사실 듣기에 따라서는 로마교회 성도들을
무시하는 말처럼 비칠 수도 있습니다. 마치 10년, 20년 교회를 다니면서
권사님, 장로님의 신령 직분을 가지고 열심히 신앙 생활 하는 분들에게
"당신은 예수 그리스도의 복음을 잘 알고 있습니까? 제가 직접 가서 가르
쳐드리겠습니다"라고 말하는 것과 똑같습니다. 그것은 '이단'이거나 아
니면 아주 '교만한 사람'이거나 둘 중의 하나입니다.

그러나 바울은 자신이 체험하여 알고 있는 것처럼 로마교회 성도들
이 하나님의 은혜를 체험하지 못했다거나, 예수 그리스도의 복음에 대해
서 잘 모른다고 생각하고 있는 것은 아닙니다. 5-6절 말씀을 보면 그것
을 잘 알 수 있습니다.

5그로 말미암아 우리가 은혜와 사도의 직분을 받아 그의 이름을 위하여 모든 이
방인 중에서 믿어 순종하게 하나니 6너희도 그들 중에서 예수 그리스도의 것으로
부르심을 받은 자니라(롬 1:5-6).

여기에서 '그로 말미암아'의 '그'는 '예수 그리스도'를 가리킵니다. 바울이 구원의 은혜를 체험한 것도, 이방인의 사도라는 직분을 받게 된 것도 모두 예수 그리스도로 말미암은 것이라고 합니다. 그러면서 "너희도 예수 그리스도의 것으로 부르심을 받은 자"라고 선포합니다. 무슨 이야기입니까? 로마교회 성도들도 바울 자신과 똑같이 복음을 통해서 부르심을 받은 자가 되었다는 겁니다. 그 점에 있어서는 바울이나 로마교회 성도들이나 다를 바가 하나도 없습니다.

그런데 왜 바울은 그들에게 복음을 전해야 한다고 고집하는 것일까요? 예수 그리스도가 복음이라는 사실을 그들이 모르기 때문입니까? 아닙니다. 그들이 하나님의 사랑을 제대로 받지 못했기 때문입니까? 그것도 아닙니다. 그들이 성도로 부르심을 받지 못했기 때문입니까? 그것도 아닙니다. 그렇다면 예수님을 믿지 않는 사람들에게 가서나 복음을 전할 일이지, 왜 "할 수 있는 대로 너희에게도 복음 전하기를 원한다"고 그러는 것일까요?

복음의 능력

그 이유는 16절 말씀에 기록되어 있습니다.

내가 복음을 부끄러워하지 아니하노니 이 복음은 모든 믿는 자에게 구원을 주시는 하나님의 능력이 됨이라. 먼저는 유대인에게요 그리고 헬라인에게로다(롬 1:16).

"복음을 부끄러워하지 않는다"는 말을 뒤집으면 "복음을 자랑스럽게 여긴다"는 뜻이 됩니다. 실제로 메시지 성경은 이 부분을 "It's news I'm most proud to proclaim"이라고 표현합니다. "그것이 바로 내가 가장 자랑스럽게 선포하는 소식입니다"라는 뜻입니다. 그렇습니다. 복음을 자랑하려고 하는데 예수 믿는 사람, 믿지 않는 사람 가릴 것이 있습니까? 오히려 같은 믿음을 가진 사람들에게 복음을 드러내어 자랑하는 것이 더 자연스러운 일이지요.

게다가 복음은 "모든 믿는 자에게 구원을 주시는 하나님의 능력"이라고 바울은 말합니다. 우리말 '능력'으로 번역된 헬라어는 '두나미스δύναμις, dunamis'인데, 바로 여기서부터 영어 'dynamite다이너마이트'라는 단어가 나왔습니다. 그러니까 바울이 말하고 있는 '복음'은 그냥 '기쁜 소식' 정도가 아닙니다. 한 사람의 인생을 통째로 바꾸어버리는 다이너마이트 같은 능력을 가지고 있는 소식입니다. 그 소식이 바로 예수 그리스도의 삶과 죽음과 부활을 통해서 우리에게 전해진 '복음'입니다.

그런데 교회를 다니면서 신앙 생활 하는 사람들이 과연 그 복음의 능력에 대해서 잘 알고 있을까요? 많은 경우에 그렇지 않다는 것이 문제입니다. 물론 "예수 그리스도가 복음이라"는 것은 알고 있습니다. 많이 들어왔기 때문입니다. "예수님이 하나님의 아들이라"는 사실도 부인하지 않습니다. 그런데 실제로 그 복음이 어떤 능력을 나타내는지 자신의 삶을 통해서 직접 체험하지는 못하고 있다는 것입니다.

그것은 마치 수십 개의 '다이아몬드'를 가지고 있으면서도 그 가치를 모르는 것이나, 수백 개의 '다이너마이트'를 가지고 있으면서도 그 폭발력을 알지 못하는 것과 똑같습니다. 그냥 가지고만 있을 뿐입니다. 그러나 그 가치와 능력을 체험하여 알지 못하면서 그냥 가지고 있다는 것이 무슨 의미가 있겠습니까?

앞에서 "예수 그리스도가 복음이다!"라는 바울의 설명에 대해서 우리 그리스도인들은 아무런 거부감을 가지지 않는다고 했습니다. 그런데 사실은 "거부감을 가지지 않는다"는 것으로 충분하지 않습니다. "예수 그리스도가 복음이다!"라는 말을 들으면 우리의 가슴이 마구 뛰어야 합니다.

복음의 능력을 정말 체험하고 있는 사람이라면 그 말씀에 무덤덤한 반응을 보이며 가만히 앉아 있을 수가 없습니다.

그런데 그러지 않는 이유가 무엇일까요? 복음을 '교리'로만 알고 있기 때문입니다. 복음을 머리에 '지식'으로만 담고 있기 때문입니다. 그래서 복음을 설명해보라고 하면 제대로 하지도 못합니다. 그러면서 "내가 예수 믿고 교회 다닌 지가 얼만데 그런 초보적인 복음을 내게 가르치려고 하느냐?"고 오히려 기분 나빠합니다. 복음은 우리처럼 교회 오래 다닌 사람들이 아니라, 예수 믿지 않는 사람들에게나 필요한 것이라고 떠넘깁니다. 그러면서 평생 그 누구에게도 복음을 전해본 적이 없습니다. 왜 그렇습니까? 복음의 능력을 알지 못하기 때문입니다. 그래서 실제로는 복음을 부끄러워하고 있는 것이지요.

어떤 사람들에게 복음이 필요할까요? 물론 예수 믿지 않는 사람들, 교회 다니지 않는 사람들에게 복음이 필요합니다. 그러나 그보다 예수를 믿는다고 하면서도, 교회를 다닌다고 하면서도 복음의 능력을 깨닫지 못하는 사람들에게 가장 먼저 복음이 필요합니다. 그래서 바울은 "먼저는 유대인에게요 그리고 그 다음은 헬라인에게"라고 말하고 있습니다. 유대인은 하나님을 믿지만 복음의 능력을 깨닫지 못하는 사람들을 가리키고 헬라인은 아직도 하나님을 믿지 않는 사람들을 가리킵니다.

우리에게 예수 그리스도가 정말 '복음'입니까? 정말 '기쁜 소식', '좋은 소식', 'Good News'입니까? 만나는 사람들 누구에게라도 전하고 싶은 그런 소식입니까? 상대방이 교회를 다니든지, 다니지 않든지 간에 이야기하지 않으면 입이 근질근질한 주제입니까? 아니면 반대는 하지 않지만 굳이 내 입으로 끄집어내기에는 부끄러운 소식입니까?

바울이 로마교회 성도들에게 전하려고 했던 복음은 '교리'가 아니라 '능력'이었습니다. '지식'이 아니라 '삶'이었습니다. 그 복음은 무덤덤하게 신앙 생활 하는 우리에게 가장 먼저 필요한 것입니다.

이 복음의 가치와 능력을 더 알고 싶고, 더 배우고 싶고 직접 삶으로 체험하고 싶다면, 이번 로마서 묵상에 더욱 집중해보십시오. 하나님께서 성 아우구스티누스를 변화시키셨듯이, 마틴 루터와 존 웨슬리의 생애를 통째로 바꾸셨듯이, 로마서 묵상을 통해서 우리를 또한 그렇게 바꾸어주실 것입니다.

묵상 질문: 예수 그리스도의 복음이 지금 내 가슴을 뛰게 하고 있습니까?
오늘의 기도: 지금까지 나름대로 열심히 신앙 생활 해왔습니다. 그러나 주님과 함께 죽었다가 다시 살아나는 십자가의 복음으로 온전히 살지 못했습니다. 복음이 필요한 사람은 바로 나 자신이었습니다. 이번 로마서 묵상을 통해 복음의 능력을 새롭게 체험하게 하옵소서. 예수님의 이름으로 기도합니다. 아멘.

로마서 묵상 2

하나님의 의가 나타난 복음

읽을 말씀: 로마서 1:8-17

새길 말씀: 복음에는 하나님의 의가 나타나서 믿음으로 믿음에 이르게 하나니 기록된 바 오직 의인은 믿음으로 말미암아 살리라 함과 같으니라(롬 1:17).

앞 장에서 우리는 "예수 그리스도가 복음이라"는 말씀과 함께 그 복음의 능력을 로마교회 성도들에게 전하고 싶어 하는 바울의 간절한 소망에 대해서 살펴보았습니다. 그러면서 진정한 복음은 예수 믿지 않는 사람들에게만 필요한 것이 아니라, 예수 믿고 교회 다니면서 신앙 생활을 하고 있는 우리에게 먼저 필요하다는 사실을 새삼스럽게 깨닫게 되었습니다.

그렇습니다. 복음은 '교리'가 아니라 '능력'입니다. 복음은 '지식'이 아니라 '삶'입니다. 교리와 지식으로만 알고 있는 복음은 우리의 삶에서 아무런 능력을 나타내지 못합니다. 이 말씀을 묵상하면서 어려서부터 보아왔던 교회답지 못한 교회들과 성도답지 못한 성도들의 일그러진 모습이 어디서부터 비롯된 것인지 비로소 깨달아졌습니다. "예수 그리스도가 복음이라"는 교리는 알고 있지만, 그 복음의 능력을 삶으로 체험하고 있지 못한 탓입니다.

그렇다면 우리는 과연 어떤 모습일까요. 더러는 복음의 능력을 맛보며 신앙 생활 하고 있습니다. 그러나 모두가 그처럼 신앙 생활 하는 것은 아닙니다. 그것은 마치 달란트 비유에서 한 달란트를 가져온 것을 빼앗아 다섯 달란트를 남긴 종에게 주면서 주인이 한 말과 같습니다.

> 무릇 있는 자는 받아 풍족하게 되고 없는 자는 그 있는 것까지 빼앗기리라(마
> 25:29).

신앙 생활도 마찬가지입니다. 복음의 능력을 맛본 사람들은 더욱더 그 능력을 사모하게 되어 있습니다. 그래서 더욱 풍성해집니다. 그러나 겨우겨우 신앙 생활 하는 사람들은 그 움켜쥔 것조차도 결국 빼앗기게 되는 것이지요.

오늘 우리가 묵상하려고 하는 "믿음으로 믿음에 이르게 한다"(롬 1:17)는 말씀도 역시 같은 진리를 드러내고 있습니다.

바울의 로마 방문 계획

바울은 로마서를 통해서 로마교회 성도들에게 예수 그리스도의 복음을 가르치려고 했을 뿐만 아니라, 직접 로마교회를 방문하고 싶다는 자신의 간절한 소망을 솔직하게 털어놓습니다.

> 10어떻게 하든지 이제 하나님의 뜻 안에서 너희에게로 나아갈 좋은 길 얻기를 구
> 하노라. 11내가 너희 보기를 간절히 원하는 것은 어떤 신령한 은사를 너희에게
> 나누어 주어 너희를 견고하게 하려 함이니 12이는 곧 내가 너희 가운데서 너희와

나의 믿음으로 말미암아 피차 안위함을 얻으려 함이라(롬 1:10-12).

바울은 로마에 믿음의 공동체인 교회가 세워졌다는 소식을 들었을 때부터 하나님께 기도해왔습니다. 로마교회에 갈 수 있는 길을 열어달라고 말입니다. 그 이유는 그들에게 '어떤 신령한 은사'(some spiritual gift)를 나누어주기 위해서라고 합니다(11절).

여기에서 우리말 '은사'로 번역된 헬라어는 '카리스마χάρισμα, charisma'입니다. 이는 믿음의 공동체와 성도들을 세우기 위해서 하나님이 주시는 특별한 '은혜의 선물'(grace-gift)을 의미합니다. 바울에게는 이와 같은 '카리스마'가 분명히 있었습니다. 그를 통해 세워진 수많은 교회들이 그 사실을 증명합니다. 이제 로마교회에도 그 은사를 나누어주고 싶다는 것입니다.

그런데 하나님이 주신 '카리스마'는 일방적으로 시여施與하는 방식으로 사용되는 은사가 아닙니다. 다시 말해서 바울은 '카리스마'를 시행하는 자이고 로마교회는 그것을 수동적으로 받는 자로 자리매김하는 것이 아니라는 말입니다. 바울은 말합니다. "내가 너희 가운데서 너희와 나의 믿음으로 말미암아 피차 안위함을 얻으려 함이라."

이 부분을 메시지 성경은 다음과 같이 풀이합니다.

하지만 이 과정에서 내가 여러분에게 주려고만 한다고 생각하지 마십시오. 내가 여러분에게 줄 것 못지않게 여러분도 내게 줄 것이 많습니다(롬 1:12, 메시지).

"내가 여러분에게 줄 것 못지않게 여러분도 내게 줄 것이 많습니다"(You have as much to give me as I do to you). 저는 이 표현이 '은사'에 대한 가장 적절한 설명이라고 봅니다. 어떤 분들은 '카리스마'를 독불장군식으로 사용할 수 있는 권위와 능력으로 간주합니다. 그래서 이른바 "카리스마가 있다"고 하는 교회의 지도자들이 고집불통인 경우가 많이 있습니다. 그것은 하나님이 주시는 은사를 크게 오해한 것입니다.

바울은 하나님이 주시는 은사의 다양성과 일치성에 대해서 로마서 뒷부분에서 자세히 다루고 있습니다(롬 12:3-8). 그때 다시 언급하겠지만, 하나님은 각 사람에게 서로 다른 은사를 주셨습니다. 그중에 어떤 은사도 다른 은사를 무력화시킬 수 없습니다. 바울이 가진 '카리스마'가 교회를 견고하게 세우는 데 분명 유익하지만 다른 사람들이 받은 은사로 인해 바울 또한 배울 부분이 많이 있습니다. 바울은 그 점을 잘 인식하고 있었습니다.

바울이 받은 카리스마

그런데 바울이 로마교회로 직접 가서 나누어주고 싶다고 하는 '신령한 은사' 즉 '카리스마'는 구체적으로 무엇을 말하는 것일까요?

> 13형제들아 내가 여러 번 너희에게 가고자 한 것을 너희가 모르기를 원하지 아니하노니 이는 너희 중에서도 다른 이방인 중에서와 같이 열매를 맺게 하려 함이로되 지금까지 길이 막혔도다. 14헬라인이나 야만인이나 지혜 있는 자나 어리석은 자에게 다 내가 빚진 자라. 15그러므로 나는 할 수 있는 대로 로마에 있는 너희에게도 복음 전하기를 원하노라(롬 1:13-15).

바울은 로마교회에 가기 위해서 이미 여러 차례 시도했었다는 사실을 언급하면서, 그렇게 했던 이유를 '복음을 전하기 위해서'라고 합니다. 다시 말해서 바울이 로마교회에 나누어주고 싶었던 '카리스마'는 바로 '복음'이었던 것입니다.

그 복음을 전하는 일에 바울은 '빚진 자'라고 합니다. 우리말 '빚진 자a debtor'로 번역된 헬라어 '오필레테스ὀφειλέτης, opheiletés'는 '죄인a sinner'라는 뜻도 가지고 있습니다. '복음'을 전하지 않는 것을 '죄'라고 여기고 있다는 뜻입니다.

아무튼 바울은 로마교회에도 복음을 전해야 하는 빚을 지고 있다고 말합니다. 그래서 빨리 그 빚을 갚아야 하겠다는 심정으로 그토록 로마 교회에 가려고 애썼다는 것이지요. 앞에서 살펴보았듯이, 바울이 말하고 있는 '복음'의 구체적인 내용은 '예수 그리스도'입니다(롬 1:4). 그러니까 '예수 그리스도의 복음'이 지금까지 바울로 하여금 수많은 교회를 세워오게 했던 바로 그 '신령한 은사' 즉 '카리스마'였던 것입니다.

이 말씀은 우리에게 아주 신선한 충격으로 다가옵니다. 우리는 교회를 든든히 세우기 위해서는 바울이 받았던 것과 같은 어떤 신령한 은사, 특별한 카리스마가 필요하다고 생각합니다. 그런데 바울이 받은 특별한 은사가 다름 아닌 '예수 그리스도의 복음'이라고 하니 놀랄 수밖에요. 하지만 사실 이것은 놀랄 일이 아닙니다. 놀라는 것이 오히려 문제입니다. 그것은 다이너마이트와 같은 '복음의 능력_{두나미스}'을 잘 모른다는 뜻이기 때문입니다.

하나님의 교회를 세우는 일에 가장 강력한 '카리스마'는 바로 '예수 그리스도의 복음' 그 자체입니다. "예수 그리스도가 복음이다!" 그것으로 충분합니다.

예수가 왜 복음인가?

이 대목에서 우리는 한 가지 근본적인 질문을 던지지 않을 수 없습니다. "왜 예수 그리스도가 복음일까요?" 우리 그리스도인들이야 이미 예수님을 그리스도로 고백하는 사람들이니까 "예수 그리스도가 복음이다!"라는 말을 그냥 받아들일 수 있지만, 사실 다른 사람들에게는 강한 거부감을 불러일으킬 수 있는 선언입니다. 특히 다른 종교를 가지고 있는 분들에게는 더더욱 그럴 것입니다.

　게다가 지금은 포스터모더니즘post- modernism이 지배하는 시대입니다. 보편적 진리를 거부하는 상대주의와 종교다원주의가 득세하고 있는 세상입니다. 오직 예수님을 통해서만 구원을 받을 수 있다는 말을 불쾌하게 받아들이는 사람들이 이 세상에는 참 많이 있습니다. 이런 상황 속에서 '예수가 복음'이라고 주장하는 것은 결코 쉽지 않은 일입니다. 그래서 실제로 많은 그리스도인들이 입을 다물고 있습니다.

　바울 당시의 상황은 어땠을까요? 지금보다 훨씬 더 열악했습니다. 왜냐하면 그때는 로마의 황제가 '복음' 즉 '유앙겔리온εὐαγγέλιον, euaggelion'으로 선포되고 있던 시대였기 때문입니다. 그런 상황에서 '예수가 복음'이라고 주장하는 것은 목숨을 내걸어야 하는 아주 위험천만한 일이었습니다. 그래도 바울은 복음을 부끄러워하지 않는다고 했습니다. '예수가 복음'이라고 담대히 선포합니다. 그 이유가 도대체 무엇이었을까요?

> 16내가 복음을 부끄러워하지 아니하노니 이 복음은 모든 믿는 자에게 구원을 주시는 하나님의 능력이 됨이라. 먼저는 유대인에게요 그리고 헬라인에게로다. 17복음에는 하나님의 의가 나타나서 믿음으로 믿음에 이르게 하나니 기록된 바 오직 의인은 믿음으로 말미암아 살리라 함과 같으니라(롬 1:16-17).

　바로 이 말씀이 주후 1517년 '개신교 종교개혁'이라는 지진을 불러일으킨 진앙震央입니다. 아니 그보다 훨씬 오래전 초기 기독교 시대 때부터 이 땅에 수많은 교회를 세우게 했던 '복음의 능력'의 원천源泉입니다. "복음에는 하나님의 의가 나타나서 믿음에서 믿음으로 이르게 한다"(For in the gospel the righteousness of God is revealed—a righteousness that is by faith from first to last. NIV). 이 구절 하나만 가지고 몇 날을 묵상해도 부족할 정도지만, 여기에서는 우리가 할 수 있는 만큼만 살펴보겠습니다.

이 말씀을 이해하는데 가장 중요한 키워드는 '하나님의 의'입니다. '복음'은 '예수 그리스도'라고 이미 말씀드렸습니다. 그 복음에 '하나님의 의'가 나타났다revealed는 것입니다. 그것이 바로 '예수가 복음'인 가장 중요한 이유라는 것입니다. '하나님의 의'에 대한 설명을 조금 더 해보겠습니다.

하나님의 의, 사람의 의

'하나님의 의the righteousness of God'가 무엇을 말하는 것일까요? 두 가지 가능성이 있습니다. 하나는 '의'를 하나님의 존재론적인 상태를 설명하는 '추상명사'로 이해하는 것입니다. 그러니까 '하나님은 의로우신 분'이라는 겁니다. 그렇습니다. 하나님은 언제나 옳으십니다. 어떤 일에도 틀림이 없으신 분입니다.

그런데 '하나님의 의로움'이 '복음' 즉 '예수 그리스도'에게 나타났다고 합니다. 그것이 무슨 뜻일까요? 예수 그리스도의 십자가는 하나님의 아들이 죽임을 당한 사건입니다. 그런데 그것으로 하나님 자신의 의로움을 드러내시려고 했다니, 우리로서는 이해하기 쉽지 않은 설명입니다.

두 번째 가능성은 '의'를 동사적인 의미로 이해하는 것입니다. 그러니까 '하나님의 의'를 '하나님이 누군가를 옳게(의롭게) 만드시는 일'로 해석하는 겁니다. 그런데 누구를 옳게(의롭게) 만드신다는 것일까요? 우리 인간을 의롭게 만드신다는 겁니다. 그것이 바로 '하나님의 의'이고, 그 의가 예수 그리스도의 복음 속에 드러났다는 설명입니다. 이 두 번째의 해석이 바울의 의도를 더 잘 반영하고 있습니다.

메시지 성경은 이와 같은 이해를 가지고 '하나님의 의'를 "사람들을 바로 세워주시는 하나님의 길"(God's way of putting people right)이라고 풀이하고 있습니다. 그 길이 예수 그리스도를 통해서 활짝 열리게 된 것이지요. 그렇기에 예수 그리스도가 '복음'이 되었던 것입니다.

그런데 '하나님의 의' 즉 하나님이 사람을 의롭게 만드시는 것이 왜 '복음'일 수밖에 없는지를 설명하기 위해서, 우리는 '사람의 의'에 대해서도 생각하지 않을 수 없습니다.

성경에서 말하는 '사람의 의'는 상태가 아니라 관계의 용어입니다. 즉 하나님 앞에 바로 서 있는 것을 의미합니다. 따라서 성경에서 '의인義人, a righteous man'이라 함은 '하나님 앞에 바로 서 있는 사람'(the person in right standing before God)을 가리킵니다(창 6:9). 그렇다면 사람이 어떻게 하나님 앞에 바로 서 있는 '의인'이 될 수 있을까요?

바울은 로마서 10장에서 두 가지 가능성에 대해서 이야기합니다.

> 5모세가 기록하되 율법으로 말미암는 의를 행하는 사람은 그 의로 살리라 하였거니와 6믿음으로 말미암는 의는 이같이 말하되… (롬 10:5-6).

율법을 완벽히 행함으로 의인이 되거나, 아니면 믿음으로 말미암아 의인이 되는 것이지요. 유대인은 전자의 경우였습니다. 율법을 철저히 지킴으로써 스스로 의인이 되려고 했습니다. 그러나 실패하고 말았습니다. 그들 자신이 의인이 되지도 못했을 뿐만 아니라, 오히려 율법의 이름으로 다른 사람을 판단하고 정죄하는 율법주의의 함정에 빠지고 만 것입니다.

지금도 이 세상에는 율법을 행함으로 의인이 되려고 하는 종교인들이 참 많이 있습니다. 그들은 결국 실패하고 말 것입니다. 왜냐하면 율법을 완벽하게 지킬 수 있는 사람은 하나도 없기 때문입니다.

그렇다면 사람이 의인이 될 수 있는 방법은 '믿음으로 말미암는 것'밖에 없습니다. 바로 이것이 바울이 말하고 있는 '하나님의 의'입니다. 인간을 의롭게 만들어 주시는 하나님의 방법을 따르는 것이지요. 그러기 위해서 우리 인간은 '하나님의 의'에 대해서 오직 '믿음'으로 반응하기만 하면 됩니다. "믿음으로 믿음에 이르게 한다"는 말씀이 바로 그 뜻입니다.

이 부분을 헬라어로 읽으면 '엑크 피스테오스 에이스 피스틴'(ἐκ πίστεως εἰς πίστιν)입니다. 이를 영어로 직역하면 'from(by) faith to faith'가 됩니다. 우리말로는 '믿음에서 믿음으로'입니다. 그러니까 시작도 '믿음'이고 그 마지막도 '믿음'이라는 것이지요. 믿음 이외의 다른 어떤 것으로도 인간을 의롭게 만들어주시는 하나님의 의를 받아들일 수 없다는 뜻입니다.

그러면서 바울은 하박국의 말씀을 인용합니다.

··· 의인은 그의 믿음으로 말미암아 살리라(합 2:4).

이를 대부분의 영어 성경은 "But the just shall live by his faith"로 번역하고 있지만 히브리 원어를 읽어보면 그 순서가 다르다는 것을 알 수 있습니다. 이 순서를 가장 잘 반영한 번역은 NET Bible 성경입니다. "The righteous by faith will live" "믿음으로 의롭게 된 자는 살 것이다!"라는 뜻입니다. 'by faith'를 앞쪽으로 옮겼을 뿐인데 "의인은 그의 믿음으로 말미암아 살리라"와는 강조점과 뉘앙스가 많이 다르지요.

바울이 오늘 로마서 본문에서 강조하려고 하는 것은 "믿음으로 살라!"가 아니라 "믿음으로 의롭게 된다!"입니다. 그것이 하나님께서 우리 인간을 구원해주시는 새로운 길, '하나님의 의'라는 것입니다. 그 길이 어디에서 드러났습니까? '예수 그리스도의 복음'으로 드러났습니다. 우리 인간은 그와 같은 하나님의 방법을 오직 '믿음'으로써 하나님 앞에 바로 설 수 있게 된다는 것이지요.

바로 이것이 바울이 하나님께 받은 '신령한 은사', 즉 '복음'의 내용입니다. 이와 같은 '예수 그리스도의 복음'이 왜 바울에게 큰 능력이 되었는지는 앞으로 인간이 직면하고 있는 죄의 문제를 다루게 될 텐데 그때 더욱 분명하게 드러날 것입니다.

오늘 말씀을 정리하면서 우리가 한 가지 기억해야 할 것이 있습니다. 그것은 '하나님의 의'는 '하나님이 행하시는 일'이라는 사실입니다. 구원의 문제에 관하여 우리 인간이 할 수 있는 일은 없습니다. 우리는 단지 하나님이 행하시는 일에 믿음으로 응답할 뿐입니다.

로마서 3장 28절에 대한 메시지 성경의 풀이로 오늘 말씀을 정리합니다.

> 마침내 우리는 이 사실을 깨닫습니다. 우리의 삶이 하나님과, 또 다른 모든 사람들과 발맞추어 나가려면, 우리가 그분의 발걸음을 따라가야지, 거만하고 초조한 마음으로 우리가 행진을 이끌려고 해서는 안 됩니다(롬 3:28, 메시지).

하나님이 일하십니다! 오늘도 그분의 발걸음을 겸손하게 따라갈 수 있기를 소망합니다.

묵상 질문: 나는 '하나님의 의'를 믿습니까? 아니면 여전히 '나의 의'를 증명하려고 애씁니까?
오늘의 기도: 하나님은 십자가의 은혜로 나를 구원해 주셨는데, 나는 아직도 율법의 수렁에서 벗어나지 못하고 있습니다. 이제는 나를 의롭게 만들어 주시는 하나님의 의에 오직 믿음으로 응답하면서 살아가게 하옵소서. 예수님의 이름으로 기도합니다. 아멘.

하나님을 무시하는 사람들

읽을 말씀: 로마서 1:18-32

새길 말씀: 하나님의 진노가 불의로 진리를 막는 사람들의 모든 경건하지 않음과
불의에 대하여 하늘로부터 나타나나니…(롬 1:18).

앞 장에서 우리는 '하나님의 의가 나타난 복음'에 대해서 묵상했습니
다. '하나님의 의'는 하나님 자신의 의로움을 말하는 것이 아니라, 인간을
의롭게 만들어주시는 하나님의 새로운 방법을 말하는 것이라고 했습니
다. 우리 인간은 '하나님의 의'에 오직 '믿음'으로 반응하면 됩니다. 그러
면 누구든지 하나님 앞에 의로운 자로 설 수 있고 또한 구원을 받을 수
있습니다. 이러한 새로운 구원의 길이 바로 '예수 그리스도의 복음'으로
드러났다는 것입니다.

그런데 '하나님의 의'가 왜 우리 인간에게 '복음' 즉 '기쁜 소식'이 될까
요? 왜냐하면 인간의 죄에 대한 하나님의 진노로부터 구원을 받을 수 있
는 새로운 길이 되었기 때문입니다. 오늘 우리가 살펴볼 내용입니다.

진노하시는 하나님

바울은 진노하시는 하나님에 대해서 이야기합니다.

하나님의 진노가 불의로 진리를 막는 사람들의 모든 경건하지 않음과 불의에 대하여 하늘로부터 나타나나니… (롬 1:18).

바울은 조금 전까지만 해도 인간을 의롭게 만들어 주시는 하나님의 새로운 방법에 대해서 말해왔습니다. 어떻게든 인간을 구원하시려는 하나님의 사랑을 설명해온 것입니다. 그러다가 갑자기 하나님의 진노를 언급하기 시작합니다. 그러니까 앞에서는 '사랑의 하나님'을 이야기하다가, 이제는 갑자기 '진노의 하나님'으로 바뀌고 있는 것이지요.

그러나 '사랑의 하나님'과 '진노의 하나님'은 같은 분입니다. 자녀를 향한 부모의 심정을 헤아려보면 이해하기 어려운 일도 아닙니다. 부모는 자녀를 사랑합니다. 그렇지만 그 자녀가 방탕한 길에 빠져서 살아가는 것을 보면 진노합니다. 자녀에게 진노하는 부모는 자녀를 사랑하지 않는 걸까요? 그렇지 않습니다. 오히려 잘못되어 가는 자녀를 보고도 진노하지 않는다면 그게 자녀를 사랑하지 않는다는 증거입니다.

흔히 구약의 하나님을 '진노의 하나님'으로, 신약의 하나님을 '사랑의 하나님'으로 구분하여 정의하려고 하는데, 그것 또한 잘못된 시도입니다. 하나님은 한 분이십니다. 하나님의 진노 속에 사랑이 담겨 있고, 하나님의 사랑 속에 진노가 담겨 있습니다. 진노하시는 하나님에 대한 바른 이해 없이 독생자를 십자가에 아낌없이 내어주신 하나님의 애절하신 사랑을 절대로 이해할 수 없는 것입니다.

바울은 예수 그리스도의 복음을 설명하기 위해서 하나님의 진노를 이야기하기 시작합니다. 하나님은 무엇에 대해서 또한 어떤 경우에 진노하실까요? 바울은 "하나님의 진노가 불의로 진리를 막는 사람들의 모든 경건하지 않음과 불의에 대하여 하늘로부터 나타난다"고 말합니다.

여기에서 우리말 '경건하지 않음'으로 번역된 헬라어 '아세베이아$_{εσέβεια,}$ asebeia'는 본래 '존경심이 부족하다'(a lack of respect)는 뜻입니다. 누구에 대한 존경심을 말하는 것일까요? 하나님에 대한 존경심을 말합니다. 하나님을 하나님으로 인정하지 않고 무시하는 것이지요. 그래서 이를 영어로는 'ungodliness'로 번역합니다. 말 그대로 "하나님에 대한 신앙이 없다"는 뜻입니다.

영국의 시내버스에 다음과 같은 광고문이 실렸습니다.

THERE'S PROBABLY NO GOD. NOW STOP WORRYING AND ENJOY YOUR LIFE.
신은 없는 것 같으니, 이제 걱정하지 말고 당신의 인생을 즐기세요.

이른바 '무신론자$_{atheist}$'들의 작품입니다. 그들은 심지어 이런 광고문도 대문짝만하게 만들었습니다.

IN THE BEGINNING, MAN CREATED GOD.
태초에 인간이 하나님을 창조했다.

이게 바울이 말하고 있는 '아세베이아'입니다. 하나님을 무시하는 것이지요.

하나님을 무시하는 사람들은 '불의'를 행하게 되어 있습니다. '불의不義'에 해당되는 헬라어 '아디키아ἀδικία, adikia'는 '정당성dikē, justice'이 '없다ά, not'는 뜻입니다. 이를 영어로는 'unrighteousness'로 번역합니다. 말 그대로 '옳지 못함', '의로움이 없음'이란 뜻입니다.

'아세베이아'는 '아디키아'의 원인을 제공합니다. 다시 말해서 하나님을 믿지 않기 때문에 매사에 옳음이 없는 것입니다. 그게 인간의 본성입니다. 무신론자들이 말하는 '인생을 즐기는 것'이 무엇일까요? 그게 '불의'입니다. 죄입니다. 자신들이 즐기려는 인생이 죄라는 것을 잘 압니다. 그런데 하나님이 있으면 걱정스러우니까, "신은 없는 것 같다!"고 주장하는 것이지요.

그리고 그 결과는 '진리를 막는 것'으로 나타납니다. 여기에서 바울이 말하는 '진리ἀλήθεια, alētheia'는 무엇이 옳은지 아는 지식을 의미합니다. 메시지 성경은 "진리를 막는다"를 "애써 진리를 덮으려고 한다"(try to put a shroud over truth)고 표현합니다. 여기에서 'a shroud'는 '수의壽衣' 또는 '장막'이라는 뜻입니다. 진리를 마치 진리가 아닌 것처럼 덮어씌운다는 것입니다. 그런 사람들에게 하나님은 진노하십니다.

나중에 하나님의 심판대 앞에 섰을 때 사람들은 변명할지도 모릅니다. "내가 하나님이 계시다는 것을 진작 알았더라면, 그것이 죄라는 것을 알았더라면 절대로 그렇게 하지는 않았을 겁니다" 정말 그럴까요?

> 19이는 하나님을 알 만한 것이 그들 속에 보임이라. 하나님께서 이를 그들에게 보이셨느니라. 20창세로부터 그의 보이지 아니하는 것들 곧 그의 영원하신 능력과 신성이 그가 만드신 만물에 분명히 보여 알려졌나니 그러므로 그들이 핑계하지 못할지니라 (롬 1:19-20).

무슨 말씀입니까? 사람이라면 누구나 하나님이 계시다는 것을 알게 되어 있다는 겁니다. 무엇이 진리인지 무엇이 악인지 구분하게 되어 있다는 겁니다. 왜냐하면 하나님이 인간을 그런 존재로 창조하셨기 때문입니다. 그리고 자연 속에서도 하나님의 능력과 신성을 발견할 수 있는 증거들이 무궁무진합니다. 그러니 그 누구도 하나님을 부인할 수 없는 것이지요.

그렇지만 사람들은 하나님에게 존경심을 표현하지 않습니다. 오히려 하나님을 무시하고 진리를 덮어버립니다. 그래서 하나님이 진노하실 수밖에 없는 것입니다.

끝없는 추락

하나님을 무시하고 진리를 부인하는 사람들의 그 다음 행보가 무엇일까요? 궁금해지지 않습니까?

> 21하나님을 알되 하나님을 영화롭게도 아니하며 감사하지도 아니하고 오히려 그 생각이 허망하여지며 미련한 마음이 어두워졌나니 22스스로 지혜 있다 하나 어리석게 되어 23썩어지지 아니하는 하나님의 영광을 썩어질 사람과 새와 짐승과 기어다니는 동물 모양의 우상으로 바꾸었느니라(롬 1:21-23).

사람들은 하나님을 잘 알고 있지만, 그분을 하나님으로 인정하지 않습니다. 그리고 그분께 감사함으로 경배하지도 않습니다. 그 다음에는 어떤 일이 벌어질까요? 바울은 "그 생각이 허망하여진다"고 합니다.

'허망하다'에 해당되는 헬라어는 '마타이오오ματαιόω, mataioó' 동사인데, 이는 '목적을 상실하다'(become aimless)라는 뜻입니다. 하나님이 인간을 창조해주신 목적을 잃어버린 것이지요. 그래서 메시지 성경은 이 부분을 "삶의 의미도 방향도 잃고 말았다"(there was neither sense nor direction left in their lives)고 표현하고 있습니다.

자, 그다음에는 어떻게 될까요? 하찮은 존재가 되어 아무렇게나 살아가게 됩니다. 어리석게도 자신의 몸에 독약을 부어 넣으면서도 그것을 기호식품이라고 말하며 즐깁니다. 이를 가리켜서 바울은 '미련한 마음이 어두워졌다'(Their foolish hearts were darkened. NIV)고 합니다. 그 마음에 '미련함의 먹구름'이 덮인 것입니다. 애써 진리를 덮어버리려고 하더니, 이제는 오히려 자신의 마음을 어리석음으로 덮어 버린 것입니다.

그 결과는 바로 우상 숭배입니다. 하나님을 섬기도록 창조된 인간이 하나님이 아닌 것에 머리를 숙이며 살게 되는 겁니다. 스스로는 지혜 있는 자라고 생각할지 모르지만, 모든 것을 다 아는 것처럼 생각할지 모르지만, 사실은 아무것도 모르는 자가 됩니다. 그래서 기껏해야 사람이 돌과 나무로 만든 우상에게 복을 달라고 빌게 되는 것이지요.

그게 끝이 아닙니다.

24그러므로 하나님께서 그들을 마음의 정욕대로 더러움에 내버려 두사 그들의 몸을 서로 욕되게 하게 하셨으니 25이는 그들이 하나님의 진리를 거짓 것으로 바꾸어 피조물을 조물주보다 더 경배하고 섬김이라…(롬 1:24-25).

그 다음에는 '성적인 타락'에 다다릅니다. 우리말 '정욕'은 헬라어 '에피두미아$\epsilon\pi\iota\theta\upsilon\mu\acute{\iota}\alpha$, epithumia'를 번역한 것인데 이는 본래 '열정적인 갈망$\theta\upsilon\mu\acute{o}\varsigma$, thumos'에 '집중하다$\acute{\epsilon}\pi\acute{\iota}$, epi'라는 뜻입니다. 어떤 일에 열정을 가지고 집중하는 것을 꼭 나쁘다고 말할 수는 없습니다. 문제는 그 열정이 과연 어디에 집중되고 있느냐는 겁니다. 바울은 '더러움'을 추구하여 서로의 몸을 욕되게 만드는 일에 그 열정이 사용된다고 지적합니다. 그것이 바로 하나님의 진리를 부인하고 우상 숭배에 빠진 대다수 사람이 다다르는 종착역입니다.

로마서를 기록할 당시에 바울은 고린도에 머물고 있었습니다(행

20:2-3). 고린도는 동쪽과 서쪽에 두 개의 항구를 가지고 있는 아주 큰 도시였습니다. 무역량도 많았고 오가는 사람들도 많았습니다. 자연히 고린도는 향락과 쾌락의 도시가 되었습니다. 거대한 신전이 열두 개나 있었는데, 특히 아프로디테 신전에는 돈을 받고 매음하는 창녀들이 천 명이나 있었습니다. 그래서 '고린도 사람'하면 '성적으로 타락한 사람'과 동의어로 사용될 정도였다고 합니다. 지금 이 글 속에는 바울이 목격하고 있는 고린도의 상황이 그대로 녹아있는 것입니다.

이 말씀 속에서 우리의 눈을 사로잡는 한 가지 표현을 발견합니다. "하나님께서 그들을… 내버려 두셨다"(God gave them over…. NIV)는 대목입니다. '내버려 두셨다'는 것이 무슨 뜻일까요? 하나님이 그들에게 허락해 주었다는 뜻일까요? 아니면 그런 사람들은 하나님도 어쩌지 못하신다는 뜻일까요? 아니면 아예 자기 마음대로 살아갈 수 있는 자유를 주셨다는 뜻일까요? 아닙니다. 그것이 바로 '하나님의 진노'입니다. '내버려 두심'의 심판입니다.

구약시대에 하나님의 진노는 노아 홍수 때처럼 물로 심판을 하든지, 소돔과 고모라처럼 유황불로 심판하든지 모두 쓸어버리는 것으로 나타났습니다. 그러나 이제 하나님의 진노는 마치 심판하지 않는 것처럼 임하십니다. 그것이 바로 그냥 '내버려 두심'의 심판입니다. 이게 사실 더 무섭습니다.

부모가 회초리를 들어 자녀를 징계할 때에는 아직도 희망이 있습니다. 최소한 자녀로 생각하고 있다는 뜻이기 때문입니다. 그러나 뻔히 망하는 길을 가는 줄 알면서도 가만히 내버려 둔다면 그것은 더 이상 자녀로 생각하지 않는다는 뜻입니다.

이 끝없는 추락의 과정이 보이십니까? 처음에는 하나님을 무시하고 진리를 거부하는 것으로 시작합니다. 점점 삶의 목적을 잃어버린 하찮은 존재가 되어 갑니다. 그러다가 인간이 만들어 놓은 우상을 섬기게 됩니다.

말초적인 쾌락을 추구하며 살다가 몸도 영혼도 망가지고 맙니다. 그러다가 마침내 하나님으로부터 '내버려 두심'의 심판을 받게 되는 것입니다.

죄가 곧 심판이다

그것이 끝이 아닙니다. 그 후에도 상황은 점점 더 나빠집니다. 하나님 알기를 거부하고 나면 결국 어떻게 되는지 아십니까? 인간이기를 포기하게 됩니다. 그 대표적인 예가 바로 동성애입니다.

> 26이 때문에 하나님께서 그들을 부끄러운 욕심에 내버려 두셨으니 곧 그들의 여자들도 순리대로 쓸 것을 바꾸어 역리로 쓰며 27그와 같이 남자들도 순리대로 여자 쓰기를 버리고 서로 향하여 음욕이 불일듯 하매 남자가 남자와 더불어 부끄러운 일을 행하여 그들의 그릇됨에 상당한 보응을 그들 자신이 받았느니라(롬 1:26-27).

예전에는 동성애가 먼 나라의 문제인줄 알았습니다. 이제는 우리나라도 이 문제로부터 자유롭지 않은 곳이 되었습니다. 동성애자들은 '인권'이나 '평등'을 앞세워서 마치 성적性的인 취향에도 무슨 권리가 있는 것처럼 주장합니다.

그러나 동성애를 바라보는 성경의 시선은 분명합니다. 그것은 하나님의 창조 질서를 파괴하는 행위요, 남자와 여자의 성정체성을 왜곡하는 죄입니다. 무엇보다도 그것은 하나님 알기를 거부하는 자들이 다다르는 마지막 단계입니다.

여기에서도 바울은 "하나님께서 그들을 부끄러운 욕심에 내버려 두셨다"고 합니다. 그리고 "그들의 그릇됨에 상당한 보응을 그들 자신이 받았다"(They received in themselves the due penalty for their error. NIV)고 합니다. 어떤 분들은 이것을 동성애자들이 주로 감염되는 AIDS로 풀이하기도 합니다. 그러나 저는 "죄가 곧 하나님의 심판"임을 선언하는 말씀으로 봅니다.

하나님의 '내버려두심'은 그냥 소극적으로 '방치해두는 것'이 아닙니다. 오히려 적극적인 하나님의 심판입니다. 사람들은 죄에 대해서 안일하게 생각하는 경향이 있습니다. 죄에 대한 벌은 먼 훗날에나 받을 것이라고 생각하기 때문입니다. 아닙니다. 현재의 죄는 나중에 가서 하나님이 심판할 '건수'가 아닙니다. 죄를 짓고 있다는 것 자체가 이미 하나님의 심판이요, 지금 벌을 받고 있는 중이라는 의미입니다.

니고데모와의 대화에서 주님은 이렇게 말씀하셨습니다.

> 그를 믿는 자는 심판을 받지 아니하는 것이요 믿지 아니하는 자는 하나님의 독생자의 이름을 믿지 아니하므로 벌써 심판을 받은 것이니라(요 3:18).

이 말씀을 메시지 성경은 아주 실감나게 다음과 같이 풀이합니다.

> 누구든지 아들을 신뢰하는 사람은 죄를 용서받지만, 아들을 신뢰하지 않는 사람은 이미 오래 전에 사형선고를 받았으면서도 그것을 모르는 사람이다. 하나뿐인 하나님의 아들을 알고도 그가 믿지 않았기 때문이다(요 3:18, 메시지).

사형수로 판결된 자가 아직 사형이 집행되지 않았다고 해서 벌을 받고 있지 않는 것은 아니지요. 하나님으로부터 죄를 완전히 용서받지 않는다면, 이미 선고된 심판은 계속 진행되고 있는 것입니다. 그렇기에 죄는 곧 현재진행형인 하나님의 '심판'이요 '벌'입니다. 그것은 당장에 해결해야 할 문제이지, 나중으로 미루어도 괜찮은 문제가 아닙니다.

그런데 동성애만 그에 해당되는 죄가 아닙니다.

28또한 그들이 마음에 **하나님 두기를 싫어하매** 하나님께서 그들을 그 상실한 마음대로 내버려 두사 합당하지 못한 일을 하게 하셨으니 29곧 모든 불의, 추악, 탐욕, 악의가 가득한 자요 시기, 살인, 분쟁, 사기, 악독이 가득한 자요 수군수군하는 자요 30비방하는 자요 하나님께서 미워하시는 자요 능욕하는 자요 교만한 자요 자랑하는 자요 악을 도모하는 자요 부모를 거역하는 자요 31우매한 자요 배약하는 자요 무정한 자요 무자비한 자라. 32그들이 **이 같은 일을 행하는 자는 사형에 해당한다고 하나님께서 정하심을** 알고도 자기들만 행할 뿐 아니라 또한 그런 일을 행하는 자들을 옳다 하느니라(롬 1:28-32).

여기에 보면 모두 21개의 죄목이 기록되어 있습니다. 이같은 일을 행하는 자는 모두 '사형'에 해당한다고 하나님이 정하셨다고 했습니다(32절). 그리고 하나님께서 역시 그들을 "내버려두사 합당하지 못한 일을 하게 하셨다"고 했습니다(28절). 이 죄목에 해당되는 사람들은 사형이 당장에 집행되지 않을 뿐 이미 선고가 내려져서 그 벌을 지금 받는 중입니다. 어떤 사람이 사형수입니까? 여기에 언급된 목록 중에서 하나라도 범하면 모두 사형수입니다.

그 죄목들을 자세히 들여다보십시오. 이 많은 죄는 나와 전혀 상관없다고 말할 수 있는 분이 계십니까? 전부는 아닐지라도 적어도 몇 개는 상관있지 않습니까? 그 죄가 하나님이 보시기에는 동성애의 죄보다 결코 가볍지 않습니다. 모두 사형감입니다. 그 죄를 짓고 있다는 것 자체가 이미 하나님의 심판이 진행되고 있다는 뜻입니다. 그러니 이것은 동성애자들만의 문제가 아닙니다. 우리 모두의 문제입니다.

이 대목에서 우리는 다시 '예수 그리스도의 복음'으로 돌아와야 합니다. 예수 그리스도의 복음에 나타난 '하나님의 의'가 왜 우리 인간에게 '기쁜 소식'이 될까요? 왜냐하면 인간의 죄에 대한 하나님의 진노로부터 구원을 받을 수 있는 새로운 길이 되었기 때문입니다. 지금까지는 사형수로 살고 있었지만, 이제는 완전히 사면赦免 받을 수 있는 길이 우리에게 열린 것입니다. 그 길을 누가 열어놓으셨나요? 하나님이 그렇게 하셨습니다. 그것이 바로 '하나님의 의'입니다.

오늘 묵상한 말씀 중에서 다른 것은 모두 잊어버린다고 해도, 이것 한 가지만은 꼭 기억하시기 바랍니다. 하나님을 무시하는 죄의 문제를 결코 가볍게 생각하지 마십시오. 죄가 곧 심판입니다. 나중에 해결해도 좋을 문제가 아닙니다. 다른 사람의 문제가 아닙니다. 지금 당장 해결해야 할 바로 나의 문제입니다.

예수 그리스도의 복음을 붙들고 이 시간 하나님 앞에 무릎 꿇어 기도하십시오. 우리를 향하신 '하나님의 의'가 또한 우리를 새롭게 바꾸어 주실 것입니다.

묵상 질문: 나는 모든 일에 있어서 하나님에 대한 존경심을 가지고 있습니까?
오늘의 기도: 어떤 경우에도 하나님을 무시하는 죄를 범하지 않게 하옵소서. 죄의 문제는 다른 사람이 아니라 바로 나 자신의 문제이며, 나중이 아니라 지금 당장 해결해야 할 문제임을 깨닫게 하옵소서. 예수님의 이름으로 기도합니다. 아멘.

로마서 묵상 4

남을 판단하는 사람

읽을 말씀: 로마서 2:1-11

새길 말씀: 그러므로 남을 판단하는 사람아, 누구를 막론하고 네가 핑계하지 못할
것은 남을 판단하는 것으로 네가 너를 정죄함이니 판단하는 네가 같은
일을 행함이니라(롬 2:1).

앞 장에서 우리는 인간의 죄에 대한 하나님의 진노에 대해서 살펴보
았습니다. 모든 죄는 '경건하지 않음'으로부터 시작된다고 바울은 말했습
니다. 하나님을 하나님으로 인정하지 않고 무시하는 것이 모든 죄의 출
발입니다. 그렇기에 매사에 옳음이 없게 되고, 진리를 부인하게 된다는
것이지요.

그런 사람들에게 하나님은 진노하신다고 했습니다. 그리고 거기에서
부터 죄인의 끝없는 추락이 시작되고 마침내 하나님의 '내버려 두심'의
심판을 받기에 이르게 되는 것입니다. 그 마지막 단계의 죄가 바로 동성
애라고 했습니다. 그러면서 하나님이 보시기에 다른 죄들이 동성애의 죄

보다 결코 가벼운 것이 아니라고 말씀드렸지요. 그 모든 죄는 똑같이 사형감이라고 했습니다. 그 말씀을 묵상하면서 마음에 불편함을 느낀 분들이 계셨을지도 모릅니다.

> "내가 하나님 앞에 부족한 죄인이라는 것은 인정하겠지만, 어떻게 나를 동성애자들과 똑같이 취급할 수 있을까!" "내가 다른 사람들에게 조금 사기 친 것은 맞지만, 국정을 농단하면서 저렇게 국민을 상대로 엄청나게 사기 쳐 먹은 놈들하고 죄의 무게가 똑같다고 말할 수 있을까!" "나는 적어도 교회 다니면서 착하게 살려고 애를 쓰고 있는데, 그런 나를 저런 술주정뱅이나 폭력배나 살인범과 똑같은 죄인이라고 그럴 수 있을까!"

저도 한때는 그렇게 생각했습니다. 물론 제가 지은 죄가 있습니다. 그 죄로 인해 하나님의 심판을 받을 수밖에 없다는 것을 잘 알고 있습니다. 그렇지만 아무리 그래도 이 세상에는 저보다 더 나쁜 죄를 지은 악질들이 얼마나 많이 있습니까? 그들에 비하면 그렇게 나쁜 사람이 아니지요!

그런데 로마서를 통해서 제 생각이 완전히 깨지는 것을 경험했습니다. 그 생각이 얼마나 교만한 것이었는지 깨닫게 되었습니다. 바로 오늘 우리가 묵상하려고 하는 말씀을 통해서입니다.

남을 판단하는 죄

바울은 '하나님을 무시하는 자'들의 끝없는 추락에 대해서 조금 전까지 이야기한 후에, 오늘 본문에서 갑자기 '판단하는 자'들에 대한 이야기를 끄집어냅니다.

> 그러므로 남을 **판단하는** 사람아, 누구를 막론하고 네가 광계하지 못할 것은 **남을**

판단하는 것으로 네가 너를 정죄함이니 판단하는 네가 같은 일을 행함이니라(롬 2:1).

우리말 '판단하다'는 헬라어 '크리노κρίνω, krinó'를 번역한 것입니다. 이를 영어로는 'judge' 또는 'decide'로 번역합니다. 예수님이 산상수훈에서 '비판을 받지 아니하려거든 비판하지 말라'(마 7:1)고 가르치셨는데, 여기에서 '비판하다'가 바로 '크리노'입니다. 우리말로는 '비판'보다 '판단'으로 번역하는 것이 더 좋을 듯싶습니다. 왜냐하면 '크리노'는 판사가 법정에서 유무죄에 대한 판결을 내리는 것을 의미하기 때문입니다.

바울은 '동성애'의 죄를 지은 사람이나 뒤에서 '수군수군'하는 죄를 지은 사람이나 모두 똑같이 사형감에 해당되는 죄인이라고 했습니다. 그런데 사람들은 도토리 키 재기 하듯이 서로의 죄를 판단하려고 합니다. "나보다는 네가 더 악질이야!" 하면서 말입니다. 상대방을 손가락질하고 깎아내리면 자기가 높아질 것이라 생각하는 것이지요. 그런 모습을 하나님이 보면서 얼마나 한심하게 생각하실까요?

바울은 한 걸음 더 나아가서 "남을 판단하는 것으로 네가 너를 정죄한다"고 말합니다. 남을 판단하는 것으로 스스로 정죄한다니 이게 무슨 뜻일까요? 뒤에 보충설명이 붙어 있습니다. "판단하는 네가 같은 일을 행함이니라."

이 부분을 메시지 성경은 이렇게 풀이하고 있습니다. "… 남을 판단하고 비난하는 것은 자신의 죄와 잘못이 발각되는 것을 모면해 보려는 흔한 술책입니다"(롬 2:1b, 메시지). 이것이 바로 남을 판단하는 사람들의 숨겨진 동기를 정곡正鵠으로 찌르는 말씀입니다.

문득 제가 미국에서 경험했던 한 가지 일이 생각났습니다. 미국 콜로라도 주에 콜로라도스프링스Colorado Springs라는 도시가 있습니다. 그곳에 뉴 라이프 교회New Life Church가 있는데, 출석 교인만 14,000명에 이르는 대형교회입니다. 아무개 목사님이 직접 개척하여 그렇게 키워냈다고 합니다. 미국 내 보수적인 교회의 연합회인 복음주의협회NAE의 회장으로 피선되어 많은 활약을 했습니다.

워낙 유명한 목사님이라 저도 가끔씩 TV를 통해서 이분의 설교를 듣기도 했습니다. 그런데 이 분의 설교를 들을 때마다 빠지지 않고 등장하는 이야기가 있었습니다. 그것은 '동성애'와 '마약'에 관한 것이었습니다. 매번 아주 강한 어조로 신랄하게 비판합니다. 그래서 동성 결혼을 반대하는 보수주의를 대표하는 인물로 부각되어 가끔씩 백악관에서 부시 대통령과 밥도 먹고 그러는 모습을 뉴스로 보기도 했습니다.

그런데 지난 2006년에 아주 충격적인 사실이 폭로되었습니다. 앞에서는 그렇게 동성애와 마약을 비판하는 설교를 하면서도 뒤에서는 수년 동안 수십 차례에 걸쳐서 남창男娼에게 현금을 주고 동성애 성관계를 맺어왔고 마약을 복용해왔다는 사실이 모두 밝혀진 것입니다. 그 일로 인해서 미국의 교계가 발칵 뒤집혔습니다. 이게 과연 그 사람만의 이야기일까요?

그렇기에 남을 판단하려는 생각이 고개를 들 때, 우리는 조심해야 합니다. 자신의 죄가 발각되는 것을 모면해 보려고 그러는 것은 아닌지 잘 살펴보아야 합니다. 하나님을 무시하는 자들이 저지르는 죄는 분명 잘못된 것이지만, 그것을 판단하고 정죄하는 것은 우리의 몫이 아닙니다. 그것은 하나님께서 하실 일입니다.

2이런 일을 행하는 자에게 하나님의 심판이 진리대로 되는 줄 우리가 아노라. 3이런 일을 행하는 자를 판단하고도 같은 일을 행하는 사람아, 네가 하나님의 심판을 피할 줄로 생각하느냐(롬 2:2-3).

죄를 심판하시는 분은 하나님이십니다. 그런데 남을 판단하여 정죄하는 사람은 누가 심판하실까요? 그 사람 또한 하나님이 심판하십니다. "네가 하나님의 심판을 피할 줄로 생각하느냐?" 이 부분에 대한 메시지 성경의 번역이 재미있습니다. "혹시 다른 사람을 손가락질하면 여러분이 저지른 모든 잘못에 대해 하나님의 주의를 돌릴 수 있다고 생각했습니까?"

다른 사람을 향해 손가락질해 보십시오. 검지는 다른 사람을 가리키고 있지만 나머지 손가락은 어떻습니까? 적어도 세 손가락은 내 자신을 가리키고 있습니다. 그러니 함부로 손가락질하면 안 됩니다. 함부로 다른 사람을 판단하면 안 됩니다. "그러면 너는 어떤지 한 번 보자!"고 하나님이 그러십니다. 하나님 앞에 온전히 설 수 있는 사람이 이 세상에 어디에 있겠습니까?

하나님을 멸시하는 죄

그런데 이 말씀을 "똑같은 죄인인 주제에 왜 다른 사람 판단하느냐?"라는 식으로 이해하면 안 됩니다. 그보다 훨씬 더 심각한 이슈가 이 말씀 속에 담겨 있습니다.

> 혹 네가 **하나님의 인자하심**이 너를 인도하여 회개하게 하심을 알지 못하여 그의 인자하심과 용납하심과 길이 참으심이 풍성함을 **멸시하느냐**(롬 2:4).

바울은 다른 사람을 판단하고 정죄하는 것은 하나님을 멸시하는 것과 같다고 합니다. 아니, '죄'를 '죄'라고 말하는데 그게 왜 하나님을 멸시하는 것일까요? 왜냐하면 '하나님의 인자하심'을 빼놓았기 때문입니다. '인자하심'은 헬라어 '크레스토테스χρηστότης, chrēstotēs'를 번역한 것인데, 영어로는 'goodness' 또는 'kindness'라고 합니다. 성령의 아홉 가지 열매 중에서 '자비'가 바로 '크레스토테스'입니다(갈 5:22).

누가복음 6장에서 예수님은 이렇게 말씀하셨습니다.

오직 너희는 원수를 사랑하고 선대하며 아무것도 바라지 말고 꾸어주라. 그리하면 너희 상이 클 것이요 또 지극히 높으신 이의 아들이 되리니, 그는 은혜를 모르는 자와 악한 자에게도 인자하시니라(눅 6:35).

여기에서 '인자하시다'는 말이 바로 '크레스토테스'입니다. 하나님은 '은혜를 모르는 자'와 '악한 자'에게도 인자하십니다. 바로 그것이 '하나님의 하나님 되심'의 증거입니다. 그래서 예수님은 "원수를 정죄하고 친구들을 사랑하라"고 말씀하시지 않습니다. 오히려 "원수를 사랑하고 선대하고 아무것도 바라지 말고 그냥 꾸어주라"고 하십니다. 왜냐하면 하나님이 바로 그런 분이시기 때문입니다.

왜 하나님은 악인에게도 그렇게 인자하게 대하시는 것일까요? 우리처럼 꼬박꼬박 주일성수하면서 착하게 살아가는 그리스도인에게만 인자하지 않으시고, 왜 악한 사람들에게도 너그러우신 것일까요? 그 이유가 오늘 로마서 본문에 기록되어 있습니다. "하나님의 인자하심이 너를 인도하여 회개하게 하심을 알지 못하느냐!" 정말 그렇습니다. 하나님의 인자하심이 우리를 회개함으로 인도하셨습니다. 우리가 구원받은 것은 바로 그 때문입니다.

그렇다면 왜 하나님은 악인에게도 그렇게 인자하실까요? 똑같은 이유입니다. 그들을 회개함으로 인도하여 구원하기 위해서입니다. 그래서 그들이 비록 지금은 하나님을 무시하고 진리를 거부하고 죄를 짓고 있지만 그들을 여전히 인자하게 대하시고 용납하시고 길이 참고 계십니다. 그런 하나님의 마음을 조금도 헤아리지 못하고 함부로 판단하고 정죄하고 있으니, 그게 바로 하나님을 멸시하는 것이 아니고 무엇이겠습니까?

다만 네 고집과 회개하지 아니한 마음을 따라 **진노의 날 곧 하나님의 의로우신 심판이 나타나는 그날**에 임할 진노를 네게 쌓는도다(롬 2:5).

언젠가 하나님께서 이 땅을 심판하실 날이 있습니다. 그것을 바울은 '진노의 날'이라고 합니다. 앞에서 "하나님의 진노가 하늘로부터 나타난다"(롬 1:18)고 했는데, 바로 그 진노가 나타나는 날입니다. 그날 하나님은 당신을 무시하고 진리를 거부한 사람들은 준엄하게 심판하실 것입니다.

그러나 '진노의 날'은 그냥 두려움과 공포의 날이 아닙니다. '하나님의 의로우신 심판이 나타나는 날'이라고 합니다. 우리말 '의로우신 심판'은 헬라어 '디카이오크리시아δικαιοκρισία, dikaiokrisia'를 풀이한 것인데, 이 말은 'díkaios의로운, righteous'와 'krísis심판, judgment'의 합성어입니다. 그냥 죄인을 무조건 심판하시는 것이 아닙니다. '하나님의 의'로 '심판'하신다는 것입니다. '하나님의 의'로 심판하신다는 말씀이 무슨 뜻입니까?

이 대목에서 우리는 로마서 1장 17절에서 묵상한 '하나님의 의'를 다시 한 번 상기할 필요가 있습니다. 그때 '하나님의 의'를 무엇이라고 풀이했습니까? "사람들을 바로 세워주시는 하나님의 길"이라고 했습니다. 예수 그리스도의 복음에 그 길이 나타났다고 그랬지요. 그런데 그와 같은 '하나님의 의'로 최후의 심판을 하시겠다는 것입니다. 그렇다면 이게 무슨 뜻일까요?

그것은 지금 아무리 흉악한 죄를 짓고 있다고 하더라도 만일 예수 그리스도의 복음에 드러난 '하나님의 의'를 받아들인다면 마지막 때에 구원을 받게 된다는 말씀입니다. 그러나 아무리 상대적으로 깨끗하고 정직하게 살아왔다고 하더라도 만일 예수 그리스도의 복음에 드러난 '하나님의 의'를 받아들이지 않는다면 심판을 받게 될 것이라는 말씀입니다. 그것이 바로 '하나님의 의로우신 심판'입니다.

그렇다면 다시 한 번 묻겠습니다. 지금 동성애의 죄에 빠져있는 사람이 있다고 합시다. 그에게 구원의 문이 열려있을까요? 아니면 닫혀있을까요? 물론 열려있습니다. 그렇기에 비록 동성애의 죄에 빠져있다고 하더라도 "너는 지옥에 떨어질 놈이야!"라고 말하면 안 되는 겁니다. 하나님의 의로우신 심판의 날에 그 사람도 얼마든지 '하나님의 의'로 구원받을 수 있기 때문입니다.

그런데 마치 자신이 하나님이라도 된 듯이 함부로 판단하고 정죄하고 비난한다면, 그것은 인자하심으로 길이 참고 계시는 하나님을 멸시하는 죄를 짓는 것입니다. 바울의 표현대로, 그날에 임할 진노를 자신에게 쌓고 있는 중입니다(5절b).

행한 대로 보응하시는 하나님

계속해서 그다음 말씀을 읽겠습니다.

> 6하나님께서 각 사람에게 그 행한 대로 보응하시되 7참고 선을 행하여 영광과 존귀와 썩지 아니함을 구하는 자에게는 영생으로 하시고 8오직 당을 지어 진리를 따르지 아니하고 불의를 따르는 자에게는 진노와 분노로 하시리라(롬 2:6-8).

흔히 로마서를 '믿음의 책'이라고 이야기합니다. 오직 믿음으로 구원받는다는 '이신칭의以信稱義'의 교리를 가르치는 책이라고 생각하기 때문입니다. 그렇게 생각하는 사람들은 오늘 말씀에 충격을 받습니다. "행한 대로 보응한다"고 하기 때문입니다. 행함이 중요하다는 말씀이기 때문입니다. 하나님의 말씀은 어느 한쪽에 치우치는 일이 없습니다. 믿음과 함께 행함이 중요합니다.

그러나 오늘 본문에서 바울이 말하고 있는 행함은 율법주의자들이 율법을 지키는 행위와 같은 것이 아닙니다. 하나님께서 '영생'으로 보응하는 자는 어떤 사람이라고 했습니까? "참고 선을 행하여 영광과 존귀와 썩지 아니함을 구하는 자"라고 했습니다. 이 말씀은 앞의 4절에서 언급한 하나님의 마음, 즉 "인자하심과 용납하심과 길이 참으심"을 다시 반복하고 있는 것입니다.

그렇다면 누구에 대해서 참고, 누구에게 선을 행한다는 것일까요? 하나님을 무시하고 진리를 부인하는 죄인들에 대한 행함을 말합니다. 그들을 대할 때에 섣불리 판단하거나 정죄하지 않고, 오히려 하나님의 마음을 품고 대하는 것이지요.

메시지 성경의 표현대로 하면, 이런 사람들이 바로 "하나님 편에서 일하는 이들"(those who work on God's side)입니다. 이렇게 함으로써 하나님의 영광과 존귀와 썩지 아니함을 구하는 자들에게, 하나님은 '영생'으로 보응해주신다는 말씀입니다.

그 반대도 마찬가지입니다. "당을 지어 진리를 따르지 않고 불의를 따르는 자"는 어떤 사람입니까? 그들은 다른 사람을 함부로 판단하고 정죄하는 자들입니다. 자신을 다른 사람들과 다르다고 생각합니다. 그래서 편을 가릅니다. "당을 짓는다"는 것이 바로 그 뜻입니다.

그들은 죄인들을 향한 하나님의 애절한 마음이 무엇인지 헤아리지 않습니다. 단지 자신의 생각을 앞세워 죄인들을 판단하는 죄, 하나님을 멸시하는 죄를 짓습니다. "진리를 따르지 않고 불의를 따른다"는 것이 바로 그 뜻입니다. 그들에게 하나님은 '진노'와 '분노'로 보응해주십니다.

이와 같은 하나님의 보응에는 유대인, 이방인의 구분이 없습니다.

9 악을 행하는 각 사람의 영에는 환난과 곤고가 있으리니 먼저는 유대인에게요 그리고 헬라인에게며 10 선을 행하는 각 사람에게는 영광과 존귀와 평강이 있으리니 먼저는 유대인에게요 그리고 헬라인에게라. 11 이는 하나님께서 외모로 사람을 취하지 아니하심이라(롬2:9-11).

어떤 분들은 왜 유대인이 헬라인보다 먼저냐고 그럽니다. 그것은 하나님께서 유대인을 먼저 선택하셨기 때문입니다. 그러면 왜 유대인을 먼저 선택하셨냐고 그럽니다. 그것은 하나님의 주권적인 선택입니다. 누구를 먼저 선택할 것인지는 하나님 마음입니다. 그 선택에 누구도 이의異議를 달 수 없습니다. 마음대로 선택할 권리가 없다면 어떻게 하나님이라고 할 수 있겠습니까?

중요한 것은 순서가 아닙니다. 오히려 "하나님은 외모로 사람을 취하지 않는다"는 말씀이 더 중요합니다. 새번역 성경은 이 부분을 "하나님께서는 사람을 차별함이 없이 대하십니다"라고 번역합니다. 유대인이라고 너그럽게 인정해주거나 이방인이라고 까다롭게 대하거나 그러지 않습니다. 누구나 '하나님의 의'로 심판하십니다. 하나님이 행하신 길을 가로막아서는 자에게는 '환난'과 '곤고'로 심판하시고, 하나님이 행하신 길을 받아들이는 자에게는 '영광'과 '존귀'와 '평강'으로 구원을 베풀어주십니다.

우리는 지금 어떤 사람으로 살아가고 있습니까? '방탕한 죄'보다 '판단하는 죄'가 더욱 큰 죄입니다. 그것은 우리의 구원을 위해 일하시는 하나님의 길을 가로막는 것이기 때문입니다.

묵상 질문: 나는 다른 사람들을 함부로 판단하지 않았습니까?
오늘의 기도: 인자하심으로 나를 구원하신 하나님께서 같은 방식으로 다른 사람들을 구원하고 싶어 하신다는 사실을 잊지 않게 하옵소서. 자신의 의로움을 증명하기 위해 다른 사람을 판단하다가 도리어 주님의 책망을 받는 어리석은 자가 되지 않게 하옵소서. 예수님의 이름으로 기도합니다. 아멘.

종교 생활 vs. 신앙 생활

읽을 말씀: 로마서 2:12-29

새길 말씀: 무릇 율법 없이 범죄한 자는 또한 율법 없이 망하고 무릇 율법이 있고
범죄한 자는 율법으로 말미암아 심판을 받으리라. 하나님 앞에서는 율
법을 듣는 자가 의인이 아니요 오직 율법을 행하는 자라야 의롭다 하심
을 얻으리니… (롬 2:12-13).

　　앞 장에서 우리는 남을 판단하고 정죄하는 것은 '방탕한 죄'보다 더
큰 죄라는 말씀을 묵상했습니다. 그것은 죄인을 구원하기 위해 오래 참
으시는 하나님, 악인에게도 인자를 베푸시는 하나님의 마음을 조금도 헤
아리지 못하는 죄이기 때문이라고 했습니다.

　　또 하나님의 의로우신 심판의 날에 '하나님의 의'에 대한 반응에 따라
서 행한 대로 보응하신다는 말씀도 묵상했습니다. 하나님이 행하는 길을
가로막는 자에게는 심판을, 그 길을 받아들이는 자에게는 영생을 주신다
고 했습니다. 그리고 그와 같은 하나님의 보응에는 유대인과 이방인의

구분이 없다는 말씀도 묵상했습니다.

그런데 하나님의 말씀이 모든 사람에게 똑같은 분량의 은혜로 다가가는 것은 아닙니다. 어떤 사람에게는 마음에 큰 감동과 평안과 깨달음을 주기도 하지만, 똑같은 말씀이 어떤 사람에게는 저항심과 불편함과 반감을 불러일으키기도 합니다.

삶을 뒤흔드는 설교

아이들먼Kyle Idleman 목사님의 책 'not a fan'(팬인가, 제자인가)에 실린 이야기입니다.

어느 날 카일 목사님은 한 성도로부터 "설교가 마음에 들지 않아 교회를 떠나겠다"는 메일을 받게 됩니다. 목사님은 그 성도님과 통화하면서, 단도직입적으로 묻습니다. "안녕하세요. 카일 목사인데요, 제 설교가 싫어서 교회를 떠나신다고 들었습니다만…." 잠시 불편한 침묵이 흐른 후에, 그 성도님은 횡설수설 이런저런 해명을 늘어놓습니다. 그러던 끝에 아주 중요한 말을 남깁니다.

음… 사실은 목사님의 설교가 제 삶을 뒤흔드는 것 같은 기분이 들었습니다.

설교가 우리의 삶을 뒤흔든다면 그 교회를 떠나야 할까요, 아니면 남아있어야 할까요? 지금까지 바울이 이야기해 온 말씀을 들으면서 똑같은 고민에 빠진 사람들이 있었습니다. 그들이 누구였을까요?

그들은 바로 선민의식을 가지고 살아온 유대인이었습니다. 그들은 이방인들을 지옥의 불쏘시개감이라고 생각해왔습니다. 그런데 하나님의 보응에 유대인과 이방인의 구분이 없다니요…. 특히 율법에 대해서 전문적인 지식을 가진 사람들은 이 말씀에 큰 반감을 가지게 되었을 겁니다. 다른 사람들보다 더 많이 알기 때문에 남을 판단할 자격이 있다고 생각해왔던 사람들에게, 로마서는 '삶을 뒤흔드는 말씀'이었습니다.

그런데 아이러니한 것은 예수님을 만나기 전의 바울이 바로 그런 사람이었다는 사실입니다. 그는 누구보다도 열심히 하나님을 믿고 있다는 자부심으로 살았습니다. 그렇지만 예수님을 만나고 난 후에 자신이 그동안 하나님 편에 서 있지 않았다는 사실을 알게 되었습니다. 오히려 하나님의 마음을 조금도 헤아리지 못하면서 사람들을 함부로 판단하고, 하나님을 멸시하면서 하나님이 행하시는 길을 가로막고 있었다는 사실을 비로소 깨닫게 된 것입니다.

무엇이 바울의 삶을 뒤흔들었을까요? 예수 그리스도의 복음이 그렇게 했습니다. 예나 지금이나 '복음'은 사람들의 삶을 뒤흔듭니다. 특별히 교회 안에서 '종교 생활'을 하는 종교인에게 더욱 큰 충격으로 다가갑니다. 그들은 둘 중에 하나를 선택해야 합니다. 부담 없는 '종교 생활'을 위해 그 교회를 떠나거나, 아니면 제대로 된 '신앙 생활'을 새롭게 시작하여 신앙인의 길을 걷거나….

율법인가, 양심인가

바울은 자신의 경험에 비추어 당시의 유대인들이 빠져있었던 율법주의 종교 생활의 허구를 적나라하게 파헤치기 시작합니다.

> 12무릇 율법 없이 범죄한 자는 또한 율법 없이 망하고 무릇 율법이 있고 범죄한 자는 율법으로 말미암아 심판을 받으리라. 13하나님 앞에서는 율법을 듣는 자가 의인이 아니요 오직 율법을 행하는 자라야 의롭다 하심을 얻으리니…
> (롬 2:12-13)

'율법'은 이스라엘이 약속의 땅에서 하나님의 백성으로 살아가야할 지침으로 하나님이 주신 말씀입니다. 율법에는 하나님의 마음과 기대가 고스란히 담겨 있습니다. 그런데 유대인들은 이 율법을 겉치레로 만들었습니다.

오늘 본문에서 바울이 말한 것처럼 율법은 행하라고 주신 말씀인데, 그들은 율법을 행하지는 않고 하나님으로부터 율법을 받았다는 것에 대한 자부심만 가졌습니다. 그것으로 자신들이 무슨 특별한 존재라도 되는 듯이 생각했던 것입니다. 그냥 자부심만 가졌다면 이야기가 달라졌을지도 모릅니다. 문제는 그 율법으로 다른 사람을 판단하고 정죄하는 일에 사용했다는 사실입니다.

그것이 바로 종교 생활의 특징입니다. 이는 비단 유대인들만의 문제가 아닙니다. 예수 그리스도의 복음으로 시작된 교회에서도 여전히 종교 생활에 몰두하는 사람들이 많이 있습니다. 그들은 복음의 능력을 삶으로 체험하면서 신앙 생활 하지는 않고, 사람들에게 보이는 겉모습에만 늘 신경을 씁니다. 그들은 신령 직분을 계급장처럼 생각합니다. 그 직분에 맞게 살지는 못하면서 호칭 문제에 대단히 민감한 반응을 보입니다. 하나님을 믿는다고 하면서 하나님의 관심사가 무엇인지 제대로 파악조차 못하고 있는 것입니다.

하나님의 관심은 '삶'입니다. 하나님의 백성답게 살아가는 것입니다. 그래서 율법을 주셨습니다. 그런데 하나님이 원하시는 대로 살지 못한다면 "율법을 가지고 있다"는 것이 무슨 의미가 있겠습니까? 바울의 말처럼, "율법 없이 범죄한 자는 율법 없이 망하고, 율법 있고 범죄한 자는 율법으로 심판을 받을 뿐"입니다. 하나님의 뜻대로 살지 못한다면 율법을 받은 유대인이나 율법 없이 사는 이방인이나 망하는 것은 마찬가지입니다.

그런데 만일 율법 없이 사는 이방인들이 하나님의 뜻대로 살 수 있다면 어떻게 될까요?

¹⁴율법 없는 이방인이 본성으로 율법의 일을 행할 때에는 이 사람은 율법이 없어도 자기가 자기에게 율법이 되나니 ¹⁵이런 이들은 그 양심이 증거가 되어 그 생각들이 서로 혹은 고발하며 혹은 변명하여 그 마음에 새긴 율법의 행위를 나타내느니라(롬 2:14-15).

유대인들처럼 율법을 잘 모른다고 하더라도, 사람들에게는 기본적으로 '양심'이 있습니다. 그래서 잘못된 행동을 했을 경우에 마음에 가책을 받게 됩니다. 이것을 가리켜서 바울은 "그 마음에 새긴 율법'이라고 말합니다. 다시 말해서 하나님께서 인간을 창조하실 때에 이미 각각의 마음에 율법을 새겨놓으셨다는 것입니다.

메시지 성경의 표현대로 하자면, 사람들의 내면 깊은 곳에는 하나님이 말씀하시는 '그렇다yes'와 '아니다no', '옳다right'와 '그르다wrong'에 공명하는echo 무언가가 있다는 것입니다. 그렇다면 율법이 굳이 필요 없겠네요. 이미 양심이라는 내적인 율법을 마음마다 새겨놓으셨으니, 그냥 양심에 따라 살면 되는 것 아닌가요? 그리고 양심적으로 착하게 살면 하나님이 원하시는 대로 살게 되지 않을까요?

아닙니다. 거기에는 문제가 있습니다. 그것은 사람들의 양심이 타락했다는 사실입니다. '양심良心'은 상황에 따라서 얼마든지 '양심兩心'이 될 수 있습니다. 제 마음대로 구부려서 합리화할 수 있습니다.

그래서 바울은 "율법이 없어도 자기가 자기에게 율법이 된다"고 말합니다. 유대인들처럼 명문화된 하나님의 율법을 받지는 않았어도, 자기가 세워놓은 양심을 율법의 기준으로 삼을 수 있다는 것입니다. 그러니까 교회를 다니면서 하나님을 믿지는 않아도, 나름대로 '양심의 율법주의자'가 되어 그것으로 세상을 판단하고 정죄하는 율법주의 종교 생활을 얼마든지 할 수 있는 것이지요. 실제로 요즘 기독교를 일방적으로 매도하며 비판하는 사람들을 보면 얼마나 편협한 율법주의자인지 모릅니다.

따라서 중요한 것은 "율법이 있느냐", "양심적으로 사느냐"가 아닙니다. "하나님이 원하시는 대로 사느냐, 그렇지 않느냐"입니다. 만일 그렇게 살지 못한다면 마지막 때에 모두 하나님의 심판 앞에 서게 되는 것입니다.

> 곧 **나의 복음**에 이른 바와 같이 **하나님이 예수 그리스도로 말미암아 사람들의 은
> 밀한 것을 심판하시는 그 날이라**(롬 2:16).

율법을 가지고 살았든지, 아니면 양심을 가지고 살았든지, 하나님께서 사람들의 은밀한 것을 심판하시는 그날이 반드시 옵니다. 그런데 그날에 하나님이 사람들을 무엇으로 심판하실까요? 얼마나 율법적으로 살았는지, 얼마나 양심적으로 살았는지를 기준으로 삼으실까요? 아닙니다. "나의 복음에 이른 바와 같이…" 바울이 '나의 복음'이라고 말하는 것이 무엇입니까? 그것은 '예수 그리스도의 복음'입니다.

그 복음에 무엇이 나타났다고 했지요? '하나님의 의'가 나타났다고 했습니다. '하나님의 의'는 인간을 의롭게 세워주시는 하나님의 길이라고 했습니다. 예수 그리스도를 통해 하나님이 열어놓으신 구원의 길을 믿음으로 받아들여서 살았는지 그렇지 않고 하나님이 행하시는 일을 가로막으면서 살았는지로 그 사람을 심판하신다는 것입니다. 그러니 그 일에 율법이나 양심이 끼어들 자리가 없는 것이지요.

율법주의 종교 생활의 실상

이제 바울은 본격적으로 유대인들의 율법주의 종교 생활의 실상을 폭로하기 시작합니다.

¹⁷유대인이라 불리는 네가 율법을 의지하며 하나님을 자랑하며 ¹⁸율법의 교훈을 받아 하나님의 뜻을 알고 지극히 선한 것을 분간하며 ¹⁹맹인의 길을 인도하는 자요 어둠에 있는 자의 빛이요 ²⁰율법에 있는 지식과 진리의 모본을 가진 자로서 어리석은 자의 교사요 어린 아이의 선생이라고 스스로 믿으니… (롬 2:17-20).

여기까지만 읽으면 사실 흠잡을 데 없이 완벽합니다. 율법을 의지하고, 하나님을 자랑하고, 하나님의 뜻을 알고, 선한 일을 분간할 줄 아니 말입니다. 또한 그 지식을 가지고 눈먼 사람의 길잡이가 되어주고 어둠 속에 있는 사람의 빛이 되어주고, 어리석은 사람을 가르쳐주고 어린아이의 선생이 되어준다고 합니다. 이렇게 살 수만 있다면 정말 완벽한 신앙인 아니겠습니까?

그러나 겉모습만 이렇다는 것이 문제입니다. 속사람은 다릅니다.

²¹그러면 다른 사람을 가르치는 네가 네 자신은 가르치지 아니하느냐. 도둑질하지 말라 선포하는 네가 도둑질하느냐. ²²간음하지 말라 말하는 네가 간음하느냐. 우상을 가증히 여기는 네가 신전 물건을 도둑질하느냐. ²³율법을 자랑하는 네가 율법을 범함으로 하나님을 욕되게 하느냐. ²⁴기록된 바와 같이 하나님의 이름이 너희 때문에 이방인 중에서 모독을 받는도다(롬 2:21-24).

바울은 여기에서 가르치는 것과 실제로 사는 모습이 다르다는 것을 조목조목 이야기합니다. 그런데 이것은 사실 유대교를 믿는 유대인들만의 문제가 아닙니다. 오히려 모든 '종교 생활'의 특징입니다. 겉사람과 속사람이 같지 않습니다. 교회에서의 모습과 직장에서의 모습이 다릅니다. 사람들이 많이 있을 때의 모습과 혼자 있을 때의 모습이 다릅니다.

바울은 그 이유를 "네 자신을 가르치지 않기 때문"이라고 말합니다. 여기에서 '네 자신'은 '속사람'을 의미합니다. 겉모습은 그럴듯하게 갖추었지만 속사람이 제대로 갖추어지지 못한 것입니다. 그래서 지도자가 되어 다른 사람들에게 가르치고 설교하기는 해도 정작 자신은 그렇게 살지 못하는 것이지요.

문제는 그런 모습들로 인해서 "하나님의 이름이 이방인 중에서 모독을 받는다"는 사실입니다. 메시지 성경의 표현대로 하면, "너희 유대인들 때문에 이방인들에게 하나님이 욕을 먹는다"는 것입니다. 이방인이 누구입니까? 하나님을 알지 못하는 사람입니다. 하나님을 믿는다고 하는 사람들 때문에 하나님을 알지 못하는 이방인들에게 하나님이 욕을 먹고 있다는 겁니다.

정말 안타까운 것은 이 말씀이 2천 년이 지나서 오늘날 한국교회에도 그대로 적용되고 있다는 사실입니다. "너희 그리스도인들 때문에 세상 사람들에게 하나님이 욕을 먹고 있다!" 주님을 따르는 그리스도인들은, 믿음으로 인해 세상 사람들에게 박해를 받을지언정 결코 하나님이 욕을 먹게 해서는 안 됩니다. 그런데 왜 현실은 정반대인가요? 왜냐하면 많은 사람이 '신앙 생활'을 하지 않고 '종교 생활'을 하기 때문입니다.

겉치레에 치중하는 종교 생활을 열심히 하면 할수록 하나님이 욕을 먹게 됩니다. 그런 사람들로 교회가 커지면 커질수록 교회는 세상 사람들의 손가락질을 받는 대상이 됩니다. 예수 그리스도의 복음을 깨닫지 못한 탓입니다. 말씀을 통해, 역사를 통해 깨우치지 못한 까닭입니다.

육신의 할례, 마음의 할례

할례에 대한 자랑은 유대인의 율법주의 종교 생활을 단적으로 잘 드러냅니다. 그들은 할례를 하나님의 백성이 되었다는 증거로 생각했습니다. 그리고 할례를 받지 않은 이방인들을 개처럼 여겼습니다. 그러나 바울은 무할례자들이 오히려 율법을 온전히 지킬 수 있다고 말합니다.

25네가 율법을 행하면 할례가 유익하나 만일 율법을 범하면 네 할례는 무할례가 되느니라. 26그런즉 무할례자가 율법의 규례를 지키면 그 무할례를 할례와 같이 여길 것이 아니냐. 27또한 본래 무할례자가 율법을 온전히 지키면 율법 조문과 할례를 가지고 율법을 범하는 너를 정죄하지 아니하겠느냐(롬 2:25-27).

할례가 시작된 것은 아브라함 때부터입니다. '할례'는 하나님과의 계약관계를 인정하고 하나님의 약속을 믿는다는 '표징sign'이었습니다(창 17:11). 그러나 할례를 받았다고 해서 율법을 행하지 않아도 되는 것은 아닙니다. 오히려 할례를 받았다면 더욱더 하나님과의 약속을 잘 지켜야 합니다. 그런데 율법을 지키지는 않으면서 스스로 하나님의 백성이라고 생각한다면 바울의 말처럼 그 할례는 무할례가 됩니다. 차라리 할례를 받지 않는 편이 낫습니다.

그 반대도 마찬가지입니다. 할례를 받지 않고도 하나님의 길을 따라 사는 사람들은 할례 받은 사람들보다 못하지 않습니다. 아니, 할례는 받지 않았어도 하나님의 율법을 지키는 것이, 할례를 받고도 율법을 지키지 않는 것보다 더 낫습니다. 왜냐하면 하나님의 관심은 '삶'에 있기 때문입니다. 하나님은 할례를 받았는지를 확인하기 전에 먼저 그 사람의 삶을 살펴보시기 때문입니다.

하나님이 찾으시는 사람은 포피에 할례를 받은 유대인이 아니라 하나님의 백성입니다. 바울은 그것을 가리켜서 '이면적 유대인inward Jew'이라는 말로 표현합니다.

28무릇 표면적 유대인이 유대인이 아니요 표면적 육신의 할례가 할례가 아니니라. 29오직 이면적 유대인이 유대인이며 할례는 마음에 할지니 영에 있고 율법 조문에 있지 아니한 것이라. 그 칭찬이 사람에게서가 아니요 다만 하나님에게서 니라(롬 2:28-29).

겉으로 할례를 받았다고 해서 하나님의 백성 되는 것이 아닙니다. 마음에 할례를 받고 하나님 인도하심에 따라 순종하는 사람이 하나님의 백성입니다. '할례'를 '세례'로 바꾸어도 역시 진리입니다. 물로 세례를 받았다고 해서 우리가 하나님의 자녀 되는 것이 아닙니다. 마음에 성령 세례를 받고 하나님의 인도하심에 따라 순종하는 사람이 하나님의 자녀입니다.

이 부분에 대한 메시지 성경의 풀이가 아주 맛깔스럽습니다.

> 여러분을 유대인으로 만들어 주는 것은 여러분 마음에 새겨진 하나님의 표시이지, 여러분 피부에 새겨진 칼자국이 아닙니다…(롬2:29a, 메시지).

그런데 사람들은 왜 피부에 새겨진 칼자국에 그렇게 목을 매는 것일까요? 왜냐하면 율법주의 종교 생활에 심취해있기 때문입니다. 율법주의는 사람의 칭찬을 기대합니다. 바울은 말합니다. "그 칭찬이 사람에게서가 아니요 다만 하나님에게서니라." 중요한 것은 하나님에게 인정받는 것입니다. 만일 우리가 하나님보다 사람들에게 인정받는 것을 더욱 중요하게 여기고 있다면 우리는 율법주의 종교 생활을 하고 있는 것입니다.

우리는 지금 '종교 생활'을 하고 있습니까? 아니면 '신앙 생활'을 하고 있습니까? 우리 마음에 새겨진 하나님의 표시가 있습니까? 바울은 "내 몸에 예수의 흔적을 지니고 있다"(갈6:17)고 했는데, 우리에게도 그런 것이 있습니까? 그것이 과연 무엇일까요? 그렇습니다. 예수 그리스도의 복음입니다. 복음의 능력이 나를 그리스도인으로 살게 하는 것입니다.

묵상 질문: 나는 지금 '신앙 생활'을 하고 있습니까?
오늘의 기도: 율법을 가진 자가 아니라 율법을 행하는 자가 되게 하옵소서. 사람의 칭찬에 목말라하는 자가 아니라 오직 하나님의 인정하심에 소망을 두는

자가 되게 하옵소서. 힘겨운 종교 생활이 아니라 벅찬 감격의 신앙 생활을 할 수 있게 하옵소서. 예수님의 이름으로 기도합니다. 아멘.

의인은 없습니다!

읽을 말씀: 로마서 3:1-20

새길 말씀: … 유대인이나 헬라인이나 다 죄 아래에 있다고 우리가 이미 선언하였
느니라. 기록된 바 의인은 없나니 하나도 없으며 깨닫는 자도 없고 하나
님을 찾는 자도 없고 다 치우쳐 함께 무익하게 되고 선을 행하는 자
는 없나니 하나도 없도다(롬 3:9b-12).

앞 장에서 우리는 '종교 생활'과 '신앙 생활'의 차이에 대해서 살펴보
았습니다. 종교 생활의 특징은 겉치레에 집중하는 율법주의라고 했습니
다. 이는 유대인과 이방인이 크게 다르지 않습니다. 유대인은 하나님으
로부터 받은 율법으로 종교 생활을 하고 이방인은 자기 나름대로 양심을
기준으로 하여 종교 생활을 할 뿐입니다. 그들은 모두 사람들의 칭찬과
인정을 기대하면서 살아갑니다.

반면 신앙 생활이란 우리를 향한 하나님의 기대에 부응하면서 살아
가는 것입니다. 하나님의 칭찬과 인정을 받으면서 살아가는 것입니다.

하나님은 육신의 할례가 아니라 마음의 할례를 인정해주십니다. 하나님의 말씀에 순종하여 살아가는 삶을 칭찬해주십니다. 그러나 사람들은 그렇게 살아가지 못합니다. 모두 죄 아래에 있기 때문입니다. 오늘 우리가 살펴볼 내용입니다.

네 자신을 알라

고대 그리스의 유명한 격언입니다. "네 자신을 알라!"(γνῶθι σεαυτόν, 그노티 세아우톤 Know thyself). 흔히들 소크라테스가 남긴 말로 알고 있지요. 이 말은 "네가 너 자신을 얼마나 모르고 있는지를 알라!"는 뜻입니다. 사람들은 자신을 잘 알고 있다고 생각합니다. 그건 착각입니다. 자신 안에 무엇이 들어있는지 잘 모릅니다. 아직 어떤 상황에 노출되지 않아서 그렇지, 그때 어떤 식으로 반응할지 닥쳐봐야 알 수 있습니다.

그래서 우스갯소리로 "국어를 배웠다면 '주제'를 파악해야 하고, 수학을 배웠다면 '분수'를 알아야 하고, 영어를 배웠다면 '영문'을 알아야 한다"고 합니다. 같은 방식으로 말해서, 성경을 배웠다면 무엇을 알아야 할까요? 나 자신이 어쩔 수 없는 '죄인'이라는 사실을 알아야 합니다. 그래야 내 '주제'를 파악하게 되고, 내 '분수'를 알게 되고 내가 왜 이렇게 사는지 그 '영문'을 알 수 있는 것입니다.

우리 그리스도인들은 대체로 자신이 죄인이라는 사실을 인정합니다. 제가 지금까지 교회 안에서 만나본 사람 중에 자신은 죄인이 아니라고 말하는 사람을 하나도 보지 못했습니다. 그런데 말로만 그러는 사람들이 많습니다. 자신이 죄인이라고 말은 하는데, 정말 자신이 죄인이라는 사실을 아는 것처럼 보이지는 않습니다. 특히 다른 사람들을 용서하지 못하는 것을 보면 그걸 알 수 있습니다.

자기가 죄인이라는 사실을 깨달은 사람은 다른 사람에게 까다롭게 굴지 않습니다. 너그러워집니다. 누군가에게 잘못을 지적당해도 별로 기분 나빠하지 않습니다. 자신은 죄인이기 때문입니다. 그런데 믿음의 공동체 안에서 우리가 경험하는 성도들은 그러지 않습니다. 서로 간에 얼마나 갈등과 다툼이 많은지 모릅니다. 서로 판단하고 정죄하는 일이 흔하게 일어납니다. 조금이라도 자존심이 상하는 것을 참지 못하는 사람들이 적지 않습니다. 자기가 죄인이라는 사실을 분명히 깨닫지 못하고 있다는 증거입니다.

왜 그럴까요? '복음'을 교리로 알고 있듯이 '죄인'이라는 것도 교리로만 알고 있기 때문입니다. 그러니 현실감이 없는 것이지요. 성경에서 "인간은 모두 죄인이다"라고 하니까 그러려니 생각은 하지만, 마음으로는 선뜻 동의가 되지 않는 것이지요. 오히려 매스컴에 등장하는 악질들보다는 자신이 상대적으로 괜찮은 사람이라고 생각합니다. 그래서 우리는 적당히 타협을 합니다. 나는 죄인이기는 하지만 그래도 '그렇게 나쁘지 않은 괜찮은 죄인'이라는 식으로 말입니다.

그러나 이미 우리가 살펴본 대로, 성경은 죄의 양으로 사람을 분류하지 않습니다. 동성애의 죄이든지, 수군수군한 죄이든지, 아니면 약속을 지키지 않은 죄이든지 모두 사형감입니다. '죄의 삯은 사망'이기 때문입니다(롬 6:28). 모든 사람은 하나님의 진노 아래 있습니다. 여기에는 유대인이든 이방인이든 다름이 없습니다. 자신이 죄인이라는 사실을 정확히 알고 있어야 비로소 하나님이 열어놓으신 구원의 길이 보이게 되는 것입니다.

그런데 유대인들은 좀처럼 이 사실을 인정하고 싶어 하지 않았습니다. 왜냐하면 그들은 하나님의 특별한 선택을 받은 민족이기 때문입니다. 자신을 이방인과 똑같이 취급하는 것은 그들로서는 매우 못마땅한 일입니다. 바울은 유대인들의 생각을 그 누구보다 잘 알고 있었습니다. 과거에 자신도 그랬기 때문입니다. 그러나 유대인들이 가지고 있는 선민

選民 사상이 정말 자신의 정체성과 주제를 제대로 파악한 것이었을까요?

유대인의 사명

바울은 하나님이 유대인들을 선택하신 이유에 대해서 먼저 질문하고 그에 대한 자신의 생각을 말합니다.

> 1그런즉 유대인의 **나음**이 무엇이며 할례의 유익이 무엇이냐. 2범사에 많으니 우선은 그들이 **하나님의 말씀을 맡았음이니라**(롬 3:1-2).

바울의 첫 번째 질문은 "유대인의 나음이 무엇이냐?"입니다. 우리말 '나음'으로 번역된 헬라어 '페리소스$_{\pi \epsilon \rho \iota \sigma \sigma \acute{o} \varsigma, \ perissos}$'는 성경의 다른 곳에서 '풍성한'(abundant, 요 10:10), 또는 '지나는'(beyond, 마 5:37) 등으로 번역되고 있는 말입니다. 그러니까 바울은 지금 유대인이 이방인보다 더 '우월'한 이유를 설명하려고 하는 것이 아닙니다. 오히려 그들이 이방인보다 더 많이 가지고 있는 '사명'이 무엇인지에 대해서 이야기하려고 합니다.

그 사명은 바로 '하나님의 말씀을 맡은 것'입니다. 이를 메시지 성경은 '하나님의 계시를 기록하고 보존할 책임'(writing down and caring for God's revelation)이라고 풀이합니다. 성경을 기록하고 보존하는 것은 대단히 중요한 일입니다. 그런데 유대인은 그것을 자신들의 '특권'으로 이해했습니다. 자신들이 이방인보다 우월한 근거로 삼았습니다. 그러나 바울은 그것이 바로 유대인의 '사명'이라고 이야기하고 있는 것입니다.

하나님이 그들에게 성경을 맡기신 것은 하나님의 말씀을 소유하라는 뜻이 아닙니다. 하나님으로부터 받은 계시를 누군가에게 전해야 한다는 뜻입니다. 그게 누구입니까? 말씀을 받지 못한 이방인입니다. 그런데 유대인은 그 사명을 감당하려고 하지 않았습니다. 오히려 할례받지 않았다

는 이유로 이방인을 사람 취급조차 하지 않았습니다. 본말本末이 완전히
뒤집힌 것이지요.

> 어떤 자들이 믿지 아니하였으면 어쩌하리요. 그 믿지 아니함이 하나님의 미쁘심
> 을 폐하겠느냐(롬 3:3).

여기에서 '어떤 자들'은 유대인을 가리키는 말입니다. 그런데 우리말
개역성경의 번역은 "유대인들 중에 하나님의 말씀을 믿지 않는 사람들도
있다"는 뉘앙스로 되어있습니다만 실제로는 그렇지 않습니다.
'믿지 않았다'로 번역된 헬라어 '아피스테오πιστέω, apisteó' 동사는, 앞의
2절에서 '맡았다'로 번역된 '피스튜오πιστεύω, pisteuó' 동사의 반대말입니다.
따라서 '믿지 않았다'가 아니라 '맡지 않았다'로 하는 것이 맞습니다. 그리
고 '맡지 않았다'는 것은 하나님께서 맡겨주신 사명을 감당하지 않았다는
뜻이 됩니다.
메시지 성경은 이 부분을 아주 잘 번역하고 있습니다.

> 그 과정에서 유대인들 중 일부가 자신의 임무를 저버렸던 것은 사실이지만, 하나
> 님은 그들을 저버리지 않으셨습니다(롬 3:3, 메시지).

유대인들은 말씀을 전하라고 맡겨주신 임무를 저버렸습니다abandon.
그렇지만 하나님은 미쁘신 분입니다. 어떤 경우에도 그들을 포기하지 않
으십니다. 유대인들에 대한 기대를 거두지 않으십니다. 비록 유대인들은
하나님이 맡기신 사명에 신실하지 못했을지라도, 하나님의 신실하심이
없어지는 것은 아닙니다. 하나님은 약속하신 대로 본래의 계획을 이루어
가십니다. 즉 이방인에게 하나님의 말씀이 전해지는 일을 계속 해나가십
니다.

다 죄 아래 있다

만일 유대인이 임무를 제대로 감당하지 못했어도 하나님이 그들을 포기하지 않는다면, 그것은 하나님이 유대인들을 여전히 다른 민족들보다 특별히 여기신다는 증거일까요? 바울은 유대인들의 마음에 남아 있을 질문을 대신 끄집어내어 답변합니다.

그러면 어떠하냐. 우리는 나으냐. 결코 아니라. 유대인이나 헬라인이나 다 죄 아래에 있다고 우리가 이미 선언하였느니라(롬 3:9).

바울의 두 번째 질문은 "우리는 나으냐?"입니다. 여기에서 '우리'는 유대인을 말합니다. 바울도 유대인이었습니다. 그러니까 "우리는 나으냐?"라는 질문은 "유대인이 이방인보다 나으냐?"는 뜻입니다. 유대인들은 어떤 경우에도 이런 식으로 생각하고 싶어 한다는 사실을 바울은 잘 알고 있었습니다. 율법주의 종교 생활에 익숙한 사람들은 그 껍데기를 벗어버리기가 이렇게 힘듭니다.

그러나 이에 대한 바울의 답변은 분명합니다. "결코 아니다!" 하나님이 유대인에게 먼저 말씀을 맡기셨고, 비록 그 사명을 감당하지 못했어도 하나님이 그들을 포기하지 않는다고 해서 유대인이 이방인보다 우월하다고 결코 말할 수 없다는 것입니다.

그렇다면 무엇입니까? 유대인과 이방인이 다르지 않다고 말하는 근거가 도대체 무엇입니까? 그것은 '죄'입니다. 유대인이나 이방인이나 모두 죄 아래 있기 때문입니다. 이 부분을 메시지 성경은 다음과 같이 풀이합니다.

… 기본적으로 우리는 유대인이든 이방인이든 모두 똑같은 조건에서 출발합니

다. 다시 말해, 우리는 다 죄인으로 출발합니다. 이 점에 대해 성경은 더할 나위 없이 분명합니다(롬 3:9, 메시지).

유대인이든 이방인이든 다르지 않다고 바울이 말하는 것은, 그들이 모두 '죄인'이라는 같은 조건에서 출발하기 때문입니다. 하나님이 유대인에게 말씀을 맡겨주신 것은 그들이 '의인'이었기 때문이 아니었습니다. '죄인'이었지만 그들에게 사명을 주신 것이지요. 그 사명을 제대로 감당하지 못했음에도 하나님이 여전히 그들을 포기하지 않으시는 이유도 그들이 본래부터 '의인'이었기 때문이 아닙니다. 하나님이 신실하시기 때문입니다.

따라서 율법을 가졌든 가지지 못했든 똑같이 '죄인'입니다. 율법을 배웠든 배우지 못했든 똑같이 '죄인'입니다. 사명을 감당했든 감당하지 못했든 똑같이 '죄인'입니다. '죄인'은 누구나 사형선고를 받은 사람들입니다. 하나님으로부터 사면을 받지 않는다면 누구나 지옥에 갈 수밖에 없는 운명입니다.

바울은 시편 14편을 인용하여 이 사실을 더욱 분명하게 확인시킵니다.

10... 의인은 없나니 하나도 없으며 11깨닫는 자도 없고 하나님을 찾는 자도 없고 12다 치우쳐 함께 무익하게 되고 선을 행하는 자는 없나니 하나도 없도다(롬 3:10-12; 시 14:1-3).

이뿐만이 아닙니다. 바울은 13절에서 18절까지 여러 곳의 구약성경을 인용하면서 같은 이야기를 합니다. "의인은 없다. 한 사람도 없다!" 이것이 성경이 증언하는 사람의 본성입니다.

작고하신 한경직 목사님을 모르는 사람은 아마 한 분도 없으실 겁니다. 우리 개신교를 대표할만한 몇 안 되는 존경받는 목사님이십니다. 수만 명의 큰 교회를 담임하셨지만, 그분은 교회 세습도 하지 않았고 부정 축재도 하지 않았습니다. 은퇴 후에는 남한산성의 우거처에서 검소하게 살다가 하나님의 부르심을 받았습니다.

그런데 그분 생애의 말년에 많은 사람을 시험에 들게 했다는 말이 들립니다. 치매에 걸려서 지나가는 사람들에게 욕을 했다는 등, 가까운 주위 사람들에게 "예수는 무슨 개나발이냐?"는 등의 망언을 해서 힘들게 했다는 등의 이야기가 쉬쉬하면서 전해집니다. 저는 그 이야기를 들으면서 실망스럽기보다는 오히려 마음에 위로를 받았습니다. "한경직 목사님도 우리와 똑같은 사람이셨구나!" 하는 생각이 들어서입니다.

그게 사람입니다. 정말 의인은 한 사람도 없습니다. 사람의 본성은 다 똑같습니다. 욕하고 싶고 물어뜯고 싶은 본성을 평생 억제하며 사는 것뿐이지, 그 속에 있는 본성은 똑같습니다. 한경직 목사님의 경우에는 말년에 걸린 치매의 병이 그동안 억제되어 있던 본성을 드러나게 했을 뿐입니다.

그렇다면 한경직 목사님은 천국에 가셨을까요? 물론 가셨습니다. '하나님의 의'가 나타난 예수 그리스도의 복음을 붙들고 평생 사셨기 때문입니다. 하나님은 사람의 본성으로 심판하지 않으시고, 하나님의 의로 심판하십니다. 그래서 '복음'입니다.

율법이 필요한 이유

율법을 받아 가지고 있는 유대인이나 율법을 가지지 못한 이방인이 모두 죄인이라면, 과연 율법은 무슨 소용이 있는 것일까요? 유대인에게 율법을 맡겨주신 이유가 무엇일까요?

19우리가 알거니와 무릇 율법이 말하는 바는 율법 아래에 있는 자들에게 말하는 것이니 이는 모든 입을 막고 온 세상으로 하나님의 심판 아래에 있게 하려 함이

라. 20그러므로 율법의 행위로 그의 앞에 의롭다 하심을 얻을 육체가 없나니 율법
으로는 죄를 깨달음이니라(롬 3:19-20).

오늘 본문에서 두 가지 대답을 찾았습니다. 그 하나는 사람들의 입을
닫게 하기 위해서입니다. 19절에서 바울은 율법 아래 있는 자들은 "모든
입을 막게 된다"(so that every mouth may be silenced, NIV)고 했습니다. 그
렇습니다. 율법을 배워서 알면 알수록 사람들은 입을 닫을 수밖에 없게
됩니다. 왜냐하면 '율법으로는 죄를 깨달을 뿐이기 때문'입니다.

'대역죄인'이 무슨 할 말이 있겠습니까? 그저 "나는 죄인이로소이다"
하면 그만이지요. 그런데 스스로 '대역죄인'이라고 생각하지 않기 때문에
이런저런 변명거리가 많아지는 것입니다. 죄의 열매가 상대적으로 적다
고 생각하니까 자꾸 말이 많아지는 것이지요.

유대인이 빠진 함정은 율법으로 자기 자신을 비추어보지는 않고 다
른 사람들을 판단하는 일에만 사용한 것이었습니다. 그러니까 자연스럽
게 말이 많아질 수밖에요. 말이 많아질수록 사람들은 점점 더 유대인을
싫어하게 되었습니다. 자신들은 특별하게 선택된 민족이라고 자랑하면
서 이방인을 지옥의 불쏘시개라고 하는데 누가 유대인을 좋아하겠습니
까? 인류의 역사를 통해서 유대인이 받은 고난은 어쩌면 자업자득인지
도 모릅니다.

우리도 마찬가지입니다. 하나님의 말씀에 자기 자신을 비추면 점점
할 말이 없어집니다. 그런데 자꾸 다른 사람에게 적용하려고 하니까 말
이 많아지고 교회가 시끄러워지는 것입니다. 스스로 '의인'이라고 생각하
니까 갈등과 다툼이 생겨나는 것입니다. 그런 분들은 하나님의 말씀을
다시 읽어야 합니다. 바울이 말한 것처럼 "죄인 중에 내가 괴수다"(딤전
1:15)라는 고백이 나올 때까지 읽어야 합니다.

다른 하나는 율법의 행위로 구원을 얻을 수 없다는 것을 알게 하기

위해서입니다. 20절에서 바울은 "율법의 행위로 그의 앞에 의롭다 하심을 얻을 육체가 없다"고 했습니다. 율법을 열심히 지킨다고 해서 사람의 악한 본성을 고칠 수는 없습니다. 악한 본성이 고쳐지지 않는데 어떻게 하나님 앞에 의롭다고 인정받을 수 있겠습니까? 하나님께 의롭다고 인정을 받지 못하는 사람이 어떻게 구원을 받을 수 있겠습니까?

그렇다면 하나님은 구원을 받는 데 아무런 소용이 없는 율법을 왜 주셨을까요? 예수 그리스도의 복음에 나타난 '하나님의 의'를 깨닫게 하기 위해서입니다. 구원이란 인간의 노력과 공로를 통해서 획득할 수 있는 보상이 아니라 오직 하나님의 은혜로 주어지는 선물임을 알게 하기 위해서입니다. 이 말씀은 다음 장에서 계속 살펴보겠습니다.

오늘 우리가 묵상한 "의인은 없다. 하나도 없다"는 말씀을 어떻게 받아들이십니까? 듣기에 조금 불편하십니까? 절대로 인정하실 수 없습니까? 공평하지 못하다고 느끼십니까? 그렇다면 아직도 '하나님의 의'를 받아들일 준비가 되지 않으신 겁니다. 복음의 능력을 체험할 단계가 아닙니다. 진실한 마음으로 "나는 죄인입니다!"라고 고백할 때에만 비로소 하나님이 열어놓으신 구원의 길을 발견할 수 있습니다.

이번 로마서 묵상이 끝나기 전까지 우리 모두 구원의 길을 발견하는 기쁨을 맛볼 수 있기를 간절히 소망합니다.

묵상 질문: 나는 죄인으로서 내 주제를 잘 파악하고 있습니까?

오늘의 기도: 아무리 착하게 살고자 애쓴다 해도 나 자신의 악한 본성을 스스로 고칠 수 없다는 것을 잘 압니다. 그러나 진실한 마음으로 나의 죄인 됨을 고백할 때에 하나님의 은혜로 주어지는 구원의 선물을 받을 수 있음을 믿습니다. 예수님의 이름으로 기도합니다. 아멘.

하나님이 바로 세워주십니다!

읽을 말씀: 로마서 3:21-31

새길 말씀: 이제는 율법 외에 하나님의 한 의가 나타났으니 율법과 선지자들에게
증거를 받은 것이라. 곧 예수 그리스도를 믿음으로 말미암아 모든 믿는
자에게 미치는 하나님의 의니 차별이 없느니라(롬 3:21-22).

앞 장에서 우리는 유대인이든 이방인이든 모두 죄 아래 있으며, 따라
서 이 세상에 의인은 하나도 없다는 말씀을 묵상했습니다. "의인이 없다"
는 말은 "스스로 의인이 될 수 있는 사람이 없다"는 말과 같습니다. 하나
님께서 이스라엘 백성에게 율법을 주셨지만, 그 율법은 단지 죄를 깨닫
게 할 뿐 인간을 의롭게 만들지는 못합니다.

그러나 '나는 어쩔 수 없는 죄인'이라는 자기 주제를 파악한 사람들은,
역설적으로 하나님이 열어놓으신 새로운 구원의 길을 발견하게 됩니다.
그것이 바로 로마서를 통해서 바울이 설명하려고 하는 '복음에 나타난
하나님의 의'입니다. 구원은 인간의 노력과 공로를 통해서 획득하는 보

상이 아니라, 오직 하나님의 은혜로 주어지는 선물임을 알게 하려는 것입니다.

오늘 우리가 묵상하게 될 말씀에 그 내용이 잘 담겨 있습니다.

구원의 새로운 길

21-22절입니다.

> 21이제는 율법 외에 하나님의 한 의가 나타났으니 율법과 선지자들에게 증거를 받은 것이라. 22곧 예수 그리스도를 믿음으로 말미암아 모든 믿는 자에게 미치는 하나님의 의니 차별이 없느니라(롬 3:21-22).

헬라어 원문을 읽어보면 우리말 성경에는 번역되지 않는 단어가 하나 나옵니다. '그러나δέ, 데'라는 말입니다. 따라서 '그러나 이제는but now'이라고 해야 합니다. 이게 별것 아니라고 생각할 수도 있겠지만, 이 '그러나'는 구약과 신약을 나누는 인류의 역사에 있어서도, 지금까지 바울이 전개해온 문장의 흐름에 있어서도 아주 중요한 의미가 있습니다. 구약시대에는 율법의 시스템이 작동해왔지만, '그러나 이제는' 복음의 시스템이 작동하는 시대가 되었기 때문입니다.

그것을 바울은 "율법 외에 하나님의 한 의가 나타났다"고 설명합니다. 여기에서 우리말 '외에'로 번역된 헬라어 '코리스χωρίς, chóris'는 성경 다른 곳에서는 '없이'(without, 눅 6:49) 또는 '떠나서'(apart from, 요 15:5) 등으로 번역됩니다. 그래서 새번역 성경은 "율법과 상관없이 하나님의 의가 나타났다"고 풀이합니다.

인간을 바로 세워주시는 '하나님의 의'는 율법주의 시스템으로는 도무지 이해할 수 없는 완전히 새로운 구원의 시스템입니다. 그것이 바로 예수 그리스도의 복음으로 인류 역사에 등장하게 된 것이지요.

이와 같은 '하나님의 의'는 완전히 새로운 것이지만, '율법과 선지자들에게 증거를 받은 것'이라고 바울은 말합니다. 여기에서 '율법'은 구약의 '오경'을, '선지자들'은 '예언서'를 가리키는 말입니다. 그러니까 구약성경에 인간을 바로 세워주시는 '하나님의 의'가 이미 계시되어 있다는 것이지요.

이것은 율법주의 종교 생활과 다른 새로운 시스템이지만, 하나님의 구원계획 속에는 이미 포함되어 있었다는 뜻입니다. 실제로 예수 그리스도의 십자가 사건은 구약의 속죄 제사를 배경으로 할 때만 제대로 된 의미를 알 수 있게 됩니다. 이 점에 대해서 바울은 나중에 조금 더 자세하게 설명합니다.

여기에서 중요한 말씀은 인간을 바로 세워주시는 '하나님의 의'는 오직 예수 그리스도를 믿을 때만 그 효력이 나타난다는 것입니다. 다시 말해서 하나님께서 예수 그리스도의 십자가를 통해서 친히 우리의 구원을 위해 일해 주셨다는 것을 믿음으로 받아들일 때만 이 시스템은 작동하게 되어있다는 것입니다.

그리고 그 일에는 "차별이 없다"고 합니다. 유대인이나 이방인들 사이에 아무런 차이가 없다는 것이지요. 하나님의 일하심을 믿는 사람이라면 누구에게나 동일하게 역사하게 되어 있습니다. 이처럼 하나님께서 친히 우리를 바로 세워주시는 길을 따르는 것은 율법을 지키는 것에 비하면 말할 수 없이 쉬운 길입니다. 그래서 우리는 이것을 '은혜'라고 합니다. 하나님이 값없이 거저 주신 선물입니다.

그런데 왜 이런 구원의 시스템이 필요하게 되었을까요?

23모든 사람이 죄를 범하였으매 하나님의 영광에 이르지 못하더니 24그리스도 예수 안에 있는 속량으로 말미암아 하나님의 은혜로 값없이 의롭다 하심을 얻은

자 되었느니라(롬 3:23-24).

인간의 죄 때문입니다. 마틴 루터가 성경을 다 읽고 나서 이렇게 말했다고 하지요. "내가 만약 하나님이라면 나를 포함해 이 세상 사람들을 모두 당장 멸망시켜 버리고 말았을 것이다!" 이 세상에는 하나님의 심판을 받지 않아도 될 만한 '의인'은 한 사람도 없습니다. 바울도 말합니다. "모든 사람이 죄를 범하였다." 이 '모든 사람' 속에는 우리도 포함되어 있다는 것을 인정해야 합니다.

우리는 하나님이 원하시는 영광스러운 삶을 살아 낼 능력이 전혀 없는 죄인입니다. 그런데 '그리스도 예수 안에 있는 속량'으로 말미암아 하나님께서 우리를 의롭다고 인정해주신 것입니다.

우리말 '속량贖良'이란 몸값을 받고 노비의 신분을 풀어주어서 양민이 되게 해주었던 풍습을 가리키는 말입니다. 이에 해당되는 헬라어 '아폴루트로시스ἀπολύτρωσις, apolutrósis' 역시 노예시장에서 몸값을 치르고 노예를 산 뒤에 노예증서를 찢어 그에게 자유를 주는 것을 의미합니다. 즉 '그리스도 예수 안에 있는 속량'이란 예수님을 믿기만 하면 하나님께서 그의 죄 값을 대신 치르고 구원해주시기로 작정하신 일을 말합니다. 이것이 지금까지 바울이 줄기차게 설명해왔던 '하나님의 의'입니다.

이것은 하나님의 은혜입니다. 값없이 주시는 선물입니다. 구원은 우리가 노력하고 애써서 하나님으로부터 얻어내는 것이 아닙니다. 오히려 하나님께서 친히 우리를 위해 일해 주셨습니다. 우리는 그저 믿음으로 받아들이기만 하면 되는 것입니다.

화목제물로 삼으심

계속해서 바울은 앞에서 언급했던 '율법과 선지자들의 증거'에 대해서 구약의 속죄 제사의 예를 들어 설명하기 시작합니다.

> **25이 예수를 하나님이 그의 피로써 믿음으로 말미암는 화목제물로 세우셨으니 이는 하나님께서 길이 참으시는 중에 전에 지은 죄를 간과하심으로 자기의 의로 우심을 나타내려 하심이니 26곧 이 때에 자기의 의로우심을 나타내사 자기도 의 로우시며 또한 예수 믿는 자를 의롭다 하려 하심이라**(롬 3:25-26).

여기에서도 우리말 성경 읽기가 참 쉽지 않다는 것을 느낍니다. 특히 첫 부분이 더욱 그렇습니다. "이 예수를 하나님이 그의 피로써 믿음으로 말미암는 화목제물로 세우셨으니…" 이게 도대체 무슨 말이죠? 이 부분 은 새번역이 훨씬 더 쉽게 읽힙니다. "하나님께서는 이 예수를 속죄제물 로 내주셨습니다. 그것은 그의 피를 믿을 때에 유효합니다."

우선 '화목제물' 또는 '속죄제물'이란 말부터 잘 이해해야 합니다. 구 약의 제사는 희생제물을 바치는 것이 핵심입니다. 하나님께 제사 드리는 사람이 자기의 죄를 짐승에게 떠넘긴 후에 그 짐승을 죽입니다. 이때 하 나님은 제사 드리는 사람과 희생제물을 동일시하기로 약속하셨습니다. 피 흘려 죽은 제물을 제사 드리는 사람의 죽음으로 생각해주시겠다는 것 이지요. 그렇게 제사를 드리고 나면 그 사람의 죄가 사해지고, 하나님과 화해가 이루어졌다고 믿는 것이 바로 구약의 속죄 제사였습니다.

이와 같은 배경에서 하나님이 예수님을 우리의 '속죄제물'로 내주셨 다는 말씀을 이해해야 합니다. 예수님께서 십자가에 달려 죽으실 때 우 리 또한 죽는 것으로 하나님이 인정해주신 것입니다. 문제는 우리의 '믿 음'입니다. 우리가 '그의 피를 믿을 때'에, 다시 말씀드려서 예수님의 죽음 이 곧 우리의 죄를 대신한 희생이라는 사실을 믿음으로 받아들일 때에만 그 모든 일은 효력이 있게 됩니다.

그러니까 "예수님께서 나를 대신해서 십자가에서 피 흘려 죽으셨습니다. 나는 그것을 믿습니다!" 그러면 하나님께서 우리가 죽은 것으로 받아주신다는 겁니다. 그렇게 해서 우리의 죄가 깨끗해지는 것이지요.

그다음 말씀이 아주 중요합니다. "이는 … 전에 지은 죄를 간과하심으로 자기의 의로움을 나타내려 하심이니…." 하나님은 자기의 의로움을 죄인들을 심판하심으로 나타내지 않으시고, 오히려 전에 지은 죄를 '간과看過'하심으로, 즉 '대충보아 넘기심'으로 나타내신다는 것입니다. "털어서 먼지 안 나는 사람 없다"는 말처럼, 만일 과거의 죄를 들추어 따지면 그 누구도 하나님 앞에 바로 설 수 없을 것입니다. 그런데 하나님께서 그렇게 하지 않으시겠다는 것이지요.

그것이 전부가 아닙니다. 그렇게 하심으로 "예수 믿는 자를 의롭다 하려 하신다"고 합니다. 예수님이 나를 대신하여 십자가에서 피 흘려 죽으셨다는 것을 믿음으로 받아들이는 사람이라면 누구나 '의로운 자'로 인정해주시겠다는 뜻입니다. 그리고 그들을 구원해주시겠다는 것입니다.

이것이 바로 '복음에 나타난 하나님의 의'입니다. 하나님께서 독생자의 죽음이라는 값을 치르시고 인간을 구원해주시는 새로운 길이 열린 것입니다. 이 놀라운 은혜는 모든 사람에게 허락되었습니다. 율법을 가진 유대인이든 율법을 가지지 못한 이방인이든 동일합니다. 할례 받은 사람이든 할례를 받지 않은 사람이든 다 마찬가지입니다. 이제는 그 누구도 구원받지 못할 사람이 없게 된 것이지요.

우리의 자랑거리

그렇게 구원받은 우리에게 무슨 자랑할 것이 있느냐고 바울은 묻습니다.

27그런즉 자랑할 데가 어디냐. 있을 수가 없느니라. 무슨 법으로냐 행위로냐. 아니라, 오직 믿음의 법으로니라. 28그러므로 사람이 의롭다 하심을 얻는 것은 율법의 행위에 있지 않고 믿음으로 되는 줄 우리가 인정하노라(롬 3:27-28).

이것은 다분히 유대인의 선민의식을 염두에 두고 하는 말처럼 보입니다. 유대인은 하나님으로부터 율법을 받았다는 것을 대단한 자랑으로 생각했습니다. 그러나 구원의 문제에 관한 한 그 누구도 자랑할 것이 없습니다. 그 모든 일은 하나님이 행하신 것이기 때문입니다. 우리는 그저 하나님의 일하심에 믿음으로 반응했을 뿐입니다. 그 믿음조차도 결코 우리의 자랑거리일 수 없습니다.

이 부분을 메시지 성경은 다음과 같이 풀이합니다.

우리가 알게 된 것은 이것입니다. 우리가 행하는 일에 하나님이 응답하시는 것이 아니라는 것입니다. 사실은, 하나님이 행하시는 일에 우리가 응답하는 것입니다.

하나님은 우리가 행하는 일에 응답하시는 것이 아닙니다(God does not respond to what we do). 우리가 열심히 율법을 지켰기 때문에, 우리가 선행을 많이 했기 때문에 기특하게 여겨 우리를 구원해주신 것이 아닙니다. 오히려 우리가 하나님이 행하시는 일에 응답한 것입니다(we respond to what God does). 하나님이 예수 그리스도의 복음에 나타내신 '하나님의 의'를 믿음으로 받아들였습니다. 그랬더니 우리의 죄를 사해주시고 바로 세워주셔서 구원받게 해주신 것이지요.

'자랑'은 율법주의 종교 생활의 특징입니다. 아무리 열심히 신앙 생활 한다고 해도 만일 자신의 '믿음'을 자랑하고, '경건함'을 자랑하고, '직분'을 자랑하면서 다른 사람을 판단하고 정죄한다면, 그는 율법주의에 빠져 있는 것입니다. 하나님이 기대하는 제대로 된 신앙 생활을 하지 못하고 있는 겁니다.

　이 말씀을 묵상하면서 어느 교회에 대문짝만하게 걸린 현수막의 내용이 생각났습니다. 거기에는 이렇게 적혀 있었습니다. "40일 금식기도를 3회 달성한 능력의 종 아무개 목사." 40일 금식기도, 물론 아무나 하지 못하는 겁니다. 그러나 그것이 현수막을 내걸고 자랑할 만한 일인가요? 차라리 매끼 밥 먹으면서 하나님의 은혜에 감사하는 것을 하나님이 더 기뻐하지 않으시겠습니까?

　하나님의 은혜 앞에서는 우리의 자랑거리도, 우리의 기득권도 모두 사라집니다. 오직 하나님의 은혜에 감사 또 감사할 뿐입니다.

> 29하나님은 다만 유대인의 하나님이시냐. 또한 이방인의 하나님은 아니시냐. 진실로 이방인의 하나님도 되시느니라. 30할례자도 믿음으로 말미암아 또한 무할례자도 믿음으로 말미암아 의롭다 하실 하나님은 한 분이시니라(롬 3:29-30).

　바울은 유대인을 향하여 질문합니다. "하나님은 유대인만의 하나님이신가?" 그들은 실제로 그렇게 생각했습니다. 선민의식의 바탕에는 하나님에 대한 그들의 독점권적 주장이 깔려 있었습니다.

　그러나 그것은 그들이 믿는 하나님을 진정한 하나님으로 세워드리지 못하는 아주 편협하고 이기적인 생각입니다. 만일 그들의 생각처럼 하나님이 오직 유대인만을 위해 존재하는 분이라면 그분이 이 세상을 창조하신 바로 그 하나님일까요? 유대인만을 위해 존재하는 하나님을 왜 다른 민족들이 두려워하거나 부러워하거나 믿으려고 하겠습니까?

　하나님은 유대인의 하나님이시지만, 또한 이방인의 하나님이십니다. 할례자도, 무할례자도 믿음으로 말미암아 의롭다하시는 분은 한 분이신 하나님이십니다. 우리는 유대인이 아닙니다. 엄밀하게 말하면 무할례자입니다. 그래도 하나님은 우리를 이렇게 구원해주셨습니다. 하나님께서 하시는 일을 기꺼이 받아들이고 그 속에 뛰어드는 믿음을 통해서 우리를 바로 세워주셨습니다. 그렇다면 우리에게 무슨 자랑거리나 기득권이 있겠습니까? 아무것도 없습니다. 우리의 믿음조차도 아무런 자랑거리가 되지 못합니다.

그러나 어찌된 일인지 교회마다 먼저 믿기 시작했다는 이유로 기득권을 주장하는 사람들이 적지 않습니다. 개구리 올챙이 시절 생각하지 못하고 낯선 초신자들을 무시하거나 경계심을 드러내는 사람들도 있습니다. 물론 대놓고 그러지는 못하지만 은연 중에 불편한 내색을 비추는 사람들도 있습니다. 한 교회에서 오랫동안 신앙 생활 해왔다는 것은 하나님께 감사할 일이지, 결코 다른 사람에게 내세워 자랑할 일이 아닙니다. 왜냐하면 그 모두 하나님이 하신 일이기 때문입니다.

율법을 세움

오늘 묵상을 마무리하는 말씀입니다.

> 그런즉 우리가 믿음으로 말미암아 율법을 파기하느냐. 그럴 수 없느니라. 도리어 율법을 굳게 세우느니라(롬 3:31).

앞에서 바울은 '율법과 상관없이 하나님의 의가 나타났다'(21절)고 했습니다. 율법은 인간의 구원을 위한 시스템이 아니라는 점을 분명히 한 것입니다. 하나님이 새롭게 보여주신 구원의 시스템은 복음에 나타난 '하나님의 의'를 믿음으로 받아들이는 것이라고 했습니다. 그렇다면 율법은 이제 더 이상 아무런 소용이 없다는 뜻일까요? 율법은 폐기처분의 대상일까요?

아닙니다. '하나님의 의'로 바르게 세워진 사람들은 하나님께서 주신 율법의 본래 정신에 따라서 오히려 율법을 준수하기 시작합니다. 율법은 약속의 땅에서 하나님의 백성답게 살아가는 지침으로 주신 말씀이기 때문입니다. 그동안 유대교와 유대인들이 율법을 사유화하여 율법주의 종교 생활의 도구로 잘못 사용했을 뿐, 율법 자체가 처음부터 잘못된 것은 아니었습니다. 그 속에 담겨 있는 하나님의 뜻은 영원한 진리입니다.

예수님도 산상수훈에서 이와 비슷한 말씀을 하신 적이 있습니다.

17내가 율법이나 선지자를 폐하러 온 줄로 생각하지 말라. 폐하러 온 것이 아니요 완전하게 하려 함이라. 18진실로 너희에게 이르노니 천지가 없어지기 전에는 **율법의 일점일획도 결코 없어지지 아니하고 다 이루리라**(마 5:17-18).

율법은 하나님의 말씀이요 약속입니다. 중요한 것은 어떤 경우에도 우리가 하나님보다 앞서지 않아야 한다는 사실입니다. 우리가 사사로운 이익을 얻기 위해 율법을 이용하는 것이 아니라, 하나님께서 율법을 통해 이루려고 하시는 그 뜻을 존중해드리는 것입니다.

우리의 구원을 위해 '하나님의 의'는 율법과 상관없이 나타났습니다. 그렇지만 하나님께서 우리를 바로 세워주심으로써 비로소 우리는 율법에 드러난 하나님의 말씀에 따라서 순종하며 살게 되었습니다. 그렇게 율법을 세워가는 것이지요.

31절에 대한 메시지 성경의 풀이로 오늘 묵상을 마무리하겠습니다.

그런데 우리가, 초점을 우리가 행하는 일에서 하나님이 행하시는 일로 옮긴다는 것은, 하나님의 규례와 법도를 신중히 따르던 삶을 취소한다는 말일까요? 전혀 그렇지 않습니다. 오히려 우리 삶 전체를 제자리에 놓음으로써, 그 삶을 더 굳게 세웁니다(롬 3:31).

은혜를 받았다고 해서 아무렇게나 살아도 괜찮은 것은 아닙니다. 하나님은 질서의 하나님이십니다. 하나님의 일하심에 초점을 옮겨 순종하여 따른다면, 율법이든 복음이든 하나님의 뜻을 이루는 통로가 될 수 있습니다. 하나님이 우리를 바로 세워주실 것이기 때문입니다.

묵상 질문: 구원을 받기 위해서 내가 해야 하는 일은 무엇이라고 생각합니까?
오늘의 기도: 지금까지는 내가 행하는 일에 초점을 맞추어 신앙 생활을 해왔습니다. 그러나 이제부터는 그 초점을 하나님이 행하시는 일로 옮길 수 있게 하옵소서. 나의 의가 아니라 하나님의 의를 믿음으로 받아들이게 하옵소서. 예수님의 이름으로 기도합니다. 아멘.

아브라함이 발견한 구원의 길

읽을 말씀: 로마서 4:1-12

새길 말씀: 만일 아브라함이 행위로써 의롭다 하심을 받았으면 자랑할 것이 있으려
니와 하나님 앞에서는 없느니라. 성경이 무엇을 말하느냐. 아브라함이
하나님을 믿으매 그것이 그에게 의로 여겨진 바 되었느니라(롬 4:2-3).

　　지금까지 우리는 로마서 1장부터 3장까지 묵상했습니다. 바울은 예
수 그리스도의 복음이 왜 필요한지, 그 구체적인 내용이 무엇인지에 대
해서 설명했습니다. 특별히 1장에서는 죄의 문제를 다루었고, 2장에서
는 남을 판단하는 문제를 다루었습니다. 그리고 3장에서는 유대인이든
이방인이든 모두 하나님 앞에 죄인이라는 것 그리고 그 죄를 해결할 수
있는 길은 율법의 행위가 아니라는 것을 말했습니다.

　　이제 4장에 들어와서, 바울은 지금까지 변론해 온 것을 하나의 적절
한 예화를 들어서 설명합니다. 그 예화는 우리가 잘 알고 있는 '믿음의
조상 아브라함' 이야기입니다.

아브라함 이야기

1절입니다.

그런즉 육신으로 우리 조상인 아브라함이 무엇을 얻었다 하리요(롬 4:1).

여기에서 우리말 '얻었다'에 해당되는 헬라어는 '휴리스코$_{εὑρίσκω, \ heu-risko}$' 동사입니다. 이것은 사실 '얻다$_{gain}$'로 번역하기보다는 '발견하다$_{find, \ discover}$'로 번역하는 것이 더 적절합니다. 그러니까 오늘 본문에서 바울은 "아브라함이 무엇을 발견했느냐?"라고 묻고 있는 것입니다.

그래서 NIV 성경은 이 부분을 "What then shall we say that Abraham discovered in this matter?"라고 표현합니다. '이 일에 있어서'(in this matter) 아브라함이 발견한 것이 무엇인지에 대한 질문입니다. 자, 그런데 '이 일'이 무엇일까요? '이 일'은 조금 전까지 바울이 설명해온 주제입니다.

바로 앞의 3장에서 바울은 "의인은 하나도 없다"(3:10)고 했습니다. 그 점에 있어서는 율법을 가지고 있는 유대인이나 율법이 없이 사는 이방인이나 다를 바가 없다고 했습니다. 그렇다면 어떻게 인간이 하나님 앞에 바로 세워질 수 있을까요? 인간이 구원을 받을 수 있는 길이 무엇일까요? 인간 자신에게는 구원받을 수 있는 방법이 아무것도 없습니다. 율법을 온전히 지킬 수도 없고 지킨다고 해도 그것으로 구원을 받을 수도 없습니다. 그런데 하나님께서 새로운 길을 보여주신 겁니다. 그 길은 율법과 상관없이 나타난 '하나님의 의'입니다. '하나님의 의'란 하나님께서 인간을 의롭게, 바르게 세워주시는 새로운 길을 의미한다고 했습니다. 그것을 믿음으로 받아들이기만 하면 누구든지 구원을 받게 되는 것입니다.

그 길이 구체적으로 무엇을 가리킵니까? 그렇습니다. 바로 예수 그리스도의 복음입니다. '이 일'은 이처럼 인간의 구원을 위하여 하나님이 행하시는 일을 의미하는 것입니다. 그에 대한 바울의 결론은 3장 28절에 잘 요약되어 있습니다.

> 그러므로 사람이 의롭다 하심을 얻는 것은 율법의 행위에 있지 않고 믿음으로 되는 줄 우리가 인정하노라(롬 3:28).

그러니까 오늘 본문에서 "아브라함이 무엇을 발견했는가?"라는 질문은 오직 믿음으로 하나님께 의롭다고 인정을 받는 이 일에 대하여 아브라함이 해줄 수 있는 이야기가 있는지를 묻고 있는 것입니다.

유대인들은 아브라함을 그들의 조상이라고 생각했습니다. 그들은 아브라함의 예를 따라서 할례를 행했습니다. 아브라함의 후손이라는 것에 대해서 대단한 자부심이 있었습니다. 하나님이 아브라함을 선택하셨기 때문에 자신들도 자동으로 선민選民이 되었다고 믿고 있었습니다. 게다가 그들은 모세를 통해서 하나님으로부터 율법까지 받았습니다. 아브라함처럼 할례를 받았고, 아브라함의 후손이고, 율법을 받아 가지고 있으니 당연히 하나님 앞에 인정을 받을 것이라고 생각하고 있었던 것입니다.

그런데 바울은 그런 외적인 조건은 이제 더 이상 아무런 의미가 없다고 했습니다. 하나님께서 새롭게 보여주신 구원의 길, 예수 그리스도의 복음을 믿음으로 받아들이지 않는다면 그 누구도 하나님 앞에 바르게 세워질 수 없다고 했습니다. 아브라함의 후손이라는 것도, 할례를 받았다는 것도, 율법을 가지고 있다는 것도 아무런 소용이 없다는 겁니다. 이는 유대인들이 일반적으로 가지고 있던 생각과 정면으로 충돌하는 이야기입니다.

그렇기에 그들의 조상 아브라함에게 거슬러 올라가서 이 구원의 문제에 대하여 무엇을 발견했는지, 아브라함의 이야기를 통해서 직접 한번 살펴보자는 겁니다.

행위인가, 믿음인가

먼저 바울은 하나님 앞에서 의롭다 하심을 얻는 방법에 대해서 이야기하기 시작합니다.

> ²만일 아브라함이 행위로써 의롭다 하심을 받았으면 자랑할 것이 있으려니와 하나님 앞에서는 없느니라. ³성경이 무엇을 말하느냐. **아브라함이 하나님을 믿으매 그것이 그에게 의로 여겨진 바 되었느니라**(롬 4:2-3).

유대인들은 율법을 지키는 '행위'로 의로워질 수 있다고 생각해왔습니다. 그러나 바울은 행위가 아니라 '믿음'으로 의로워진다고 말합니다. 이 말씀을 메시지 성경은 다음과 같이 풀이합니다.

> 만일 아브라함이 하나님을 위해 이룬 일로 하나님의 인정을 얻어 낸 것이라면, 당연히 그 공로를 인정받았을 것입니다. 그러나 우리에게 전해진 **이 이야기의 주인공은 하나님이지 아브라함이 아닙니다**. 성경은 우리에게 이렇게 말합니다. "아브라함은 하나님이 그를 위해 하시는 일에 뛰어들었다. 바로 그것이 전환점이 되었다. 그는 자기 힘으로 바로 서려고 애쓰는 대신에, 하나님께서 자신을 바로 세워 주실 것을 신뢰했다(롬 4:2-3, 메시지).

여기에서 바울은 "아브라함이 어떻게 하나님에게 인정을 받게 되었느냐?"고 묻습니다. 개역성경에서 "의롭다 하심을 받는다"는 것이 바로 이 뜻입니다. 아브라함이 하나님을 위해서 이런저런 일을 많이 했기 때문에 인정을 받았습니까? 아닙니다. 오히려 하나님이 그를 위해 하시는 일에 아브라함이 믿음으로 뛰어들었습니다. 그 믿음으로 인해 하나님의 인정을 받게 된 것입니다.

그런데 유대인의 율법주의 종교 생활에서 중요한 것은 '행위'였습니다. 자기의 힘으로 바로 서려고 애쓰는 것입니다. 그래서 그들은 할례를 받아야 했고, 율법을 철저히 지켜야 했습니다. 그러나 바울이 강조하는 논점은 '믿음'입니다. 하나님께서 우리를 바로 세워주시기 위해서 하시는 일이 더 중요하다는 겁니다. 우리가 할 수 있는 일이 있다면, 그것은 하나님께서 우리를 바로 세워주실 것을 신뢰하며 따르는 것일 뿐입니다.

저는 여기에서 "이 이야기의 주인공은 하나님이지 아브라함이 아니라"는 설명에 크게 공감했습니다. 정말 그렇습니다. 성경 이야기의 주인공은 하나님입니다. 성경은 "사람이 무얼 했느냐?"가 아니라 "하나님이 무얼 하셨느냐?"를 이야기하는 책입니다. 아브라함 이야기도 마찬가지입니다. 그 이야기의 결론은 "우리도 아브라함처럼 살아야겠구나!"가 아닙니다. "하나님께서 아브라함에게 이렇게 일하셨구나!"입니다.

바울이 로마서에서 강조하는 것도 역시 마찬가지입니다. 하나님께서 우리의 구원을 위해서 어떤 일을 하셨는지 보아야 한다는 겁니다. 그리고 그것을 믿음으로 받아들여야 한다는 겁니다. 그러지 않고 우리가 스스로의 힘으로 구원을 받기 위해 무얼 해야 하는지에 집중한다면, 우리는 율법주의의 함정에 빠지게 되어있습니다. 그것이 유대인들이 해왔던 일입니다. 그리고 지금도 이런 함정에 빠져서 율법주의 종교 생활을 하고 있는 그리스도인들이 얼마나 많이 있는지 모릅니다.

우리는 지금 유대인들처럼 사람들에게 인정받고 칭찬받는 겉치레에 치중하는 종교 생활을 하고 있습니까? 아니면 하나님에게 인정받는 신앙 생활을 하고 있습니까? 우리의 삶을 통해 써내려가고 있는 이야기의 주인공은 우리 자신입니까? 아니면 우리를 구원으로 인도하고 계시는 하나님이십니까?

보수(報酬)인가, 은혜인가

그다음에 바울은 구원에 대해서 사람들이 가지고 있는 두 가지 태도를 설명합니다.

> 4일하는 자에게는 그 삯이 은혜로 여겨지지 아니하고 보수로 여겨지거니와 5일을 아니할지라도 경건하지 아니한 자를 의롭다 하시는 이를 믿는 자에게는 그의 믿음을 의로 여기시나니…(롬 4:4-5).

사람들이 가지고 있는 구원에 대한 두 가지 태도가 있습니다. 그 하나는 구원을 '보수'라고 생각하는 것입니다. '보수報酬'는 일한 대가로 받는 임금입니다. 열심히 일했다면 그에 상응하는 보수가 주어져야 합니다. 율법주의는 구원을 이런 식으로 이해합니다. 하나님을 위해서 무언가 열심히 일했기 때문에 그 대가로 구원을 받아낸다고 생각하는 것이지요. 유대인들은 자신들이 율법을 열심히 지킴으로써 하나님으로부터 구원을 받아낼 수 있다고 믿어 왔습니다. 이것이 바로 '보수'로 받는 구원입니다.

다른 하나는 구원을 '은혜'로 생각하는 것입니다. 바울은 복음에 나타난 '하나님의 의'를 믿음으로 구원을 받을 수 있다고 이야기합니다. 그 이유는 인간이 '경건하지 않기' 때문이라고 합니다. 혹시 기억하십니까? 로마서 1장에서 바울은 하나님의 진노가 모든 '경건하지 않음'에 대하여 나타난다고 했습니다(롬 1:18). '경건하지 않음아세베이아'이란 하나님을 하나님으로 인정하지 않고 무시하는 것이라고 했지요. 그것이 모든 죄의 출발이라고 그랬습니다.

유대교의 율법주의의 입장에서 보면 그렇게 경건하지 않은 사람들은 아예 구원받을 가능성이 전혀 없습니다. 그러나 하나님은 그런 사람들에게도 구원받을 수 있는 길을 열어놓으셨다고 바울은 말합니다. 복음에 나타난 '하나님의 의'를 믿음으로 받아들이기만 하면 의로운 것으로 인정해주시겠다고 한 것입니다. 이것이 바로 '은혜'로 받게 되는 구원입니다.

어떤 것이 성경에서 말하는 하나님의 구원일까요? 열심히 율법을 지켜서 하나님으로부터 당당히 요구하여 얻어내는 '보수'가 구원일까요? 아니면 하나님에게 구원을 요구할 자격이 없지만, 오직 하나님의 은혜를 믿음으로써 구원을 받게 되는 것일까요?

이 세상에 구원받을 자격을 갖춘 사람은 한 사람도 없습니다. 왜냐하면 누구나 크든 작든 죄를 짓고 살아가기 때문입니다. 죄로부터 자유로운 사람은 이 세상에 존재하지 않기 때문입니다.

다윗을 보십시오. 그는 유대인들이 가장 존경하는 성군聖君입니다. 그러나 그는 하나님과 사람에게 죄를 지은 죄인이었습니다. 간음죄를 저질렀고 그것을 감추기 위해서 살인죄까지 저질렀습니다. 그가 구원을 받을 수 있을까요? 보수로 받는 구원에서는 가능하지 못하지만 은혜로 받는 구원에서는 가능합니다. 율법을 온전히 지키지 못했지만 하나님으로부터 얼마든지 죄를 용서받을 수 있기 때문입니다.

다윗은 실제로 하나님으로부터 죄를 용서받습니다. 그리고 그 감격을 시편 32편에 기록합니다. 바울은 오늘 본문에서 다음과 같이 인용하고 있습니다.

> 6일한 것이 없이 하나님께 의로 여기심을 받는 사람의 복에 대하여 다윗이 말한 바 7불법이 사함을 받고 죄가 가리어짐을 받는 사람들은 복이 있고 8주께서 그 죄를 인정하지 아니하실 사람은 복이 있도다 함과 같으니라(롬 4:6-8; 시 32:1-2).

다윗의 시편 부분을 메시지 성경은 이렇게 풀이합니다.

그 범죄가 지워지고 지은 죄 말끔히 씻겨진 사람은 복이 있다. 주님께 그 죄를 청산받은 사람은 복이 있다(롬 4:7-8, 메시지).

다윗이 어떻게 했기에 범죄가 지워지고 지은 죄가 말끔히 씻긴 것일까요? 무슨 이유로 하나님께서 그 죄를 청산해주신 것일까요? 회개를 많이 했기 때문일까요? 지은 죄를 보상하기 위해서 선한 일을 많이 했기 때문일까요? 하나님께 일천 번제물을 바쳤기 때문일까요? 다윗이 이스라엘의 왕이었기 때문입니까? 아닙니다. 그것은 이유를 알 수 없는 '하나님의 은혜'입니다.

바울은 그것을 가리켜서 '일한 것이 없이 하나님께 의로 여기심을 받는 사람의 복'이라고 표현합니다. 딱히 내세울만한 공로가 없지만, 오직 하나님께서 모든 것을 바로 세워주실 것을 신뢰하는 사람에게 주시는 복입니다. 이것이 바로 바울이 설명하고 있는 '하나님의 의'입니다. 그 의가 예수 그리스도의 복음에 나타났다고 말하고 있는 것입니다.

우리도 하나님으로부터 이와 같은 구원을 받게 된 것입니다. 그것은 우리가 열심히 일해서 얻어내는 보수가 아닙니다. 믿음으로 받게 되는 은혜일뿐입니다.

칭의(稱義)의 시점

바울은 아브라함이 하나님으로부터 의롭다고 인정받게 된 시점에 대해서 언급하면서 할례가 그 일과 아무런 상관이 없음을 증명합니다.

9그런즉 이 복이 할례자에게냐, 혹은 무할례자에게도냐, 무릇 우리가 말하기를 아브라함에게는 그 믿음이 의로 여겨졌다 하노라. 10그런즉 그것이 어떻게 여겨졌느냐, 할례시냐 무할례시냐, 할례시가 아니요 무할례시니라(롬 4:9-10).

여기에서 '할례자'는 유대인을 가리키고, '무할례자'는 이방인을 가리킵니다. 그런데 아브라함은 '할례자'일 때도 있었고 '무할례자'일 때도 있었습니다.

그는 그의 나이 99세 때에 하나님의 명령에 순종하여 할례를 받습니다. 그 이야기가 창세기 17장에 나옵니다(창 17:1, 10). 그렇다면 그 이전에는 '무할례자'였다는 이야기입니다. 그런데 하나님께서 아브라함을 의롭게 여기신 것은 그가 '무할례자'로 지냈을 때였습니다. 그 이야기가 창세기 15장에 기록되어 있습니다.

아브람이 여호와를 믿으니 여호와께서 이를 그의 의로 여기시고…(창 15:6).

아브라함이 '무할례자'로 지낼 때의 이름은 아브람이었습니다. 그때 그는 믿을 수 없는 상황에서도 하나님의 약속을 믿었습니다. 그랬더니 하나님께서 그 믿음을 '그의 의'로 여기셨다고 합니다.

그로부터 10여 년이 더 지난 후에 아브람은 아브라함으로 이름이 바뀌고 할례를 받게 됩니다. 무슨 뜻입니까? 하나님으로부터 의롭다 인정을 받게 된 결정적인 요인은 '할례'가 아니라 '믿음'이었다는 뜻입니다. 그렇다면 무할례자인 이방인들도 하나님을 믿기만 하면 얼마든지 의롭다고 인정을 받을 수 있는 것 아니겠습니까?

11그가 할례의 표를 받은 것은 무할례시에 믿음으로 된 의를 인친 것이니 이는 무할례자로서 믿는 모든 자의 조상이 되어 그들도 의로 여기심을 얻게 하려 하심이라. 12또한 할례자의 조상이 되었나니 곧 할례받을 자에게뿐 아니라 우리 조상 아브라함이 무할례시에 가졌던 믿음의 자취를 따르는 자들에게도 그러하니라(롬 4:11-12).

이 대목에서 바울의 논점은 그 정점에 다다릅니다. 아브라함은 '할례받은 유대인의 조상'일 뿐만 아니라, '무할례자로서 믿는 모든 자의 조상'이라는 것입니다. 그렇습니다. 중요한 것은 '할례'나 '무할례'가 아닙니다. 아브라함이 가졌던 '믿음의 자취'를 따르는 것이 중요합니다. 그래서 우리는 아브라함을 '유대인의 조상'이라고 하지 않고 '믿음의 조상'이라고 말하는 것입니다.

그러고 보니까 믿음으로 의롭다 함을 받게 되는 구원의 길은 엄밀한 의미에서 새로운 길이 아닙니다. 이미 처음부터 하나님의 구원계획 속에 포함되어 있었습니다. 유대인들이 율법주의 종교 생활에 빠져있어서 그 길을 발견하지 못했을 뿐입니다. 안타까운 것은 지금 교회를 다니는 분들 중에서도 여전히 이 길을 발견하지 못하는 사람들이 많이 있다는 사실입니다. '신앙 생활'을 하지 않고 '종교 생활'을 하면 그렇게 되는 것입니다.

오래전 아브라함이 발견한 이 구원의 길을 우리는 발견했습니까? '행위'가 아니라 '믿음'입니다. '보수'가 아니라 '은혜'입니다. '우리'가 일하는 것이 아니라, '하나님'이 일하시는 겁니다. 우리는 그저 하나님께서 우리를 위해 행하시는 일을 믿음으로 받아들이기만 하면 되는 겁니다. 이러한 구원의 길이 예수 그리스도를 통해 확실하게 나타나셨습니다. 그래서 '복음'이요 '기쁜 소식'입니다.

묵상 질문: 아브라함이 발견한 구원의 길을 나 역시 발견했습니까?
오늘의 기도: 우리를 긍휼히 여겨 주옵소서. 우리를 위해 일하시는 하나님 앞에 돌아가게 하옵소서. 예수 그리스도의 복음을 다시 발견하게 하옵소서. 그리하여 이제부터는 하나님의 은혜를 맛보며 날마다 신바람 나게 신앙 생활을 하게 하옵소서. 예수님의 이름으로 기도합니다. 아멘.

믿음의 조상, 아브라함

읽을 말씀: 로마서 4:13-25

새길 말씀: 그러므로 상속자가 되는 그것이 은혜에 속하기 위하여 믿음으로 되나니
이는 그 약속을 그 모든 후손에게 굳게 하려 하심이라. 율법에 속한 자
에게뿐만 아니라 아브라함의 믿음에 속한 자에게도 그러하니 아브라함
은 우리 모든 사람의 조상이라(롬 4:16).

　　앞 장에서 우리는 '아브라함이 발견한 구원의 길'에 대해서 묵상했습
니다. 구약에 기록된 아브라함의 이야기는 우리에게 증언합니다. 하나님
앞에 의롭게 세워지는 구원의 길은 '행위'가 아니라 '믿음'이며, '보수'가
아니라 '은혜'라고 말입니다. 그 구원의 길은 '우리'가 열심히 일해야 겨우
찾아낼 수 있는 길이 아니라, '하나님'이 우리를 위해서 일하심을 믿음으
로 받아들일 때 발견할 수 있는 길이라고 말입니다.

　　그러면서 바울은 아브라함이 하나님에게 의롭다고 인정을 받게 된
시점이 할례를 받은 이후가 아니라 할례를 받기 전이었음을 강조합니다.

만일 아브라함이 할례를 받았기 때문에 의롭다 인정을 받았다면 우리는 모두 무조건 할례를 받아야 합니다. 그래야 하나님으로부터 의롭다고 인정받을 수 있기 때문입니다. 그렇지만 만일 할례가 구원의 필수적인 조건이 아니라면 굳이 할례를 받을 필요가 없습니다.

실제로 아브라함은 할례를 받기 전에 하나님을 믿었고, 하나님은 그 '믿음'을 '의'로 여겨주셨습니다(창 15:6). 따라서 할례의 유무와 상관없이 하나님을 믿음으로 누구든지 의롭게 세워질 수 있는 것입니다. 그러나 유대인들은 율법주의 종교 생활에 심취하여 지내느라 이와 같은 구원의 길을 그동안 놓치고 있었습니다. 그러다가 예수 그리스도의 복음에 나타난 '하나님의 의'로 말미암아 그 길이 다시 조명을 받게 된 것이지요.

바울은 같은 주제의 이야기를 이번에는 '할례'가 아니라 '율법'을 대입하여 풀어갑니다. 오늘 우리가 묵상할 본문의 내용입니다.

땅에 대한 약속

13절입니다.

> **아브라함이나 그 후손에게 세상의 상속자가 되리라고 하신 언약**은 율법으로 말미암은 것이 아니요 오직 믿음의 의로 말미암은 것이니라(롬 4:13).

여기에서 '세상의 상속자'(heir of the world)가 되리라고 하신 '언약'에팡겔리아, ἐπαγγελία, promise'은 하나님께서 아브라함에게 거듭 확인해주신 '땅에 대한 약속'을 의미합니다(창 12:7, 15:18, 17:8). 이것은 물론 처음에는 문자로 '약속의 땅 가나안'을 의미하는 것이었지만 점점 '하나님 나라의 영원한 기업'을 의미하는 것으로 확장되어 갔습니다. 그러니까 아브라함과 그의 믿음의 자취를 따르는 후손들에게 주신 하나님의 약속은 영적으로는 천국에서 누리게 되는 '구원'을 의미한다고 할 수 있습니다.

그런데 바울은 그 언약이 '율법'이 아니라 '믿음의 의'로 말미암았다고 합니다(not through the law... but through the righteousness by faith, NIV). 사실 '율법'은 하나님께서 시내 산에서 모세를 통하여 이스라엘 백성에게 주신 것입니다. 아브라함 시대로부터 수백 년이 지난 후의 일입니다. 그러니 아브라함에게 주신 언약은 "율법으로 말미암은 것이 아니라"고 해도 틀린 말이 아닙니다.

여기에서 바울이 말하려고 하는 것은 그런 뜻이 아닙니다. New Living Translation(NLT) 성경은 이 부분을 "Clearly, God's promise to give the whole earth to Abraham and his descendants **was based not on his obedience to God's law, but on a right relationship with God that comes by faith**"라고 번역합니다. "하나님의 법에 대한 그의 복종에 기초해서가 아니라 믿음에 따르는 하나님과의 바른 관계에 기초해서 하나님의 약속이 주어졌다"는 뜻입니다.

메시지 성경은 "그가 무언가를 이루었거나 이루려고 했기 때문에 주어진 것이 아니라"(It was not given because of something Abraham did or would do) 오히려 "그를 위해 모든 것을 바로 세워주시겠다는 하나님의 결정"(God's decision to put everything together for him)에 아브라함은 믿음으로 뛰어 든 것(which Abraham then entered when he believed)이라고 설명합니다. 전자가 '율법으로 말미암은 것'에 대한 설명이라면 후자는 '믿음의 의로 말미암은 것'에 대한 설명입니다.

'율법'은 사람에게 부과된 어떤 행위를 말합니다. 그 행위가 이미 이루어졌거나 아니면 앞으로 이룰 것이라는 조건 아래서 하나님의 약속이 아브라함에게 주어진 것이 아닙니다. 오히려 하나님은 아브라함에게 아무런 행위도 요구하지 않으셨습니다. 하나님은 단지 약속하셨고 그 약속에 아브라함이 믿음으로 순종하여 따랐을 뿐입니다(창 12:1-3). 그리고 실제로 하나님의 약속이 아브라함에게 이루어졌습니다. 바울은 이와 같은 아브라함의 믿음을 가리켜서 '믿음의 의'라고 설명하고 있는 것입니다.

> ¹⁴만일 율법에 속한 자들이 상속자이면 믿음은 헛것이 되고 약속은 파기되었느니라. ¹⁵율법은 진노를 이루게 하나니 율법이 없는 곳에는 범법도 없느니라(롬 4:14-15).

'율법에 속한 자들' 즉 하나님께 무언가를 해야만 약속의 땅을 받거나 구원을 얻어낼 수 있다고 생각하는 사람들에게는 사실 믿음이 필요 없습니다. 그냥 계약서에 적힌 조건들(율법)을 수행하기만 하면 됩니다. 문제는 계약서에 적힌 모든 조건을 완벽하게 수행할 수 있는 사람이 이 세상에 하나도 없다는 것입니다. 그렇기에 결국 계약을 위반할 수밖에 없게 되고, 그로 인해 벌을 받을 수밖에 없게 됩니다. 그게 바로 "율법은 진노를 이루게 한다"는 말씀의 뜻입니다.

그러나 애초에 아브라함에게는 계약서가 아니라 약속이 주어졌을 뿐입니다. 아브라함은 그 약속을 믿고 따라나섰습니다. 그래서 믿음의 길이 시작되었고, 구원의 길이 열리게 된 것입니다. 애초에 계약서가 없었으니 아브라함이 하나님의 약속을 깨뜨릴 수 있는 것도 아닙니다. 그 일의 성취는 아브라함에게 달려 있는 것이 아니라 하나님에게 달려 있는 것입니다. 그게 바로 "율법이 없는 곳에는 범법犯法도 없다"는 말씀의 뜻입니다.

예수 그리스도의 복음에 나타난 '하나님의 의'도 역시 마찬가지입니다. '하나님의 의'란 하나님이 우리를 바로 세워주시기 위해서 일하신다는 약속입니다. 그 약속을 믿음으로 받아들여 그 일에 뛰어들면 하나님께서 우리를 의롭게 세워서 구원해주십니다.

그렇기에 우리 그리스도인은 이 세상의 상속자가 되기 위해서, 이 세상에서 성공하기 위해서 하나님과 사업상 거래를 하려고 하면 안 됩니다. 오히려 하나님이 일하실 수 있도록 해드려야 합니다. 그것이 우리의 신앙 생활이 되어야 합니다.

후손에 대한 약속

계속해서 16절을 읽겠습니다.

> 그러므로 상속자가 되는 그것이 은혜에 속하기 위하여 믿음으로 되나니 이는 그 약속을 그 모든 후손에게 굳게 하려 하심이라. 율법에 속한 자에게뿐만 아니라 아브라함의 믿음에 속한 자에게도 그러하니 아브라함은 우리 모든 사람의 조상이라"(롬 4:16).

앞의 말씀이 '땅에 대한 약속'을 이야기하고 있다면, 이 말씀은 '후손에 대한 약속'을 배경으로 하고 있습니다. 그런데 이 말씀도 이해하기가 쉽지 않습니다. 이에 대한 공동번역의 번역이 훨씬 더 눈에 잘 들어옵니다.

> 그러므로 하느님께서는 사람의 믿음을 보시고 그를 상속자로 삼으십니다. 이렇게 하느님께서는 은총을 베푸시며 율법을 지키는 사람들에게만 아니라 아브라함의 믿음을 따르는 사람들에게까지, 곧 아브라함의 모든 후손들에게 그 약속을 보장해 주십니다. 아브라함은 우리 모두의 조상입니다(롬 4:16, 공동번역).

하나님은 율법의 행위가 아니라 그 사람의 '믿음'을 보시고 그를 상속자로 삼으십니다. 아브라함의 후손은 혈연이 아니라 하나님에 대한 믿음으로 계속 이어집니다. 이것은 율법을 지키는 유대인들이나 율법 없이 살아가는 이방인들에게 공히 보장해 주시는 약속입니다. 따라서 아브라함은 유대인만의 조상이 아니라 '우리 모두의 조상'인 것입니다.

메시지 성경은 다음과 같이 표현합니다.

> 그는 우리 민족의 조상이 아닙니다. 그렇다고 한다면, 그것은 이야기를 거꾸로
> 읽는 것입니다. 그는 우리 믿음의 조상입니다.
> He is not our racial father. ⋯ He is our faith father.

'인종적인 아버지'가 아니라 '믿음의 아버지'라는 것입니다. 이것은 앞
장에서 묵상한 11-12절 말씀의 반복입니다.

> 17기록된 바 내가 너를 많은 민족의 조상으로 세웠다 하심과 같으니 그가 믿은
> 바 하나님은 죽은 자를 살리시며 없는 것을 있는 것으로 부르시는 이시니라. 18아
> 브라함이 바랄 수 없는 중에 바라고 믿었으니 이는 네 후손이 이 같으리라 하신
> 말씀대로 많은 민족의 조상이 되게 하려 하심이라(롬 4:17-18).

우리가 잘 아는 대로 '아브라함'의 본래 이름은 '아브람'이었습니다.
'아브람Abram'은 '높은 아버지'(a high father)라는 뜻입니다. 한 집안의 '가장'
을 의미하는 것이지요. 한 집안의 가장이 되려면 기본적으로 자녀가 있
어야 합니다. 그런데 그에게는 자녀가 하나도 없었습니다. 그렇지만 하
나님은 그에게 '아브라함Abraham'이라는 새로운 이름을 주셨습니다(창
17:5). 이는 '열국의 아버지'(a father of a multitude of nations)라는 뜻입니다.

하나님의 약속과 아브라함의 현실 사이에는 엄청난 괴리가 있었습니
다. 그러나 아브라함은 하나님의 약속을 믿었습니다. 99세의 아브라함
이 89세의 아내 사라를 통해서 아들을 낳는다는 것은 생리적으로 불가능
한 일이라는 것을 알면서도 아브라함은 '바랄 수 없는 중에' 바라고 믿었
습니다. 그리고 마침내 하나님의 약속은 성취되었습니다. 아브라함은 그

이름처럼 '열국의 아버지', '많은 민족의 조상'이 되었던 것입니다.

우리는 아브라함이 처음부터 하나님의 주목을 받을 만한 대단한 사람이었을 것이라고 생각합니다. 그러나 그렇지 않습니다. 오히려 하나님께서 별 볼일 없던 아브라함을 불러 대단한 사람으로 만들어 주셨습니다. 이것이 바로 아브라함을 세워주신 일입니다. 하나님이 그의 이름을 먼저 '열국의 아버지, 아브라함'이라고 불러주셨습니다. 그런 다음에 실제로 '많은 민족의 조상'이 되었습니다. 아브라함이 한 일은 아무것도 없습니다. 단지 하나님의 약속을 믿었을 뿐입니다. 오직 하나님만이 그 일을 하실 수 있다고 믿었던 것입니다.

아브라함은 '유대인의 조상'이 아니라 '많은 민족의 조상'이 되었습니다. 그의 믿음의 발자취를 따르는 모든 사람의 조상이 되었습니다. 누가 그렇게 약속하셨습니까? 하나님이 약속하셨습니다. 누가 그 일을 하셨습니까? 하나님이 그 일을 성취하셨습니다. 아브라함은 단지 하나님의 약속을 믿음으로 받아들였을 뿐입니다. 하나님의 일하심에 동참했을 뿐입니다. 바로 이것이 하나님께서 인류의 구원을 위해서 일하시는 방식입니다.

하나님께 합당한 사람

19-22절입니다.

19그가 백 세나 되어 자기 몸이 죽은 것 같고 사라의 태가 죽은 것 같음을 알고도 믿음이 약하여지지 아니하고 20믿음이 없어 하나님의 약속을 의심하지 않고 믿음으로 견고하여져서 하나님께 영광을 돌리며 21약속하신 그것을 또한 능히 이루실 줄을 확신하였으니 22그러므로 그것이 그에게 의로 여겨졌느니라(롬 4:19-22).

하나님이 아브라함에게서 주목하여 보신 것은 단 하나입니다. 바로 그의 믿음입니다. 아브라함은 자기 몸이 죽은 것 같음을 알았습니다. 아내 사라의 태가 죽은 것 같음을 알았습니다. 그러나 그것 때문에 믿음이 약해지지 않았다고 합니다. 무엇에 대한 믿음을 말하는 것일까요? 그렇습니다. 하나님의 약속에 대한 믿음입니다. 하나님에 대한 신뢰입니다. 바로 그와 같은 아브라함의 믿음에 하나님은 주목하신 것입니다.

21-22절을 메시지 성경은 다음과 같이 풀이합니다.

> **아브라함은 하나님이 그를 바로 세워 주실 것을 신뢰함으로 하나님께 합당한 사람으로 선언되었다**(롬 4:21-22, 메시지).

"하나님께 합당한 사람으로 선언되었다"를 영어 원어로 읽으면 "Abraham was declared fit before God"이라고 되어있습니다. 직역하면 '하나님 앞에 꼭 맞는 사람', '하나님 앞에 어울리는 사람'이라는 뜻입니다.

어떤 사람이 하나님 앞에 잘 어울리는 사람일까요? 남들보다 더 열심히 무언가를 하는 사람일까요? 아닙니다. 하나님의 일하심을 신뢰하는 사람입니다. 하나님이 일하실 수 있도록 하는 사람입니다. 그러면 하나님이 그 사람을 바로 세워주십니다. 의롭게 하십니다. 그 사람을 통해서 하나님이 놀랍게 일하시는 것입니다.

그런데 우리는 거꾸로 알고 있습니다. 우리가 무언가 열심히 해야 하나님의 눈에 띄고, 그래야 하나님께 합당한 사람이 될 것이라고 생각합니다. 많은 사람이 율법주의의 함정에 빠지는 이유가 바로 이 때문입니다. 열심이 지나쳐서 하나님보다 앞서서 일하려고 하는 사람들은 오히려 하나님 앞에 맞지 않는 사람이 되려고 발버둥치는 사람입니다. 그런 사람들을 통해서 하나님이 어떻게 마음껏 일하실 수 있겠습니까?

오늘 말씀의 결론입니다.

23그에게 의로 여겨졌다 기록된 것은 **아브라함만 위한 것이 아니요** 24**의로 여기심을 받을 우리도 위함이니** 곧 예수 우리 주를 죽은 자 가운데서 살리신 이를 믿는 자니라. 25**예수는 우리가 범죄한 것 때문에 내줌이 되고 또한 우리를 의롭다 하시기 위하여 살아나셨느니라**(롬 4:23-25).

하나님께서 아브라함의 믿음을 보시고 그를 의롭게 세워주신 것은, 아브라함만을 위한 것이 아닙니다. 바로 우리를 위해서 그렇게 하신 것입니다. 우리가 예수님을 믿기만 하면 의롭다고 인정해주시고 구원해주시기 위해서 그렇게 하신 것입니다. 예수님께서 우리 죄를 대속하기 위하여 죽으심을 믿기만 하면, 우리도 하나님께 합당한 사람으로 인정받을 수 있습니다. 예수님께서 우리를 의롭다 하시기 위하여 부활하심을 믿기만 하면, 우리도 하나님 앞에 꼭 맞는 사람으로 인정받을 수 있습니다.

이것이 복음입니다. 이것이 예수 그리스도의 복음에 나타난 '하나님의 의'입니다. 율법주의 종교 생활에서 우리를 해방시키는 기쁜 소식입니다. 하나님의 은혜 안에서 감사와 찬양과 기쁨으로 신앙 생활 할 수 있게 하는 좋은 소식입니다. 아브라함을 세워주신 하나님께서 우리를 또한 온전히 세워주실 것입니다. 하나님이 일하십니다!

묵상 질문: 나는 어떤 의미에서 아브라함의 후손인가요?
오늘의 기도: 아브라함을 택하셔서 믿음의 조상으로 삼으신 하나님 아버지, 아브라함의 믿음을 이어 가는 후손으로서 하나님의 일하심에 적극 동참하며 살아가도록 우리를 붙들어 주옵소서. 예수님의 이름으로 기도합니다. 아멘.

하나님의 사랑을 믿으시나요?

읽을 말씀: 로마서 5:1-11

새길 말씀: 그러므로 우리가 믿음으로 의롭다 하심을 받았으니 우리 주 예수 그리
스도로 말미암아 하나님과 화평을 누리자. 또한 그로 말미암아 우리가
믿음으로 서 있는 이 은혜에 들어감을 얻었으며 하나님의 영광을 바라
고 즐거워하느니라(롬 5:1-2).

앞 장에서 우리는 '아브라함을 세워주신 하나님'에 대해서 묵상했습
니다. 아브라함이 많은 민족의 조상, 믿음의 조상이 된 것은 하나님께서
그렇게 약속하시고 세워주셨기 때문입니다. 하나님은 그의 이름을 바꾸
어 주심으로 약속하셨습니다. 아브라함은 그 약속을 믿었습니다. 그랬더
니 하나님께서 실제로 그렇게 만들어주신 것이지요.

이 말씀을 통해 우리는, 아브라함이 '하나님께 합당한 사람', 즉 '하나
님 앞에 꼭 맞는 사람'으로 선언된 것은 그가 하나님을 위해 다른 사람들
보다 더 많은 일들을 더 열심히 했기 때문이 아니라, 오히려 하나님의 일

하심을 전적으로 신뢰했기 때문임을 알게 되었습니다. 그렇습니다. 신앙 생활은 하나님의 일하심을 믿고 따라가는 것입니다. 그러면 하나님이 우리를 바르게 세워주십니다.

그런데 곰곰이 생각해보면 하나님께서 왜 그러실까 싶습니다. 우리가 본래부터 무슨 대단한 존재도 아니고, 하나님께서 주신 말씀대로 온전히 살지도 못하고 있는데 하나님은 왜 그렇게 일방적으로 손해 보는 일을 하시는 것일까요? 하나님은 왜 우리를 위해 대신 값을 치르면서까지 구원하려고 하시는 것일까요?

그 이유는 단 하나입니다. '사랑'입니다. 사랑이 아니고는 그렇게 하실 이유가 전혀 없습니다. 그런데 우리는 하나님의 사랑을 얼마나 잘 알고 있습니까? 오늘 우리가 묵상할 말씀의 내용입니다

화평을 누리는 삶

1-2절입니다.

¹그러므로 우리가 믿음으로 의롭다 하심을 받았으니 우리 주 예수 그리스도로 말미암아 **하나님과 화평을 누리자.** ²또한 그로 말미암아 우리가 믿음으로 서 있는 이 은혜에 들어감을 얻었으며 하나님의 영광을 바라고 즐거워하느니라(롬 5:1-2).

"믿음으로 의롭다 하심을 받았다." 우리에게 아주 익숙한 말입니다. 그러나 머리로는 알지만 그 의미가 가슴으로 느껴지지는 않습니다. 왜냐하면 우리는 그동안 '이신칭의以信稱義'의 교리로만 이 말씀을 접해왔기 때문입니다. 성경에는 이런 말씀들이 참 많이 있습니다. 익숙하지만 깨닫지 못하는 말씀…. 제가 개인적으로 메시지 성경을 선호하는 이유는 이

러한 말씀들을 새로운 느낌으로 가까이 다가오게 해주기 때문입니다.

메시지 성경은 다음과 같이 풀이합니다.

> 하나님께서 우리를 위해 늘 하고자 하셨던 일, 곧 그분 앞에 우리를 바로 세워 주
> 시고, 그분께 합당한 사람으로 만들어 주는 일에 우리는 믿음으로 뛰어들었습니
> 다. 그러므로 지금 우리는, 우리 주인이신 예수로 말미암아 하나님 앞에서 이를
> 누리고 있습니다(롬 5:1, 메시지).

개역성경의 '믿음으로 의롭다 하심'을 메시지 성경은 "그분 앞에 우리
를 바로 세워주시는 일에 믿음으로 뛰어들었다"고 표현합니다. 그런데
우리는 거꾸로 생각합니다. 우리가 먼저 무언가 열심히 일해야 하나님의
눈에 띄고 그래야 하나님께 합당한 사람이 될 것이라고 생각합니다. 세
상에서는 물론 그렇습니다. 자격을 갖춘 사람들을 선발하여 씁니다. 그
래서 너도나도 스펙을 쌓으려고 그렇게 애쓰는 것이지요.

그런데 하나님과의 관계에서는 그게 아닙니다. 우리가 자격을 갖추
었기 때문에 하나님이 우리를 인정해주시고 구원해주시는 것이 아닙니
다. 오히려 하나님이 먼저 우리를 그분 앞에 바로 세워주시려고 합니다.
우리는 단지 그 일에 믿음으로 뛰어들기만 하면 됩니다. 그러면 하나님
의 약속이 이루어지고 우리를 통해서 하나님이 놀라운 일을 행하시는 것
입니다.

예수 그리스도의 복음은 하나님께서 우리의 구원을 위해 일하시는
방법입니다. 그 복음을 믿음으로 받아들이기만 하면 우리는 하나님 앞에
잘 어울리는 구원받은 사람으로 세워지게 되는 것입니다. 그럴 때 우리
에게 주어지는 놀라운 복이 있습니다.

그 첫 번째 복은 "하나님과 화평을 누리는 삶"입니다.

"화평을 누린다"는 말은 "싸우지 않는다"는 뜻입니다. 무슨 이야기입

니까? 하나님의 일하심을 온전히 받아들이기 전까지 우리는 늘 하나님과 싸운다는 뜻입니다. 율법주의 종교 생활을 한번 보십시오. 그들 나름대로는 열심히 하나님을 섬기는 것 같습니다. 그러나 그 속사정을 들여다보면 늘 하나님과 싸우고 있습니다. 왜냐하면 어떻게든 하나님으로부터 구원을 받아내야 하기 때문입니다. 하나님과의 관계를 '사업상의 거래'로 생각하는 것이지요. 그래서 하나님을 위해서 무언가를 해드리고, 그 대신 하나님으로부터 구원이라는 보수를 받아내려고 합니다.

그것은 마치 노사관계와 같습니다. 더 받아내려고 하는 '노측'과 덜 주려고 하는 '사측' 사이에는 언제나 팽팽한 긴장과 갈등과 줄다리기의 싸움이 벌어집니다. 그런데 하나님이 정말 그런 분이실까요? 구원과 복을 미끼로 인간에게 이런저런 일들을 끊임없이 요구하는 분일까요? 그런 하나님에게 어떻게든 정당한 구원을 보수報酬로 받아내기 위해서 애쓰는 것이 신앙 생활일까요?

아닙니다. 우리가 하나님의 일하심을 믿음으로 받아들이고 나면 하나님과 그렇게 싸울 필요가 없습니다. 왜냐하면 구원이란 우리가 노력해서 얻어내는 것이 아니기 때문입니다. 구원은 하나님의 일하심을 우리가 믿음으로 받아들이는 순간 뜻밖에도 은혜의 선물로 우리에게 주어집니다. 따라서 그 이후의 신앙 생활은 구원을 얻어내기 위한 투쟁이 아니라, 구원을 누리면서 살아가는 여정이 됩니다. 바울의 말처럼 "하나님의 영광을 바라며 즐거워하는" 삶이 되는 것입니다(2절).

이 부분을 메시지 성경은 다음과 같이 실감 나게 풀이하고 있습니다.

그뿐 아닙니다. 하나님을 향해 우리 문을 활짝 열어젖히는 순간, 우리는 그분께서 이미 우리를 향해 문을 활짝 열어 놓고 계셨음을 발견합니다. 우리가 늘 있고자 원했던 그곳에, 마침내 우리가 서 있음을 알게 됩니다. 우리는 하나님의 은혜와 영광의 그 넓고 탁 트인 공간에서, 고개 들고 서서 소리 높여 찬양하는 우리 자신을 **발견하게 됩니다**(롬 5:2, 메시지).

우리가 하나님을 향해 '믿음의 문'을 활짝 열어젖히면 하나님께서 우리를 향해 이미 '구원의 문'을 활짝 열어놓고 계셨다는 사실을 비로소 발견하게 됩니다. 그다음에는 우리에게 찬양과 감사만 있을 뿐입니다. 바로 이것이 하나님과 화평을 누리는 삶입니다. 구원을 얻어내기 위해 억지로 마지못해 할 수 없이 율법주의적인 태도로 종교 생활을 하는 사람들은 결코 맛볼 수 없는 삶입니다.

우리는 어떻습니까? 지금 이렇게 신바람 나게 신앙 생활하고 계시나요? 하나님과 화평을 누리고 계시나요?

환난 중에 찬양하는 삶

두 번째 복은 "환난 중에도 찬양하는 삶"입니다. 하나님과 화평을 누리게 되면 그 어떤 환난이 닥쳐와도 넉넉히 이길 수 있습니다.

3다만 이뿐 아니라 우리가 **환난 중에도 즐거워하나니 이는 환난은 인내를,** 4인내는 연단을, 연단은 소망을 이루는 줄 앎이로다(롬 5:3-4).

'환난tribulation'이란 박해로 인해서 겪게 되는 고통suffering을 의미합니다. 아무리 좋게 포장하여 말하려고 해도 환난은 결코 즐거운 일이 아닙니다. 그런데 바울은 "환난 중에도 즐거워한다"고 합니다. 어떻게 그럴 수 있을까요?

우리말 '즐거워하다'에 해당되는 헬라어는 '카우카오마이καυχάομαι, kauchaomai' 동사입니다. 본래 이 말은 '고개를 들고 산다'(to live with head up high)는 뜻입니다. 이것을 영어로는 'to boast자랑하다'로 번역합니다. 그러니가 환난을 당해도 주눅 들지 않고 고개를 들고 자랑하며 산다는 겁니다. 무엇을 자랑한다는 것일까요? 하나님으로부터 받은 구원을 자랑한다는 것입니다.

메시지 성경은 이 부분을 "온갖 환난에 포위되어 있을 때에도 우리는 소리 높여 찬양하기를 멈추지 않습니다"(We continue to shout our praise even when we're hemmed in with troubles)로 풀이합니다. 그렇습니다. 우리의 구원을 위해 일하시는 하나님을 믿음으로 말미암아 하나님과 화평을 누리게 되면, 그때 우리는 어떤 상황 속에서도 하나님께 영광을 돌려드리며 하나님을 소리 높여 찬양하며 살게 됩니다.

이러한 모습은 율법주의 종교 생활에서는 감히 상상도 할 수 없는 일입니다. 그들은 환난 중에 있다는 것을 구원을 받지 못했다는 증거로 생각합니다. 하나님으로부터 구원을 받아내기 위해서 더 피나는 노력을 해야 합니다. 하나님의 환심을 사기 위해서 더욱 많은 수고를 해야 합니다. 그러니 환난 중에 그 입에서 어떻게 찬양이 나올 수 있겠습니까?

그러나 우리 그리스도인들은 구원을 받은 자들입니다. 하나님과의 관계가 완전히 회복된 사람들입니다. 하나님은 이미 우리를 의롭다고 인정해주셨습니다. 그렇다면 우리는 왜 환난을 당하는 것일까요? 그 환난은 우리가 하나님을 잘 믿기에 받는 것입니다. 그 환난은 우리가 받은 구원과 우리가 누리고 있는 평화를 결코 빼앗아 갈 수 없습니다. 오히려 우리에게 영적으로 더 큰 유익을 가져다줍니다. '환난'은 '인내'와 '연단'을 거쳐서 '소망'을 이루는 데까지 나아가게 하기 때문입니다.

'인내'와 '연단'과 '소망'에 대한 메시지 성경의 풀이가 아주 맛깔스럽습니다.

… 환난이 우리 안에 열정 어린 인내를 길러 주고, 그 인내가 쇠를 연마하듯 우리 인격을 단련시켜 주며, 우리로 하여금 하나님께서 장차 행하실 모든 일에 대해

늘 깨어 있게 해준다는 것을 우리가 알기 때문입니다(롬 5:3b-4, 메시지).

이 문장의 영어 원문은 'because we know'로 시작합니다. 우리말 끝부분에 놓여있는 말입니다. "우리가 알기 때문입니다!" 하나님과 화평을 누리는 사람들은 압니다.

무엇을 압니까? 이 환난이 끝이 아니라는 것을 압니다. 환난은 열정 어린 인내를 길러 주고, 인내는 인격을 단련시켜 주고, 하나님께서 그다음에 행하실 일에 대해 늘 깨어 있게 해준다는 것을 압니다. 하나님께서 그 다음에 행하실 일이 무엇일까요? 구원의 완성입니다. 우리 안에 착한 일을 시작하신 하나님이 마침내 완성하실 구원입니다. 그것을 분명히 알고 있는데 왜 주눅 들어 살겠습니까?

그런데 환난 중에도 찬양할 수 있는 것은 단지 하나님이 어떤 일을 행하실지를 알고 있기 때문만은 아닙니다. 그보다 더 강력한 이유가 있습니다. 바로 '하나님의 사랑'입니다.

사랑의 풍성함을 맛보는 삶

세 번째 복은 "풍성한 하나님의 사랑"을 알게 되는 것입니다.

> 5소망이 우리를 부끄럽게 하지 아니함은 우리에게 주신 성령으로 말미암아 하나님의 사랑이 우리 마음에 부은 바 됨이니 6우리가 아직 연약할 때에 기약대로 그리스도께서 경건하지 않은 자를 위하여 죽으셨도다(롬 5:5-6).

여기에서 '부끄럽게 하지 않는다'는 말은 '실망시키지 않는다'라는 뜻입니다. 하나님이 하실 일에 대한 소망이 우리를 실망시키지 않는다는 것입니다. 반드시 이루어질 것이기 때문입니다. 그것을 어떻게 알 수 있을까요?

바울은 "성령으로 말미암아 하나님의 사랑이 우리 마음에 부어지기 때문"이라고 합니다. 말이 좀 어렵습니다. 쉽게 바꾸면, 성령을 통하여 하나님의 사랑을 충분히 깨닫게 해주신다는 뜻입니다. 그러면서 바울은 예수 그리스도의 십자가를 언급합니다. 무슨 뜻입니까? 예수 그리스도의 십자가 사건은 우리를 구원하기 위해서 넘치도록 부어주신 하나님의 사랑이었다는 뜻입니다.

여기에서 우리가 주목해야 할 말씀은 '우리가 아직 연약할 때'입니다. 하나님의 사랑은 우리가 강할 때에 나타나지 않고 오히려 연약할 때에 나타나셨습니다. 율법을 완벽하게 지키는 의인에게 나타난 것이 아니라, 오히려 '경건하지 않은' 죄인에게 나타나셨습니다. 예수 그리스도의 죽음이 바로 그것입니다.

7의인을 위하여 죽는 자가 쉽지 않고 선인을 위하여 용감히 죽는 자가 혹 있거니와 8우리가 아직 죄인 되었을 때에 그리스도께서 우리를 위하여 죽으심으로 하나님께서 우리에 대한 자기의 사랑을 확증하셨느니라(롬 5:7-8).

'의인을 위하여 죽는 자'에서 우리말 '위하여'는 헬라어 '후페르ύπέρ, huper'를 번역한 것입니다. 영어로 'in behalf of대신해서'라고 표현합니다. 그리고 우리말 '쉽지 않다'에 해당되는 헬라어 '몰리스μόλις, molis'는 '거의 없다rarely'는 뜻입니다. 의인義人이 억울하게 죽음을 당하게 되었을 때 그를 대신해서 죽겠다고 나서는 사람이 있을까요? 이 세상에는 의인이 하나도 없을 뿐더러, 대신 죽겠다고 나설 의인 또한 거의 없습니다. 아니 아무도 없습니다.

'선인善人'도 마찬가지입니다. 그를 대신해서 죽을 수 있는 사람이 과연 몇이나 있을까요? 바울은 "혹τάχα, perhaps 있다"라고 합니다. 이 말은 "혹시 있을지도 모른다"는 것이지, 실제로 있을 것이라는 의미는 아닙니다. 그리스 시실리Sicily 섬에서 전해져 내려오는 '데이먼과 피디아스Damon and Pythias'의 우정이 혹시 여기에 해당될지 모릅니다.

두 사람은 마치 친형제처럼 지냈다고 합니다. 그런데 피디아스가 그 섬의 폭군이었던 디오니시우스Dionysius의 미움을 사서 반역죄로 참수형을 받게 되었습니다. 마지막으로 집에 다녀올 수 있도록 간청을 했지만 왕은 허락해주지 않습니다. 그러자 데이먼이 자기가 대신해서 인질로 잡혀 있겠다고 나섭니다. 만일 피디아스가 돌아오지 않으면 대신 참수형을 받겠다고 하면서 말입니다. 그 나머지 이야기는 잘 아실 겁니다.

그러나 이것은 그저 전설처럼 전해오는 하나의 미담美談일 뿐, 누군가를 위해서 대신 죽는 이런 일이 실제로 벌어지는 것은 아닙니다. 그 사람을 자신의 목숨보다 더 사랑한다면 혹시 모를까…. 그래서 예수님도 요한복음 15장에서 이렇게 말씀하셨습니다.

사람이 친구를 위하여 자기 목숨을 버리면 이보다 더 큰 사랑이 없나니… (요 15:13).

자기 목숨보다 더 사랑하는 사람이 아니라면 그 누구도 친구를 대신해서 죽을 수 없습니다. 만일 그렇게 할 수 없다면 "사랑한다"고 함부로 이야기하면 안 됩니다. 사랑한다면 그 사람을 위해서 자기의 목숨을 버려야 합니다. 그런 사랑을 친구 관계에서 찾아볼 수 있을까요? 거의 찾아볼 수 없습니다. 부부관계에서나 부모자녀 관계에서는 어떨까요? 별로 다르지 않을 것입니다.

그런데 바울은 "그리스도께서 우리를 위하여 죽으심으로 하나님의 사랑이 증명되었다"고 말합니다. 우리는 '의인'도 '선인'도 아니고, '죄인'입니다. "우리가 아직 죄인되었을 때에 우리를 위하여 죽으셨다"(While we were still sinners, Christ died for us). 정말 기가 막힌 표현입니다. 우리는 '의인'이 되려고 하지도 않았고 '선인'으로 살지도 못했습니다. 그런데 예수님이 우리를 대신해서 죽었다는 겁니다. 그렇게 하심으로 하나님이 우리를 얼마나 사랑하는지 스스로 증명하셨다는 것이지요.

메시지 성경은 이 부분을 "하나님은 우리가 그분께 아무 쓸모가 없을 때에 당신의 아들을 희생적 죽음에 내어주심으로, 그렇게 우리를 위해 당신의 사랑을 아낌없이 내놓으셨습니다"라고 풀이합니다. 하나님은 왜 아무 쓸모없는 나 같은 사람을 왜 그렇게 사랑하시는 것일까요? 사랑에는 이유가 없습니다. 이유나 조건이 있는 사랑은 진정한 사랑이 아닙니다. 그러나 굳이 이유를 찾자면 아마도 하나님께서 우리를 창조하셨기 때문은 아닐까요? 그래서 우리를 어떻게든 구원하고 싶으셨던 것이지요.

어쨌든 중요한 것은 이렇듯 마구 부어주시는 하나님의 사랑으로 인해 우리에게 구원의 길이 열렸다는 사실입니다. 아무짝에도 쓸모없는 죄인이었던 나에게도 하나님 앞에 바로 세워질 수 있는 기회가 주어졌다는 사실입니다. 일찍이 아브라함에게 계시하셨던 구원의 길이 이렇게 활짝 열리게 된 것이지요.

문제는 하나님의 사랑에 대한 우리의 반응입니다. 이 사랑을 어떻게 받아들일 것인지에 따라서 우리의 운명이 달라질 것입니다.

9그러면 이제 우리가 그의 피로 말미암아 의롭다 하심을 받았으니 더욱 그로 말미암아 진노하심에서 구원을 받을 것이니 10곧 우리가 원수 되었을 때에 그의 아들의 죽으심으로 말미암아 하나님과 화목하게 되었은즉 화목하게 된 자로서는 더욱 그의 살아나심으로 말미암아 구원을 받을 것이니라. 11그뿐 아니라 이제 우리로 화목하게 하신 우리 주 예수 그리스도로 말미암아 하나님 안에서 또한 즐거워하느니라(롬 5:9-11).

하나님의 사랑을 받아들여 예수 그리스도의 피로 의롭다 하심을 받았다면, 우리는 마지막 심판 때에 임하게 될 하나님의 진노를 더 이상 걱정할 필요가 없습니다. 하나님과 화목하게 된 자로서 다시는 하나님과의 사이가 멀어질 일이 없기 때문입니다.

10절 말씀에 대한 메시지 성경의 풀이입니다.

> **우리가 최악이었을 때에도** 그분 아들의 희생적 죽음을 통해 우리와 하나님 사이가 친밀하게 되었습니다. 그렇다면 **우리가 최선인 지금,** 그분의 부활 생명이 우리 삶을 얼마나 드넓고 깊게 하겠습니까?(롬 5:10, 메시지)

정말 그렇습니다. 하나님은 우리가 최악의 상태에 있었을 때(at our worst)에도 예수 그리스도의 죽음을 통해 우리를 향한 사랑을 나타내셨습니다. 그리하여 우리와 하나님 사이가 친밀하게 되었습니다. 그때와 비교하면 지금 우리는 최선의 상태에 있습니다(at our best). 그러니 예수 그리스도의 부활에 동참하게 될 우리의 삶이 얼마나 놀라운 것이 되겠습니까? 우리가 이렇게 하나님 안에서 즐거워하고 찬양하며 사는 것이 지극히 자연스러운 일이지요.

이처럼 우리를 세워주신 분이 누구십니까? 하나님이십니다. 하나님이 하신 일입니다. 우리는 단지 예수 그리스도의 십자가에 나타난 하나님의 사랑을 믿음으로 받아들였을 뿐입니다. 그랬더니 하나님과 화평을 누리면서 살게 되었고, 환난 중에도 찬양하며 살게 되었고, 하나님 사랑의 풍성함을 맛보며 살게 되었습니다. 이것은 하나님의 일하심을 받아들이는 모든 사람에게 약속해주신 구원입니다.

하나님을 믿기만 하면 됩니다. "하나님을 믿는다"라는 것은 "하나님의 사랑을 믿는다"라는 뜻입니다. 예수 그리스도의 십자가를 통해서 나타난 하나님의 사랑을 알면 그 사랑을 믿지 않을 수 없습니다.

우리는 그 사랑을 얼마나 알고 있습니까? 하나님의 사랑을 확실히 믿고 있습니까? 우리가 의인이기 때문에 하나님이 사랑하시는 것 아닙니다. 아직 죄인 되었을 때, 최악의 상태에 있을 때 사랑하셨습니다. 그 사랑을 믿어야 합니다. 그 사랑이 우리를 구원합니다.

묵상 질문: 나는 지금 하나님과 싸우고 있습니까, 아니면 화평을 누리고 있습니까?

오늘의 기도: 나의 신앙 생활이 하나님에게서 원하는 것을 얻어 내는 투쟁이 되지 않게 하옵소서. 나를 사랑하셔서 은혜의 선물로 주신 구원을 마음껏 누리며, 주님과 동행하는 행복한 여정이 되게 하옵소서. 예수님의 이름으로 기도합니다. 아멘.

한 사람으로 말미암아

읽을 말씀: 로마서 5:12-21

새길 말씀: 율법이 들어온 것은 범죄를 더하게 하려 함이라. 그러나 죄가 더한 곳에
　　　　　 은혜가 더욱 넘쳤나니…(롬 5:20).

앞 장에서 우리는 '하나님의 풍성하신 사랑'에 대해서 묵상했습니다.
로마서 5장 8절 말씀을 다시 한번 읽어보겠습니다.

> **우리가 아직 죄인 되었을 때에 그리스도께서 우리를 위하여 죽으심으로 하나님
> 께서 우리에 대한 자기의 사랑을 확증하셨느니라(롬 5:8).**

우리는 누군가가 대신해서 죽을만한 가치를 가진 존재가 아닙니다. 우
리는 '의인'도 아니고 '선인'도 아닙니다. 그러나 예수 그리스도께서 우리
를 위해 죽으셨습니다. 우리가 최악의 상태에 있었을 때 우리를 사랑하셨
습니다. 그 사랑으로 인해 우리에게 구원의 문이 열렸습니다. 우리의 힘이

나 노력으로 얻을 수 있는 구원이 아니라, 오직 하나님의 일하심을 믿음으로 받아들일 때에 발견할 수 있는 구원의 길이 열린 것입니다.

하나님께서 우리를 구원해주신 이유는 단 하나입니다. 사랑… 진정한 사랑에는 이유와 조건이 없다고 했습니다. 하나님의 사랑에는 이유가 없습니다. 사랑하기 때문에 사랑하시는 것입니다. 하나님의 마음에는 우리를 구원하려는 뜨거움과 간절함이 있을 뿐입니다. 그 사랑을 받아들이기만 하면 우리는 구원을 받습니다. 그러나 그 사랑을 믿지 않으면 이 세상의 그 누구도 구원을 받을 수 없습니다. 예수 그리스도의 이름 외에 구원을 받을 만한 다른 이름을 우리에게 주시지 않았기 때문입니다(행 4:12).

계속해서 바울은 이 세상에 어떻게 죄가 들어오게 되었는지 그리고 그 죄의 문제를 해결하기 위하여 하나님이 어떻게 일하셨는지를 아담과 그리스도를 비교하여 설명합니다.

첫 번째 아담

12절입니다.

그러므로 한 사람으로 말미암아 죄가 세상에 들어오고 죄로 말미암아 사망이 들어왔나니 이와 같이 모든 사람이 죄를 지었으므로 사망이 모든 사람에게 이르렀느니라(롬 5:12).

여기에서 '한 사람'은 인류 최초의 인간이었던 '아담'을 가리킵니다. 히브리어 '아담'은 보통명사로서 '한 사람'이라는 뜻입니다. 바울은 그 아담으로 말미암아 "죄가 세상에 들어왔다"(Sin entered into the world)고 합니다. 그리고 그 죄로 말미암아 또한 "사망이 세상에 들어왔다"(Death entered into the world)고 합니다.

여기까지 읽으면 마치 이 세상의 모든 죄와 죽음의 문제가 전적으로 한 사람 아담 탓인 것처럼 보입니다. 아담 개인이 그 모든 책임을 져야 할 것처럼 보입니다. 그러나 그런 뜻이 아닙니다. 그다음 말씀을 잘 보십시오. 계속해서 바울은 "이와 같이 모든 사람이 죄를 지었다"(All sinned)고 합니다. 그래서 "사망이 모든 사람에게 이르렀다"(Death came to all people)고 합니다.

자, 여기에서 죄를 지은 사람이 누구입니까? '모든 사람'입니다. 아담이 죄를 지었기 때문에 모든 사람에게 사망이 임하게 된 것이 아닙니다. 아담을 통해서 세상에 죄가 들어왔을 뿐입니다. 그런데 모든 사람들이 그 죄를 각각 자기 것으로 만들었던 겁니다. 그 결과 모든 사람이 죽음이라는 죄의 값을 치르게 된 것이지요.

그렇다면 아담에게는 아무런 잘못이 없습니까? 아닙니다. 하나님께 불순종함으로 죄가 이 세상에 처음 들어오도록 한 일에 대한 책임이 막중합니다. 그러나 그것은 아담이 최초의 인간이기 때문에 져야 할 책임입니다. 다른 사람에게 죄를 짓게 만든 책임까지 다 아담에게 떠넘길 수는 없습니다. 다른 사람보다 더 많은 벌로 심판을 받아야 하는 것은 아닙니다. 누구나 자기가 지은 죄에 대한 값을 치러야 합니다. 아담도 죽음으로써 자신이 지은 죗값을 치렀습니다. 그것으로 충분합니다.

여기에서 바울이 강조하려고 하는 것은 오직 한 사람을 통해서 이 세상에 죄와 죽음의 문제가 들어왔다는 사실입니다. 죄가 들어오는 일에 굳이 많은 사람이 필요하지 않다는 겁니다. 한 사람이면 충분합니다. 그러면 나머지는 알아서 죄를 짓습니다. 그게 이 세상의 현실입니다. 그것을 고발하고 있는 것이지요.

13죄가 율법 있기 전에도 세상에 있었으나 율법이 없었을 때에는 죄를 죄로 여기지 아니하였느니라. 14그러나 아담으로부터 모세까지 아담의 범죄와 같은 죄를

짓지 아니한 자들까지도 사망이 왕 노릇 하였나니 아담은 오실 자의 모형이라(롬 5:13-14).

율법은 모세 시대에 가서나 주어졌습니다. 그 이전에는 율법이 없었습니다. 율법이 있어야 사람들이 옳고 그름을 분별하고 죄를 깨달을 수 있습니다(롬 3:20). 그런데 율법이 없었으니 그때에는 죄를 죄로 여기지 않았던 것입니다. 그렇다고 해서 사람들이 죄를 짓지 않았던 것은 아닙니다. 왜냐하면 '아담으로부터 모세까지' 즉 율법이 없었던 시대에도 사망이 왕 노릇 하였기 때문입니다.

"사망이 왕 노릇 한다"는 게 무슨 뜻일까요? NIV 성경은 이 부분을 단순하게 "death reigned"라고 표현합니다. "사망이 다스렸다"는 뜻입니다. 즉, 그 시대의 모든 사람이 죽음으로 인생을 마쳤다는 겁니다. "죄의 삯은 사망"이라고 했는데 모든 사람이 죽었으니, 그로 미루어 율법이 없었던 시대에도 사람들은 죄를 지었던 것이 확실하다는 이야기입니다.

앞에서 바울은 "율법 없이 범죄한 자는 율법 없이 망하고, 율법 있고 범죄한 자는 율법으로 심판을 받는다"(롬 2:12)고 했는데, 그 말이 맞습니다. 율법이 있든 없든 죄를 지은 사람은 망하게 되어있습니다. 최초의 인간 아담이 이 세상에 죄를 들어오게 한 이후에 모든 사람은 망하는 길을 선택했습니다. 그것이 창조 이후 지금까지 인간이 대를 이어서 계속 답습해온 삶이었습니다.

그렇다면 여기에서 구원받을 길은 없을까요? 죄를 짓고 살다가 죽음으로 끝내는 것이 인생일까요? 아닙니다. 하나님께서 새롭게 펼쳐나가실 구원의 길이 있습니다. 그것은 마지막 부분에 사족처럼 붙여진 말로 예고됩니다. "아담은 오실 자의 모형이라"(Adam, who is a pattern of the one to come). 여기에서 '오실 자'는 예수 그리스도를 가리킵니다. 바울은 최초의 인간 아담이 예수 그리스도의 '패턴모형'이라고 합니다. 예수님이 아담의 죄를 모방하여 반복한다는 뜻일까요? 아닙니다. 오히려 거꾸로 첫 번째 아담의 실수와 죄를 바로 잡는 방식으로 예수님이 두 번째 아담으로 오셨다는 뜻입니다.

두 번째 아담

15절입니다.

> 그러나 이 은사는 그 범죄와 같지 아니하니 곧 한 사람의 범죄를 인하여 많은 사람이 죽었은즉 더욱 하나님의 은혜와 또한 한 사람 예수 그리스도의 은혜로 말미암은 선물은 많은 사람에게 넘쳤느니라(롬 5:15)

여기에서 '은사'는 헬라어로 '카리스마χάρισμα, charisma'입니다. 그렇다면 바울이 말하는 '이 은사the charisma'는 과연 무엇이고, '그 범죄the trespass'는 또한 무엇을 말하는 것일까요?

바울은 로마서의 서두에서 자신이 가지고 있는 '어떤 신령한 은사'를 나누어주기 위해서 로마교회로 가기 원한다고 했는데(롬 1:11), 그 '은사'가 '카리스마'라고 했습니다. 그리고 바울이 로마교회 성도들에게 나누어 주고 싶어 하던 그 '신령한 은사'는 바로 '예수 그리스도의 복음'이라고 했습니다(롬 1:15). 따라서 지금 바울이 말하는 '이 은사'는 '예수 그리스도의 복음'을 의미하는 것입니다. '이 은사'는 아담으로부터 시작된 '그 범죄'를 충분히 상쇄하고도 남는 것입니다.

한 사람이 많은 사람에게 영향을 끼친다는 점에서 아담은 예수님의 모형입니다. 그러나 내용으로는 둘 사이에 엄청난 차이가 있습니다. 아담은 "한 사람의 범죄가 많은 사람에게 죽음의 심판을 가져다주는" 패턴이었다면, 예수님은 "한 사람의 은혜가 많은 사람에게 구원의 선물을 가져다주는" 패턴이기 때문입니다. 아담은 사망의 패턴을 예수님은 생명의 패턴을 보여주고 있는 것이지요. 그 모두 한 사람으로 말미암아 시작된다는 점에서는 서로 다르지 않습니다.

바울은 16-19절까지 계속해서 아담과 그리스도를 대조하면서, 하나님께서 예수 그리스도를 통해서 베풀어주신 은혜가 얼마나 풍성한지를 설명합니다. 이 부분은 공동번역으로 읽으면 훨씬 더 쉽게 다가옵니다.

> 16하느님께서 거저 주시는 은총과 아담의 죄는 그 효과에 있어서 서로 비교가 되지 않습니다. 아담의 경우에는 그 한 사람 때문에 모든 사람이 유죄 판결의 심판을 받게 되었지만 은총의 경우에는 죄지은 많은 사람이 은총을 거저 입어 무죄 판결을 받았습니다. 17아담의 범죄의 경우에는 그 한 사람 때문에 죽음이 군림하게 되었습니다. 그러나 은총의 경우에는 한 사람 예수 그리스도의 공로로 풍성한 은총을 입어 하느님과의 올바른 관계를 거저 얻은 사람들이 생명의 나라에서 왕 노릇 할 것입니다. 그러니 하느님의 은총의 힘이 얼마나 더 큽니까! 18그러므로 한 사람이 죄를 지어 모든 사람이 유죄 판결을 받은 것과는 달리 한 사람의 올바른 행위로 모든 사람이 무죄판결을 받고 길이 살게 되었습니다. 19한 사람의 불순종으로 많은 사람이 죄인이 된 것과는 달리 한 사람의 순종으로 많은 사람이 하느님과 올바른 관계를 가지게 될 것입니다(롬 5:16-19).

이 세상에 들어온 죄는 죽음을 불러왔지만, 하나님은 그 죽음을 끌어안고 생명으로 바꾸셨습니다. 아담의 죄는 모든 사람에게 유죄판결과 죽음의 결과를 가져왔지만, 하나님은 죄를 지은 많은 사람에게 무죄 판결과 생명의 결과를 가져오는 은혜의 선물을 주셨습니다. 그러니 하나님의 은총의 힘이 얼마나 더 큽니까?

사실 사람들에게 죄를 짓게 만드는 일은 그리 힘들지 않습니다. 아이들을 보십시오. 굳이 욕을 가르치려고 애쓰지 않아도 어떻게든 배우지 않습니까? 죄만 펼쳐놓으면 사람들은 아무 생각 없이 덥석 그 죄를 집어 듭니다. 그게 인간입니다. 아담은 모든 사람에게 죄를 가르치려고 애쓰지 않았습니다. 그저 이 세상에 죄가 들어오게 했을 뿐입니다. 그랬더니 사람들이 순식간에 너도나도 죄를 짓고 모두 사형수가 된 것입니다.

죄를 짓는 것은 쉽지만 모든 사람이 지은 죄를 본래의 상태로 되돌리는 것은 결코 쉬운 일이 아닙니다. 죽이는 것은 쉽지만 다시 살려내는 것은 쉽지 않습니다. 망가뜨리는 것은 쉽지만 다시 고쳐내는 것은 쉽지 않습니다. 그 일을 하나님께서 예수 그리스도를 통해서 하셨습니다. 죽음이 군림하는 땅을 영원한 생명이 다스리는 나라로 바꾸셨고, 수많은 사형수들의 죄를 사면하시고 하나님과 올바른 관계를 가진 존재로 회복시키셨습니다.

그러니 하나님의 은총의 힘이 얼마나 더 큰 것입니까? 하나님이 주시는 은사가 모든 사람에게 골고루 미치기 위해서 많은 사람의 수고와 노력이 필요한 것은 아닙니다. 예수 그리스도 한 분으로 충분합니다. 예수 그리스도의 복음에 나타난 하나님의 의로 충분합니다. 첫 번째 아담으로 말미암아 이 땅에 죄가 들어올 때부터 하나님은 두 번째 아담 예수 그리스도로 말미암아 이 땅을 회복시킬 것을 계획하셨던 것입니다. 이 얼마나 놀라운 하나님의 은혜입니까?

죄를 이기는 은혜

계속해서 바울은 그 은혜가 모든 죄를 덮고도 남는다고 말합니다.

율법이 들어온 것은 범죄를 더하게 하려 함이라. 그러나 죄가 더한 곳에 은혜가 더욱 넘쳤나니…(롬 5:20).

앞에서 언급한 것처럼 율법이 있어야 죄를 깨달을 수 있습니다(롬 3:20). 그러나 "율법이 들어온 것은 범죄를 더하게 하려 함이라"고 하면, 그 뉘앙스가 많이 달라집니다. 마치 사람들에게 죄를 더 부추기기 위해서 하나님이 율법을 주셨다는 식으로 오해할 수 있기 때문입니다. 그래서 저는 이 부분을 단순히 "율법이 들어온 후에 죄가 더 많아졌다"고 풀이합니다.

메시지 성경은 "일시적인 율법이 죄와 맞서 할 수 있었던 것이라고는 더 많은 '율법 위반자들lawbreakers'을 만들어내는 것이 전부였습니다"라고 표현합니다. 마치 지나치게 자세하고 엄격한 교통법규가 매일 같이 수많은 법규 위반자들을 양산해내는 것과 같습니다. 새로운 법을 만들면 만들수록 범법자만 늘어나지 사람의 본성이 바뀌는 것은 아닙니다. 새로운 법으로는 결코 죄를 다스릴 수 없습니다.

그렇다면 죄를 이길 수 있는 방법이 무엇일까요? '은혜'입니다. "그러나 죄가 더한 곳에 은혜가 더욱 넘쳤다"라고 바울은 말합니다. 사람들은 지금까지 죄를 계속해서 더해왔지만 하나님의 은혜는 그 모든 죄를 덮고도 남을 만큼 충분하다는 뜻입니다.

이에 대한 메시지 성경의 풀이가 우리에게 강한 여운을 남깁니다.

> … 그러나 죄는 우리가 은혜라고 부르는 그 전투적 용서에는 도저히 맞수가 되지 못합니다. 죄와 은혜가 맞설 때, 이기는 쪽은 언제나 은혜입니다(롬 5:20b, 메시지).

메시지 성경은 '은혜'를 '전투적 용서the aggressive forgiveness'라고 표현합니다. 저는 '전투적 용서'보다는 '공격적 용서'라고 표현하는 것이 더 좋을 것으로 생각합니다.

'죄'와 '벌'이 싸우면 누가 이길까요? 언제나 '죄'가 이깁니다. 사람들은 차라리 벌을 받더라도 결코 죄를 포기하지 않기 때문입니다. 죄를 용서하는 '은혜'는 수동적이고 소극적인 대응이라고 생각하기 쉽지만, 그렇지 않습니다. 은혜는 죄를 무력화시키는 가장 공격적인 무기입니다. 그래서 '죄'와 '은혜'가 맞설 때 언제나 '은혜'가 이기게 되어 있는 것입니다.

바울은 로마서 12장에서 "악에게 지지 말고 선으로 악을 이기라"(롬 12:21)고 했습니다. 악한 방법으로는 결코 악을 이길 수 없습니다. 똑같이 악해질 뿐입니다. 오직 선으로만 악을 이길 수 있습니다. 마찬가지로 '죄'를 이기는 방법은 오직 '은혜'입니다.

마지막 21절입니다.

이는 죄가 사망 안에서 왕 노릇 한 것 같이 은혜도 또한 의로 말미암아 왕 노릇 하여 우리 주 예수 그리스도로 말미암아 영생에 이르게 하려 함이라(롬 5:21).

"죄가 사망 안에서 왕 노릇 한다"라는 것이 무슨 뜻일까요? 죄의 무기는 죽음이라는 뜻입니다. 죽음을 무기로 하여 사람을 협박하고 다스린다는 것입니다. 메시지 성경의 표현처럼, "죄가 할 수 있는 일이라고는 죽음으로 우리를 위협하는 것이 전부"입니다. 그런데 죽음으로 위협한다고 해서 우리가 죄를 지으면 어떻게 될까요? 그렇게 하면 죽음을 피할 수 있을까요? 아닙니다. 그 마지막은 역시 죽음입니다. 죄의 삯은 '사망'입니다.

그러나 하나님의 은혜는 "의로 말미암아 왕 노릇 하여 영생에 이르게 한다"고 합니다. 이 또한 무슨 뜻일까요? '의'를 '바르게 세우심'으로 풀이하면 쉬워집니다. 하나님의 은혜는 우리를 바르게 세우심으로 다스립니다. 예수 그리스도의 복음에 나타난 '하나님의 의'가 바로 그것입니다. 그리고 복음을 따라 살아갈 때의 결과는 '영생'입니다.

이와 같은 하나님의 은혜는 놀랍게도 첫 번째 아담을 통해서 이 땅에 죄가 들어올 때부터 준비되었습니다. 그리고 때가 차자 하나님은 두 번째 아담 예수 그리스도를 이 땅에 보내셔서 십자가를 통해 구원의 길을 여셨습니다. 예수님이 십자가에서 흘리신 피가 첫 번째 아담이 이 세상에 들어오게 한 죄와 죽음의 문제를 완전히 해결한 것입니다.

'비아 돌로로사'Via Dolorosa'를 순례하다보면 가장 마지막으로 다다르는 곳이 '성묘교회the Church of the Holy Sepulchre'입니다. 그곳에 가면 예수님의 십자가가 세워졌던 골고다 바위the rock of Golgotha가 있고, 바로 아래 쪽으로 '아담 채플the Chapel of Adam'이 자리 잡고 있습니다. 전승에 따르면 인류 최초의 인간 '아담의 무덤the tomb of Adam'이 있던 자리라고 합니다.

이곳의 제단 앞에 가면 골고다 바위의 아랫부분이 돌출되어 있는데, 심하게 갈라진 균열을 볼 수 있습니다. 예수님께서 부활하실 때 '땅이 진동하며 바위가 터졌다'(마 27:51)고 하는데, 이 균열이 바로 그 증거라고 사람들은 생각합니다. 이때 십자가에서 흘린 예수님의 피가 바위 균열을 타고 흘러내려 왔고, 그곳에 묻혀있던 아담의 해골을 적셨다는 것입니다. 그리하여 첫 번째 아담으로 말미암아 비롯된 인간의 죄와 죽음의 문제를 예수님의 보혈이 완전히 해결하셨음을 보여주는 상징으로 여기고 있는 것이지요.

정교회Orthodox Church는 전통적으로 성화icon을 중요하게 여겨왔는데, 예수님이 십자가에 달리신 아이콘에는 반드시 그 밑 부분에 첫 번째 아담의 해골이 그려져 있는 것을 볼 수 있습니다. 오늘 본문에서 바울이 설명해 온 아담과 그리스도의 관계를 이런 방식으로 표현하고 있는 것이지요.

그렇습니다. 인간의 죄를 해결

할 수 있는 길은 예수님의 십자가밖에 없습니다. 첫 번째 아담 한 사람으로 말미암아 시작된 인류의 죄와 죽음의 역사는, 두 번째 아담 한 사람으로 말미암아 완전히 청산되었습니다. 십자가에 나타난 구원의 길, 하나님의 의, 하나님의 사랑을 믿음으로 받아들이기만 하면 누구든지 죄를 용서받고 영생의 복을 누릴 수 있습니다.

이 복음을 확실하게 붙드십시오. 이 복음으로만 살아가십시오. 하나님은 우리를 구원하기 원하십니다. 우리의 구원을 위해서 지금도 일하고 계십니다.

묵상 질문: 나는 죄의 문제를 어떤 방식으로 해결하고 있습니까?

오늘의 기도: 죄의 문제를 해결할 수 있는 길은 오직 십자가 밖에 없음을 고백합니다. 십자가에 나타난 구원의 길, 하나님의 의, 하나님의 사랑을 믿음으로 받아들이기만 하면 누구든지 용서받을 수 있음을 믿습니다. 이 복음을 끝까지 붙들게 하옵소서. 예수님의 이름으로 기도합니다. 아멘.

로마서 묵상 12

예수와 함께 죽고 함께 살고

읽을 말씀: 로마서 6:1-11

새길 말씀: 그러므로 우리가 그의 죽으심과 합하여 세례를 받음으로 그와 함께 장
사되었나니 이는 아버지의 영광으로 말미암아 그리스도를 죽은 자 가운
데서 살리심과 같이 우리로 또한 새 생명 가운데서 행하게 하려 함이라
(롬 6:4).

앞 장에서 우리는 두 번째 아담으로 오신 예수 그리스도께서 첫 번째
아담으로 말미암아 시작된 인류의 죄와 죽음의 문제를 십자가에서 완전
히 해결하셨다는 말씀을 묵상했습니다. 십자가에 나타난 구원의 길, 하
나님의 의, 하나님의 사랑을 믿음으로 받아들이기만 하면 누구든지 죄를
용서받고 영생의 복을 누릴 수 있습니다.

교회 다니는 사람치고 이 말씀을 모르는 사람은 없습니다. 그런데 교
인들 중에는 죄의 문제를 해결하지 못하면서 신앙 생활 하는 사람들이
아직도 많이 있습니다. 심지어 교회의 지도자라고 하는 목사님들과 장로

님들이 죄의 문제로 넘어지는 일들을 심심치 않게 목격합니다. 그러니 일반 교인들은 더 말할 것도 없습니다. 왜 그러는 것일까요? 예수 그리스도 십자가의 복음을 정확하게 알지 못해서 그렇습니다.

많은 그리스도인이 십자가의 복음을 '속죄의 교리'로만 알고 있습니다. 예수님이 십자가에서 우리를 대신하여 죽으심으로 우리의 모든 죄가 용서받았다는 것은 분명합니다. 모두 그렇게 믿는다고 고백합니다. 그런데 그 후의 삶이 달라지지 않습니다. 또다시 과거의 죄로 돌아갑니다.

그러고 나서 다시 하나님 앞에 나와서 회개합니다. 용서해달라고 그럽니다. 새롭게 살아보겠다고 결심합니다. 그러나 얼마 지나지 않아 같은 죄를 반복합니다. 그렇게 죄 짓고 회개하고 용서받고 그러는 게 신앙생활인줄 압니다. 그렇게 살아도 괜찮은 줄 압니다. 이것이 문제입니다.

바울은 "죄가 더한 곳에 은혜가 더욱 넘쳤다"(롬 5:20)라고 했습니다. 그런데 이 말씀을 "죄를 더 많이 지으면 은혜가 더 넘치게 될 것이라"라는 식으로 오해하여 자신의 죄를 정당화하려는 사람들도 있습니다. 심지어 '신앙간증'을 하면서 하나님의 은혜를 자랑하기보다는 오히려 과거에 지은 자기 죄를 자랑하는 경우도 있습니다. 무언가 잘못 알아도 한참 잘못 알고 있는 것입니다.

크든 작든 죄는 부끄러운 것입니다. 하나님께 용서받았다고 해서 죄가 갑자기 자랑거리로 변하는 것이 아닙니다. 십자가의 복음은 우리로 하여금 죄로부터 완전한 자유를 얻게 합니다. 죄에 대하여 완전히 죽게 합니다. 오늘 우리가 묵상할 내용입니다.

죄에 대하여 죽은 자

1-2절입니다.

¹그런즉 우리가 무슨 말을 하리요. **은혜를 더하게 하려고 죄에 거하겠느냐.** ²그 러 수 없느니라. 죄에 대하여 죽은 우리가 어찌 그 가운데 더 살리요(롬 6:1-2).

은혜는 하나님께서 주시는 뜻밖의 선물입니다. 받을 자격이 없는 사 람에게 베풀어주시는 사랑입니다. 예수 그리스도의 십자가가 바로 그 은 혜의 선물입니다. 우리가 아직 죄인되었을 때에 그리스도께서 우리를 위 하여 죽으심으로 하나님의 그 크신 사랑을 보여주셨습니다. 우리의 죄를 용서해 주셨습니다. 그 은혜로 우리는 구원받았습니다. 그런데 그 은혜 를 더 받겠다고 계속해서 죄를 지어도 괜찮을까요?

이 부분을 메시지 성경은 "하나님이 계속해서 용서를 베풀어주시도 록 계속해서 죄를 지을까요?"(Keep on sinning so God can keep on forgiv- ing?)라고 표현합니다. 그것은 마치 "하나님은 본래 우리를 용서해 주시 는 분이니까, 우리가 또 죄를 지어도 얼마든지 이해해 주실거야!" 하면서 똑같은 죄를 반복하는 것과 같습니다. 그것은 하나님의 은혜를 이용해먹 으려는 인간의 못된 죄성이지, 진정으로 죄를 용서받은 사람이 취해야 할 바른 태도가 아닙니다.

그런데 많은 그리스도인이 이런 식으로 신앙 생활하고 있는 것을 봅 니다. 그 이유는 앞에서 언급했듯이 십자가의 복음을 '속죄의 교리'로만 알고 있기 때문입니다. 그래서 자신의 죄에 대해서 하나님의 용서가 필 요할 때마다 꺼내서 써먹는 비장의 카드처럼 십자가의 복음을 생각하고 있는 것이지요.

아닙니다! 십자가의 복음은 죄에 대해서 완전히 죽는 것입니다. 바울 은 말합니다. "죄에 대하여 죽은 우리가 어찌 그 가운데 더 살리요!"(2절). 그런데 "죄에 대하여 죽었다"(died to sin)는 말이 무슨 뜻일까요? 죽음은 '끝'입니다. 완전한 '단절'입니다. 우리 속담에 "죽은 자식 OO 만지기"라 는 말이 있습니다. 죽은 자식은 빨리 매장하고 잊어버려야지, 거기에 미련을 두면 안 됩니다. 죽음은 본래 그런 겁니다.

죄도 마찬가지입니다. 죄를 완전히 묻어버리고 잊어버리고 더 이상 상관하지 않고 살아가야 비로소 죄에 대하여 죽었다고 말할 수 있습니다. 그런데 십자가의 은혜로 죄 사함을 받았다고 하면서, 여전히 그 죄 가운데 살아가고 있다면 어떻게 되겠습니까? 죄를 용서받았다면서 똑같은 죄를 반복하고 있다면, 그것은 하나님의 은혜를 단지 위기의 순간을 모면하는 싸구려 은총으로 취급하고 있다는 뜻 아니겠습니까?

예수와 합한 세례

계속해서 바울은 세례의 예를 들어서 본격적으로 예수님의 죽으심과 우리 죽음의 상관관계를 설명합니다.

> 무릇 그리스도 예수와 합하여 세례를 받은 우리는 그의 죽으심과 합하여 세례를 받은 줄을 알지 못하느냐(롬 6:3).

예수님 당시의 세례洗禮는 침례浸禮였습니다. 물속에 완전히 잠겼다가 다시 나오는 형식이었습니다. 물에 잠긴다는 것은 우리의 옛사람이 죽는다는 뜻입니다. 그런 후에 물 밖으로 나올 때 새로운 사람으로 다시 태어나는 것입니다. 죄에 대해서 죽는다는 것도 역시 마찬가지입니다.

이를 바울은 "그의 죽으심과 합하여 세례를 받는다"고 표현합니다. 우리말 '합하여'로 번역된 '에이스εἰς, eis'는 본래 '~속으로into'라는 뜻입니다. 즉 "예수님의 죽으심 속으로 세례를 받는다"(baptized into his death)는 것입니다. 그러니까 세례를 받는다는 것은 곧 예수님의 죽으심 속으로 들어가는 것입니다.

메시지 성경의 풀이가 재미있습니다.

우리가 세례 받을 때 일어난 일이 바로 이것입니다. 물 아래로 들어갔을 때 우리는 **죄라는 옛 나라**를 뒤에 남겨두고 떠난 것입니다. 그 물에서 올라올 때 우리는 **은혜라는 새 나라**에 들어간 것입니다(롬 6:3, 메시지).

물 아래로 들어갔을 때 '죄라는 옛 나라'(the old country of sin)를 남겨두고 나와야 합니다. 그래야 물에서 올라올 때 '은혜라는 새 나라'(the new country of grace)로 들어갈 수 있습니다. 그런데 물에서 나올 때 여전히 '옛 나라'를 그대로 가지고 나온다면 어떻게 되겠습니까? 아직도 은혜의 나라에 들어가지 못한 것입니다. 그렇게 받는 세례가 유대교의 할례와 뭐가 다릅니까? 겉치레에 치중하는 또 다른 율법주의 종교 생활을 이어가고 있을 뿐입니다.

4그러므로 우리가 그의 죽으심과 합하여 세례를 받음으로 **그와 함께 장사되었나니** 이는 아버지의 영광으로 말미암아 그리스도를 죽은 자 가운데서 살리심과 같이 우리로 또한 새 생명 가운데서 행하게 하려 함이라. 5만일 우리가 그의 죽으심과 같은 모양으로 **연합한 자**가 되었으면 또한 그의 부활과 같은 모양으로 **연합한 자도 되리라**(롬 6:4-5).

한 걸음 더 나아가서 바울은 세례를 예수님과 함께 장사되는 것이라고 합니다. "나도 예수님처럼 죽어서 매장되었다"라고 하는 믿음입니다. 그렇습니다. 세례를 받는 사람은 "나도 죽었다"라고 하는 믿음이 있어야 합니다. 그런데 어디 그런가요? 사람들은 그저 "죄를 용서받았다"라고 하는 수준에만 머물고 싶어 합니다.

그것은 마치 목욕탕에 들어가서 때를 밀고 나온 것과 같습니다. 죄의 때는 씻어냈지만 여전히 나 자신이 죽지 않고 살아서 주인 노릇 하고 있습니다. 그러니 다시 죄에 더럽혀지는 것은 시간문제일 뿐입니다. 그러면 그때 가서 또 세례를 받으면 될까요? 어떤 분은 아직 '성령 세례'를 받지 않아서 그렇다고 합니다. 물론 틀린 말은 아닙니다. 문제는 그들이 생각하는 '성령 세례'가 죄를 씻기 위해서 정기적으로 목욕탕에 가는 수준에 머물러 있다는 사실입니다.

이 모두는 십자가의 복음을 '속죄의 교리'로만 이해하기 때문에 부딪히는 한계입니다. 예수 그리스도의 십자가 복음은 우리로 하여금 "내가 용서받았다!"에서 "나도 죽었다!"로 나아갈 것을 요구합니다. 예수님만 십자가에서 죽으신 것이 아니라 "나도 그 십자가에서 죽었다!"라는 믿음이 있어야 한다는 것이지요. 그런데 그렇게 죽으려고 하지 않고, 달랑 죄만 용서받으려고 하니 같은 죄를 반복할 수밖에요.

세례받을 때 예수님과 함께 죽어 장사되어야 또한 물 위로 일으켜졌을 때 우리는 예수님과 함께 다시 부활하게 됩니다. 그래야 예수님처럼 "새 생명 가운데서 행하게" 됩니다. 여기에서 '새 생명'으로 번역된 헬라어는 '카이노테스*καινότης, kainotés*'인데, 이를 영어로 표현하면 'newness'가 됩니다. '새로움'입니다. 전에는 경험하지 못했던 새로운 삶을 의미합니다. 어떤 점에서 새로움일까요? "죄에 대하여 죽었다"는 점에서 새로움입니다.

'기분전환'이 새로움이 아닙니다. '충전되었다는 느낌'이 새로움이 아닙니다. 완전히 죽고 다시 살아나는 것이 새로움입니다. 이것이 바로 '예수와 합한 세례'의 진정한 의미입니다.

하나님께 대하여 산 자

6-7절입니다.

6우리가 알거니와 우리의 옛 사람이 예수와 함께 십자가에 못박힌 것은 죄의 몸이 죽어 다시는 우리가 죄에게 종노릇하지 아니하려 함이니 7이는 죽은 자가 죄에서 벗어나 의롭다 하심을 얻었음이라(롬6:6-7).

우리의 '옛 사람old self'이 왜 죽어야 하는 것일까요? 왜냐하면 "다시는 죄에게 종노릇하지 않기 위해서"(we should no longer be slaves to sin)입니다. '옛 사람'이 죽었다고 해서 우리의 육신이 죽은 것은 아닙니다. 육신이 버젓이 살아있기 때문에 우리는 여전히 육신의 욕구를 가지게 됩니다. 그러나 육신의 욕구가 하자는 대로 죄를 지으면서 살았던 '옛 사람'은 이미 예수님과 합하는 세례를 통해서 죽어버렸습니다. 이제는 주님이 하자는 대로 살아갈 수 있게 된 것입니다.

이러한 바울의 가르침은 갈라디아서에서 잘 설명되어 있습니다.

내가 그리스도와 함께 십자가에 못 박혔나니 그런즉 이제는 내가 사는 것이 아니요 오직 내 안에 그리스도께서 사시는 것이라. 이제 내가 육체 가운데 사는 것은 나를 사랑하사 나를 위하여 자기 자신을 버리신 하나님의 아들을 믿는 믿음 안에서 사는 것이라(갈 2:20).

그리스도의 십자가는 단지 나의 죄를 용서하신 사건일 뿐만 아니라, 내가 그리스도와 함께 죽는 사건이었습니다. 죄에게 종노릇하면서 살던 '옛 사람'은 십자가에서 죽었습니다. 그렇다고 해서 내 육신이 죽은 것은 아닙니다. 내 육신을 다스리던 주인이 바뀌었을 뿐입니다. '옛 사람'에서 '그리스도'로 바뀌었습니다. 따라서 이제는 내가 사는 것이 아니요, 그리스도께서 사시는 것입니다. 내 육신은 주님이 하자는 대로 순종하며 살게 된 것입니다.

오늘 말씀의 결론입니다.

¹⁰그가 죽으심은 죄에 대하여 단번에 죽으심이요 그가 살아 계심은 하나님께 대하여 살아 계심이니 ¹¹이와 같이 너희도 너희 자신을 죄에 대하여는 죽은 자요 그리스도 예수 안에서 **하나님께 대하여는 살아 있는 자로** 여길지어다(롬 6:10-11).

예수 그리스도의 죽으심은 "죄에 대하여 단번에 죽으심"이라고 합니다. 여기에서 우리는 '단번에에파팍스, ἐφάπαξ'라는 말을 주목할 필요가 있습니다. 영어로는 'once for all'이라고 번역합니다. 다시는 반복하지 않는다는 뜻입니다. 자, 그렇다면 "죄에 대하여 단번에 죽는다"는 것이 무슨 뜻일까요?

사실 우리 주님은 죄가 없으신 분입니다. 자신의 죄를 지고 십자가에 죽으신 것이 아닙니다. 우리 모두의 죄를 대신 대속하기 위하여 십자가에서 죽으신 것입니다. 그리고 그 일은 단 한 번으로 충분합니다. 다시는 반복될 필요가 없습니다. 그것이 바로 "죄에 대하여 단번에 죽으심"의 뜻입니다.

그다음 말씀이 중요합니다. "이와 같이 너희도 너희 자신을 죄에 대하여 죽은 자로 여기라." '이와 같이'는 '같은 방식으로in the same way'라는 뜻입니다. 앞에서 설명한 예수님이 죄에 대하여 단번에 죽으신 방식을 말합니다. 예수님이 단 한 번에 우리 죄의 문제를 해결했으니, 너희도 '단번에' 죄에 대하여 죽었다고 여기라는 것입니다. 즉 다시는 같은 죄가 반복되게 해서는 안 된다는 것이지요. 그러기 위해서 자신을 '하나님께 대하여 살아있는 자'로 여겨야 한다고 말씀합니다.

그런데 '죄에 대하여 죽은 자'(dead to sin)와 '하나님께 대하여 산 자'(alive to God)를 어떻게 설명하면 좋을까요? 다음과 같은 메시지 성경의 풀이가 우리에게 한 줄기 빛을 비추어줍니다.

그러니 이제부터는 이렇게 여기십시오. 이제 죄는 여러분이 알아듣지도 못하는 사어死語로 말할 뿐입니다. 그러나 하나님은 여러분에게 모국어로 말씀하시며, 여러분은 그 말씀을 한 마디도 놓치지 않습니다. 여러분은 이제 죄에 대해서는 죽었고, 하나님께 대해서는 살았습니다. 예수께서 그렇게 만드셨습니다(롬 6:11, 메시지).

"죄는 여러분이 알아듣지도 못하는 사어死語로 말할 뿐입니다"(Sin speaks a dead language that means nothing to you). 정말 그렇습니다. "죄는 지금 나에게 죽은 언어입니다. 더 이상 나에게 아무런 의미가 없습니다. 무슨 말을 하든지 나와는 전혀 상관없습니다." 바로 이것이 '죄에 대해서 죽은 자'입니다.

과거에 죄의 종노릇 하며 살아갈 때에는 죄가 '죽은 언어'가 아니었습니다. 귀에 쏙쏙 들어오는 말이었습니다. 내 삶을 움직이는 말이었습니다. 그러나 이제는 달라졌습니다. 죄가 하는 말은 더 이상 한 마디도 귀에 들어오지 않게 된 것입니다.

그것이 전부가 아닙니다. "하나님은 여러분에게 모국어로 말씀하시며, 여러분은 그 말씀을 한마디도 놓치지 않습니다"(God speaks your mother tongue, and you hang on every word). 정말 그렇습니다. "죄에 대해서 죽고 나니까, 이제는 하나님의 말씀이 귀에 쏙쏙 들어옵니다. 나의 모국어로 말씀하시기 때문입니다. 내가 알아듣지 못하는 말이 하나도 없으니, 한 말씀도 내가 놓치지 않게 됩니다." 바로 이것이 '하나님께 대하여 산 자'입니다.

마지막 부분이 오늘 말씀의 하이라이트입니다. "예수께서 그렇게 만드셨습니다"(That's what Jesus did). 이것은 우리가 애쓰고 노력해야 되는 일이 아닙니다. 예수님께서 십자가의 복음을 통해서 이미 그렇게 만들어 놓으셨습니다. 우리는 단지 예수님과 함께 죽고 예수님과 함께 살기만 하면 됩니다. 예수님과 합한 세례를 받기만 하면 됩니다. 예수님이 우리 삶의 주인이 되도록 모셔 들이면 됩니다. 그것이 바로 우리의 구원을 위해 하나님이 일하시는 방식입니다.

예수와 함께 죽고, 예수와 함께 살아야 합니다. 만일 아직까지 해결되지 않는 죄의 문제가 남아있다면 그 죄를 용서해달라고 구하지 말고 예수님과 함께 십자가에서 죽기로 작정하십시오. 죄에 대하여 단번에 죽으십시오. 나는 죽고 내 안에 그리스도께서 살아계시도록 하십시오. 하나님의 일하심에 믿음으로 뛰어드십시오. 그리고 성령님이 인도하시는 대로 순종하며 따르십시오. 그러면 주님이 우리를 그렇게 빚어 가실 것입니다.

묵상 질문: 나는 세례를 통하여 예수님과 함께 죽고 또한 예수님과 함께 살아났습니까?

오늘의 기도: 세례는 받았지만 죄의 문제가 여전히 내 속에 남아 있음을 고백합니다. 예수님과 함께 십자가에서 완전히 죽지 않았기 때문입니다. 이 시간 간구합니다. 나는 죽게 하시고 내 안에 그리스도께서 살아 움직이도록 성령님 나를 다스려 주옵소서. 예수님의 이름으로 기도합니다. 아멘.

참된 자유란 무엇인가?

읽을 말씀: 로마서 6:12-23

새길 말씀: 그러므로 너희는 죄가 너희 죽을 몸을 지배하지 못하게 하여 몸의 사욕
에 순종하지 말고 또한 너희 지체를 불의의 무기로 죄에게 내주지 말고
오직 너희 자신을 죽은 자 가운데서 다시 살아난 자같이 하나님께 드리
며 너희 지체를 의의 무기로 하나님께 드리라(롬 6:12-13).

앞 장에서 우리는 예수와 함께 죽고 예수와 함께 사는 것에 대해서
묵상했습니다. 예수 그리스도의 십자가 복음을 믿는 사람들은 단지 "내
가 용서받았다!"에 머물러 있으면 안 된다고 했습니다. "나도 그 십자가
에서 죽었다!"는 고백으로 나아가야 합니다.

그런데 사람들은 그렇게 죽으려고 하지는 않고, 죄만 용서받으려고
합니다. 내 삶의 주인을 바꾸려고 하지는 않고, 영적인 기분전환의 기회
만을 찾습니다. 그래서 예수님을 믿는다고 하면서도 여전히 죄의 종노릇
하면서 살게 되는 것이지요. 그 밑바닥에는 하나님의 은혜조차도 자신의

편의에 따라 이용해먹으려고 하는 인간의 악한 죄성罪性이 자리 잡고 있다고 했습니다.

그것이 전부는 아닙니다. 그와 더불어 하나님께서 사람에게 주신 '자유의지自由意志'도 한몫 차지하고 있습니다. '자유의지free will'는 인간을 인간답게 만드는 가장 핵심적인 가치입니다. 만일 자유의지에 따라서 선택할 권리가 인간에게 주어지지 않았다면 어떻게 되었을까요? 그것은 로봇이지 인간이 아닙니다.

물론 하나님은 인간이 자유의지로 하나님을 선택하고 하나님의 뜻에 순종할 것을 기대하셨습니다. 그 기대와 다르게 인간은 하나님이 주신 자유의지로 하나님을 거역하고 죄를 선택했지요. 구원의 문제에 있어서도 자유의지는 도움이 되기보다 걸림돌이 되어왔던 것이 사실입니다. 인간의 구원을 위한 하나님의 일하심을 인정하고 믿음으로 그 일에 뛰어들지 못하고 자꾸 주저하게 만들기 때문입니다. 십자가의 복음은 예수와 함께 죽어야 작동하기 시작하는 것인데, 그렇게 죽고 나면 자신에게 무슨 자유가 남겠는가 하는 생각에 선뜻 그러지 못하는 것이지요.

그것은 자유를 잘못 이해한 탓입니다. 자기 마음대로 살고 싶은 '욕망'을 '자유'라고 생각하기 때문입니다. 그것이 결국 죄에게 종노릇하게 만든다는 사실을 깨닫지 못하고 있는 것입니다. 바울은 오늘 본문에서 이 문제를 심도 있게 다루고 있습니다.

죄의 지배 vs. 하나님의 자유

하나님 안에서 누리는 참된 자유란 무엇일까요?

> **그러므로 너희는 죄가 너희 죽을 몸을 지배하지 못하게 하여 몸의 사욕에 순종하지 말고**…(롬 6:12).

앞에서 바울은 "죄에 대하여 죽은 자가 되어야 한다"라는 점을 특별히 강조해 왔습니다. 그 이유가 바로 여기에 있습니다. 만일 죄에 대하여 죽지 않는다면, 죽을 때까지 죄의 지배를 받게 되어있기 때문입니다. 6절에서 언급한 '죄에게 종노릇 한다'라는 것이 바로 이런 뜻입니다. 그런데 사람들은 죄의 지배를 받으며 죄가 시키는 대로 종노릇 하면서도 그것을 자기 마음대로 사는 '자유'라고 착각하고 있습니다.

죄가 지배하기 시작하면 우선 '몸의 사욕에 순종하게' 됩니다. 여기에서 '사욕私慾'은 헬라어 '에피두미아ἐπιθυμία, epithumia'를 번역한 것인데, 영어로는 'desire욕구' 또는 'lust욕망'로 표현합니다. '순종하다'에 해당되는 '후파쿠오ὑπακούω, hupakouó' 동사는 '후포ὑπό, under'와 '아쿠오ἀκούω, hear'의 합성어입니다. 즉 고분고분 따르게 된다는 뜻입니다.

죄의 지배를 받게 되면 사람들은 육신의 욕망에 고분고분 따르게 됩니다. 사람들은 그것을 '자유'라고 생각할지 모릅니다. 하지만 사실은 죄의 지배와 조종을 받는 것입니다.

> 또한 너희 지체를 불의의 무기로 죄에게 내주지 말고 오직 너희 자신을 죽은 자 가운데서 다시 살아난 자같이 하나님께 드리며 너희 지체를 의의 무기로 하나님께 드리라(롬 6:13).

죄의 지배를 받게 되면 결국에는 자신의 몸을 '불의의 무기'로 죄에게 내주게 됩니다. 여기에서 '내주다'의 헬라어 '파리스테미παρίστημι, paristémi'는 '바치다to present'라는 뜻입니다. 그러니까 자신의 몸을 통째로 죄에게 갖다 바치는 것이지요. 그래서 죄가 그 사람을 '불의의 무기'로 사용하게 됩니다. 하나님을 대적하고 하나님의 일하심을 방해하는 도구로 쓰임 받게 되는 것입니다.

본래 우리 인간은 하나님의 형상으로 창조되었습니다. 하나님의 기대는 인간이 자신의 몸을 하나님께 드려서 '의의 무기'로 사용되는 것입니다. 하나님이 이 세상을 바르게 세워가는 일에 쓰임 받게 되는 것입니다. 그러나 이 세상에 죄가 들어오면서 인간은 자신의 몸을 하나님께 드리지 않고 오히려 죄에게 바쳤습니다. 하나님이 주신 '자유의지'를 그런 식으로 사용한 것이지요.

예수 그리스도의 십자가 복음은 죄에 대하여 단번에 죽은 자가 되게 함으로써, 그동안 죄의 지배를 받으면서 잃어버리고 살았던 진정한 자유를 되찾게 해줍니다. 그 자유를 가지고 자신의 몸을 하나님께 드리게 되는 것입니다.

죄가 너희를 주장하지 못하리니 이는 너희가 법 아래에 있지 아니하고 은혜 아래에 있음이라(롬 6:14).

우리가 자신의 몸을 하나님께 맡겨버리면 죄가 더 이상 주인 노릇을 하지 못하게 됩니다. 죄가 우리에 대한 자기의 권리를 주장하면서 다스릴 수 없습니다. 따라서 우리는 죄가 시키는 대로 살지 않아도 됩니다. 죄에서 자유를 얻었기 때문입니다. 이것을 바울은 "너희가 율법 아래에 있지 아니하고 은혜 아래에 있다"라고 말합니다.

메시지 성경은 이 부분을 "이제 여러분은 하나님의 자유 가운데 살고 있습니다"(You're living in the freedom of God)라고 표현합니다. '하나님으로부터의 자유'(the freedom from God)가 아니라 '하나님의 자유'(the freedom of God)입니다. 하나님으로부터 자유를 얻겠다고 하나님을 떠나면 결국 죄의 지배를 받으며 살게 됩니다. 그러나 죄에 대하여 죽은 자가 되면 하나님의 은혜로 주시는 선물인 자유 안에서 살게 되는 것입니다.

결국 우리 인간의 선택은 둘 중의 하나입니다. 하나님 안에 살면서 하나님의 뜻을 이루면서 참된 자유를 누릴 것인가, 아니면 하나님을 떠나 내 마음 내키는 대로 살면서 죄의 지배를 받을 것인가…. 우리는 지금 무엇을 선택하고 있습니까?

죄의 종 vs. 의의 종

계속해서 바울은 인간의 자유의지로 선택할 수 있는 두 가지 '종'의 유형에 대해서 말합니다.

> **너희 자신을 종으로 내주어 누구에게 순종하든지 그 순종함을 받는 자의 종이 되는 줄을 너희가 알지 못하느냐. 혹은 죄의 종으로 사망에 이르고 혹은 순종의 종으로 의에 이르느니라**(롬 6:16).

우리말 '종'으로 번역된 헬라어는 '둘로스δοῦλος, doulos'입니다. '종'은 주인의 소유물입니다. 그의 운명은 전적으로 주인에게 달려 있습니다. 어떤 주인을 만나느냐에 따라서 삶의 질이 달라질 수밖에 없습니다.

그런데 바울은 그 주인을 스스로 선택할 수 있다고 합니다. "너희 자신을 종으로 내주어 누구에게 순종하든지 그 순종함을 받는 자의 종이 된다"는 말이 바로 그 뜻입니다. 앞에서 언급한 것처럼 '순종하다'에 해당되는 '후파쿠오' 동사는 "고분고분 따른다"라는 뜻이라고 했습니다. 누구의 말에 고분고분 따르느냐에 따라서 그의 인생이 결정되는 것입니다.

어떤 사람들은 '죄'의 말에 고분고분 따릅니다. 그래서 '죄의 종slaves to sin'이 됩니다. 죄가 시키는 대로 살아갑니다. 그 마지막은 '죽음'입니다. 그러나 어떤 사람들은 '의'의 말에 고분고분 따릅니다. 그래서 '의의 종slaves to righteousness'이 됩니다(18절). 의가 인도하는 대로 순종하여 따릅니다. 그 마지막은 '영생'입니다.

그런데 사람들은 이와 같이 누군가의 '종이 된다'라는 개념을 별로 좋아하지 않습니다. 누군가의 말을 고분고분 따른다는 것은 자신의 자유를 침해당하는 것이라고 생각합니다. 인생은 자신의 것인데 왜 남에게 종이 되어야 하느냐고 항변합니다. 그래서 심지어 하나님의 간섭을 받는 것도 싫어합니다. 무엇이든지 자신의 자유로운 선택에 따라서 살아가는 것을 최고의 가치로 여깁니다.

어렸을 때 착실하게 교회에 다니던 아이들이 청소년기와 청년기를 거치면서 교회를 떠나가는 것을 봅니다. 그들의 공통된 변명은 '자유를 찾아서'입니다. 자유롭고 싶다는 것입니다. 그 어디에도 구속당하지 않고 자기 마음대로 살아보고 싶다는 것입니다. 아이러니하게도 그것이 바로 하나님께서 인간에게 주신 '자유의지'의 속성입니다. 문제는 그것으로 많은 사람이 자유를 잃어버리는 선택을 한다는 사실입니다.

사람들은 자유의지로 '술, 담배'를 선택합니다. 그러나 그러는 순간부터 '술, 담배'의 노예가 됩니다. 사람들은 자유의지로 '게임'을 선택합니다. 그러나 그때부터 '게임'의 노예가 됩니다. 출세도 그렇고, 돈도 그렇고, 사랑도 명예도 그렇고, 세상 모든 일이 다 그렇습니다. 자신의 자유의지로 무언가를 선택하지만, 결국 그것에 매여 있게 됩니다. 자유롭고 싶어 선택하지만 결국 자유를 잃어버리는 것입니다.

그래서 메시지 성경은 16절을 다음과 같이 풀이합니다.

> 여러분은 경험을 통해 알 것입니다. 자유로운 행위라지만 실은 자유를 파괴하는 행위들이 있다는 것을 말입니다. 가령, 여러분 자신을 죄에 바쳐 보십시오. 그러면 그것으로 여러분의 자유의 행위는 끝이 납니다. 그러나 여러분 자신을 하나님의 길에 바쳐 보십시오. 그러면 그 자유는 결코 그치는 법이 없습니다(롬 6:16, 메시지).

자유롭게 선택한 행동이지만 실제로는 자유를 파괴하는 일들이 얼마나 많이 있는지 모릅니다. "여러분 자신을 죄에 바쳐보십시오. 그러면 그것으로 여러분의 자유의 행위는 끝이 납니다." 이 부분을 영어로 읽으면 더욱 실감납니다. "Offer yourselves to sin, and it's your last free act." 직역하면 "자신을 죄에 바치는 것이 너의 마지막 자유로운 행동이다"가 됩니다. 죄를 선택하는 순간 자유도 끝나버린다는 겁니다. 그다음부터는 죄의 지배를 받으면서 고분고분 죄의 말을 들어야 합니다.

그러나 만일 자신을 '하나님의 길'에 바치면, 그 자유는 끝이 없게 될 것입니다. 여기에서 '하나님의 길'은 우리를 구원하기 위하여 예수 그리스도를 통하여 새롭게 열어놓으신 길을 의미합니다. 우리에게 남아 있는 마지막 자유의지가 있다면, 그것으로 하나님의 길을 선택하여 하나님의 일하심에 뛰어들어보라는 겁니다. 그러면 끝이 없는 참된 자유를 발견하게 될 것이라는 말씀입니다.

바울은 로마교회 성도들이 그 자유를 맛보고 있다는 것을 이야기합니다.

17하나님께 감사하리로다. 너희가 본래 죄의 종이더니 너희에게 전하여 준 바 교훈의 본을 마음으로 순종하여 18죄로부터 해방되어 의에게 종이 되었느니라(롬 6:17-18).

메시지 성경은 다음과 같이 풀이합니다.

여러분은 평생을 죄가 시키는 대로 살아왔습니다. 그러나 감사하게도, 이제 여러분은 새로운 주인의 말을 듣기 시작했으며, 그분의 명령은 여러분을 그분의 자유 가운데 가슴 펴고 사는 자유인으로 만들어 줍니다(롬 6:17-18, 메시지).

정말 그렇습니다. 주인에 따라 노예와 자유인의 삶이 결정됩니다. 죄를 주인으로 모시면 평생 죄의 노예가 되어 삽니다. 그러나 하나님을 새로운 주인으로 모시고 그분의 말을 듣기 시작하면 죄로부터 해방되어 '자유 가운데 가슴 펴고 사는' 자유인이 됩니다.

지금 우리의 삶은 어떤 것입니까? 십자가에서 예수와 함께 죽고, 예수와 함께 살면 주인이 바뀝니다. 이제는 내가 사는 것이 아니라, 오직 내 안에 그리스도께서 사십니다. 그때부터 우리는 참된 자유인이 되는 것입니다.

자유의 내용과 결과

'참된 자유'에 대해서 이야기하려면 우리는 "무엇에 대하여 자유로운지", 또한 "그 자유로 인해서 어떤 결과가 주어지는지"를 이야기하지 않을 수 없습니다.

너희가 죄의 종이 되었을 때에는 의에 대하여 자유로웠느니라(롬 6:20).

짧지만 아주 깊은 진리를 담고 있는 말씀입니다. "죄의 종이 되었을 때에는 의에 대하여 자유로웠다." 이게 무슨 뜻일까요? 헬라어 원어를 영어로 직역하면 이렇습니다. "When you were slaves of sin, you were free from righteousness." "죄의 종이었을 때 너는 의로부터 자유로웠다"라는 뜻입니다.

조금 전에 바울은 인간이 자유의지로 선택할 수 있는 두 가지 유형의 종, 즉 '죄의 종'과 '의의 종'을 비교하여 설명했습니다. 이제는 똑같은 말씀을 '종'이 아니라 '자유'의 초점으로 조명하고 있는 것입니다. 이 말씀을 단순하게 말하면 이렇습니다. "죄의 종은 의로부터 자유롭다." 이는 뒤집어도 진리입니다. "의의 종은 죄로부터 자유롭다." 여기에서 '의'를 '하나님'으로 바꾸어보면 더욱 실감납니다. "죄의 종은 하나님으로부터 자유롭다." "하나님의 종은 죄로부터 자유롭다."

사람들은 하나님으로부터 자유롭고 싶다고 합니다. 그러다가 죄의 종이 됩니다. 그 결과가 무엇입니까?

> 너희가 그때에 무슨 열매를 얻었느냐. 이제는 너희가 그 일을 부끄러워하나니 이
> 는 그 마지막이 사망임이라(롬 6:21).

하나님으로부터의 자유를 찾겠다고 떠난 사람들은 결국 부끄러운 삶의 열매를 얻게 됩니다. 이것은 마치 누가복음 15장의 '잃은 아들을 찾은 아버지의 비유'에서 아버지의 유산을 받아서 멀리 떠난 둘째 아들과 같습니다. 그 인생은 돼지나 먹는 쥐엄 열매를 구하는 것이 되고 말았습니다(눅 15:16).

만일 거기에 계속 남아있었다면 어떻게 되었을까요? 그 마지막은 비참한 죽음이었을 것입니다. 바로 그것이 하나님으로부터 자유로운 '죄의 종'이 다다를 종착역입니다. 천만 다행스럽게도 둘째 아들은 아버지께로 돌아오기로 결심합니다. 자신에게 남겨 있는 마지막 자유의지를 사용하여 아버지 앞으로 오기로 한 것입니다. 그때 아들이 스스로 뭐라고 말합니까?

> … 아버지, 내가 하늘과 아버지께 죄를 지었사오니 지금부터는 아버지의 아들이
> 라 일컬음을 감당하지 못하겠나이다. 나를 품꾼의 하나로 보소서 하리라… (눅
> 15:18-19).

'아버지의 종'이 되겠다는 것입니다. 그랬더니 어떻게 되었나요? 아버지는 오히려 그 아들을 위해 잔치를 베풀어줍니다. 아버지 집에서 진

정한 자유를 맛보게 된 것입니다.

> 그러나 이제는 너희가 죄로부터 해방되고 하나님께 종이 되어 거룩함에 이르는 열매를 맺었으니 그 마지막은 영생이라(롬 6:22).

하나님의 종이 되면 죄로부터 해방됩니다. 더 이상 죄가 시키는 대로 살 필요가 없게 됩니다. 이제는 거룩함에 이르는 열매를 맺게 됩니다. 그리고 그 마지막은 영원한 생명입니다. 바로 이것이 죄로부터 자유로운 '의의 종', '하나님의 종'이 다다를 종착역입니다.

마지막 23절 말씀입니다.

> 죄의 삯은 사망이요 하나님의 은사는 그리스도 예수 우리 주 안에 있는 생명이니라(롬 6:23).

자유를 찾겠다고 하나님을 떠나서 죄의 종이 된 사람들은 죽음으로 그 값을 치러야 합니다. 그러나 하나님 안에서 참된 자유를 맛보면서 살아가는 사람들은 하나님께서 거저 주시는 놀라운 선물을 받게 됩니다. 그것은 우리 주 그리스도 예수와 함께 사는 영원한 생명입니다.

이에 대한 메시지 성경의 풀이로 오늘 묵상을 정리하겠습니다.

> 죄를 위해 평생 애써 일해 보십시오. 결국 여러분이 받게 될 연금은 죽음이 전부입니다. 그러나 하나님의 선물은, 우리 주 예수께서 전해 주시는 참된 삶, 영원한 삶입니다(롬 6:23, 메시지).
> Work hard for sin, your whole life and your pension is death.

우리는 지금 어떤 '연금'을 받기 위해서 애써 일하고 있습니까? 참된 자유는 오직 하나님 안에 있습니다. 그것은 하나님의 일하심을 믿음으로 받아들일 때 우리에게 선물로 주어집니다. '하나님의 종'이 되는 것을 주저하지 마십시오. 우리에게 남겨진 마지막 자유의지로 '하나님의 종'이 될 것을 선택하십시오. 그러면 죄로부터 자유로워집니다. 영원한 삶이 주어집니다. 이 일을 하려고 예수 그리스도를 우리에게 보내신 것입니다.

묵상 질문: 나는 하나님 안에서 참된 자유를 누리고 있습니까?
오늘의 기도: 참된 자유는 오직 하나님 안에서만 찾을 수 있음을 깨닫게 하시니 감사합니다. 자유를 찾겠다는 핑계로 하나님 곁을 떠나는 어리석음을 범하지 않게 하옵소서. 죄의 종노릇하는 자리에 또다시 빠지지 않도록 성령님 나를 붙들어 주옵소서. 예수님의 이름으로 기도합니다. 아멘.

두 가지 결혼생활의 비유

읽을 말씀: 로마서 7:1-6

새길 말씀: 남편 있는 여인이 그 남편 생전에는 법으로 그에게 매인 바 되나 만일
그 남편이 죽으면 남편의 법에서 벗어나느니라 … 그러므로 내 형제들
아 너희도 그리스도의 몸으로 말미암아 율법에 대하여 죽임을 당하였으
니 이는 다른 이 곧 죽은 자 가운데서 살아나신 이에게 가서 우리가 하
나님을 위하여 열매를 맺게 하려 함이라(롬 7:2, 4).

　　앞 장에서 우리는 하나님이 주신 '자유의지'를 가지고 도리어 하나님
으로부터 자유로워지려고 하는 어리석은 인생의 선택에 대해서 살펴보
았습니다. 그러나 하나님을 떠나는 선택을 하는 순간 우리는 죄의 종이
되고 자유를 잃게 된다고 했습니다. 평생 죄의 지배를 받으며 살다가 결
국에는 죽음으로 그 값을 치르게 된다고 했습니다.

　　따라서 우리에게 필요한 참된 자유는 '죄로부터의 자유'입니다. 그것
은 오직 '하나님의 자유' 안에서만 발견할 수 있습니다. 마치 탕자가 자신

에게 남겨진 마지막 자유의지로 '아버지의 종'이 될 것을 선택하여 돌아왔듯이, 우리도 '하나님의 종'이 될 것을 선택하여 돌아오면 하나님은 우리의 아버지가 되어주시며 우리에게 참된 자유와 영원한 생명을 허락해주시는 것입니다.

그런데 사람들은 왜 그렇게 하나님으로부터 자유로워지려고 하는 것일까요? 물론 죄의 달콤한 유혹에 넘어갔기 때문이라고 말할 수도 있을 것입니다. 인간의 죄성이 그들로 하여금 어떻게든 하나님으로부터 떠나게 만든다고 할 수도 있습니다. 그러나 어릴 때부터 교회를 잘 다니면서 신앙 생활하던 젊은이들이 도중에 자유를 찾아 교회를 떠나고 하나님을 떠나는 것을 단지 죄의 문제로만 설명할 수는 없는 일입니다.

이 대목에서 우리는 또다시 '율법주의 종교 생활'을 거론하지 않을 수 없습니다. 사람들은 왜 하나님 안에서 자유함을 맛보지 못하는 것일까요? 복음의 능력을 체험하는 신앙 생활을 하지는 않고, 율법의 조문을 지키는 종교 생활에 몰두하기 때문입니다. 사람들에게 보이는 겉모습에만 늘 신경을 곤두세우면서 이런저런 규칙들에 대한 준수만을 강조하는 옥죄는 분위기 속에서 '자유'를 찾아 떠나고 싶지 않겠습니까? 그래서 특히 젊은이들이 교회를 떠나게 되고, 결국 하나님을 떠나서 살게 되는 것이지요.

물론 그들의 선택을 결코 잘한 것이라 칭찬할 수는 없습니다. 그러나 그들에게 교회를 떠나갈 빌미를 제공한 것에 대해서 기성세대의 그리스도인들에게 통렬한 반성이 필요합니다. 우리가 가지고 있는 하나님에 대한 열심이 율법주의 종교 생활의 모습으로 나타난 것은 아닌지 잘 살펴서 바로 잡아야 합니다. 그래서 혹시라도 자유를 찾아 떠났던 사람들이 회개하고 다시 돌아왔을 때, 이번에는 그들이 하나님 안에서 참된 자유를 발견할 수 있도록 잘 안내해주어야 할 것입니다.

오늘 본문에서 바울은 두 가지 결혼생활의 비유를 통해서 '율법으로부터의 자유'에 대해서 이야기합니다. 이것은 '죄로부터의 자유'와 더불어서 우리가 '참된 자유'를 찾기 위해서 반드시 넘어야 할 산입니다.

율법과의 결혼생활

첫 번째 결혼생활 이야기입니다.

형제들아 내가 법 아는 자들에게 말하노니 너희는 그 법이 사람이 살 동안만 그를 주관하는 줄 알지 못하느냐(롬 7:1).

여기에서 '법 아는 자들'(those who know the law)은 누구를 가리킬까요? 법률에 정통한 판사들이나 학자들을 가리키는 것일까요? 아닙니다. 지금 이 편지를 읽고 있는 로마교회 성도들을 가리키고 있습니다. 유대인 성도들은 율법을 통해서 법이 무엇인지 잘 알고 있었습니다. 그렇다고 해서 이방인 성도들이 법에 대해서 익숙하지 않다고 이야기할 수는 없습니다. 그들도 로마제국의 수도에 살고 있던 시민으로서 어느 정도 수준 높은 법의 상식을 가지고 있었음에 틀림없습니다.

"법은 사람이 살 동안만 그를 주관한다." 지극히 상식적인 이야기입니다. 아무리 큰 죄를 저질렀다고 하더라도 살아 있어야 재판에 붙여서 처벌할 수 있습니다. 만약 스스로 목숨을 끊기라도 한다면 그걸로 끝입니다. 법으로서는 더 이상 그 사람에게 할 일이 아무것도 없습니다. 메시지 성경의 풀이처럼, "법의 힘은 살아 있는 사람들만 손댈 수 있습니다"(it's power touches only the living). 여기까지는 이견異見이 있을 수 없습니다.

남편 있는 여인이 그 남편 생전에는 법으로 그에게 매인 바 되나 만일 그 남편이

죽으면 남편의 법에서 벗어나느니라(롬 7:2).

결혼한 여자는 그 남편이 살아 있는 동안에는 법적으로 남편에게 매여 있습니다. 그렇지만 그 남편이 죽으면 법적으로 제약을 받지 않습니다. 남편으로부터 자유로워집니다.

그런데 여기에서 바울은 왜 아내가 죽는 경우는 이야기하지 않고, 남편이 죽는 경우만 이야기하는 것일까요? 왜냐하면 당시에는 부부 사이의 결혼 관계를 끝낼 수 있는 권리가 오직 남편에게 있었기 때문입니다. 아내의 입장에서는 남편이 죽기 전까지는 결혼생활을 끝낼 수 있는 방법이 전혀 없었던 것이지요.

자, 그렇다면 여기에서 바울은 무슨 이야기를 하려고 하는 것일까요? 이 경우의 아내는 남편과의 관계를 끝내기를 원하고 있다는 것입니다. 그래서 남편이 죽기만을 기다리고 있는 것이지요. 그 이유가 무엇일까요? 남편이 너무나 매정하고 엄격하고 폭력적이고 두려운 사람이었기 때문입니다. 하나부터 열까지 사사건건 간섭하고 지적하고 비판하고 처벌하는 아주 무서운 사람이었기 때문입니다. 이런 남편하고 같이 살 수 있겠습니까?

어느 책에서 읽은 이야기입니다. 한 목사님이 강사로 초청되어 집회를 인도하러 가셨습니다. 그 교회에서 특별히 눈에 띄는 여자 성도님이 한 분 계셨다고 합니다. 얼굴 표정이 너무나 밝고 환하고 우아한 모습이 아주 인상적이었답니다.

집회 후에 식사 대접을 받는 자리로 가보니까 뜻밖에도 그분이 와 계시더랍니다. 대화하는 중에 그분이 이미 오래전에 남편과 사별했다는 사실을 알게 되었습니다. 식사를 마치고 숙소로 돌아오면서 그 교회 담임 목사님에게 이렇게 말했답니다. "그러면 그렇지, 남편 있는 분의 얼굴이 아니었어!" 그 말에 다들 크게 웃었다는 이야기입니다.

이 분이 조금 전에 바울이 예화로 언급한 그런 매정하고 두려운 남편과 함께 살고 있었다면, 마냥 그렇게 밝고 환하고 우아한 모습을 보일 수 있었을까요? 그런데 본문에서 바울이 말하고 있는 이 남편은 실제 '사람'이 아니라 '율법'입니다. 무서운 남편을 섬기면서 결혼생활을 하듯이 엄격한 율법을 지키면서 살아가야 하는 '종교 생활'을 그렇게 비유적으로 표현하고 있는 것이지요.

> 그러므로 만일 그 남편 생전에 다른 남자에게 가면 음녀라. 그러나 만일 남편이 죽으면 그 법에서 자유롭게 되나니 다른 남자에게 갈지라도 음녀가 되지 아니하느니라(롬 7:3).

만일 남편이 버젓이 살아 있는데도 다른 남자와 산다면, 그것은 명백한 간음입니다. 그렇지만 남편이 죽는다면 아무런 양심의 거리낌 없이 자유롭게 다른 남자와 결혼할 수 있습니다. 그리고 그것에 대해서 그 누구도 이의를 제기할 수 없습니다.

그런데 이것은 실제 결혼생활에 대한 이야기가 아니라는 것을 우리는 이미 알고 있습니다. 이것은 엄격한 율법을 지키는 종교 생활에 대한 비유입니다. 그렇다면 바울은 왜 이런 이야기를 꺼내고 있는 것일까요? 율법주의 종교 생활의 방식으로는 하나님을 제대로 믿을 수도 없고 제대로 된 신앙 생활도 할 수 없다는 것을 말하려고 하는 것입니다.

아무리 그렇다고 해도 법을 어기지 않으려면 억지로라도 참으면서 그런 관계를 어떻게든 유지해야 합니다. 그러니 얼마나 힘들겠습니까? 그러다가 정말 참을 수 없게 된다면 그때는 어떻게 할까요? 법을 어기는 한이 있더라도 자유를 찾아서 뛰쳐나가야지요. 그러나 그것은 당시 사회에서 곧바로 사형감입니다. 이래도 죽고 저래도 죽는 것입니다. 율법주의 종교 생활을 하는 사람들은 바로 이런 딜레마 속에 갇혀있다는 것입니다.

사실 이것은 유대교를 믿는 유대인들에게만 해당되는 이야기가 아닙니다. 현재 그리스도인들 가운데서 상당수가 여전히 이런 방식으로 하나님을 믿고 있습니다. 율법주의 종교 생활을 하고 있는 것입니다. 그들은 벌 받지 않으려고 교회는 다니지만 마음에 행복함도 기쁨도 없습니다. 힘들다고 율법을 지키지 않을 수도 없습니다. 그러면 지옥에 간다고 생각하기 때문입니다. 그렇다고 해서 선뜻 교회를 떠나지도 못합니다. 그동안 쌓아온 인간관계가 있기 때문입니다.

젊은이들은 다릅니다. 이것저것 따지지 않고 자유를 찾아 탈출을 감행합니다. 문제는 그 탈출이 제대로 된 신앙 생활을 하기 위해서가 아니라, 단지 율법주의 종교 생활에서 벗어나기 위해서, 하나님으로부터 자유를 얻기 위해서라는 사실입니다. 그 결과는 불을 보듯 뻔합니다. 앞 장에서 묵상했듯이, 떠나는 순간 자유를 잃어버립니다. 죄의 종이 되고 평생 죄의 지배를 받으면서 살게 됩니다. 이것이 파국으로 끝나는 '율법과의 불행한 첫 번째 결혼생활' 이야기입니다.

주님과의 결혼생활

그다음은 두 번째 결혼생활 이야기입니다.

> 그러므로 내 형제들아 너희도 그리스도의 몸으로 말미암아 **율법에 대하여 죽임을 당하였으니** 이는 다른 이 곧 죽은 자 가운데서 살아나신 이에게 가서 우리가 하나님을 위하여 열매를 맺게 하려 함이라(롬 7:4).

드디어 '율법'이라는 남편이 죽었습니다. 아니, 엄밀하게 말해서 '율법'이 죽은 것이 아닙니다. 내가 "그리스도의 몸으로 말미암아 율법에 대하여 죽임을 당한 것"(died to the law through the body of Christ)입니다. 그동안 율법에 지배를 받으며 살던 나의 옛사람이 그리스도와 함께 죽은 것입니다. 앞에서 언급한 것처럼 법은 살아 있는 사람에게나 손을 댈 수 있는데, 내가 죽어버렸으니 더 이상 손쓸 수가 없게 된 것이지요. 그렇게 율법이라는 남편과의 결혼생활이 끝나버렸습니다. 이것이 바로 '율법으로부터의 자유'입니다.

그다음에 새로운 결혼생활이 시작되었습니다. 그것은 '주님과의 결혼생활'입니다. "이는 다른 이, 곧 죽은 자 가운데서 살아나신 이에게 가서 … 열매를 맺게 하려 함이라"라고 했습니다. '죽은 자 가운데서 살아나신 분'이 누구입니까? 예수님이십니다. 예수 그리스도가 우리의 새로운 남편이 되신 것입니다. 예수 그리스도의 복음을 통하여 우리에게 보여주신 '하나님의 의'를 따라서 새롭게 신앙 생활을 시작하게 된 것입니다.

그분은 우리가 잘못했다고 정죄하지 않으십니다. 우리가 못났다고 미워하지 않으십니다. 우리가 아직 죄인 되었을 때 우리를 사랑하신 분입니다. 우리의 부족함을 하나씩 채워 가시면서 하나님 앞에 우리를 바로 세우시는 분입니다. 이런 분과의 결혼생활은 과연 어떨까요?

메시지 성경은 다음과 같이 풀이합니다.

> 친구 여러분, 여러분에게 일어난 일이 바로 이와 같습니다. 그리스도께서 죽으셨을 때, 그분은 법에 얽매이는 삶 전체를 자신과 더불어 끌어내리시고 그것을 무덤으로 가져가셨습니다. 여러분으로 하여금 부활 생명과 자유롭게 "결혼"할 수 있도록, 그래서 하나님을 향한 믿음의 "자녀"를 낳을 수 있도록 하셨습니다(롬 7:4, 메시지).

바로 이것이 우리 그리스도인의 '신앙 생활'입니다. 율법은 우리의 잘못을 들추어내어 정죄하는 무서운 남편이었지만, 주님은 그동안 우리를 얽매고 있던 모든 죄를 대신 지시고 무덤으로 가져가셨습니다.

그렇기에 우리는 더 이상 율법의 지배를 받을 필요가 없게 되었습니다. 율법으로부터 자유함을 얻게 되었습니다. 그리하여 우리는 예수 그리스도의 부활 생명(a resurrection life)과 결혼할 수 있게 되었고, 믿음의 자녀(offspring of faith)를 낳을 수 있게 된 것입니다. 말하자면 예수 그리스도와 재혼하여 살게 된 것입니다.

이 모든 일을 누가 하셨습니까? 하나님이 하셨습니다. 그 일은 바울이 로마서를 통해서 지금까지 설명해 온 예수 그리스도의 복음에 나타난 '하나님의 의'인 것입니다(롬 1:17).

두 결혼생활 비교

바울은 율법과의 첫 번째 결혼생활과 주님과의 두 번째 결혼생활을 비교하면서 다음과 같이 정리합니다.

> 우리가 육신에 있을 때에는 율법으로 말미암는 죄의 정욕이 우리 지체 중에 역사하여 우리로 사망을 위하여 열매를 맺게 하였더니… (롬 7:5).

'육신에 있을 때'를 NIV 성경은 "when we were in the realm of the flesh"라고 번역합니다. '육신의 영역에 있을 때'라는 뜻입니다. 그러니까 '몸의 사욕에 순종하여'(6:12) 살던 때입니다. 육신의 욕심을 따라서 살던 때입니다.

그때에는 "죄의 정욕이 우리 지체 중에 역사했다"고 합니다. 이를 공동번역은 "우리의 온몸에 죄스러운 욕정이 발동했다"고 번역합니다. 그래서 결국 "사망을 위하여 열매를 맺게 했다"는 것이지요. 그런데 이게 무슨 뜻일까요?

메시지 성경은 이렇게 풀이합니다. "… 그런 삶에서 우리가 내놓은 것이라고는 유산流産과 사산死産이 전부였습니다." '율법'이라는 무서운 남편으로부터 매일 잘못을 지적당하고 야단맞으면서 주눅 들어 지내는데, 무슨 새로운 생명의 역사가 나타나겠습니까?

물론 한때는 열심히 신앙 생활해보려고 애를 써보기도 합니다. 그러나 그리 오래가지 않습니다. 다른 사람들과 비교해서 쉽게 낙심하게 됩니다. 그러니 남는 것이 없지요. 아무런 열매가 맺히지 않는 것이지요. 그렇게 실패의 경험만 계속 쌓이게 되는 것입니다. 이것이 첫 번째 결혼 생활의 결론입니다.

두 번째 결혼생활은 완전히 다릅니다.

이제는 우리가 얽매였던 것에 대하여 죽었으므로 율법에서 벗어났으니 이러므로 우리가 영의 새로운 것으로 섬길 것이요 율법 조문의 묵은 것으로 아니할지라(롬 7:6).

헬라어 원어에서 우리말로 번역되지 않은 중요한 한 단어가 여기 있습니다. 그것은 바로 '그러나'입니다. 그러니까 '그러나 이제는'이라고 해야 맞습니다. 굳이 이것을 언급하는 이유가 있습니다. 바로 여기에 바울이 오늘 본문에서 이야기하려고 하는 가장 중요한 메시지가 담겨있기 때문입니다.

우선 예수 그리스도의 복음을 믿음으로 받아들인 그리스도인은 "율법에서 벗어났다"(we have been released from the law, NIV)는 선언입니다. 그동안은 율법 조문에 사로잡혀서 그것을 지키느라 허덕거렸지만, 이제는 예수 그리스도의 십자가에서 예수와 함께 죽음으로 그 모든 제약에서부터 완전히 놓임을 받았다는 것입니다. 이것이 바로 '율법으로부터의 자유'입니다.

물론 그렇다고 해서 율법이 아무런 소용이 없다는 뜻은 아닙니다. 율법은 하나님의 백성답게 살아갈 수 있도록 말씀해주신 지침입니다. 또 율법에 매어 살지 않는다고 해서 아무렇게나 살아도 된다는 뜻은 아닙니다. 단지 율법을 남편으로 섬길 때는 우리가 구원받기 위해서 끊임없이 무언가를 해야 했다는 것입니다. 그런데 예수님을 남편으로 섬기게 되면서 이제는 하나님이 우리를 위해 하신 일에 믿음으로 뛰어들기만 하면 되는 것입니다. 이 얼마나 놀라운 복음입니까?

그 다음으로 우리 그리스도인은 "영의 새로운 것으로 섬긴다"라는 선언입니다. 이 부분을 새번역 성경은 다음과 같이 풀이합니다.

> … 우리는 **문자에 얽매인 낡은 정신**으로 하나님을 섬기지 않고, **성령이 주시는 새 정신**으로 하나님을 섬깁니다(롬 7:6b, 새번역).
> … so that we serve in the new way of the Spirit, and not in the old way of the written code. NIV.

"문자에 얽매인 낡은 정신으로"(in the old way of the written code) 하나님을 섬기는 길은 '율법주의 종교 생활'입니다. 법조문 하나라도 어기면 벌받을까 봐 두려워하며 마지못해 율법을 지키는 방식입니다.

그러나 예수 그리스도를 새 주인, 새 남편으로 섬기면서 완전히 달라졌습니다. 복음의 능력을 깨닫고, 우리의 구원을 위해 역사하시는 하나님의 일하심을 믿음으로, 어떤 상황 속에서도 늘 평안과 기쁨과 감사와 찬양으로 하나님을 섬길 수 있게 되었기 때문입니다. 이것이 바로 "성령이 주시는 새 정신"(in the new way of the Spirit)입니다. 성령님께서 우리를 감동하시며 이끄시는 '새로운 길'입니다.

지금 우리의 영적인 남편은 누구입니까? 율법입니까? 아니면 우리 주님이십니까? 우리는 지금 벌 받지 않기 위해서, 아니면 복 받기 위해서 억지로 종교적인 의무를 감당하고 있습니까? 아니면 우리를 구원해주신 하나님의 은혜에 감격하며 기쁨으로 하나님을 섬기고 있습니까?

　하나님을 폭압적인 배우자로 만들지 마십시오. 하나님은 우리의 구원을 위해서 지금도 일하시는 분입니다. 우리를 하나님의 자유 안에 있는 새로운 삶으로 초대하는 분입니다. 믿음으로 그 삶으로 뛰어드십시오. 그분 안에서 참된 자유를 맛보며 사십시오. 오늘이 바로 그 날이 되게 하십시오.

묵상 질문: 나는 지금 누구와 결혼생활을 하고 있습니까? 율법입니까, 아니면 예수님입니까?

오늘의 기도: 율법이라는 남편과의 결혼생활을 끝내고, 예수님과 결혼생활을 시작했음을 알게 하시니 감사합니다. 이제부터는 벌 받지 않기 위해서가 아니라 하나님의 은혜에 감격하여 기쁨으로 주님을 섬기게 하옵소서. 예수님의 이름으로 기도합니다. 아멘.

죄를 해결하지 못하는 율법

읽을 말씀: 로마서 7:7-14

새길 말씀: 율법으로 말미암지 않고는 내가 죄를 알지 못하였으니 곧 율법이 탐내
지 말라 하지 아니하였더라면 내가 탐심을 알지 못하였으리라. 그러나
죄가 기회를 타서 계명으로 말미암아 내 속에서 온갖 탐심을 이루었나
니 이는 율법이 없으면 죄가 죽은 것임이라(롬 7:7b-8).

로마서는 '하나님의 일하심'에 대한 증언입니다. 전반부에서 바울은
'구원을 위해 일하시는 하나님'(God is working for salvation)에 대하여 이야
기하고 있습니다.

그런데 여기에서 '구원'이 뭔가요? '구원'을 어떻게 설명할 수 있을까
요?

속박으로부터 자유함

'구원'을 '자유'로 바꾸어 말할 수 있다고 봅니다. 모든 속박으로부터 자유함을 얻는 것이 구원이기 때문입니다. 인간을 억압하고 있는 가장 큰 문제는 뭐니 뭐니 해도 '죄'입니다. 이 죄의 문제가 해결되지 않고서 우리는 구원을 이야기할 수 없습니다. 따라서 죄로부터 자유함을 얻는 것이 바로 구원이라고 말할 수 있습니다.

또 죄만큼이나 인간을 억압하고 있는 문제가 있는데, 그것은 바로 '죽음'입니다. 불치의 병이 고침을 받는 것도 하나님의 은혜이지만, 죽음의 속박으로부터 자유함을 얻는 것이 진정한 구원입니다. 예수 그리스도의 십자가는 죄와 죽음의 문제를 한꺼번에 해결했습니다. 그래서 우리에게 '복음'이 되었던 것입니다.

그런데 그게 전부가 아닙니다. 바울은 한 걸음 더 나아가 '율법으로부터의 자유함'에 대해서 이야기합니다. '율법주의 종교 생활'에서부터 자유함을 얻는 것이 바로 '구원'이라는 말씀입니다. 참 아이러니한 이야기입니다. 왜냐하면 모든 종교는 나름대로 구원을 이야기하기 때문입니다. 그런데 종교 생활에서 자유함을 얻는 것이 구원이라고 하니 아이러니할 수밖에요.

그러나 실제로는 종교라는 이름으로 인간을 인간답게 살지 못하게 억압하고 있는 경우가 많이 있습니다. 온갖 규칙과 법을 만들어놓고 그것에 얽매어 꼼짝달싹하지 못하게 만드는 종교가 이 세상에 얼마나 많이 있는지 모릅니다. 안타까운 것은 우리 기독교에도 그런 모습이 있다는 사실입니다. 저는 그것을 가리켜서 '율법주의 종교 생활'이라고 부릅니다. 율법의 조항을 잘 지키기만 하면 구원을 받을 수 있다고 가르치는 것입니다.

그런데 실제로 그 많은 율법을 다 지킬 수 있느냐 하면 그럴 수 없습니다. 그래서 율법을 지키지 못하는 사람들은 죄책감과 열등감에 빠지게 되고, 율법을 잘 지킨다고 생각하는 사람들은 우월감에 빠져서 다른 사람을 판단하고 정죄하게 됩니다. 그것은 인간을 자유하게 하는 '신앙 생활'이 아니라, 오히려 자유를 잃어버리게 만드는 '종교 생활'입니다.

바울은 이 문제를 아주 심각하게 생각했습니다. 앞 장에서 우리가 묵상한 대로, 바울은 두 가지 결혼생활에 대한 비유를 통해서 이 문제를 풀어갔습니다. 6절입니다.

> 이제는 우리가 얽매였던 것에 대하여 죽었으므로 율법에서 벗어났으니 이러므로 우리가 영의 새로운 것으로 섬길 것이요 율법 조문의 묵은 것으로 아니할지라(롬 7:6).

'율법과의 결혼생활'은 늘 무엇을 해야 한다, 하지 말아야 한다는 조항에 얽매어서 사는 것이었습니다. 법조문 하나라도 어기면 벌 받을까봐, 지옥에 갈까봐 두려워하며 사는 것이었습니다. 그런데 이제는 그런 율법으로부터 벗어났다는 겁니다. 왜냐하면 구원은 우리가 율법을 지킴으로써 하나님으로부터 받아내야 하는 보수報酬가 아니라, 하나님의 일하심을 믿음으로 받아들일 때 주어지는 은혜의 선물이라는 사실을 알게 되었기 때문입니다.

그렇게 새롭게 시작된 것이 바로 '주님과의 결혼생활'입니다. 율법이 우리의 잘못을 들추어내어 정죄하는 무서운 남편이라면, 주님은 우리가 잘못했다고 정죄하지 않는 너그러운 남편입니다. 우리가 못났다고 미워하지도 않으십니다. 우리가 아직 죄인 되었을 때 우리를 사랑하신 분입니다. 우리의 부족함을 하나씩 채워 가시면서 하나님 앞에 우리를 바로 세워 가시는 분입니다. 우리 그리스도인의 신앙 생활은 이렇게 사랑이 풍성하신 주님과 결혼생활을 하는 것입니다.

율법의 역할

그렇다면 율법은 나쁜 것일까요? 율법은 정말 아무런 쓸모가 없는 것일까요? 율법을 지킨다고 해서 구원을 받는 것이 아니라면, 하나님은 왜 이스라엘 백성들에게 율법을 주셨을까요? 만일 율법이 본래는 선한 것이었다면 어떻게 해서 그렇게 인간을 억압하는 도구로 변질될 수 있었을까요?

오늘 본문에서 바울이 씨름하고 있는 문제입니다.

> 그런즉 우리가 무슨 말을 하리요. **율법이 죄냐. 그럴 수 없느니라. 율법으로 말미암지 않고는 내가 죄를 알지 못하였으니** 곧 율법이 탐내지 말라 하지 아니하였더라면 내가 탐심을 알지 못하였으리라(롬 7:7).

바울은 "율법이 죄인가?"라는 질문에 대해서 단호하게 "그럴 수 없다!"고 대답합니다. 그러면서 율법이 아니었다면 죄를 알지 못했을 것이라고 합니다. 정말 그렇습니다. 만약 옳고 그름에 대해 안내해주는 분명한 기준과 지침이 없다면 사람들은 무엇이 옳은지 무엇이 그른지에 대해서 저마다 서로 다른 이야기를 하게 될 것입니다. 그러면 이 세상이 어떻게 되겠습니까? 율법의 역할은 옳고 그름을 분별하고, 죄를 죄로 깨닫게 해주는 것입니다.

바울은 '탐심'의 예를 들어 설명합니다. "율법이 탐내지 말라 하지 아니하였더라면 내가 탐심을 알지 못하였으리라." '탐심貪心'이란 말 그대로 '탐내는'(貪) '마음'(心)입니다. 도둑질이나 강도질 같은 구체적인 나쁜 행동이 아닙니다. 그저 다른 사람의 것을 '탐내는 마음' 그 자체가 이미 죄라는 겁니다.

그런데 율법 어디에 그런 이야기가 있을까요? 바로 십계명에 기록되어 있습니다.

네 이웃의 집을 탐내지 말라. 네 이웃의 아내나 그의 남종이나 그의 여종이나 그
의 소나 그의 나귀나 무릇 네 이웃의 소유를 탐내지 말라(출 20:17).

메시지 성경은 이를 "Don't set your heart on anything that is
your neighbor's"이라고 표현합니다. 'set your heart on'이라고 하면
'간절히 바란다'는 뜻입니다. 그러니까 "네 이웃의 어떤 것이라도 마음에
두고 간절히 바라지 말라"는 말씀입니다. 그것이 바로 '탐심'이고 또한
'죄'라는 것이지요.

그런데 우리는 "마음속으로야 무슨 생각을 못하겠는가?" 그럽니다.
행동으로 나타나지만 않으면 죄라고 할 수 없다고 생각합니다. 그러나
성경의 가르침은 다릅니다. '탐심' 자체가 이미 죄라고 합니다. 예수님도
"음욕을 품고 여자를 보는 자마다 마음에 이미 간음하였다"(마 5:28)라고
하셨습니다. "형제를 미워하는 자마다 살인하는 자"(요일 3:15)라고 했습
니다. 바울은 남을 판단하고 정죄하는 것은 "하나님을 멸시하는 죄"라고
했습니다(롬 2:1-4).

우리가 이와 같은 하나님의 말씀을 들어 알기 전에는 우리 마음에 품
은 잘못된 생각이 죄인지 몰랐습니다. 하나님께서 우리에게 말씀을 주지
않으셨다면 우리는 평생 죄가 죄인지도 모르고 살았을 것입니다. 그렇다
면 하나님께서 모세를 통해 주신 율법이 나쁜 것일까요? 그럴 수 없습니
다. 율법 자체는 죄가 아닙니다. 오히려 죄를 죄로 깨닫게 해주는 좋은
역할을 하는 것입니다. 죄를 깨닫는 것이 하나님의 은혜입니다.

어느 집회에서 목사님이 설교를 막 끝냈을 때 아홉 살 정도 되는 소년
이 부들부들 떨면서 앞으로 걸어 나왔습니다. 목사님은 강대상에서 내려
와 "도대체 무슨 일이니?" 하고 물었습니다. 그러자 그 아이가 되물었습

니다. "저처럼 악한 죄인도 구원받을 수 있나요?" "아니, 네가 도대체 무슨 잘못을 했는데 그러니?" 그러자 그 아이가 이렇게 대답했습니다. "엄마 말을 안 들었어요!" 그 이야기를 듣고 그 자리에 있던 교인들이 모두 웃음을 터뜨렸습니다.

그러자 목사님이 교인들을 향해 말했습니다. "여러분, 웃지 마십시오. 지금 주님께서 무슨 일을 하고 계시는지 아십니까? 이 아이를 통해 우리 모두 가져야 할 죄에 대한 분명한 태도를 말씀하고 계시는 것입니다. 엄마 말을 듣지 않았다는 이 아이의 작은 죄도 지옥에 가기에 충분하다는 것을 말씀하고 계십니다."

사람들은 죄에 대해 무감각합니다. 죄를 죄로 여기지 않습니다. 그 정도쯤이야 생각하는 죄가 얼마나 많이 있는지 모릅니다. 무슨 큰 죄를 지어야, 많은 죄를 지어야 지옥에 가는 줄 압니다. 아닙니다. 아주 작은 죄 하나만 있어도 우리는 지옥에 가게 됩니다. 죄의 삯은 사망이기 때문입니다. 그것을 깨닫게 해주는 것이 바로 율법이요, 하나님의 말씀입니다.

죄의 힘

그렇다면 무엇이 문제일까요? 죄를 죄로 깨닫게 해주는 율법이 왜 인간의 자유를 억압하는 도구로 변질하게 되었을까요?

그러나 죄가 기회를 타서 계명으로 말미암아 내 속에서 온갖 탐심을 이루었나니 이는 율법이 없으면 죄가 죽은 것임이라(롬 7:8).

율법은 나쁜 것이 아닙니다. 문제는 죄입니다. 본문에서 바울은 "죄가 기회를 타서 계명으로 말미암아 내 속에서 온갖 탐심을 이루었나니…"라고 했습니다. 이게 무슨 뜻일까요? 하나님께서 주신 계명이 잘못된 것은 아니지만, 죄가 그 계명을 악하게 사용하여 우리의 마음속에서부터 탐심을 만들어낸다는 것입니다.

다음과 같은 메시지 성경의 풀이를 읽어보면, 이 말씀의 의미를 이해하는 데 큰 도움이 될 것입니다.

> … 율법 조문은 처음 시작할 때는 대단히 멋진 것이었습니다. 그러나 그다음 어떻게 되었던가요? 그 명령을 죄가 왜곡하여 유혹이 되게 만들었고, 그래서 결국 '금지된 열매'라는 것이 만들어졌습니다. 율법 조문이 나를 안내해 주는 것이 아니라, 도리어 나를 유혹하는 일에 사용되어 버린 것입니다(롬 7:8, 메시지).

"그 명령을 죄가 왜곡하여 유혹이 되게 만들었다"(sin found a way to pervert the command into a temptation)고 합니다. 죄는 하나님의 명령을 왜곡할 수 있는 힘을 가지고 있습니다. 그래서 하나님의 명령을 오히려 유혹의 수단으로 삼을 수 있는 길을 죄가 발견한 것입니다.

"금기禁忌에서 욕망慾望이 나온다"는 말이 있습니다. 사람은 하지 말라고 하면 더 하고 싶어 하는 못된 습성을 가지고 있습니다. "들어가지 마시오!"라는 표지판이 있으면 더 들어갑니다. "낙서하지 마시오!"라는 팻말이 있으면 더 낙서합니다. 그것이 바로 인간이 가지고 있는 죄성입니다.

벽에 낙서하지 마시오!

에덴동산에서 하나님은 아담과 하와에게 "선악을 알게 하는 나무의 실과를 먹지 말라"고 하셨습니다. '금지된 열매

forbidden fruit'가 바로 그것을 가리킵니다. 그런데 사탄은 하나님이 금지해 놓은 열매를 아담과 하와를 유혹하는 도구로 삼았습니다.

율법도 마찬가지입니다. 율법 자체는 나쁜 것이 아닙니다. 하나님의 백성답게 살아가라고 지침으로 주신 말씀입니다. 그런데 죄가 그 율법까지도 죄의 도구로 만들어버리는 것입니다. 죄가 하나님의 명령을 왜곡하여 우리를 유혹하는 일에 사용하는 것이지요.

그만큼 죄의 힘이 무섭습니다. 하나님이 하지 말라고 하신 것을 하고 싶게 만듭니다. 분명히 죄인 줄 알면서도 오히려 그것을 즐기게 만듭니다. 그게 바로 죄입니다.

> 12이로 보건대 율법은 거룩하고 계명도 거룩하고 의로우며 선하도다. 13그런즉 선한 것이 내게 사망이 되었느냐. 그럴 수 없느니라. 오직 죄가 죄로 드러나기 위하여 선한 그것으로 말미암아 나를 죽게 만들었으니 이는 계명으로 말미암아 죄로 심히 죄 되게 하려 함이라(롬 7:12-13).

율법은 거룩하고 의롭고 선한 것입니다. 율법은 죄를 죄로 깨닫게 해주는 좋은 역할을 하는 것입니다. 그러나 우리는 율법을 의지하면 안 됩니다. 왜냐하면 죄가 오히려 우리를 유혹하는 도구로 율법을 사용할 수 있기 때문입니다. 그러니까 율법은 우리로 하여금 죄를 깨닫게는 해주지만, 죄의 문제를 근본적으로 해결해주지는 못한다는 것입니다.

여기에서 우리는 율법주의 종교 생활을 하는 사람들이 왜 그렇게 쉽게 다른 사람을 판단하고 정죄하는 죄에 빠지는지 그 이유를 알게 됩니다. 율법이 죄의 문제를 해결해주지 못하고, 도리어 죄가 율법을 이용하여 우리를 죄의 길로 유혹하기 때문입니다.

따라서 우리는 율법을 온전히 지켜서 하나님으로부터 구원을 받아내겠다는 생각을 버려야 합니다. 율법을 온전히 지킬 수도 없을뿐더러, 율법이 죄와 죽음의 문제를 근본적으로 해결할 수 없기 때문입니다.

오늘 말씀의 결론입니다.

14우리가 율법은 신령한 줄 알거니와 나는 육신에 속하여 죄 아래에 팔렸도다(롬 7:14).

우리는 율법이 신령한 것, 영적이라는 사실을 잘 압니다. 그러나 우리 자신은 신령한 사람이 아닙니다. 영적인 사람이 아닙니다. 육신에 속하여 육적인 정욕을 따라 사는 사람입니다. 그렇기에 우리 자신의 힘으로는 구원에 이르지 못합니다. 기껏해야 죄 아래 팔렸다는 사실을 알 뿐입니다. 그 감옥에서 해방될 수 있는 길은 우리 자신에게 없습니다. "나는 죄 아래에 팔렸도다" 이것이 바울이 다다른 절망적인 결론의 탄식입니다.

하지만 바로 여기에서부터 '하나님의 일하심'이 시작됩니다. 인간의 절망에서부터 하나님의 희망이 시작됩니다. 우리가 구원받을 수 있는 길이 우리 자신의 결심이나 노력이나 수고에 달려 있지 않다는 사실을 깨닫는 순간, 역설적으로 하나님 구원의 역사가 우리에게 시작됩니다. 죄의 유혹으로부터 완전한 자유를 누릴 수 있는 길이 우리 자신에게 있지 않다는 사실을 고백하는 순간, 예수 그리스도의 복음에 나타난 '하나님의 의'가 우리의 삶에 구체적으로 작동하기 시작하는 것입니다.

구원의 역사는 죄를 깨달음으로부터 시작됩니다. 하나님께서 우리에게 율법을 주신 이유입니다. 그러나 율법은 죄의 문제를 해결하지 못합니다. 죄와 죽음의 문제를 해결하기 위해서는 하나님의 일하심을 받아들이는 믿음이 필요합니다. 죄에 대해서 무감각한 영혼은 하나님의 일하심을 알아차리지 못합니다. 그렇기에 먼저 죄를 죄로 깨닫고 하나님 앞에 회개할 수 있어야 합니다. 그럴 때 그 문제를 근본적으로 해결해주시는 하나님의 은혜가 임하게 되는 것입니다.

묵상 질문: 나는 죄를 얼마나 심각한 문제로 생각하고 있습니까?

오늘의 기도: 나는 죄에 대해서 무감각합니다. 죄를 죄로 여기지 않습니다. 주님, 내 죄를 깨닫게 하옵소서. 작은 죄를 크게 여기게 하옵소서. 죄를 깨달을 때마다 진정으로 회개하고 돌아서게 하옵소서. 예수 그리스도의 복음에 나타난 하나님의 의를 통해 죄의 유혹에서 완전한 자유를 누리게 하옵소서. 예수님의 이름으로 기도합니다. 아멘.

절망에서 희망으로

읽을 말씀: 로마서 7:15-25

새길 말씀: 내 속사람으로는 하나님의 법을 즐거워하되 내 지체 속에 있는 한 다른
법이 내 마음의 법과 싸워 내 지체 속에 있는 죄의 법으로 나를 사로잡
는 것을 보는도다. 오호라 나는 곤고한 사람이로다. 이 사망의 몸에서
누가 나를 건져내랴(롬 7:22-24).

앞 장에서 우리는 율법의 긍정적인 역할과 그 한계에 대해서 살펴보
았습니다. 율법은 죄를 죄로 깨닫게 해주는 좋은 역할을 합니다. 그러나
죄의 문제를 근본적으로 해결해주지는 못합니다. 오히려 죄가 율법을 역
이용하여 우리를 죄의 길로 유혹합니다.

예수님 당시의 바리새인들을 보십시오. 그들은 하나님의 율법에 정
통한 사람들이었습니다. 율법 조문을 지키는 열심히 하는 것에 있어서도
둘째가라면 서러울 정도였습니다. 하지만 그들은 너무나 쉽게 다른 사람
을 판단하고 정죄했습니다. 그것은 하나님 앞에서 분명히 잘못된 일입니

다. 죄입니다. 율법을 유혹의 도구로 삼은 죄의 속임수에 보기 좋게 넘어간 것입니다.

다메섹 도상에서 예수님을 만나기 전까지 바울은 자신이 율법에 정통한 사람이라고 생각했습니다. 그 누구보다도 하나님의 명령을 잘 지키고 있다고 확신했습니다. 그리스도인을 핍박하고 정죄하는 것이 자신의 의를 증명하는 길이라고 믿었습니다. 그러다가 예수님을 만나고 난 후에 바울은 그것이 얼마나 큰 죄였는지 깨닫게 되었습니다. 엄청난 죄를 지으면서도 그것을 죄로 인식하지 못했다는 사실을 비로소 알게 된 것입니다.

그렇다면 바울은 예수님을 믿고 난 후에 죄의 유혹으로부터 완전히 자유롭게 되었을까요? 아닙니다. 죄와의 씨름은 그에게 여전히 남아있었습니다. 죄의 문제가 완전히 해결된 줄 알았는데, 어느 틈엔가 죄가 다시 고개를 들고 어느 틈엔가 죄의 유혹에 넘어간 자신의 모습을 발견했습니다. 비록 예수님을 영접하기 전의 상태로 돌아간 것은 아니지만, 매번 죄의 시험에 무너지는 쓰라린 패배를 경험해야 했습니다.

··· 나는 육신에 속하여 죄 아래에 팔렸도다(롬 7:14).

이것이 앞 장에서 우리가 묵상한 말씀에서 바울이 내린 결론이었습니다. 자신의 결심이나 노력으로는 죄와의 씨름에서 결코 이길 수 없다는 절망적인 탄식입니다. 그러나 이와 같은 탄식은 오늘 우리가 묵상하게 될 말씀의 끝부분에서 감사 찬송으로 바뀝니다.

우리 주 예수 그리스도로 말미암아 하나님께 감사하리로다(롬 7:25).

어떻게 이와 같은 일이 가능하게 되었을까요? 바울이 절망을 넘어서서 새롭게 발견한 구원의 희망은 무엇이었을까요?

두 개의 자아

바울은 영적인 씨름을 통해서 자신 안에 '두 개의 자아'가 있다는 사실을 발견하게 됩니다.

> 내가 행하는 것을 내가 알지 못하노니 곧 내가 원하는 것은 행하지 아니하고 도리어 미워하는 것을 행함이라(롬 7:15).

바울은 말합니다. "내가 행하는 것을 내가 알지 못한다"(I do not understand what I do. NIV). 자신이 하는 일을 도무지 알 수가 없다는 겁니다. 왜냐하면 자신이 원하는 것은 행하지 않고 오히려 미워하는 것을 행하고 있기 때문입니다. 그런 자신을 도무지 이해할 수 없다는 고백입니다.

메시지 성경은 이렇게 표현합니다.

> 내가 내 자신에 대해 이해하지 못하는 것이 있습니다. 나는 늘 결심은 이렇게 하지만 행동은 다르게 합니다. 나 자신이 끔찍이도 경멸하는 행동들을 결국 저지르고 맙니다(롬 7:15, 메시지).

결심하는 것과 행동하는 것이 다르다는 겁니다. I decide one way, but then I act another. 그 행동은 자신이 너무나 싫어하는 일들입니다 (things I absolutely despise). 그런데도 그 일들을 결국 행하고 마는 자기 자신을 도무지 이해할 수 없다는 겁니다.

저에게는 이 말씀이 얼마나 큰 위로가 되는지 모릅니다. "위대한 사도 바울도 나와 별로 다르지 않구나!" 하는 생각 때문입니다. 구원의 감격을 체험할 때만 해도 우리는 예전과 완전히 다르게 살 것으로 생각했습니다. 어떤 시험에도 넉넉히 이기면서 어떤 상황에서도 늘 하나님의 은혜에 감사하면서 그렇게 살 것 같았습니다. 그런데 정말 그렇게 되던가요?

어느 틈엔가 죄의 유혹이 다시 일어납니다. 분명히 버렸다고 믿었던 죄의 습관이 다시 고개를 듭니다. 완전히 청산했다고 생각했던 못된 성품이 다시 드러나기 시작합니다. 감동이나 감사가 점점 사라집니다. 그 대신 불평과 짜증은 점점 더 많아집니다. 다른 사람들을 판단하고 정죄하기 시작합니다. 분명히 내가 싫어하는 일들인데도 그것을 하는 자기 자신을 발견합니다. 그러면 우리도 바울과 똑같은 고백을 할 수밖에 없습니다.

내가 왜 이러는지 나도 잘 모르겠어요.

바울은 이 문제를 조금 더 깊이 파고듭니다.

16만일 내가 원하지 아니하는 그것을 행하면 내가 이로써 율법이 선한 것을 시인하노니 17이제는 그것을 행하는 자가 내가 아니요 내 속에 거하는 죄니라(롬 7:16-17).

바울은 우선 자신의 마음에 갈등이 있다는 것이 "율법의 선함을 증명한다"고 말합니다. 내가 어떤 일을 하면서도 "그러면 안 되는데…" 하고 생각하는 이유가 무엇입니까? 하나님의 말씀 때문입니다. 말씀에 그렇게 하면 안 된다고 되어 있기에 우리가 죄책감을 느끼는 것이지요. 죄를 죄로 느낄 수 있다는 것은 매우 중요한 일입니다. 죄를 범하고도 그것이 죄인지 알지 못하는 사람들이 많이 있기 때문입니다. 죄를 죄로 아는 사람에게만 구원의 희망이 있는 것입니다.

한 걸음 더 나아가서 바울은 자신이 원하지 않는 일을 행하고 있다는 것은, "내 안에 또 다른 내가 존재한다"라는 뜻이 아니겠느냐고 말합니다. "그것을 행하는 자가 내가 아니요 내 속에 거하는 죄니라"는 말씀이 바로 그것입니다. 그런데 이 말을 이른바 '유체이탈 화법'으로 이해하면 안 됩니다. "내 속에 거하는 죄가 그 일을 행했다"라니까 마치 바울 자신에게는 아무런 잘못이 없다는 투로 들릴 수도 있는데, 그런 뜻은 아니라는 겁니다. 여기에서 바울이 말하려고 하는 것은 자신 안에 여전히 죄의 지배를 받고 있는 또 다른 자아가 존재한다는 사실입니다.

정말 그렇습니다. 우리 안에는 하나님의 말씀대로 살고 싶어 하는 '자아自我'가 있는가 하면, 죄의 유혹에 쉽게 넘어가는 또 다른 '자아自我'가 있습니다. 이 두 가지 자아가 완전히 분리되는 것을 '정신분열증'이라고 하지요.

그러나 그것은 정신병적 증상으로 나타나는 특별한 경우이고, 대다수 사람에게는 이 두 가지 자아가 교집합의 형태로 존재합니다. 그래서 서로 갈등하고 씨름합니다. 어느 때에는 하나님의 말씀이 이기기도 하고, 또 어느 때에는 죄의 유혹이 이기기도 합니다.

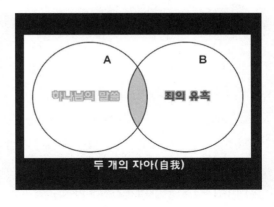

두 개의 자아(自我)

바울에게도 이와 같은 갈등이 있었습니다. 그렇다면 우리에게도 두 자아 사이의 갈등이 있다는 것은 지극히 자연스러운 일 아니겠습니까?

18내 속 곧 내 육신에 선한 것이 거하지 아니하는 줄을 아노니 원함은 내게 있으나 선을 행하는 것은 없노라. 19내가 원하는 바 선은 행하지 아니하고 도리어 원하지 아니하는 바 악을 행하는도다. 20만일 내가 원하지 아니하는 그것을 하면 이를 행하는 자는 내가 아니요 내 속에 거하는 죄니라(롬 7:18-20).

이를 쉬운 말로 바꾸면 다음과 같습니다.

"나는 선을 행하려는 의지는 있지만 실제로 그것을 실행하지는 않는다. 나는 내가 해야 하겠다고 생각하는 선은 행하지 않고 해서는 안 되겠다고 생각하는 악을 행하고 있다. 그렇다면 결국 그런 일을 하는 것은 내가 아니라 내 속에 들어 있는 죄가 아니겠는가?"

그런데 이와 같은 바울의 고백은 변명이 아닙니다. 영적인 싸움에서 매번 패배하는 이유를 죄의 탓으로 돌리려는 것이 아닙니다. 오히려 자신의 결심이나 노력만으로는 이러한 죄와의 싸움에서 결코 이길 수 없다는 절망적인 현실을 고통스럽게 표현하고 있는 것입니다.

나는 누구인가?

본회퍼Dietrich Bonhoeffer 목사님의 이야기를 한 번쯤은 들어보셨을 것입니다. 이 분은 약관 21세에 신학박사 학위를 받고 24세에 대학교수 자격을 취득한 독일의 천재 신학자입니다. 제2차 세계대전이 발발하자 그는 유대인을 학살하는 히틀러의 나치Nazi 정권에 온몸으로 항거했습니다. "미친 운전수는 차에서 끌어 내려야 한다"라면서 목사 신분으로 히틀러의 암살을 도모하다 발각되어 옥에서 사형당했습니다.

본회퍼 목사님이 순교하기 얼마 전에 옥에 갇혀있으면서 그 유명한 "Who Am I?"(나는 누구인가?)라는 시를 남겼습니다.

나는 누구인가?

그들은 종종 내게 말한다.

내가 감방에서 나올 때의 모습은 마치 거대한 성城에서 나오는 성주城主
처럼 의연하고 유쾌하며 당당했다고.

나는 누구인가?

그들은 종종 내게 말한다.

내가 나를 지키는 간수들과 이야기할 때의 모습은 마치 사령관이나 되는 것처
럼 자유롭고 유쾌하며 확고했다고.

나는 누구인가?

나는 사람들로부터 이런 이야기를 들어왔다.

나는 불행한 나날을 보낼 때에도 마치 승리에 익숙한 사람처럼 침착하고 웃음
을 잃지 않으며 당당했다고.

정말 나는 그들이 말하는 바로 그 사람인가?

아니면 나는 내 스스로가 알고 있는 바로 그 사람에 불과한가?

마치 새 장에 갇힌 새처럼 불안하고 갈망하며 병든 나,

마치 누군가가 내 목을 조르는 것처럼 숨을 쉬기 위해 안간힘을 쓰는 나,

빛깔, 꽃, 새들의 노래에 굶주리고 친절한 말과 인간적 친밀함에 목마르고,

변덕스런 폭정과 아주 사소한 비방에 분노하여 치를 떨고 근심에 눌리고,

결코 일어날 것 같지 않은 엄청난 사건들을 기다리고,

두려움에 사로잡혀 아무것도 못하고, 먼 곳에 있는 친구들을 걱정하고,

지치고 허탈한 채 기도하고 생각하며 행동하고,

연약하여 이런 것들 모두를 포기할 준비가 된 나.

나는 누구인가?

이런 사람인가 아니면 저런 사람인가?

그렇다면 오늘은 이런 사람이고 내일은 저런 사람인가?

아니면 내 안에 그 두 사람이 동시에 존재하는가?

다른 사람들 앞에서는 대단하지만 혼자 있을 때에는 애처롭게 우는 비열한 겁쟁이인가?

이미 승리한 전투를 앞두고 혼비백산하여 도망치는 패배한 군대,

그것과 나의 내면세계가 다를 바는 무엇이랴?

나는 누구인가?

그들은 이런 고독한 질문들로 나를 조롱한다.

오 하나님, 내가 누구이든 당신은 나를 아십니다.

당신이 아시듯, 나는 당신의 것입니다.

이 세상 사람들은 누구나 '나는 누구인가?'라는 질문을 하면서 살아갑니다. 사람마다 정도의 차이는 있겠지만, 누구나 두 개의 자아 사이에서 갈등합니다. 본회퍼 목사님처럼 '사람들에게 보이는 나의 모습'과 '내 자신이 알고 있는 나의 모습' 사이의 괴리에 우리는 고통스러워합니다.

신앙 생활도 마찬가지입니다. 신앙 생활을 시작한다는 것은 곧 '영적인 갈등'이 시작된다는 말과 같습니다. 그러나 이 갈등을 통해서 우리는 자신의 진정한 모습을 찾아가는 것입니다.

누가 나를 건져내랴?

바울은 자신의 영적인 갈등을 통해서 한 가지 법을 깨닫습니다.

> 그러므로 내가 한 법을 깨달았노니 곧 선을 행하기 원하는 나에게 악이 함께 있는 것이로다(롬 7:21).

분명히 바울은 자신이 선을 행하기 원한다는 것을 잘 알고 있습니다. 그러나 또한 자신에게 "악이 함께 있다"는 사실을 발견한 것입니다. 선을 행하려고 하는데, 그런 자기에게 악이 붙어 있는 것입니다. 이 말씀에 대한 메시지 성경의 풀이가 아주 실감납니다.

> 이는 너무도 반복적으로 일어나는 일이어서 충분히 예측할 수 있습니다. 내가 선을 행하기로 결심하는 순간, 벌써 죄가 나를 넘어뜨리려고 와 있습니다(롬 7:21, 메시지).
> The moment I decide to do good, sin is there to trip me up.

여기에서 'trip up'은 '실수를 하게 하다', '발을 걸어 넘어뜨리다'라는 뜻입니다. 내가 선한 일을 해보겠다고 결심하는 바로 그 순간, 나를 실수하게 해서 넘어뜨리려고 하는 죄가 바로 그 자리에 와있다는 겁니다.

온몸이 섬뜩해지는 이야기입니다. 우리는 선한 결심을 하면 그것만으로도 대단하다고 생각하지만, 아닙니다. 바로 그 자리에 죄가 와서 대기하고 있습니다. 그래서 우리가 그동안 그렇게도 쉽게 넘어져왔던 것입니다.

> 22내 속사람으로는 하나님의 법을 즐거워하되 23내 지체 속에서 한 다른 법이 내 마음의 법과 싸워 내 지체 속에 있는 죄의 법으로 나를 사로잡는 것을 보는도다 (롬 7:22-23).

바울은 '자신의 속사람my inner being'이 '하나님의 법God's law'을 즐거워한다고 합니다. 하나님의 말씀에 은혜를 받습니다. 그리고 그 말씀에 따라서 살아가기로 결심도 합니다.

그러나 내 안에 있는 모든 것이 그 결심에 동참하는 것은 아닙니다. 자신의 지체 속에 있는 '한 다른 another law 법'이 '내 마음의 법the law of my mind' 즉 하나님의 말씀에 은혜를 받고 그렇게 살아가기로 결심한 그 마음에 자꾸 싸움을 걸어옵니다. 그래서 바울을 결국 '죄의 법the law of sin'의 감옥으로 끌고 간다는 것입니다.

무슨 이야기입니까? 쉽게 말하면 하나님이 원하시는 대로 살고 싶지만 실제로는 자기도 모르는 사이에 하나님이 원하지 않는 길로 가고 있더라는 겁니다. 이것은 다른 사람이 아닌 '바울'의 고백입니다.

바울이 누구입니까? 초대교회에서 가장 위대한 전도자요, 신학자요, 목회자였습니다. 그를 통해서 수많은 사람이 복음을 받아들였고, 수많은 교회가 세워졌습니다. 그런데 자신에게도 이와 같은 한계와 고민이 있다고 솔직하게 고백하고 있는 것입니다. 바울이 그럴 정도라면 우리는 더 말할 것도 없지요.

그렇다면 무엇인가요? 우리에게는 아무런 희망이 없다는 것일까요? 우리가 아무리 큰 은혜를 체험하고 단단히 결심하고 힘써서 노력한다고 해도 죄를 이겨낼 수는 없다는 것일까요? **그렇습니다! 바로 그 이야기를 하고 있는 것입니다!** 바울의 절망은 다음과 같은 탄식으로 그 절정에 다다릅니다.

> **오호라 나는 곤고한 사람이로다. 이 사망의 몸에서 누가 나를 건져내랴**(롬 7:24).

바울은 너무나 비참했습니다. 그래서 울부짖습니다. "아, 나는 비참한 사람입니다. 누가 나를 건져줄 수 있단 말입니까!" 메시지 성경은 이렇게 표현합니다. "내가 할 수 있는 일을 무엇이든 해보았지만, 결국 아무 소용이 없습니다. 나는 벼랑 끝에 서 있습니다. 이런 나를 위해 무엇인가 해줄 수 있는 이 누구 없습니까?"

바울만 이런 탄식을 하는 것 아닙니다. 우리 모두에게 이런 탄식이 있습니다. 그런데 사실 이것은 엄밀한 의미에서 '절망의 탄식'이라고 할 수 없습니다. 오히려 '구원을 향한 질문'입니다. "이 사망의 몸에서 누가 나를 건져내랴?"

내가 스스로 나를 건져낼 수 없다는 겁니다. 그렇다고 다른 사람들이 나를 건져낼 수 있습니까? 아닙니다. 자기 코가 석 자입니다. 그렇다면 누가 나를 건져줄 수 있을까요? 하나님의 아들 예수 그리스도이십니다. 바로 이 대답을 얻기 위해서 바울은 절망의 탄식을 하는 것입니다.

죄의 문제에 탄식하며 몸부림치는 사람에게만 구원의 희망이 있습니다. 그러나 죄에 대해서 무감각한 사람은 이미 그 영이 죽은 사람입니다. 죽은 사람에게 무슨 고통이나 몸부림이 있겠습니까?

오늘 말씀의 결론입니다.

우리 주 예수 그리스도로 말미암아 하나님께 감사하리로다. 그런즉 내 자신이 마음으로는 하나님의 법을 육신으로는 죄의 법을 섬기노라"(롬 7:25).

우리 자신을 보면 답이 없습니다. 그러나 하나님을 보면 감사하게도 답이 있습니다. 하나님의 일하심에 주목하면 길이 보입니다. 그래서 바울은 고백합니다. "우리 주 예수 그리스도로 말미암아 하나님께 감사하리로다!" 하나님은 예수 그리스도의 십자가 복음을 통해서 우리에게 새로운 구원의 길을 보여주셨습니다. 바로 거기에 인생의 모든 답이 있습니다. 문제 해결의 길이 있습니다.

우리가 여전히 마음으로는 하나님의 법을 섬기고 육신으로는 죄의 법을 섬기는 모순 가득한 삶 속에서 살아가고 있지만, 지금도 우리의 부족함을 채우시며 우리를 바로 세워 가시는 하나님의 일하심을 바라보면 우리에게도 구원의 희망이 있는 것입니다.

히브리서 기자는 말합니다.

믿음의 주요 또 온전하게 하시는 이인 예수를 바라보자!(히 12:2)

우리가 십자가에서 예수와 함께 죽고 예수와 함께 살았으니, 이제는 예수만 바라보며 살아야 합니다. 우리가 결심하고 노력해서 그 보수報酬로 얻는 구원이 아닙니다. 우리를 구원하시는 하나님의 일하심에 믿음으로 뛰어들면 그것으로 충분합니다. 지금까지 우리가 영적인 싸움에서 패배해왔던 원인은 여전히 우리 자신에게서 희망을 찾으려고 했기 때문입니다.

우리 자신에게는 완전히 절망해야 합니다. 대신 하나님에게 우리의 모든 희망을 걸어야 합니다. 그럴 때 하나님이 우리 삶 속에서 구원을 이루어가실 것입니다.

묵상 질문: 나는 무엇으로 죄의 유혹을 이기려고 합니까?
오늘의 기도: 우리 자신의 결심이나 노력으로는 죄와의 영적 싸움에서 이길 수 없음을 깨닫게 하옵소서. 우리를 구원하기 위하여 일하시는 하나님을 바라보게 하시고, 믿음으로 하나님의 일하심에 뛰어들게 하옵소서. 예수님의 이름으로 기도합니다. 아멘.

생명의 법, 성령의 법

읽을 말씀: 로마서 8:1-11

새길 말씀: 그러므로 이제 그리스도 예수 안에 있는 자에게는 결코 정죄함이 없나
니 이는 그리스도 예수 안에 있는 생명의 성령의 법이 죄와 사망의 법에
서 너를 해방하였음이라(롬 8:1-2).

성경을 '반지'로 비유한다면 로마서는 그 반지에 있는 '다이아몬드'라
고 할 수 있습니다. 그리고 로마서의 말씀이 다 귀하지만 그중에서도 특
히 로마서 8장은 가장 빛나는 부분이라 할 수 있습니다. 로마서를 높은
산맥으로 비유한다면 로마서 8장은 그중에서도 가장 높이 우뚝 솟은 산
봉우리와 같은 말씀입니다.

오늘부터 한동안 이 말씀을 자세하게 묵상하려고 합니다. 이 묵상을
통해서 하나님이 우리의 구원을 위해 일하시는 그 풍성한 은혜의 깊이와
너비를 모두 체험할 수 있기를 소망합니다.

생명과 성령의 법

바울은 두 가지 법의 적용에 대해서 이야기합니다.

**1그러므로 이제 그리스도 예수 안에 있는 자에게는 결코 정죄함이 없나니 2이는
그리스도 예수 안에 있는 생명의 성령의 법이 죄와 사망의 법에서 너를 해방하였
음이라(롬 8:1-2).**

8장을 시작하는 '그러므로'는 앞장 전체를 받고 있는 접속사입니다.
7장에서 바울은 '두 가지 결혼생활의 비유'(롬 7:1-6)를 통해서 율법주의
종교 생활에서 벗어나 주님 안에서 살아가는 새로운 신앙 생활에 대해서
이야기했습니다.

또 율법이 죄를 죄로 깨닫게 해주기는 하지만 죄에게 오히려 역이용
당해서 사람을 유혹하는 도구가 될 수 있다는 점을 설명했습니다(롬
7:7-14). 그리고 마지막으로 구원의 희망은 오직 하나님의 일하심에 있다
는 사실을 강조했습니다(롬 7:15-25). 그 모든 말씀의 결론은 마지막 25절
로 요약됩니다.

**우리 주 예수 그리스도로 말미암아 하나님께 감사하리로다. 그런즉 내 자신이 마
음으로는 하나님의 법을 육신으로는 죄의 법을 섬기노라(롬 7:25).**

우리는 여전히 마음으로는 하나님의 법을 섬기고 육신으로는 죄의
법을 섬기는 딜레마와 모순 속에서 살아가고 있습니다. 그동안 우리는
죄와의 씨름에서 늘 패배하는 자신에게 절망해왔습니다. 그러나 이제는
예수 그리스도를 통해서 우리의 구원을 위해 일하시는 하나님을 바라봄
으로써 희망을 발견했습니다.

그다음에 연결되는 말씀이 8장의 '그러므로'입니다. '그러므로' 그리스도 예수 안에 있는 자에게는 결코 정죄定罪함이 없는 것입니다! 여기에서 우리말 '정죄함'에 해당되는 헬라어는 '카타크리마κατάκριμα, katakrima'입니다. 영어로는 'penalty처벌' 또는 'punishment형벌'라고 번역합니다. '재판'을 통해서 유죄판결을 받은 후에 그 결과로 선고되는 '벌'을 의미합니다.

그런데 "그리스도 예수 안에 있는 자에게는 결코 정죄함이 없다"는 말이 무슨 뜻입니까? 예수를 믿으면 죄를 짓지 않게 되고 그래서 벌을 받지 않는다는 뜻일까요? 아닙니다. 예수를 믿는다고 하더라도 얼마든지 죄를 지을 수 있습니다. 그러나 그것 때문에 받는 정죄함은 없다는 것입니다. 왜냐하면 예수 그리스도를 통해서 우리에게 적용되는 법이 달라졌기 때문입니다.

2절입니다.

이는 그리스도 예수 안에 있는 생명의 성령의 법이 죄와 사망의 법에서 너를 해방하였음이라(롬 8:2).

예전에는 '죄와 사망의 법'의 적용을 받고 있었습니다. 쉽게 말해서 이것은 '죄를 지으면 죽는 법'입니다. 엄격한 율법이 다스리는 나라에서는 누구에게나 예외 없이 적용되는 법입니다. 이 나라에서 생존하려면 율법의 모든 조문을 낱낱이 다 지켜야 합니다. 그런데 그게 불가능합니다. 따라서 이 법에 따르면 이 세상 사람들은 모두 죽어야 합니다. 죄의 삯은 사망이기 때문입니다.

그러나 예수님을 믿으면 이제는 '죄와 사망의 법'이 아니라 '생명의 성령의 법'의 적용을 받게 됩니다. 이 법은 예수 그리스도의 십자가 복음에 나타난 하나님의 의를 믿음으로 받아들이면 누구나 구원을 받게 하는 새로운 법입니다. 죽음으로 처벌하는 법에서 사람들을 해방하여 살려주는 법이기 때문에 '생명의 법'입니다. 게다가 사람들이 열심히 노력해야만 겨우 지킬 수 있는 그런 법이 아닙니다. 사람들이 그 법을 지키면서 살 수 있도록 하나님의 영이 적극 도와주십니다. 그래서 '성령의 법'입니다.

이처럼 우리가 그리스도 예수 안에 있으면 '정죄함'이 없습니다. '죄와 사망의 법'에서 해방되었기 때문입니다.

율법의 요구에 응함

예수님을 믿으면 결코 정죄함이 없다는 말씀도 참 놀랍지만 더욱 놀라운 것은 우리가 '생명의 성령의 법'에 따라서 살기 시작하면 그동안 사람들에게 '죄와 사망의 법'으로만 작용했던 율법조차도 넉넉히 지킬 수 있게 된다는 말씀입니다.

> ³율법이 육신으로 말미암아 연약하여 할 수 없는 그것을 하나님은 하시나니 곧 죄로 말미암아 자기 아들을 죄 있는 육신의 모양으로 보내어 육신에 죄를 정하사 ⁴육신을 따르지 않고 그 영을 따라 행하는 우리에게 율법의 요구가 이루어지게 하려 하심이니라(롬 8:3-4).

율법은 하나님의 백성답게 살아가는 기준과 지침입니다. 그런데 인간이 가지고 있는 죄성이 율법이 요구하는 대로 온전히 살지 못하게 했습니다. "율법이 육신으로 말미암아 연약하여 할 수 없는 그것"이 의미하는 바입니다.

그런데 하나님이 사람의 결심과 노력에 그냥 방임해놓지 않고 적극 개입하셨습니다. 당신의 아들을 인간으로 보내어 이 세상의 죄를 지고 죽게 하신 것입니다. 이것이 바로 예수 그리스도의 복음에 나타난 '하나님의 의'입니다.

'우리'는 바로 그와 같은 하나님의 일하심에 믿음으로 뛰어든 사람들입니다. 그랬더니 하나님은 우리에게 "율법의 요구가 이루어지게 하셨다"라고 합니다. 이것은 매우 중요한 말씀입니다. 이 부분을 메시지 성경으로 읽으면 다음과 같습니다.

> 율법은 언제나 근본적 치유(deep healing)가 아니라, 죄에 대한 미봉책(band aid)이었을 뿐입니다. 그러나 마침내, 그동안 응할 수 없었던 율법 조문의 요구에 우리가 응할 수 있게 되었습니다. 이는 우리가 한층 더 노력해서가 아니라, 오직 성령께서 우리 안에서 행하고 계신 일을 우리가 받아들임으로써 그렇게 된 것입니다(롬 8:4, 메시지).

　예전에는 율법 조문의 요구에 일일이 응한다는 것은 보통 사람들에게는 상상도 못할 일이었습니다. 그것은 일부 종교 엘리트들에게나 해당되는 일이었습니다. 그리고 그조차도 판단하고 정죄하는 죄로 왜곡되고 말았습니다. 그런데 이제는 누구나 율법 조문의 요구에 응할 수 있게 되었다는 것입니다.

　어떻게 그럴 수 있단 말입니까? 우리가 '한층 더 노력해서가' 아닙니다. 영어식으로 표현하면 'redoubling our own efforts', 즉 '우리의 노력을 배가倍加'함으로써가 아닙니다. 그것은 율법주의 종교 생활이나 요구하는 것입니다. 그래서 될 일이 아닙니다. 오히려 '성령께서 우리 안에서 행하고 계신 일을 받아들임으로써'(simply embrace what the Spirit is doing in us) 그렇게 되었습니다. 그것이 바로 '생명과 성령의 법'입니다. 그것에 따라서 살다 보니까 우리도 모르는 사이에 율법이 요구하는 것까지도 넉넉히 응할 수 있게 되었다는 것입니다.

　물론 우리가 율법의 요구에 응하는 것은 하나님으로부터 구원을 받아내기 위해서가 아닙니다. 구원은 이미 예수 그리스도의 복음에 나타난 하나님의 의로 해결되었습니다. 이제는 구원받은 자로서 하나님의 말씀에 순종하며 살 수 있게 되었다는 것입니다. 여전히 우리는 부족합니다. 그래서 율법을 100% 온전히 지키지 못할 수도 있습니다. 그렇지만 우리는 하나님의 말씀에 따라 순종하며 살아갑니다. 왜냐하면 그것이 하나님의 영이 인도하시는 길이기 때문입니다.

주님은 산상수훈에서 "내가 율법이나 선지자를 폐하러 온 줄로 생각하지 말라. 폐하러 온 것이 아니요 완전하게 하려 함이라"(마 5:17)고 말씀하셨습니다. 바로 그 일을 하나님의 의로 구원받은 자들을 통해서 이루어가고 계시는 것입니다. 하나님의 일하심은 이처럼 놀랍고 신비한 것입니다!

성령을 따르는 자

그런데 "정죄함이 없다"라는 말을 왜곡하는 사람들이 더러 있습니다. 일단 구원받으면 어떤 짓을 해도 괜찮다는 식으로 오해하는 것이지요. 특히 이단들이 그렇게 가르치는 것을 봅니다. 그런 속임수에 절대로 넘어가지 마십시오.

"정죄함이 없다"라는 말씀은 '생명과 성령의 법'에 적용을 받으면서 살아갈 때를 전제로 합니다. 다시 말씀드려서 성령의 인도하심을 따라 살아갈 때에 우리의 죄나 실수로 인해 정죄함을 받지 않게 된다는 것입니다. 혹시 죄의 유혹에 넘어갔더라도 성령의 인도하심을 통해 그 죄를 이겨낼 수 있기 때문입니다.

> 5육신을 따르는 자는 육신의 일을, 영을 따르는 자는 영의 일을 생각하나니 6육신의 생각은 사망이요 영의 생각은 생명과 평안이니라(롬 8:5-6).

바울은 '육신을 따르는 자'와 '영을 따르는 자'를 구분하고 있습니다. '육신을 따르는 자'를 새번역성경은 "육신에 속한 것을 생각하는 사람"으로, 공동번역 성경은 "육체적인 것에 마음을 쓰는 사람"으로 풀이합니다. 이에 비해서 메시지 성경은 "자기 힘으로 할 수 있다고 여기는 사람들"(Those who think they can do it on their own)이라고 합니다.

자기 힘으로 무엇을 해낼 수 있다고 생각한다는 것일까요? 그렇습니다. '구원'입니다. 죄와 죽음으로부터의 자유함입니다. 스스로의 힘으로 구원을 얻을 수 있다고 생각하는 것이 바로 율법주의 종교 생활입니다. 그렇지만 결국 그들이 다다르게 될 막다른 골목은 '사망'입니다. 그렇게 해서는 결코 죄의 문제를 해결할 수 없습니다.

반면에 '영을 따르는 자'는 "성령을 따라 사는 사람"(새번역)을 말합니다. 메시지 성경의 표현대로 하면 "자기 안에 일하고 계신 하나님의 활동을 신뢰하는 사람들"입니다. 그들은 자기의 결심이나 노력이나 능력에 주목하지 않고 하나님이 이루어 놓으신 구원에 주목합니다. 그리고 성령의 인도하심을 따라 살아갑니다. 그래서 죄를 이기면서 살아갈 수 있는 것입니다.

> 7육신의 생각은 하나님과 원수가 되나니 이는 하나님의 법에 굴복하지 아니할 뿐 아니라 할 수도 없음이라. 8육신에 있는 자들은 하나님을 기쁘시게 할 수 없느니라(롬 8:7-8).

여기에서 '육신의 생각'은 앞에서 언급한 '육신을 따르는 자'의 생각입니다. '자기 힘으로 할 수 있다고 여기는 사람들'의 생각입니다. 율법주의 종교 생활을 하는 사람들의 생각입니다. 그들의 생각은 결국 하나님의 원수가 되고 맙니다. 하나님의 뜻을 거스르는 결과를 빚고 맙니다. 왜냐하면 "하나님의 법에 굴복하지 아니할 뿐 아니라 할 수도 없기 때문"입니다.

이 '하나님의 법'은 앞에서 언급한 '생명과 성령의 법'을 말합니다. 하나님께서 인간을 구원하기 위하여 예수 그리스도의 복음에 드러내신 '하나님의 의'를 믿음으로 따르는 것을 말합니다. 자신의 힘으로 무언가를 해야 한다고 생각하는 사람들은 이처럼 하나님이 하시는 일에 주목하지 못합니다. 그래서 열심히 신앙 생활을 하기는 하지만, 그것은 결국 하나님의 뜻을 거스르는 일이 되고 마는 것입니다.

메시지 성경은 다음과 같이 풀이합니다.

> **자기 자아에 집중하는 것과 하나님께 집중하는 것은, 극과 극입니다. 자기 자아에 몰두하는 사람들은 하나님을 무시하고, 결국 하나님보다 자기 자아에 더 많이 몰입하게 됩니다. 그런 사람들은 하나님과, 하나님이 행하시는 일을 무시합니다. 그러나 하나님은 결코 무시당하는 것을 기뻐하시는 분이 아닙니다(롬 8:7-8, 메시지).**

자기 자아에만 집중하면 결국에는 하나님과 하나님이 행하시는 일을 무시하게_{ignore} 되어 있습니다. 그러면서도 하나님을 잘 믿는다고 착각하는 사람들이 얼마나 많이 있는지 모릅니다. 하나님의 은혜로 구원받은 사람들은 "내가 하는 일"이 아니라 "하나님이 하시는 일"에 집중합니다. 매사에 하나님을 인정해드립니다. 그런 사람들이 하나님의 마음을 기쁘게 할 수 있는 것입니다.

하나님의 생명

오늘 말씀을 통해서 바울은 '생명의 성령의 법'을 적용받는 그리스도인의 삶에 대해서 설명해왔습니다. 그것은 '정죄함을 받지 않는 삶'이었고, '율법의 요구에 응할 수 있는 삶'이었고, '성령이 주시는 생각을 따라 사는 삶'이었습니다. 이 모든 말씀은 '하나님의 생명으로 사는 삶'으로 귀결됩니다.

> ⁹만일 너희 속에 **하나님의 영**이 거하시면 너희가 육신에 있지 아니하고 영에 있나니 누구든지 그리스도의 영이 없으면 그리스도의 사람이 아니라. ¹⁰또 그리스도께서 **너희** 안에 계시면 몸은 죄로 말미암아 죽은 것이나 **영은 의로 말미암아 살아 있는 것이니라**(롬 8:9-10).

여기에서 '하나님의 영the Spirit of God'이나 '그리스도의 영the Spirit of Christ'은 모두 '성령the Holy Spirit'을 가리키는 말입니다(요 16:7; 갈 4:6). 그리스도인은 '그리스도의 영' 즉 '성령'의 다스림과 인도하심을 따르는 사람입니다. 만일 '그리스도의 영'이 없다면 그는 '그리스도의 사람' 즉 '그리스도인'이 아닙니다.

이 부분을 메시지 성경은 다음과 같이 풀이합니다.

> 하나님께서 친히 여러분의 삶 가운데 사시기로 하셨다면, 이제 여러분은 하나님보다 여러분 자신에 대해 더 많이 생각할 수 없습니다. … 그분을 모셔 들인 여러분, 그분이 안에 사시는 여러분은, **비록 지금도 죄로 인한 한계들을 경험하지만, 하나님의 생명으로 사는 삶을 경험하고 있습니다**(롬 8:9-10, 메시지).

성령의 다스림과 인도하심을 따라 살기로 했다면, 그때부터는 내가 주인공이 되어 내가 영위해가는 내 삶이 아니라 하나님이 이끌어 가시는 삶이 됩니다. 그때에는 나 자신보다 하나님을 더 많이 생각하게 됩니다. 이것을 메시지 성경은 '하나님의 생명으로 사는 삶'(life on God's terms)이라고 표현합니다. 직역하면 '하나님의 방식으로 사는 삶'입니다.

그러고 보니까 7장에서 바울이 가장 많이 사용한 말은 '나'였습니다.

반면에 8장에 들어와서 바울은 '영'을 더 많이 사용합니다. 만일 인생의 주인공이 나 자신이라면 그것은 '내 방식으로 사는 삶'입니다. 만일 성령님이 주인공이라면 그때는 '하나님의 방식으로 사는 삶'입니다. 우리 그리스도인들은 이미 십자가에서 예수와 함께 죽고 예수와 함께 다시 살아난 사람들입니다. 그때부터 우리는 '내 생명'이 아니라 '하나님의 생명'으로 살기 시작한 것입니다.

그런데 '하나님의 생명'으로 산다고 해서 우리의 삶이 완벽할 것이라 기대하지는 마십시오. 우리는 여전히 '죄로 인한 한계들'(all the limitations of sin)을 경험하게 될 것입니다. 때로 죄와의 씨름에서 넘어질 수도 있습니다. 만일 '내 생명'으로 살던 때였다면 그 실패는 고스란히 우리에게 정죄함이 되었을 것입니다.

그러나 지금은 다릅니다. 우리는 '생명의 법'과 '성령의 법' 안에서 '하나님의 생명'을 살고 있기 때문입니다. 하나님께서 어떻게든 우리를 바로 세워나가실 것입니다.

오늘 말씀의 결론입니다.

예수를 죽은 자 가운데서 살리신 이의 영이 너희 안에 거하시면 그리스도 예수를 죽은 자 가운데서 살리신 이가 너희 안에 거하시는 그의 영으로 말미암아 너희 죽을 몸도 살리시리라(롬 8:11).

우리가 가진 육신은 언젠가는 죽게 될 '죽을 몸mortal bodies'입니다. 그러나 "예수를 죽은 자 가운데서 살리신 이의 영" 즉 "하나님의 영"이 우리 가운데 거하면 마침내 우리의 죽을 몸까지도 살리실 것이라고 바울은 선언합니다. 하나님의 방식으로 살아가는 우리 인생의 결론은 '죽음'이 아니라 '부활'입니다. 그것이 우리의 삶에서 하나님이 마침내 이루실 일입니다.

우리는 지금 어떤 법의 지배를 받으며 살아가고 있습니까? 죄를 지으면 죽는 '죄와 사망의 법'입니까? 아니면 우리의 죽을 몸도 살리는 '생명과 성령의 법'입니까? 우리의 희망은 하나님의 일하심에 달려 있습니다. 하나님은 지금도 우리의 구원을 위해 일하고 계십니다.

묵상 질문: 지금 나는 '생명의 법, 성령의 법'의 적용을 받으며 살고 있습니까?
오늘의 기도: 구원의 희망은 나 자신의 노력이 아니라 하나님의 일하심에 달려 있음을 분명히 깨닫게 하옵소서. 나의 구원을 위해 지금도 일하고 계시는 하나님께 믿음으로 반응하게 하옵소서. 예수님의 이름으로 기도합니다. 아멘.

하나님의 양자(養子)

읽을 말씀: 로마서 8:12-17

새길 말씀: 무릇 하나님의 영으로 인도함을 받는 사람은 곧 하나님의 아들이라. 너
희는 다시 무서워하는 종의 영을 받지 아니하고 양자의 영을 받았으므
로 우리가 아빠 아버지라고 부르짖느니라(롬 8:14-15).

앞 장에서 우리는 정죄함이 없는 은혜의 삶에 대해서 묵상했습니다.
바울은 우리가 예수 그리스도의 십자가 복음을 통해서 '죄와 사망의 법'
에서 해방되어 '생명과 성령의 법'으로 옮겨졌다고 했습니다. '내 방식'대
로 살아가던 삶에서 '하나님의 방식'대로 살아가는 삶으로 바뀌었다고 했
습니다. 물론 '죄로 인한 한계들'로 인해 실패할 때도 더러 있지만 우리에
게 정죄함이 없는 것은 우리가 '하나님의 생명'으로 살기 시작했기 때문
이라고 했습니다.

따라서 중요한 것은 우리가 지금 "어떤 법의 지배를 받고 살아가느냐"
입니다. '육신을 따르는 자', 즉 자기 힘으로 할 수 있다고 여기는 사람들

은 결국 '죄와 사망의 법'의 지배를 받으며 살 수밖에 없습니다. 그러나 '영을 따르는 자', 즉 자기 안에 일하고 계시는 하나님을 신뢰하며 따르는 사람들은 '생명과 성령의 법'의 지배를 받으며 살게 됩니다. 그 각각의 종착역은 천지 차이입니다. '사망'과 '생명'입니다.

계속해서 바울은 그리스도인의 정체성에 대해서 세 가지로 설명하고 있습니다.

우리는 빚진 자다

그리스도인은 '빚진 자'라는 의식이 있어야 합니다.

> 12그러므로 형제들아 우리가 **빚진 자로되** 육신에게 져서 육신대로 살 것이 아니니라. 13너희가 육신대로 살면 반드시 죽을 것이로되 **영으로써 몸의 행실을 죽이면 살리니**…(롬 8:12-13).

바울은 말합니다. "우리는 빚진 자다!"(We are debtors.) 우리 말 '빚진 자'로 번역된 헬라어는 '오필레테스ὀφειλέτης, opheiletēs'입니다. 이것을 영어로는 'a debtor채무자' 또는 'a sinner죄인'로 번역합니다. 예나 지금이나 '빚'은 곧 '죄'입니다(마 6:12). '빚'은 반드시 갚아야 하고, '죄'는 반드시 용서받아야 합니다.

그런데 바울은 우리가 '육신'에게 빚을 진 것이 아니라고 말합니다. 이것은 앞에서 묵상한 말씀과 연결해서 생각해야 합니다. '육신을 따르는 자'(5절)는 자기 힘으로 구원을 얻을 수 있다고 생각하고 율법주의 종교 생활에 집중하는 사람들을 가리킨다고 했습니다. 그러니까 "육신에게 빚지지 않았다"는 말은 우리가 받은 구원이 율법주의 종교 생활로 얻게 된 것이 아니라는 뜻입니다.

그렇다면 우리는 누구에게 어떤 빚을 진 것일까요? 우리는 예수님에게 생명의 빚을 졌습니다. 예수 그리스도가 십자가에서 우리의 죄를 대속하여 죽으심으로써 우리를 살려주셨기 때문입니다. 따라서 우리는 예수님에게 생명의 빚을 진 채무자가 된 것입니다. 그 빚을 어떻게 갚을 수 있을까요?

바울은 말합니다. "영으로써 몸의 행실을 죽여라. 그러면 살 것이다." 이게 무슨 말씀인지 알 것 같으면서도 감이 잘 잡히지 않습니다. 이 말씀을 메시지 성경은 어떻게 풀이하고 있는지 한번 보십시오.

> 우리는 자기 힘을 믿고 사는 옛 삶에는 한 푼도 덕을 본 것이 없습니다. 그런 삶은 우리에게 유익한 것이 전혀 없습니다. 우리가 해야 할 최선은, 그 삶을 땅에 묻고 새로운 삶을 시작하는 것입니다. 하나님의 영이 우리를 손짓해 부르고 계십니다. 해야 할 일들, 가야 할 곳들이 얼마나 많은지요!(롬 8:12-13, 메시지).

여기에서 '자기 힘을 믿고 사는 옛 삶'(this old do-it-yourself life)은 앞에서 언급한 '육신을 따르는 삶'을 가리킵니다. 우리가 구원받은 것은 그런 삶으로부터 도움을 받아서 된 일이 아닙니다. 그러면서 "그 삶을 땅에 묻고 새로운 삶을 시작하는 것"이 우리의 최선이라고 합니다. 개역성경의 "영으로써 몸의 행실을 죽이는 것"을 이런 식으로 풀이하고 있는 것이지요. 그렇다면 '새로운 삶'이란 무엇인가? 하나님의 영이 손짓하여 부르시는 대로 따라가는 삶입니다. 즉 성령님이 이끄시는 대로 순종하는 것입니다.

만일 우리의 힘으로 과거의 죄, '죄와 사망의 법'에 의해 진 빚을 갚겠다고 한다면, 평생 갚아도 다 갚을 수가 없습니다. 그것은 마치 예수님의 비유 중에서 왕에게 '만 달란트를 빚진 자'와 같습니다(마 18:24). 그 천문

학적인 액수의 돈은 몇백 번 죽었다가 깨어나도 갚을 수 없습니다(대하 25:6). 그래서 왕이 그를 불쌍히 여겨 빚을 탕감해주지 않습니까? 우리의 죄도 마찬가지입니다. 우리 힘으로 갚겠다고 아무리 발버둥 쳐봐야 소용없습니다. 예수 그리스도 십자가의 복음을 받아들임으로 빚을 탕감받는 수밖에 없습니다.

그렇게 빚을 탕감받았다면 우리는 어떻게 살아가야 할까요? 돈으로 갚으려고 하면 안 됩니다. 은혜는 결코 돈으로 갚을 수 없습니다. 유일한 방법이 있는데, 그것은 빚을 탕감해준 분이 원하는 대로 사는 겁니다. 은혜를 받았으니 다른 사람에게 은혜를 베풀면서 사는 것이지요. 그것이 바로 '하나님의 영이 손짓하여 부르시는 대로 따라가는 삶'입니다.

그런데 예수님의 비유에서 만 달란트를 탕감 받은 종은 어떻게 했습니까? 그에게 백 데나리온 빚진 자를 옥에 가두었습니다(마 18:30). 그 나머지 이야기는 여러분이 잘 아실 겁니다. 우리는 빚진 자입니다. 하나님의 은혜로 구원받은 사람들입니다. 이제 우리에게 남은 삶은 우리 자신의 힘으로 빚을 갚겠다고 다시 율법주의 종교 생활로 되돌아가는 것이어서는 안 됩니다. 하나님의 영이 부르시는 대로 순종하여 앞으로 나아가는 것이어야 합니다.

우리는 양자(養子)다

그리스도인은 '양자'라는 의식을 가지고 있어야 합니다.

> 14무릇 하나님의 영으로 인도함을 받는 사람은 곧 하나님의 아들이라. 15너희는 다시 무서워하는 종의 영을 받지 아니하고 양자의 영을 받았으므로 우리가 아빠 아버지라고 부르짖느니라(롬 8:14-15).

앞에서 바울은 예수님에게 생명의 빚을 진 우리 그리스도인들이 그 빚을 갚을 수 있는 유일한 길이 있다고 했습니다. 그것은 하나님의 영이 손짓하여 부르시는 대로 따라가는 삶이라고 했습니다. 한 걸음 더 나아가서, 바울은 그렇게 하나님의 영으로 인도함을 받는 사람이 바로 '하나님의 아들'υἱοὶ θεοῦ, sons of God'이라고 선포합니다.

이것은 사실 예수님에게나 어울릴 호칭입니다. 그걸 우리 자신에게 적용하는 것이 조금은 황송스럽기도 합니다. 그러나 예수님도 '하나님의 아들'이란 말을 즐겨 사용하셨습니다(마 5:9, 45; 눅 20:36). 요한복음에서는 '하나님의 자녀τέκνα θεοῦ, children of God'라고 합니다(요 1:12). '하나님의 아들'이든, '하나님의 자녀'이든 예수 그리스도를 믿고 따르는 자들이라면 누구나 그렇게 불릴 자격이 있다는 것입니다.

그런데 바울은 이 호칭에 담겨 있는 새로운 영적인 의미를 드러냅니다. 우리 그리스도인들은 그냥 '하나님의 자녀'가 아니라 '양자養子의 영을 받았다'는 것입니다. '양자'는 본래 친자식이 아니었지만 입양의 절차를 거쳐서 법적으로 친자식과 똑같은 자격을 갖게 된 사람을 가리킵니다. 우리나라에서는 아이를 양자로 입양하는 것이 아직 생소하지만, 바울 당시의 유대나 로마에서는 아주 흔한 일이었습니다.

그러니까 우리 그리스도인들이 하나님의 자녀로 입양되었다는 이야기는, 본래는 하나님을 아버지로 부를 자격이 없었다는 뜻입니다. 사실 이 세상의 그 누구도 처음부터 하나님의 자녀였던 사람은 없습니다. 우리는 모두 '죄의 종'이었습니다. 그런데 예수 그리스도의 복음에 나타난 하나님의 의를 믿음으로써 우리에게 하나님의 영이 임하게 되었고, 그때부터 우리는 하나님의 자녀로 입양된 것이지요. 이 일에 있어서 예외는 없습니다.

생각해보십시오. 본래 '죄의 종'이었던 우리가 '하나님의 자녀'로 입양되어 하나님을 아버지라 부르게 되었으니 그 얼마나 놀라운 은혜입니까?

바울은 '양자의 영'을 '종의 영'과 비교하여 설명합니다. "너희는 다시 무서워하는 종의 영을 받지 않았다"고 합니다. 공동번역 성경은 이 부분을 "여러분이 받은 성령은 여러분을 다시 노예로 만들어서 공포에 몰아넣으시는 분이 아니라"고 번역합니다.

노예로 만들어 공포에 몰아넣는 것은 과거 '죄와 사망의 법'이 적용되던 시절에나 있었던 일입니다. 이제는 그 법에서 해방되어 '생명과 성령의 법'의 적용을 받기 시작했습니다. 게다가 하나님의 자녀라는 법적인 신분도 가지게 되었습니다. 그런데도 만일 계속해서 하나님에게 벌 받을까봐 두려워서 벌벌 떨고 있다면, 무언가 잘못되어도 한참 잘못된 것이지요.

양자로 입양된 우리에게 나타나는 가장 큰 변화는 하나님을 "아빠, 아버지"라고 부를 수 있게 되었다는 사실입니다. 이를 헬라어로는 '아바 호 파테르Ἀββά ὁ πατήρ'라고 읽습니다. 신약성경에 모두 세 번 나오는데 한 번은 예수님이, 나머지 두 번은 바울이 사용하고 있습니다(막 14:36; 롬 8:15; 갈 4:6). 이 호칭을 바울이 얼마나 중요하게 여기고 있는지 알 수 있는 대목입니다.

'아바Ἀββά'는 'daddy', 'papa', '아빠'와 같이 어린 자녀가 아버지의 사랑을 절대 신뢰하며 친밀하게 부를 때 사용하는 호칭입니다. 이에 비해 '파테르πατήρ'는 아이가 어느 정도 자라난 후에 철이 들고 나서 사용하게 되는 호칭입니다. 아버지가 지금까지 자기를 위해서 어떤 희생을 치러왔는지 알고 나서 이제는 감사와 의무를 다하겠다는 뜻으로 존경의 마음으로 부르는 호칭입니다. 이 두 가지 의미가 "아빠, 아버지" 속에 담겨 있는 것입니다.

제가 미국에서 목회하던 아이오와Iowa 주에는 한국에서 입양되어 온 아이들이 참 많이 살고 있습니다. 알고 보니까 홀트 아동복지회를 창립하신 홀트 여사Mrs. Holt의 고향이 아이오와였습니다. 그래서 지인들을 통해서 많은 한인 입양아들이 그곳에 보내진 것이지요. 어쨌든 제가 섬기던 쾌드시티 한인연합감리교회의 가장 큰 사역이 '입양아가족 초청 잔치'였습니다. 한인 입양아뿐만 아니라 그 가족들을 모두 초청하여 함께 예배도 드리고 한국 음식을 나누어 먹고 여러 가지 한국 문화를 체험하게 하는 그런 행사입니다.

처음으로 부임하던 해에 이 행사를 치르게 되었는데, 그분들과 어떤 말씀을 나누면 좋을까 한참 고민을 했습니다. 그러다가 오늘 로마서 본문 말씀이 떠올랐습니다. 그날 예배 시간에 입양아 아이들을 모두 자리에서 일어나도록 초청한 후에 제가 이렇게 말했습니다.

여러분, 여러분들이 얼마나 특별한 사람인지 아십니까? 다른 자녀들은 부모님들에게 선택의 여지가 없습니다. 그냥 주어진 대로 받아야 합니다. 그런데 여러분은 그렇지 않습니다. 부모님들이 여러분을 특별한 사랑으로 선택했습니다. 그러니 여러분이 얼마나 특별한 존재입니까?

그랬더니 그 친구들이 박수를 치면서 얼마나 좋아하는지 몰라요. 그러고 나서 그 자리에 오신 가족들에게 이렇게 말씀드렸습니다.

그런데 저에게도 한 가지 큰 비밀이 있답니다. 지금까지 그 누구에게도 말하지 않은 비밀인데요. 이 시간 여러분에게 말씀드려도 좋을까요? 사실은 … 저도 입양되었답니다.

모두 눈이 동그래져서 저에게 시선이 집중되었습니다. 특히 제가 섬기던 교회 성도님들이 더 그랬습니다. 저는 다음과 같이 말을 이어갔습니다.

여러분들도 이 아이들과 다르지 않습니다. 저와 여러분은 모두 입양아들입니다. 누구에게 입양되었을까요? 그렇습니다. 우리는 모두 하나님 아버지에게 입양되었답니다! 우리는 모두 하나님의 자녀가 되었기 때문입니다. 그래서 지금 이렇게 하나님 아버지께 예배를 드리고 있는 겁니다.

아무나 '하나님의 자녀'가 될 수 있는 것이 아닙니다. 하나님께서 특별히 선택해주셔야 가능한 일입니다. 그런데 어떤 사람들을 선택하신다고 했습니까? 예수 그리스도의 복음에 나타난 하나님의 의를 믿음으로 받아들이는 사람들을 선택해주십니다. 요한복음은 그것을 가리켜서 '하나님의 자녀가 되는 권세|authority'라고 표현합니다(요 1:12). 그래서 오늘도 우리는 하나님을 "아빠, 아버지"라고 부르면서 예배할 수 있게 된 것입니다.

이 권세를 결코 가볍게 여기지 마십시오. 이 권세를, 죄를 지으면 벌받을까봐 무서워하는 '종의 영'으로 변질시키지 마십시오. 메시지 성경의 표현처럼 하나님의 영이 손짓하여 이끄시는 대로 순종하여 따라가면서 "다음은 또 뭐죠, 아빠?"(What's next, Papa?)라고 물으십시오. 이와 같이 기대 넘치는 신앙의 모험을 떠나는 것이 우리 그리스도인의 신앙 생활인 것입니다.

우리는 상속자다

그리스도인은 '상속자'라는 의식이 있어야 합니다.

> 16성령이 친히 우리의 영과 더불어 우리가 하나님의 자녀인 것을 증언하시나니 17자녀이면 또한 상속자 곧 하나님의 상속자요 그리스도와 함께한 상속자니 우리가 그와 함께 영광을 받기 위하여 고난도 함께 받아야 할 것이니라(롬 8:16-17).

여기에서 바울은 매우 중요한 사실을 지적합니다. 우리가 하나님의 자녀라는 사실을 증언하는 분이 있다는 겁니다. 누구입니까? '성령'이십니다. 누구에게 증언합니까? '우리의 영'에게 증언합니다. 다시 말씀드려서 우리의 마음속에 하나님의 자녀 됨의 확신을 주신다는 것입니다. 그래서 메시지 성경은 이 부분을 "하나님의 영이 우리의 영을 만지셔서 우리가 정말 누구인지를 확증해 주십니다"라고 표현합니다.

그렇기 때문에 더더욱 성령의 다스림과 인도하심을 받아들여야 합니다. 지금까지 바울이 해온 이야기가 바로 그것입니다. 그리스도의 영이 없으면 그리스도의 사람이 아닙니다(9절). 하나님의 영으로 인도함을 받는 사람이 하나님의 아들입니다(14절). 성령이 우리 안에 거하지 않기 때문에 무서워하는 종의 영이 슬그머니 들어오게 되는 것입니다(15절). 교회를 다니면서도 하나님을 "아빠, 아버지"라고 담대히 부르지 못한다면, 그것은 성령이 다스리는 사람이 아니라는 증거입니다. 그래서 확신이 없는 것입니다.

그런데 우리가 '하나님의 자녀'라는 확신을 가지는 것이 중요한 이유가 있습니다. 그래야 '하나님의 상속자'라는 사실을 알게 되기 때문입니다. 로마 시대에 '양자'를 들였던 가장 중요한 이유는 그를 '상속자'로 삼기 위해서였습니다. 아무리 재산이 많고 권력이 대단해도 만일 상속할 아들이 없을 경우에는 그 모든 것이 무용지물이 됩니다. 그래서 남의 아들이라도 양자로 삼아 자기의 친자식처럼 모든 재산을 물려주는 것이지요.

하나님께서 우리를 '양자'로 삼으신 것도 같은 이유입니다. 우리를 하나님의 '상속자'로 삼으시려는 것이지요. 무엇을 상속받는다는 것입니까? 이 세상에 속한 나라가 아니라 '하나님의 나라'입니다. 이 세상의 것은 죽음과 함께 사라집니다. 그러나 하나님의 나라는 죽고 난 후에도 빼앗기지 않습니다. 영원한 생명을 누리는 나라입니다. 그 나라의 상속자로 삼기 위해서 우리를 양자로 삼으신 것입니다.

이 말씀이 격려와 위로가 됩니까? 아니면 실망이 됩니까? 예수님을 찾아왔던 사람은 "네게 있는 것을 다 팔아 가난한 자들에게 주라. 그리하면 하늘에서 보화가 네게 있으리라. 그리고 와서 나를 따르라"(막 10:21)는 말씀에 근심하며 돌아갔습니다.

지금도 '풍요의 복음prosperous Gospel'에 귀를 기울이고 있는 많은 사람에게 이 말씀은 실망스러운 메시지일 것입니다. 그들은 '축복'이라는 이름으로 포장된 또 다른 버전의 율법주의 종교 생활을 하고 있는 사람들이기 때문입니다. 그들에게는 '하나님 나라의 상속자'라는 말씀과 함께 '고난도 함께 받아야 한다'는 말씀도 참으로 받아들이기 힘든 메시지일 것입니다.

바울은 분명하게 선포합니다. 우리가 그리스도와 함께 영광을 받으려면 그와 함께 고난을 받아야 한다고 말입니다. 그래야 우리가 그리스도와 함께 공동으로 상속받을 사람(co-heirs with Christ)이라는 사실이 증명된다고 말입니다.

성령님이 손짓하여 부르시는 대로 순종하여 따라가는 것은 결코 쉬운 일이 아닙니다. 그러나 우리가 그렇게 해야 하는 이유는 '빚진 자'이며 '양자'이며 또한 '상속자'이기 때문입니다. 우리가 그렇게 할 수 있는 것은 하나님이 오늘도 변함없이 우리의 구원을 위해서 일하고 계시기 때문입니다.

메시지 성경의 풀이로 오늘 묵상을 마무리하겠습니다.

… 지금 우리가 그분과 더불어 힘든 때를 보내고 있다면, 분명 우리는 그분과 더불어 좋은 때도 맞게 될 것입니다!(롬 8:17b).
If we go through the hard times with him, then we're certainly going to go through the good times with him!

하나님이 일하십니다! 아멘!

묵상 질문: 나는 하나님을 '아빠, 아버지'라고 부르고 있습니까? 그 이유는 무엇인가요?

오늘의 기도: 나를 하나님의 자녀로 입양해 주셔서, 하나님 나라의 상속자로 삼아 주신 그 놀라운 은혜에 감사를 드립니다. 성령의 인도하심 따라 주님이 부르시는 그날까지 순종하며 믿음의 길을 걸어가게 붙들어 주옵소서. 예수님의 이름으로 기도합니다. 아멘.

창조 세계의 고난과 구원

읽을 말씀: 로마서 8:18-25

새길 말씀: 피조물이 고대하는 바는 하나님의 아들들이 나타나는 것이니 피조물이
허무한 데 굴복하는 것은 자기 뜻이 아니요 오직 굴복하게 하시는 이로
말미암음이라. 그 바라는 것은 피조물도 썩어짐의 종노릇한 데서 해방
되어 하나님의 자녀들의 영광의 자유에 이르는 것이니라(롬 8:19-21).

앞 장에서 우리는, 우리의 모든 빚을 탕감해주시고 하나님의 자녀로
입양해 주셔서 장차 하나님 나라를 상속받을 수 있게 해주시는 하나님의
일하심에 대해서 묵상했습니다. 우리 그리스도인들은 '빚진 자'요, '양자
養子'요, 또한 '상속자'입니다. 이 세 가지의 정체성은 하나님이 우리의 구
원을 완성하실 그 날까지 언제나 우리 마음에 새겨두어야 합니다.

마지막 부분에서 바울은 상속자로서 우리가 받아야 할 고난이 있다
고 이야기했습니다. 그 부분을 다시 한번 읽어보겠습니다.

**자녀이면 또한 상속자 곧 하나님의 상속자요 그리스도와 함께한 상속자니 우리
가 그와 함께 영광을 받기 위하여 고난도 함께 받아야 할 것이니라**(롬 8:17).

우리 그리스도인들은 장차 그리스도와 함께 공동으로 상속받을 자
(co-heirs with Christ)로서 그 영광에 참여하기 위해서 먼저 고난도 함께 받
아야 한다고 바울은 말합니다. 이것은 우리의 구원을 위해서 받는 고난
을 의미하지 않습니다. 그 고난은 예수님께서 십자가에서 이미 받으셨습
니다. 우리는 예수 그리스도를 믿음으로써 이미 구원받았습니다.

그렇다면 구원받은 하나님의 상속자로서 우리가 받아야 하는 고난은
어떤 것일까요? 오늘 우리가 묵상할 말씀의 내용입니다.

현재의 고난과 나타날 영광

18절입니다.

생각하건대 현재의 고난은 장차 우리에게 나타날 영광과 비교할 수 없도다(롬
8:18).

우리 그리스도인들이 받아야 하는 고난의 구체적인 내용에 대해서
말하기에 앞서서, 바울은 현재의 고난과 앞으로 나타날 영광을 대조하면
서 그것은 "비교할 수 없다"라고 합니다. 이 부분을 NIV 성경은 "I con-
sider that our present sufferings are not worth comparing with
the glory that will be revealed in us"라고 번역하는데, 'not worth
comparing with'는 "비교할 수 없다"라는 정도가 아니라 "비교할 가치
조차 없다"라는 뜻입니다. 그만큼 장차 우리에게 나타날 영광이 확실하
고 분명하다는 것이지요.

사실 현재의 고난과 미래에 나타날 영광을 비교한다는 것은 불가능한 일입니다. 만일 우리가 지금 고난 당하고 있다면 그것은 우리가 직접 체험하고 있는 것입니다. 그러나 앞으로 나타날 영광은 아직 오지 않았습니다. 우리가 아직 목격하지도 체험하지도 못했습니다. 그렇지만 바울은 마치 직접 목격하여 알고 있는 것처럼 그렇게 확신을 가지고 단언하고 있습니다. 어떻게 그럴 수 있을까요?

　그 해답은 '생각하건대'에 있습니다. 이에 해당되는 '로기조마이λογιζομαι, logizomai' 동사를 영어로는 'to reckon생각하다', 또는 'to consider숙고하다' 등으로 번역합니다. 논리적인 결론을 도출하기 위해서 이런저런 사항들을 계산에 넣고take into account 깊이 생각해보는 것을 말합니다. 그런 이유로 '로기조마이'에서 영어 'logic논리'이라는 단어가 만들어졌습니다. 그러니까 논리적으로 생각해볼 때 현재의 고난과 비교할 수 없는 영광이 틀림없이 나타나게 되어있다는 것이지요.

　여기에서 중요한 것은 "우리의 생각 속에 무엇을 포함하느냐"입니다. 바울이 어떤 일을 심사숙고할 때마다 늘 포함시켜 생각하는 것이 있습니다. 그게 무엇일까요? 바로 '하나님의 일하심'입니다.

　하나님은 우리의 엄청난 빚을 탕감해주었고, 우리를 양자로 입양해주셨고 우리를 상속자로 삼아주셨습니다. 그것은 우리를 구원하기 위하여 하나님이 행하신 놀라운 일입니다. 그것을 포함시켜 생각해보니까 앞으로 나타날 영광은 현재의 고난과 비교조차 되지 않는다는 결론에 다다르게 된 것이지요.

　정말 그렇습니다. 현재 우리에게 어떤 고난이 있든지, 거기에 하나님을 포함시켜 생각해보십시오. 그렇게 하지 않고 우리가 당하는 고난과 문제에만 집중하기 때문에 그것이 눈덩이처럼 점점 더 커지고 있는 것입니다. 우리를 위해 일하고 계시는 하나님을 포함하기 시작하면 하나님이 장차 완성하실 영광이 또한 우리에게 보이기 시작합니다. 그러면 현재의 문제가 더 이상 문제가 되지 않게 되고, 고난도 넉넉히 참을만한 것이 됩니다. 오히려 그 고난을 통해서 우리가 하나님의 일하심에 동참한다는 사실을 깨닫게 되는 것입니다.

창조 세계의 구원

바울이 설명하려고 하는 그리스도인의 고난은 단순히 개인적인 차원의 어려움이나 신앙적인 박해를 의미하는 것이 아닙니다. 그보다 훨씬 더 큰 차원의 이야기입니다.

> 19피조물이 고대하는 바는 하나님의 아들들이 나타나는 것이니 20피조물이 허무한 데 굴복하는 것은 자기 뜻이 아니요 오직 굴복하게 하시는 이로 말미암음이라. 21그 바라는 것은 피조물도 썩어짐의 종노릇한 데서 해방되어 하나님의 자녀들의 영광의 자유에 이르는 것이니라(롬 8:19-21).

여기에서 '피조물κτίσις, 크티시스'이란 하나님이 창조하신 세계를 가리킵니다. 이 속에는 생명체는 물론이고 갖가지 자연현상까지 모두 포함되어 있습니다. 메시지 성경은 이를 '창조 세계'(the created world)라고 표현합니다. 그 창조 세계가 '하나님의 아들들'이 나타나는 것을 고대하고 있다고 합니다. '하나님의 아들들'은 구원받은 하나님의 자녀들을 가리키는 말입니다. 하나님이 창조하신 세계가 왜 하나님의 자녀들을 간절히 기다리고 있다는 말일까요?

그 이유를 바울은 "피조물이 허무한 데 굴복했다"는 말로 설명합니다. 이게 무슨 뜻일까요? 우리말 '허무함'으로 번역된 헬라어는 '마타요테스ματαιότης, mataiotés'입니다. 이를 영어로는 'vanity헛됨' 또는 'purposeless-ness목적이 없음' 등으로 번역합니다. 그러니까 하나님이 창조하신 세계가 본래의 목적대로 존재하지 못하고 있다는 뜻입니다.

공동번역 성경이 이 부분을 가장 잘 표현하고 있습니다. "피조물이 제 구실을 못하게 되었다." 이것은 창조 세계가 훼손되고 오염되고 파괴되고 있는 현실에 대한 묘사입니다. 하나님의 창조 세계가 제 구실을 하지 못하도록 누가 그렇게 훼손시켜 왔습니까? 그 주범은 다름 아닌 우리 인간입니다. 인간의 죄와 탐욕이 인류 역사를 통해서 자연을 끊임없이 파괴해 왔습니다. 지금도 그 일은 지구 구석구석에서 지속되고 있습니다.

그렇다면 파괴되고 있는 창조 세계가 왜 하나님의 자녀들이 등장하기를 기다리고 있는 것일까요? 왜냐하면 그들이 창조 세계를 본래의 모습으로 회복시킬 수 있는 사람들이기 때문입니다. 여기까지는 우리가 어느 정도 이해할 수 있습니다.

문제는 "피조물이 굴복하는 것은 자기 뜻이 아니요 **오직 굴복하게 하시는 이로 말미암음이라**"는 말씀입니다. 여기에서 '굴복하게 하시는 이'는 하나님을 가리킵니다. 그런데 이게 무슨 말입니까? 앞에서 창조 세계를 훼손시키고 오염시키고 있는 주범이 인간이라고 했는데, 그렇다면 그렇게 하도록 하나님이 허락하고 계신다는 뜻인가요? 그래서 창조 세계가 속수무책으로 그렇게 당하고만 있는 것일까요?

이와 같은 오해는 개역성경이 '그 바라는 것'을 21절에 포함시켜 해석함으로써 만들어졌습니다. NIV 성경으로 읽어보면 이렇게 되어있습니다. For the creation was subjected to frustration, not by its own choice, **but by the will of the one who subjected it, in hope**…. 여기에서 'in hope ἐφ᾿ ἑλπίδι'가 바로 우리말 '그 바라는 것'으로 해석된 부분입니다.

누가 '바란다'는 것입니까? 창조 세계를 '굴복하게 하시는 이'가 바란다는 것입니다. 이 분이 누구라고 했습니까? 하나님이라고 했습니다. 그러니까 하나님은 창조 세계가 인간의 손에 의해 파괴되도록 허용하고 계시는 것이 아니라, 오히려 창조 세계가 그 반작용으로 인간에게 되갚지 않도록 붙들고 계신다는 뜻입니다.

요즘 여러 가지 기상 이변으로 발생하는 재해를 인간의 자연 파괴에 대한 '자연의 복수'로 설명하곤 합니다. 그 말이 맞습니다. 그러나 하나님이 지금 억제하고 계셔서 그 정도이지, 만일 그냥 내버려두신다면 이 세상은 순식간에 죽음으로 내몰리게 될 것입니다. 하나님은 당신이 창조하신 세계가 그렇게 망하는 것을 원하지 않으십니다. 그래서 하나님도 자연의 복수를 억제하면서 소망 가운데(in hope) 지금도 기다리고 계시는 것입니다.

그런데 하나님이 기다리시는 것은 무엇일까요? 21절의 나머지 부분이 그 내용을 담고 있습니다.

… 피조물도 썩어짐의 종노릇한 데서 **해방되어 하나님의 자녀들의 영광의 자유** 에 이르는 것이니라(롬 8:21).

하나님은 '구원의 완성'을 기다리고 계십니다. 하나님의 구원 속에는 단지 "하나님의 자녀들이 영광의 자유에 이르는 것"만 포함되어 있지 않습니다. 오히려 창조 세계도 썩어짐의 종살이에서 해방되어서, 하나님의 자녀가 누리는 자유에 참여하는 것도 포함되어 있습니다.

다시 말해서 인간이 죽고 난 후에 천국에 들어가는 개인적인 영혼의 구원만이 하나님이 완성해 가시는 구원의 전부가 아니라는 겁니다. 하나님의 구원은 창조의 질서가 온전히 회복되는 것입니다. 그 속에는 하나님이 창조하신 자연의 회복도 포함되어 있어야 하는 겁니다!

일전에 '구원'을 '자유'로 풀어 설명한 적이 있습니다. '죄로부터의 자유함', '죽음으로부터의 자유함' 그리고 한 걸음 더 나아가서 '율법으로부터의 자유함'이 구원의 구체적인 내용이라고 했습니다. 그런데 죄나 죽음이 인간 사이에서만 일어나는 문제가 아닙니다. 인간과 자연의 관계에서 더 많은 죄가 자행되고 그로 인해서 더 엄청난 죽음들이 만들어집니다. 그 모든 죄의 문제를 해결하기 위해서 예수님이 십자가를 지신 것입니다.

따라서 창조 세계의 회복을 포함하여 우주적이고 총체적인 하나님의 구원을 설명하고 있는 바울의 혜안은 정말 대단한 것이 아닐 수 없습니다. 피조물이 당하는 고통의 의미를 충분히 이해하지 않고서는 바울이 말하려고 하는 그리스도인의 사명과 고난을 제대로 이해할 수 없습니다.

해산의 고통

계속해서 바울은 그리스도인들이 받아야 하는 고난의 구체적인 내용을 설명하기 시작합니다.

> **피조물이 다 이제까지 함께 탄식하며 함께 고통을 겪고 있는 것을 우리가 아느니라**(롬 8:22).

여기에서 '우리'는 그리스도인을 가리킵니다. 우리는 죄를 탕감받고 하나님의 자녀로 입양되어 장차 하나님 나라를 상속받을 사람입니다.

그런데 바울은 우리가 알고 있는 것이 있다고 합니다. 그것은 "피조물이 다 이제까지 함께 탄식하며 함께 고통을 겪고 있는 현실"입니다. 여기에서 탄식과 고통συνωδίνω, sunódinó은 단순한 아픔이 아닙니다. 그것은 산모가 진통을 겪고 있는 그런 모습입니다(in the pains of childbirth). 그래서 메시지 성경은 이 부분을 "세상 전체가 겪고 있는 이 고통은, 한마디로 해산의 고통입니다"라고 풀이합니다.

우리 그리스도인들은 하나님이 창조하신 세계가 인간의 죄로 인해 탄식하고 고통을 겪고 있다는 것을 알고 있어야 합니다. 그 고통은 새로운 창조를 위해서 참고 기다리는 아픔이라는 것을 알아야 합니다. 만일 하나님께서 자연의 복수를 막지 않으셨다면 창조 세계가 그렇게 탄식할 필요가 없습니다. 받은 대로 갚아주면 그만입니다. 그러나 그것은 이 세상이 함께 망하는 지름길입니다. 그래서 하나님이 억제하고 계시고 그로 인해 창조 세계가 해산의 고통을 겪고 있는 것입니다.

이 사실을 다른 사람들은 잘 모릅니다. 그러나 적어도 하나님 나라의 상속자로 부름을 받은 우리 그리스도인들은 알고 있어야 합니다. 그렇기에 우리는 창조 세계와 더불어 아파해야 합니다. 그것이 23절 말씀입니다.

그뿐 아니라 또한 우리 곧 성령의 처음 익은 열매를 받은 우리까지도 속으로 탄식하여 양자 될 것 곧 우리 몸의 속량을 기다리느니라(롬 8:23).

"성령의 처음 익은 열매를 받은 우리"를 공동번역 성경은 "성령을 하나님의 첫 선물로 받은 우리"라고 표현합니다. 로마교회 성도들을 비롯하여 바울 당시의 모든 그리스도인은 처음으로 성령의 선물을 받은 사람들입니다. 우리도 역시 성령의 선물을 받은 사람들입니다. 우리는 모두 하나님의 자녀요 상속자이기 때문입니다(16절).

성령의 선물을 받으면 속으로 탄식하게 되어 있습니다. 하나님의 영이 우리의 내면을 자꾸 깨우시기 때문입니다. 예전에는 창조 세계의 탄식과 고통의 신음소리를 듣지 못했습니다. 그런데 이제는 그 소리가 들리기 시작합니다. 인간의 죄가 만들어내는 자연의 파괴가 더 이상 남의 일이 아니라는 것을 알게 됩니다. 그렇기에 그냥 가만히 앉아서 우리의 구원이 완성되기를 기다리지 않습니다. 우리도 창조 질서의 회복을 위해서 일하시는 하나님의 일에 함께 뛰어듭니다.

그것이 생명의 빚을 진 자로서, 하나님의 자녀로 입양된 자로서, 하나님 나라의 상속자로서 이 땅에서 사는 동안 우리가 해야 할 일입니다. 우리 자신이 창조 세계를 살리는 구원의 도구가 되는 것입니다. 그것이 하나님의 영이 손짓하여 부르시는 대로 순종하여 따라가는 삶입니다.

물론 그 일에는 고난이 따르게 되어있습니다. 그 일은 새로운 창조를 위한 것이기 때문입니다. 새로운 창조에는 반드시 해산의 고통이 따릅니다. 우리 그리스도인의 고난은 바로 이런 것이어야 합니다. 그렇기에 또한 우리는 끝까지 참고 기다릴 수 있습니다.

> 24우리가 소망으로 구원을 얻었으매 보이는 소망이 소망이 아니니 보는 것을 누가 바라리요. 25만일 우리가 보지 못하는 것을 바라면 참음으로 기다릴지니라(롬 8:24-25).

개역성경은 "우리가 소망으로 구원을 얻었다"라고 번역하고 있지만 보다 정확하게 하자면 "우리가 그 소망으로 구원을 얻었다"(in this hope we were saved)고 해야 합니다. '그 소망this hope'이 무엇을 말합니까? 앞의 20-21절에서 언급된 하나님의 소망입니다. 하나님은 창조 세계의 회복을 포함한 구원의 완성을 소망하고 계십니다. 그 소망으로 인해 우리가 구원을 얻은 것입니다! 이게 무슨 뜻입니까? 하나님의 소망에 참여하라고 하나님께서 우리를 구원하셔서 상속자로 삼아 주셨다는 뜻입니다.

사실 우리 자신만을 위한 구원을 소망한다면 고난받을 이유가 별로 없습니다. 이미 구원의 길은 예수 그리스도의 십자가로 잘 닦여졌습니다. 우리는 십자가의 복음에 나타난 하나님의 의를 믿음으로 그 은혜의 길에 성큼 들어섰습니다. 그러니 하나님이 우리를 부르실 때까지 천국의 소망을 품고 평안하고 행복하게 살면 그만입니다. 그런데 그렇게 이기적으로 살라고 하나님이 우리를 구원해주신 것이 아닙니다.

이 세상을 향한 하나님의 소망을 함께 품으라고 우리를 구원해주셨습니다. 그 일에 동참하게 하기 위해서 때로 하나님은 우리에게 고난을 주시기도 합니다. 왜냐하면 고난이 없으면 우리는 자신만을 위한 이기적인 삶에서 벗어나지 못하기 때문입니다.

병들어 아파본 사람만이 다른 사람의 아픔을 이해할 수 있습니다. 관계의 문제로 씨름해본 사람만이 같은 문제로 힘들어하는 사람을 이해할 수 있습니다. 고난을 겪으면서 우리는 하나님이 창조하신 모든 생명에 대한 경외심을 느끼며, 훼손되어 가는 자연에 대한 한없는 안타까움을 가지게 되는 것입니다.

그런데 오늘 본문에서 바울은 "보이는 소망이 소망이 아니라"(hope that is seen is no hope at all)고 합니다. "보지 못하는 것을 바라면 참음으로 기다리라"고 합니다. 이게 무슨 말씀일까요? 메시지 성경은 이렇게 풀이합니다.

> … 기다림이 우리를 작아지게 하지 않는 이유가 바로 여기 있습니다. 임신부의 기다림은 임신부를 작아지게 하지 않기 때문입니다. 우리는 그러한 기다림 중에서 오히려 커져 갑니다. 물론 우리는, 우리를 커지게 하는 그것을 아직 눈으로 볼 수는 없습니다. 그러나 기다림이 길어질수록 우리는 더욱 커져 가며, 우리의 기대 또한 더욱 기쁨으로 충만해집니다(롬 8:24-25, 메시지).

앞에서 바울은 창조 세계가 겪고 있는 해산의 고통에 대해서 이야기했습니다(22절). 임산부는 힘들지만 기다립니다. 아이를 아직 눈으로 볼 수는 없지만 소망을 포기하지 않습니다. 시간이 지날수록 오히려 더욱 큰 기대를 가지게 되고, 기쁨이 충만해집니다. 곧 새 생명이 태어날 것을 알기 때문입니다.

마찬가지로 하나님의 구원이 완성되어 가는 것은 우리 눈에 보이지 않습니다. 언제 우리 주님이 다시 오셔서 창조 세계가 겪고 있는 이 산고産苦를 모두 끝내고 새로운 창조의 역사를 완성하실지 아무도 모릅니다. 그렇다고 해서 우리는 기다림을 끝낼 수 없습니다. 오히려 기다림이 길어 질수록 우리의 기대는 더욱 커져갑니다. 왜냐하면 하나님께서 반드시 그 일을 완성하실 것을 알고 있기 때문입니다.

오늘 우리가 묵상한 말씀은 그동안 개인적인 문제에만 집중해오던 삶의 태도를 고치라고 우리에게 요구합니다. 하나님이 창조하신 자연과 그 안에 살고 있는 생명을 향한 하나님의 애틋한 마음을 품으라고 우리에게 요구합니다. 하나님 나라의 상속자로서 새로운 창조를 위해서 참고 기다리는 아픔을 두려워하지 말라고 우리에게 요구합니다.

이 말씀에 우리 모두 믿음으로 순종하십시다. 하나님의 일하심이 우리의 삶을 통해 누군가에게 흘러갈 수 있게 하십시다. 하나님이 우리를 통해 날마다 생명의 역사를 일으키실 것입니다.

묵상 질문: 하나님의 자녀로서 창조 세계를 회복하는 일에 어떻게 참여하고 있습니까?

오늘의 기도: 단지 죽고 난 후에 천국에 들어가기 위해서만 예수를 믿지 않게 하옵소서. 하나님이 이루어 가시는 구원의 큰 그림을 보게 하시고, 하나님의 일하심에 믿음으로 동참하는 자녀가 되게 하옵소서. 예수님의 이름으로 기도합니다. 아멘.

연약함을 도우시는 성령

읽을 말씀: 로마서 8:26-30

새길 말씀: 이와 같이 성령도 우리의 연약함을 도우시나니 우리는 마땅히 기도할 바를 알지 못하나 오직 성령이 말할 수 없는 탄식으로 우리를 위하여 친히 간구하시느니라. 마음을 살피시는 이가 성령의 생각을 아시나니 이는 성령이 하나님의 뜻대로 성도를 위하여 간구하심이니라(롬 8:26-27).

앞 장에서 우리는 구원받은 그리스도인의 사명과 그로 인해 당하는 고난에 대해서 살펴보았습니다. 하나님 나라의 상속자로서 그리스도인의 사명은 이 땅을 온전히 회복하여 구원을 완성해 가시는 하나님으로부터 출발한다고 했습니다. 하나님은 우리 인간의 영혼이 구원받아 천국에 들어가는 것만큼이나 당신이 창조하신 이 세계가 본래대로 회복하기를 간절히 원하십니다. 그 소망 안에서 우리를 양자로 택하시고 하나님 나라의 상속자로 삼으신 것이지요.

창조 세계도 하나님의 아들들이 등장하여 하나님의 일하심에 동참하기를 학수고대하고 있다고 했습니다. 왜냐하면 자연을 훼손해온 인간에 대한 창조 세계의 복수를 지금 하나님이 억제하고 계시는 중이기 때문입니다. 그동안 개인적인 문제에만 집중해오던 삶의 태도를 고치고 하나님이 창조하신 자연과 그 안에 사는 생명을 향한 애틋한 마음을 품고 하나님의 일하심에 성큼 뛰어들기란 결코 쉽지 않습니다. 사실상 고난을 자초하는 일입니다. 그래서 오래 참음으로 기다리는 인내가 필요한 것입니다.

그러나 우리가 잊지 말아야 할 것은 이 모든 일은 하나님이 이루어가신다는 사실입니다. 우리의 인내가 이 일을 완성하는 것이 아닙니다. 오히려 우리가 끝까지 인내하며 하나님의 일에 동참할 수 있도록 하나님이 우리의 연약함을 도와주십니다. 오늘 우리가 묵상할 말씀입니다.

성령님의 중보기도

성령님은 중보기도를 통해서 우리를 도와주십니다.

26이와 같이 성령도 우리의 연약함을 도우시나니 우리는 마땅히 기도할 바를 알지 못하나 오직 성령이 말할 수 없는 탄식으로 우리를 위하여 친히 간구하시느니라. 27마음을 살피시는 이가 성령의 생각을 아시나니 이는 성령이 하나님의 뜻대로 성도를 위하여 간구하심이니라(롬 8:26-27).

'이와 같이ὡσαύτως, likewise'는 바로 앞 절의 "우리가 보지 못하는 것을 바라면 참음으로 기다릴지니라"(25절)는 말씀과 오늘 본문을 연결해주는 접속사입니다.

결과가 보이지 않을 때 참고 기다리면서 묵묵히 주어진 사역을 감당해내는 것은 정말 힘든 일입니다. 하루에도 몇 번씩 포기하고 싶은 마음이 생기지만 그래도 견뎌내려고 애씁니다. 그게 고난입니다. 그러나 우리가 그렇게 끝까지 견뎌낼 수 있는 것은 우리 안에 계시는 성령님도 우리가 약해질 때마다 우리를 돕고 계시기 때문입니다.

성령님이 우리를 도우시는 방법은 '기도'입니다. 특히 우리가 어떻게 기도해야 할지 모를 만큼 최악의 상황에 놓여있을 때 우리를 위해 말할 수 없는 탄식으로 친히 간구해주십니다. '간구하다'에 해당되는 '후페렌통카노ὑπερεντυγχάνω, huperentugchanó' 동사를 영어로는 'intercede중보하다'로 번역합니다. 그러니까 성령님이 우리를 위해서 '중보기도'를 하신다는 뜻입니다.

그런데 '중보기도'의 정확한 의미를 알기 위해서 우리는 이 단어를 조금 더 자세히 살펴볼 필요가 있습니다. '후페렌통카노'는 '후페르in behalf of, ~을 도우려고' 전치사와 '엔통카노make a petition, 탄원하다' 동사의 합성어입니다. '엔통카노'에서 '통카노τυγχάνω'라는 말이 중요한데요, 이것은 '목표를 맞추다'(to strike the mark)라는 뜻입니다. 이것의 반대말이 '목표를 빗나가다'(to miss the mark)는 뜻의 '하마르타노ἁμαρτάνω'입니다. 바로 여기에서부터 우리말 '죄'에 해당되는 '하마르티아ἁμαρτία'가 나옵니다.

자, 그렇다면 성령님께서 우리를 위해서 중보하시는 내용이 무엇일까요? 우리가 하나님의 목표를 잃어버리지 않게 하는 것입니다. 힘들다고 도중에 포기한다면 우리는 하나님이 우리를 상속자로 삼으신 목표를 잃어버리게 됩니다. 그 목표에서 벗어나는 것이 바로 '죄'입니다. 따라서 우리 삶의 모든 과정이 하나님의 영원한 목표에 맞추어 바로 세워질 수 있도록 성령님께서 우리 안에서 중보하고 계시는 것입니다. 27절에 '성령이 하나님의 뜻대로 성도를 위하여 간구하신다'(the Spirit intercedes for God's people in accordance with the will of God)는 말씀이 바로 그 뜻입니다.

그런데 우리는 '중보기도'를 어떻게 이해하고 있습니까? 서로의 기도 제목을 나누고 그것을 위해서 기도하는 것이 중보기도라고 알고 있습니다. 어떤 문제가 있으면 그 문제가 해결되도록 기도하고, 바라는 소원이 있으면 그 소원이 이루어지도록 함께 기도하는 것이 중보기도인 줄 압니다. 아닙니다! '중보'란 그의 인생에 있어서 하나님의 목표를 잃어버리지 않게 도와주는 것입니다. 이런저런 문제가 있다고, 경제적으로 힘들다고, 육신이 병들었다고 해서 그 목표에서 벗어나지 않도록 하나님의 도움을 간구하는 것입니다.

바울은 "마음을 살피시는 이가 성령의 생각을 아신다"(27절)라고 말합니다. 이 말씀을 곱씹어 보아야 합니다. 하나님은 물론 우리의 마음을 살피시는 분입니다. 새번역성경의 표현대로 하면 하나님은 "사람의 마음을 꿰뚫어 보시는 분"입니다. 그런데 우리 안에 누가 있다고 했습니까? 성령님이 계십니다. "그리스도의 영이 없으면 그리스도의 사람이 아니라"(9절)고 했습니다. 성령님이 무얼 하고 계신다고 했습니까? 우리를 위해 중보하고 계십니다. 그 성령의 생각을 하나님이 알고 계시기 때문에 하나님이 반드시 그 일을 이루신다는 것이지요.

이것이 하나님의 은혜입니다! 성령님이 누구입니까? 하나님의 영입니다. 우리 속에 내주하고 계시는 성령 하나님입니다. 그 성령 하나님이 친히 우리가 하나님이 세워놓으신 목표에서 벗어나지 않도록 간절히 중보하고 계십니다. 성령의 생각을 하나님이 아시기에 그 일을 이루십니다. 하나님이 우리의 안팎에서 얼마나 우리를 돕고 계시는지 보이십니까?

우리의 결심이나 노력이나 인내로 우리가 여기까지, 지금까지 올 수 있었던 것 아닙니다. 오직 하나님의 은혜로 올 수 있었습니다. 앞으로도 하나님은 우리를 그렇게 인도해 가실 것입니다.

하나님이 이루는 선

하나님의 일하심은 모든 것이 합력하여 선을 이루는 것으로 나타납니다.

우리가 알거니와 하나님을 사랑하는 자 곧 그의 뜻대로 부르심을 입은 자들에게
는 모든 것이 합력하여 선을 이루느니라(롬 8:28).

그리스도인들에게 가장 많이 사랑받는 말씀 중의 하나입니다. "모든
것이 합력하여 선을 이룬다"라는 말씀에 많은 분들이 큰 용기를 얻습니
다. 특히 어려운 일을 당했을 때, 그 어려움조차도 선善을 이루는 재료로
사용될 수 있다고 생각하면 큰 힘이 됩니다. 저 개인적으로도 이 말씀을
참 좋아합니다. 왜냐하면 그동안 많은 실수와 실패를 반복해왔기 때문입
니다. 그렇지만 지금 이 자리까지 올 수 있었던 것은, 모든 것이 합력하여
선을 이루게 하신 하나님의 은혜 때문입니다.

그런데 28절을 우리말 성경으로만 읽으면 마치 '우리가' 하나님을 사
랑하고, 또한 '우리가' 어떻게든 그의 뜻대로 부르심을 받기만 하면 자동
으로 모든 것이 합력하여 선을 이루게 된다는 식으로 이해하기 쉽습니다.
사실 지금까지의 성경해석이 주로 그런 방식이었습니다. "우리가 무엇을
어떻게 해야 하는지"에 초점을 맞추어 성경을 읽어왔습니다. 그러나 로
마서 묵상을 통해서 새롭게 깨닫게 된 사실은, 우리의 행함이 아니라 하
나님의 일하심이 더 중요하다는 것입니다. 인간적인 요인factor은 부수적
입니다.

그런 의미에서 저는 NIV 성경이 오늘 본문을 가장 잘 풀이하고 있다
고 봅니다.

And we know that in all things God works for the good of those who
love him, who[b] have been called according to his purpose(Rom.
8:28, NIV).

"모든 일 속에서 하나님이 선을 위해 일하신다"라는 겁니다. 정말 그

렇습니다. 우리가 신앙 생활을 열심히 잘하기만 하면 모든 것이 자동으로 합력하여 선을 이루게 되는 것이 아닙니다. 우리의 성공과 실패에 달려 있는 것이 아닙니다. 그렇게 하시는 분이 따로 계십니다. 그분은 바로 하나님이십니다. 그때와 방법은 오직 하나님이 결정하십니다.

우리가 때로 실수하고 실패하여 넘어진다고 하더라도 낙심할 필요가 없습니다. 그 또한 언젠가 하나님이 선을 이루시는 재료로 삼으실 것이기 때문입니다. 물론 하나님께서 아무에게나 그런 은혜를 베푸시는 것은 아닙니다. 아니 보다 정확하게 말하면 하나님은 누구에게나 그런 은혜를 베풀고 싶어 하십니다. 사람들이 그 은혜를 받아들이지 못할 뿐입니다.

최소한 두 가지 조건이 갖추어져야 합니다. 그것은 '하나님을 사랑하는지'와 '하나님의 뜻(목적)대로 부르심을 받았는지'입니다. 그중에서도 하나님 사랑이 더 중요합니다. 하나님을 사랑한다면 자연히 하나님의 부르심을 받아들이게 되어있기 때문입니다.

열두 제자 중에서 예수님에게 가장 큰 실망을 안긴 사람이 누구였을까요? 저는 베드로였을 것이라고 생각합니다. 왜냐하면 그는 예수님이 가장 신뢰했던 제자였기 때문입니다. 그러나 결정적인 순간에 그는 주님을 모른다고 세 번씩이나 부인했습니다. 누가복음은 그 장면을 기록하면서 "주께서 돌이켜 베드로를 보셨다"(눅 22:61)라고 말합니다. 베드로를 바라보는 주님의 시선이 어떤 것이었을까요? 한편으로는 실망한 눈빛으로, 다른 한편으로는 측은한 눈빛으로 보셨을 겁니다.

요한복음 21장에서 예수님은 갈릴리로 낙향해있던 베드로를 친히 찾아가십니다. 그리고 그의 리더십을 회복시켜주십니다. 그때 예수님이 베드로에게 확인하셨던 것이 무엇이었습니까? '사랑'이었습니다. "네가 이 사람들보다 나를 더 사랑하느냐?" 베드로는 그 질문에 "내가 주님을 사랑하는 줄 주님께서 아십니다"라고 대답합니다(요 21:15).

사실 엄밀한 의미에서 베드로는 예수님의 기대에 미치지 못했습니다. 예수님은 '아가파스 메$\dot{\alpha}\gamma\alpha\pi\tilde{\alpha}\varsigma$ $\mu\epsilon$'라고 물으셨는데, 베드로는 '필로 세$\varphi\iota\lambda\tilde{\omega}$ $\sigma\epsilon$'라고 대답했기 때문입니다. 예수님은 아가페의 희생적인 사랑으로 사랑하는지를 물으셨는데, 베드로는 친구 간의 필로스 사랑으로 대답했습니다. 두 번째에도 베드로가 똑같은 대답을 합니다. 그러니까 예수님은 마지막 세 번째의 질문을 '아가파스 메'에서 '필레이스 메$\varphi\iota\lambda\epsilon\tilde{\iota}\varsigma$ $\mu\epsilon$'로 바꾸셨습니다. 사랑에 대한 수준을 낮추어 주신 것이지요.

베드로가 주님의 의도를 알아차리고 그렇게 대답했는지 우리로서는 알 길이 없습니다. 분명한 것은 어떤 식으로든 주님을 사랑하고 있는 베드로의 마음을 확인하시고 그에게 목양의 사명을 맡기셨다는 사실입니다. 수준 미달이었지만 합격시켜주신 것이지요. 그리고 그를 계속 빚어 가셨습니다.

우리는 베드로의 마지막을 잘 압니다. 마침내 그는 아가페 사랑으로 주님을 사랑하게 되었습니다. 십자가에 거꾸로 매달려 순교하면서까지 부르심의 목적에 충성했습니다. 바로 이것이 하나님을 사랑하는 자들에게 이루어 가시는 '하나님의 선'입니다.

구원의 다섯 단계

그다음에 바울은 하나님이 완성해 가시는 구원의 다섯 가지 단계에 대해서 설명합니다.

> 29**하나님이 미리 아신 자들을** 또한 그 아들의 형상을 본받게 하기 위하여 **미리 정하셨으니** 이는 그로 많은 형제 중에서 맏아들이 되게 하려 하심이니라. 30**또 미리 정하신 그들을** 또한 **부르시고** 부르신 그들을 또한 **의롭다 하시고** 의롭다 하신 그들을 또한 **영화롭게 하셨느니라**(롬 8:29-30).

첫 번째 단계는 '미리 아심$προγινώσκω$ proginóskó'입니다. 하나님은 이 세상의 모든 사람을 미리 아십니다$_{foreknow}$. 하나님이 창조하셨기 때문입니다. 당신의 작품이기 때문입니다. 따라서 하나님이 우리에 대해서 모르는 것이 없으십니다. 속속들이 다 아십니다. 얼마나 흠집투성이인지, 얼마나 실패한 인생인지도 다 아십니다. 스스로 구원받을 수 없는 존재라는 것도 아십니다. 그래서 우리를 직접 구원하기로 하신 것입니다.

두 번째 단계는 '미리 정하심$προορίζω$ proorizó'입니다. 하나님이 무엇을 미리 정해놓으셨다$_{predetermine}$는 것일까요? 구원받을 사람이 아니라, 구원의 방법을 미리 정해놓으셨습니다. 이 세상의 모든 사람을 '아들의 형상을 본받게' 하여 구원해 내겠다고 정해놓으신 것입니다. 그래서 아들을 이 세상에 보내셨습니다. 예수님을 맏아들로 삼으셔서 그 뒤를 따라오게 하셨습니다. 이것이 바로 예수 그리스도의 복음에 나타난 '하나님의 의'입니다.

세 번째 단계는 '부르심$καλέω$ kaleó'입니다. 미리 정해놓으신 구원의 방법에 사람들의 이름을 하나씩 불러서 직접 초청하는 것입니다. 모든 사람을 똑같은 방법으로 초청하는 것은 아닙니다. 열 사람이면 열 가지 방법으로 초청하십니다. 어떤 사람은 죽을병에 걸려서 초청받기도 하고, 어떤 사람은 사업에 실패하여 초청받기도 합니다. 또 어떤 사람은 가족이나 친구를 통해서 초청받기도 합니다. 무엇이 되었든지 구원으로 들어오는 문은 하나입니다. 예수 그리스도를 믿는 것입니다.

네 번째 단계는 '의롭다 하심$δικαιόω$ dikaioó'입니다. 인간의 구원을 위한 하나님의 일하심을 믿음으로 받아들여 뛰어든 사람들을 하나님은 의롭다고 인정해주십니다. 십자가의 복음을 통해서 죄로부터 자유함을 얻게 해주시고, 죽음으로부터 자유함을 얻게 해주십니다. 또 율법주의 종교 생활로부터 자유함도 얻게 해주십니다. 벌 받지 않기 위해서가 아니라 오직 하나님의 은혜에 감격하며 하나님을 섬기게 해주십니다.

마지막 다섯 번째 단계는 '영화롭게 하심δοξάζω doxazó'입니다. 이것은 '존재의 변화'를 의미합니다. 과거에는 '죄의 종'이었지만 이제는 내 속에 그런 모습이 전혀 남아있지 않습니다. 왜냐하면 그리스도와 함께 십자가에서 죽고 또한 그리스도와 함께 다시 살아났기 때문입니다. 내 속에 나는 없습니다. 오직 주님만이 살아계십니다. 주님이 영화로우신 분이라면, 우리 또한 영화로운 존재가 된 것입니다. 바로 이것이 하나님께서 완성해 가실 구원의 마지막 단계입니다.

이 모든 동사들이 과거형이라는 사실에 우리는 주목해야 합니다. '미리 아셨고', '미리 정하셨고', '부르셨고', '의롭다 하셨고', '영화롭게 하셨다'는 것입니다. 앞의 네 가지는 그럴 수 있다 하겠습니다. 그렇지만 '영화롭게 하셨다'는 말은 우리와 시제가 맞지 않는 것 같습니다. 아직 우리는 그런 존재로 완전히 변화된 것은 아니기 때문입니다.

우리가 알아야 할 것은, 이 모든 구원의 과정이 예수 그리스도의 십자가를 통해서 이미 다 완성되었다는 사실입니다. 우리를 영화롭게 하기 위해서 앞으로 보여주실 비장의 카드를 하나님은 몰래 숨기고 계시지 않습니다. 예수 그리스도의 십자가 복음에 나타난 하나님의 의로 다 이루셨습니다. 그래서 확실한 과거형입니다.

물론 스스로 판단하여 볼 때 아직 멀었다 싶기도 합니다. 우리가 정말 영화롭게 될까 싶기도 합니다. 그렇지만 우리가 하는 일이 아닙니다. 우리가 시작한 일도 아니고 지금까지 우리가 이루어온 일도 아닙니다. 하나님이 시작하셨고 지금까지 하나님이 이루어오셨습니다. 우리는 단지 믿음으로 그 일에 뛰어들었을 뿐입니다. 그러니 그 일을 완성하실 분도 하나님이십니다. 하나님이 확실한 분이라면, 우리를 '영화롭게 하심' 또한 확실한 것입니다.

우리는 단지 성령님께서 손짓하시는 대로 순종하여 갈 뿐입니다. 말할 수 없는 탄식으로 우리를 위해 중보하시는 성령님을 의지할 뿐입니다.

하나님을 사랑하는 자에게 모든 것이 합력하여 선을 이루시는 하나님을 사랑하며 따를 뿐입니다.

우리를 미리 아셨고, 구원의 방법을 미리 정하셨고, 그 길에 우리를 불러주셨고, 우리를 의롭다 하셨고, 또한 우리를 영화롭게 하신 그 과정이 우리에게 시작되었으니 끝까지 따라갈 뿐입니다. 하나님이 시작하신 일을 하나님이 영광스럽게 완성하실 것입니다.

묵상 질문: 나는 성령님처럼 누군가를 위해 중보기도하고 있습니까?

오늘의 기도: 내 자신의 결심이나 노력이나 인내로 여기까지 온 것이 아님을 잘 압니다. 앞으로도 나를 위해 중보기도하시는 성령님의 이끄심을 따라 하나님의 목표를 잃어버리지 않게 하옵소서. 믿음의 경주를 끝까지 멈추지 않게 하옵소서. 예수님의 이름으로 기도합니다. 아멘.

끊을 수 없는 사랑

읽을 말씀: 로마서 8:31-39

새길 말씀: 누가 우리를 그리스도의 사랑에서 끊으리요. 환난이나 곤고나 박해나 기근이나 적신이나 위험이나 칼이랴. 기록된 바 우리가 종일 주를 위하여 죽임을 당하게 되며 도살 당할 양같이 여김을 받았나이다 함과 같으니라. 그러나 이 모든 일에 우리를 사랑하시는 이로 말미암아 우리가 녁녁히 이기느니라(롬 8:35-37).

　지금까지 우리는 로마서의 전반부(1-8장) 말씀을 계속 묵상해왔습니다. 이제 그 결론 부분에 다다랐습니다. 전반부의 주제는 '구원을 위해 일하시는 하나님'(God is working for salvation)입니다. 하나님께서 우리를 구원하기 위해서 어떻게 일하고 계시는지에 대한 말씀입니다.

　1장에서 바울은 죄에 대한 문제를 다루었습니다. 그 죄는 하나님을 무시하는 것으로부터 시작되어 동성애의 나락으로까지 떨어지게 되고, 그에 대해서 하나님은 내버려두심으로 심판하신다고 했습니다.

2장에서는 남을 판단하고 정죄하는 죄에 대해서 다루었습니다. 율법주의 종교 생활이 죄의 문제를 해결하지 못하고 오히려 하나님을 멸시하는 죄에 빠지는 것에 대해서 이야기했습니다. 3장에서 바울은 유대인이든 이방인이든 모두 죄 아래 있다는 점을 강조하면서, 예수 그리스도의 복음에 나타난 '하나님의 의'를 통해서만 구원받을 수 있음을 이야기했습니다.

4장에서는 아브라함 이야기의 예를 들어서 율법이 아니라 믿음으로 구원받는 것을 설명했고, 5장에서는 '우리가 아직 죄인 되었을 때에' 우리를 사랑하시는 하나님의 풍성하신 사랑에 대해서 이야기했습니다. 또한 첫 번째 아담과 두 번째 아담 예수님을 비교하며 죄를 이길 수 있는 길은 오직 예수님의 십자가밖에 없다고 했습니다.

6장에서 바울은 참된 자유를 얻기 위해서는 우리가 예수와 함께 죽고 예수와 함께 살아야 한다는 점을 강조했습니다. 7장에 들어와서 바울은 두 가지 결혼생활의 비유를 통해서 율법주의 종교 생활로는 결코 죄의 문제를 해결할 수 없다는 것을 재차 말했습니다. 그리고 자신의 결심이나 노력으로는 결국 절망에 다다를 수밖에 없지만, 하나님은 그 절망을 희망으로 바꾸어 주신다고 했습니다.

8장에서 바울은 예수 그리스도 안에서 우리에게 적용되는 법이 달라졌다고 했습니다. 그러면서 하나님의 영을 따라서 살아가는 삶에 대해서 이야기하고 그리스도인의 정체성을 '빚진 자', '양자養子' 그리고 '상속자'로 설명했습니다. 창조 세계를 회복시키는 그리스도인의 사명과 그로 인한 고난을 이야기하면서 우리가 인내할 수 있는 것은 우리의 연약함을 도우시는 성령님 때문이라고 했습니다. 그리고 이미 예수 그리스도의 십자가로 완성해 놓으신 구원의 다섯 가지 단계에 대해서도 설명했습니다.

지금까지 해온 모든 이야기를 염두에 두면서 바울은 "그 누구도 우리를 향한 하나님의 사랑을 끊을 수 없다!"라고 선포합니다. 오늘 우리가 묵상할 말씀입니다.

누가 대적하랴?

오늘 본문에서 바울은 세 가지 질문과 그에 대한 답변을 통해서 하나님의 사랑에 대한 자신의 확신을 설명합니다. 첫 번째 질문은 '누가 우리를 대적하랴?'(Who can be against us?)입니다.

> 31그런즉 이 일에 대하여 우리가 무슨 말 하리요. 만일 하나님이 우리를 위하시면 누가 우리를 대적하리요. 32자기 아들을 아끼지 아니하시고 우리 모든 사람을 위하여 내주신 이가 어찌 그 아들과 함께 모든 것을 우리에게 주시지 아니하겠느냐 (롬 8:31-32).

'이 일에 대하여'(to these things)에서 '이 일'은 지금까지 바울이 설명해 온 하나님의 일입니다. 하나님께서 우리를 구원하기 위하여 해오신 일들입니다. 그것을 한마디로 요약하면 '은혜'라고 할 수 있습니다. 그렇습니다. 하나님의 은혜 앞에서 우리가 무슨 할 말이 있겠습니까? 하나님의 은혜 앞에서 원망하는 말, 불평하는 말이 나오겠습니까? 염려하는 말, 두려워하는 말이 나오겠습니까? 우리는 그저 감사하고 찬양할 수밖에 없습니다.

바울은 묻습니다. "만일 하나님이 우리를 위하시면 누가 우리를 대적하리요?" '위하다'는 헬라어 '후페르ύπέρ'를 번역한 것이고, '대적하다'는 '카타κατά'를 번역한 것입니다. 모두 전치사인데요, 영어식으로 표현하면 'for us'와 'against us'가 됩니다. 공동번역 성경은 이 부분을 "하느님께서 우리 편이 되셨으니 누가 감히 우리와 맞서겠습니까?"라고 표현합니다. 하나님이 우리 편인데 누가 감히 우리를 대적하여 싸우려고 하겠습니까!

이 말씀만으로도 충분히 강력하지만 그다음에 더해진 설명이 더욱 강력한 메시지로 선포됩니다. 바울은 이렇게 말합니다. "자기 아들을 아끼지 않고 내주신 분이 우리에게 무얼 주시지 않겠는가!" 여기에서 "아들을 아끼지 않았다"는 말씀에 마음이 뭉클해집니다.

'아끼다'를 NIV 성경은 'spare'로 표현합니다. 남겨둔다는 뜻입니다. 우리는 가장 귀한 것을 마지막까지 아껴서 남겨둡니다. 다른 것은 다 내어주더라도 '아들'만큼은 마지막까지 남겨두는 것이 일반적인 상식입니다. 그런데 하나님은 아들도 아끼지 않았습니다. 우리를 위해 십자가에 내어주셨습니다. 그런 분인데 우리를 위해서 무얼 주시지 않겠느냐는 겁니다.

진정한 사랑은 그런 겁니다. 아끼지 않습니다. 남겨두지 않습니다. 그냥 주고 또 주고 그러다가 더 이상 줄 것이 없으면 마지막 남은 생명까지도 주는 것이 사랑입니다. 우리를 향한 하나님의 사랑은 그런 겁니다. 우리가 아직 죄인 되었을 때 하나님은 우리를 사랑하셨습니다. 예수 그리스도를 십자가에 대속 제물이 되게 하심으로 우리를 향한 하나님의 사랑을 확증하셨습니다.

그 사랑을 받아들이기만 하면 됩니다. 하나님의 사랑에 뛰어들어 안기기만 하면 됩니다. 그러면 하나님은 우리에게 더 큰 사랑과 은혜를 베풀어주십니다. 아들을 아끼지 않고 주신 분이 무얼 아깝게 여기시겠습니까? 메시지 성경은 이 말씀을 다음과 같이 풀이합니다.

> … 아들을 보내셔서 우리 인간의 처지를 껴안으셔서 최악의 일을 감수하기까지 하신 하나님, 그 하나님께서 우리를 위해 자신의 전부를 주저 없이 내놓으셨다면, 그분이 우리를 위해 기꺼이, 아낌없이 하시지 않을 일이 무엇이 있겠습니까?(롬 8:32, 메시지).

우리가 섬기는 하나님은 이런 분입니다. 우리가 정말 이런 하나님을 믿는다면 우리 삶의 태도가 달라져야 합니다. 우리의 신앙 생활과 기도 생활이 완전히 달라져야 합니다.

물론 우리에게는 여전히 채워지지 않는 것들이 있습니다. 여전히 해결되지 않는 문제들이 있습니다. 그렇다고 해서 우리가 불안해하거나 조바심을 내거나 할 필요가 없습니다. 왜냐하면 그것이 우리에게 정말 있어야 할 것이라면 언제라도 하나님께서 채워주시고 해결해주실 것이기 때문입니다.

만일 하나님께서 우리가 원하는 것을 주시지 않는다면 그것은 우리에게 더 좋은 것을 주시려고 하기 때문입니다. 이런 믿음이 우리에게 있습니까?

누가 고발하랴?

두 번째 질문은 "누가 우리를 고발하랴?"(Who will bring a charge against us?)입니다.

> 33누가 능히 하나님께서 택하신 자들을 고발하리요. 의롭다 하신 이는 하나님이시니 34누가 정죄하리요. 죽으실 뿐 아니라 다시 살아나신 이는 그리스도 예수시니 그는 하나님 우편에 계신 자요 우리를 위하여 간구하시는 자시니라(롬 8:33-34).

우리말 '고발하다'로 번역된 헬라어 '엥칼레오ἐγκαλέω egkaleō'는 '법정에 세우다'라는 뜻입니다(행 19:38, 26:7). 영어로는 'to bring a charge against' 또는 'accuse'로 번역합니다. '정죄하다'에 해당되는 '카타크리노κατακρίνω, katakrinō'는 '유죄선고를 내리다'(to find guilty)라는 뜻입니다.

누구를 법정에 세워 처벌하겠다는 것일까요? 하나님께서 택하셔서 의롭다고 한 사람들입니다. 그들이 누구입니까? 우리 그리스도인입니다.

물론 우리도 과거에는 '죄의 종'이었습니다. 그때의 죄로 따지면 법정에 수백 번 서도 부족하고 사형판결을 당해도 마땅합니다. 그렇지만 하나님이 우리를 선택하시고, 우리를 의롭다고 인정해주셨습니다. 이 세상에서 우리를 정죄할 자격이 있는 유일한 분은 죄가 없으신 예수님이십니다. 그분이 오히려 우리를 대신해서 속죄 제물이 되셨습니다. 게다가 다시 살아나셔서 하나님 우편에서 지금도 우리를 위하여 대신해서 간구하고 계십니다. 중보하고 계십니다.

그렇다면 무엇입니까? 최고 법정의 재판관인 하나님께서 우리를 용서하셨고 우리에게 무죄를 선언하셨는데, 누가 감히 우리를 법정으로 다시 끌어가서 그 선고를 유죄선고로 번복할 수 있겠습니까? 하나님의 최종 판결은 그 어떤 이유로도 번복될 수 없는 것인데 말입니다.

사람들은 간음하던 현장에서 잡힌 여인에게 돌을 던지려고 했습니다. 율법에 따르면 그래도 마땅합니다. 그러나 예수님은 "너희 중에 죄 없는 자가 먼저 돌로 치라"고 하셨습니다(요 8:7). 이 세상에는 다른 사람을 정죄할 만큼 깨끗한 사람은 하나도 없습니다. 그들이 모두 양심의 가책을 느껴 자리를 떠나자, 예수님은 "나도 너를 정죄하지 않는다"(요 8:11)고 하셨습니다. 예수님은 물론 정죄하실 자격이 있지만, 그러지 않겠다는 말씀입니다.

바로 이것이 우리를 향한 하나님의 사랑입니다. 죄를 따져 묻지 않고 '간과看過'하심으로 우리를 의롭다고 인정해주시는 은혜입니다. 그 은혜로 우리는 구원받아 하나님의 자녀가 된 것입니다. 그런데 우리은 여전히 사람들의 수군거림에 예민합니다. 사람들의 손가락질과 비난에 쉽게 주눅 듭니다. 특히 밤낮으로 참소讒訴하는 사탄의 속삭임에 마음이 흔들려 또다시 죄책감의 늪에 빠지기도 합니다. 우리가 정말 하나님을 믿는 사람 맞습니까?

메시지 성경은 이렇게 풀이합니다.

누가 감히, 하나님께서 택하신 이들을 들먹이며 그분께 시비를 걸 수 있겠습니까? 누가 감히, 그들에게 손가락질할 수 있겠습니까? 우리를 위해 죽으신 분— 우리를 위해 다시 살아나신 분!—께서 지금 이 순간에도 하나님 앞에서 우리를 변호하고 계십니다(롬 8:33-34, 메시지).

정말 그렇습니다. 누가 감히 손가락질할 수 있겠는가?(Who would dare even to point a finger?) 그렇게 당당해지십시오. 하나님께서 우리를 용서하셨을 뿐만 아니라 의롭다고 선언해 주셨기 때문입니다. 이런 믿음이 우리에게 있습니까?

누가 끊으랴?

세 번째 질문은 "누가 우리를 끊으랴?"(Who shall separate us?)입니다.

35누가 우리를 그리스도의 사랑에서 끊으리요. 환난이나 곤고나 박해나 기근이나 적신이나 위험이나 칼이랴. 36기록된 바 우리가 종일 주를 위하여 죽임을 당하게 되며 도살당할 양같이 여김을 받았나이다 함과 같으니라. 37그러나 이 모든 일에 우리를 사랑하시는 이로 말미암아 우리가 넉넉히 이기느니라(롬 8:35-37).

우리말 '끊다'로 번역된 헬라어는 '코리조ϰωρίζω chōrizō' 동사입니다. 이를 영어로는 'to separate분리하다', 'to divide나누다'로 번역합니다. 무엇으로부터 분리한다는 것일까요? '그리스도의 사랑으로부터'(from the love of Christ)입니다. 그리스도의 사랑에서 우리를 강제로 떼어 놓겠다는 것이지요.

메시지 성경은 이 부분을 "Do you think anyone is going to be able to drive a wedge between us and Christ's love for us?"라고 번역합니다. 여기에서 "drive a wedge between"은 둘 사이에 쐐기를 박아 '이간질하다'라는 뜻입니다. 인간의 사랑은 얼마든지 그럴 수 있습니다. 돈으로 회유하거나 죽음으로 협박하면 얼마든지 떼어 놓을 수 있습니다. 둘 사이를 이간질하면 얼마든지 틀어지게 만들 수 있습니다.

그러나 그리스도의 사랑은 그럴 수 없습니다. 왜냐하면 그것은 예수 그리스도의 십자가 사건으로 이미 완성되었기 때문입니다. 이미 과거형이 된 사건을 시제를 거슬러 올라가 되돌릴 수는 없는 일입니다. 게다가 그 어떤 것도 우리를 사랑하시는 주님의 마음을 되돌릴 수 없습니다.

바울은 일곱 가지의 예를 듭니다. '환난tribulation', '곤고distress', '박해persecution', '기근famine', '적신赤身, nakedness', '위험danger' 그리고 '칼sword'이 그것입니다. 이 모두는 믿음을 지키기 위해서 당하는 어려움을 설명하는 것들입니다. 바울이 인용하고 있는 "우리가 종일 주를 위하여 죽임을 당한다"(시44:22)는 말씀이 바로 박해적인 상황을 말해주고 있습니다.

바울은 고린도교회에 보낸 편지에서 이와 같은 상황에 노출되었던 자신의 경험을 구체적으로 묘사하고 있습니다.

> 23... 내가 수고를 넘치도록 하고 옥에 갇히기도 더 많이 하고 매도 수없이 맞고 여러 번 죽을 뻔하였으니 24유대인들에게 사십에서 하나 감한 매를 다섯 번 맞았으며 25세 번 태장으로 맞고 한 번 돌로 맞고 세 번 파선하고 일 주야를 깊은 바다에서 지냈으며 26여러 번 여행하면서 강의 위험과 광야의 위험과 바다의 위험과 거짓 형제 중의 위험을 당하고 27또 수고하며 애쓰고 여러 번 자지 못하고 주리며 목마르고 여러 번 굶고 춥고 헐벗었노라(고후 11:23-27).

만일 우리가 이런 어려움들을 당했다면 과연 어떻게 했을까요? 그래도 하나님의 사랑을 의심하지 않고 믿을 수 있을까요? 그러고도 주저앉지 않고 복음을 들고 땅끝을 향해 나갈 수 있을까요? 바울은 그랬습니다. 왜냐하면 그리스도의 사랑이 그를 붙들어주었기 때문입니다. 바울은 이렇게 고백합니다.

> 그러나 이 모든 일에 우리를 사랑하시는 이로 말미암아 우리가 넉넉히 이기느니라(롬 8:37).

나를 구원하기 위해 십자가에서 죽으신 그리스도의 사랑이 나로 하여금 그 모든 어려움을 넉넉히 이기게 한다는 것입니다. 그렇습니다. 우리의 결심이나 우리의 사랑으로부터 출발하면 이길 수가 없습니다. 그러나 그리스도의 사랑으로부터 출발하면 우리는 그 어떤 일들도 넉넉히 이길 수 있는 것입니다.

바울의 확신에 찬 고백은 38-39절 말씀에서 그 절정에 다다릅니다.

> 38내가 확신하노니 사망이나 생명이나 천사들이나 권세자들이나 현재 일이나 장래 일이나 능력이나 39높음이나 깊음이나 다른 어떤 피조물이라도 우리를 우리 주 그리스도 예수 안에 있는 하나님의 사랑에서 끊을 수 없으리라(롬 8:38-39).

여기에서 우리말 "내가 확신한다"에 해당되는 '페피스마이$_{\pi\acute{\epsilon}\pi\epsilon\iota\sigma\mu\alpha\iota}$'는 '피도$_{\pi\epsilon\iota\theta\omega}$' 동사의 수동태입니다. '피도'의 뜻은 '설득하다'(I persuade)입니다. 그러니까 '페피스마이'는 '설득되었다'(I am persuaded)가 됩니다. 그것을 우리말로 "내가 확신한다"로 번역하고 있는 것입니다. 하나님의 사랑에 대한 바울의 확신은 자기 자신으로부터 출발하지 않습니다. 오히려 하나님의 사랑에 '설득된 확신'입니다.

지금까지의 묵상을 통해서 확인한 대로, 바울은 우리의 구원을 위한 하나님의 일하심에 대해 줄곧 이야기해왔습니다. 하나님의 동기는 오직 하나, '사랑'이었습니다. 태초부터 시작된 우리를 향한 하나님 사랑의 그 너비와 길이와 높이와 깊이가 어떤지 깨닫고 나니까(엡 3:19), 바울은 하나님의 사랑에 완전히 설득되고 말았던 것입니다. 그래서 "그 어떤 것도 우리 주 그리스도 예수 안에 있는 하나님의 사랑에서 우리를 끊을 수 없다!"는 사실이 확실하게 믿어지게 된 것이지요.

여기에서 바울이 언급하고 있는 10가지, 즉 '사망death', '생명life', '천사들angels', '권세자들rulers', '현재 일things present', '장래 일things to be', '능력powers', '높음height', '깊음depth', '다른 어떤 피조물'any other created thing이 각각 무엇을 의미하든지 간에 결코 하나님 사랑의 '너비'와 '길이'와 '높이'와 '깊이'를 넘어설 수 없습니다. 그와 같은 하나님의 사랑에 설득되어 있을 때, 우리는 확신을 가지고 믿음의 길을 걸어갈 수 있는 것입니다. 그리고 목숨을 다하여 하나님을 사랑할 수 있게 되는 것입니다.

메시지 성경으로 오늘 묵상을 마무리합니다.

> 나는 절대적으로 확신합니다. … 절대적으로 그 무엇도, 우리를 하나님의 사랑에서 떼어 놓을 수 없습니다. 우리 주 예수께서 우리를 꼭 품어 안고 계시기 때문입니다(롬 8:38-39, 메시지).

예수님이 우리를 꼭 품어 안고 계시는데, 누가 우리를 대적하겠습니까? 누가 우리를 고발하겠습니까? 누가 우리를 그리스도의 사랑에서 끊을 수 있겠습니까? 이처럼 하나님의 사랑에 '설득된 확신'으로 믿음의 길을 끝까지 걸어갈 수 있기를 간절히 소망합니다.

묵상 질문: 나는 그리스도의 사랑을 얼마나 확신하고 있습니까?

오늘의 기도: 나를 구원하기 위해 십자가에 죽으신 주님을 믿습니다. 지금도 나를 품에 안고 계시는 주님을 신뢰합니다. 그 무엇도 그리스도의 사랑을 끊을 수 없다는 확신을 가지고, 끝까지 믿음의 길을 걸어가게 하옵소서. 예수님의 이름으로 기도합니다. 아멘.

제 2 막

우리 가운데
일하시는 하나님

God is working among us!

| 로마서 9-16장 |

육신의 자녀, 약속의 자녀

읽을 말씀: 로마서 9:1-16

새길 말씀: 이스라엘에게서 난 그들이 다 이스라엘이 아니요 또한 아브라함의 씨가
다 그의 자녀가 아니라 오직 이삭으로부터 난 자라야 네 씨라 불리리라
하셨으니 곧 육신의 자녀가 하나님의 자녀가 아니요 오직 약속의 자녀
가 씨로 여기심을 받느니라(롬 9:6b-8).

지금까지 우리는 로마서 1장부터 8장까지 전반부 말씀을 묵상했습니
다. 전반부 말씀의 주제를 '구원을 위해서 일하시는 하나님'(God is work-
ing for salvation)이라고 했습니다. 그 이유는 이 세상을 창조하신 하나님
께서 또한 이 세상이 태초부터 직면해 오고 있는 죄와 죽음의 문제를 어
떻게 해결하시고 구원하시려고 하는지에 대한 큰 그림을 우리에게 보여
주기 때문입니다.

전반부의 결론을 다시 한번 읽어보겠습니다.

38내가 확신하노니 사망이나 생명이나 천사들이나 권세자들이나 현재 일이나 장래 일이나 능력이나 **39**높음이나 깊음이나 다른 어떤 피조물이라도 우리를 우리 주 그리스도 예수 안에 있는 하나님의 사랑에서 끊을 수 없으리라(롬 8:38-39).

여기에서 바울이 가지고 있는 확신은 하나님의 사랑에 '설득된 확신'이라고 말씀드렸습니다. 우리 인간을 향한 하나님 사랑의 그 너비와 길이와 높이와 깊이가 어떤지 깨닫고 나서, 바울은 그 사랑에 완전히 설득되고 말았던 것입니다.

바울의 결론은 이것입니다. "우리 주 그리스도 예수 안에 있는 하나님의 사랑에서 우리를 끊을 수 있는 것은 이 세상에 아무것도 없다!" 메시지 성경의 표현대로 하면 "우리 주 예수께서 우리를 꼭 품어 안고 계시는데, 그 무엇이 우리를 하나님의 사랑에서 떼어 놓을 수 있겠는가?"입니다.

이것이 예수 그리스도의 복음입니다. 이 복음이 구원하지 못할 사람은 이 세상에 아무도 없습니다. 이 복음은 '모든 경우'와 '모든 사람'을 넉넉하게 품고도 남습니다. 아무리 큰 죄를 지은 죄인이라고 하더라도 예수 그리스도의 복음을 믿음으로 받아들여 하나님의 사랑 안에 성큼 뛰어들기만 하면 얼마든지 구원받을 수 있습니다. 하나님의 자녀로 입양되어 하나님 나라의 상속자로 세워질 수 있습니다. 이것이 로마서 전반부가 다다른 결론입니다.

로마서 9장부터 16장까지의 나머지 후반부 말씀의 주제는 '우리 가운데 일하시는 하나님'(God is working among us)입니다. 전반부에서 다룬 인류 구원을 위한 '하나님의 일하심'이 우리 삶의 구체적인 자리에 어떻게 적용될 수 있는지를 다루는 말씀입니다.

바울은 제일 먼저 '선민選民 이스라엘' 문제를 끄집어냅니다(롬 9-11장). 유대인들은 하나님이 선택한 민족이라는 자부심이 대단했습니다. 그런데 그들은 로마서의 전반부에서 바울이 설명해 온 십자가의 복음을 받아들이지 않았습니다. 하나님이 주신 율법을 지켜야만 구원받는다고 고집하면서, '율법 외에 나타난 하나님의 의'(롬 3:21)을 거절했던 것입니다.

이 문제는 바울에게 아주 심각한 고민거리였습니다. 왜냐하면 유대인들은 자신의 동족이기 때문입니다. 하나님이 택하신 백성이 어떻게 하나님의 복음을 받아들이지 않고 하나님의 일하심을 무시하고 있는지, 이 모순과 딜레마를 가장 먼저 설명해야 할 필요를 느낀 것입니다.

바울의 번민

바울은 자신의 번민을 솔직하게 드러냅니다.

1-2내가 그리스도 안에서 참말을 하고 거짓말을 아니하노라. 나에게 큰 근심이 있는 것과 마음에 그치지 않는 고통이 있는 것을 내 양심이 성령 안에서 나와 더불어 증언하노니 3나의 형제 곧 골육의 친척을 위하여 내 자신이 저주를 받아 그리스도에게 끊어질지라도 원하는 바로라(롬 9:1-3).

바울은 자신에게 큰 근심과 고통이 있다고 고백합니다. 그것은 바울의 동족인 유대인들이 예수 그리스도의 복음을 받아들이지 않고 있는 현실입니다. 아니 그들은 복음을 받아들이지 않는 것이 아니라 오히려 적극적으로 대적했습니다. 복음을 전하는 바울을 박해했습니다. 왜냐하면 그들은 먼저 하나님의 선민이 되고 나서 하나님의 율법을 지켜야만 구원을 받을 수 있다고 믿어왔기 때문입니다.

그들은 예수 그리스도의 십자가 복음에 나타난 '하나님의 의'를 믿기만 하면 누구든지 다 구원을 받을 수 있다는 메시지를 받아들일 수 없었습니다. 그것은 하나님이 특별히 선택하신 '선민 이스라엘'의 기득권을 포기하라는 말과 같은 말이었습니다. 이것이 바울에게는 큰 고민거리였습니다.

메시지 성경은 바울의 심정을 이렇게 표현합니다.

내게는 늘 지고 다니는 큰 슬픔이(a huge sorrow) 하나 있습니다. … 이는 내 마음 깊은 곳에 자리하는 큰 고통이며(an enormous pain), 나는 한 번도 거기서 벗어나 본 적이 없습니다….
"

이것은 어쩌면 아직도 교회를 다니지 않는 가족들을 보면서 우리가 마음에 품게 되는 그런 아픔과 비슷할지도 모릅니다. 예수님을 믿지 않으면 구원받지 못하고 구원받지 못하면 천국에 가지 못하는데, 아무리 교회를 가자고 그래도 말을 듣지 않습니다. 오히려 화를 내고 핍박을 합니다. 그런 부모와 남편과 아내와 자녀들을 보면서 우리 마음에 큰 고통이 느껴지지 않습니까?

그런데 지금 바울이 말하고 있는 것은 그런 경우와는 조금 다릅니다. 왜냐하면 유대인들은 적어도 하나님을 믿는 사람들이었기 때문입니다. 그들은 이미 오래전부터 대대손손 하나님을 믿어온 사람들입니다. 우리나라에서는 5대째 크리스천 가정이라고 하면 정말 대단한 일입니다. 그렇지만 유대인들에게는 감히 견줄 수가 없습니다.

4그들은 이스라엘 사람이라. 그들에게는 양자됨과 영광과 언약들과 율법을 세우신 것과 예배와 약속들이 있고 5조상들도 그들의 것이요 육신으로 하면 그리스도가 그들에게서 나셨으니 그는 만물 위에 계셔서 세세에 찬양을 받으실 하나님이시니라. 아멘(롬 9:4-5).

이스라엘 사람들은 아브라함 이후로 수천 년 동안 하나님을 믿어 왔습니다. 그들에게는 없는 것이 없습니다. 그들은 하나님의 백성으로 입양되었고, 하나님의 영광도 직접 보았습니다. 하나님은 그들과 특별히 언약을 맺으셨고, 하나님의 백성답게 살아갈 지침으로 율법도 주셨습니다. 하나님께 예배드리는 법도 가르쳐주셨습니다. 그들은 대를 이어 메시아에 대한 하나님의 약속을 믿어왔습니다. 그리고 마침내 그들을 통하여 예수 그리스도가 태어나셨습니다.

그러나 그들은 율법주의 종교 생활을 하고 있었지, 하나님의 은혜 안에서 제대로 된 신앙 생활을 하지는 못했습니다. 하나님의 백성답게 살기 위해서 율법을 지키는 것이 아니라, 자신의 존재 가치를 증명하고 다른 사람들을 판단하고 정죄하기 위해서 율법을 지켜왔습니다. 그러다가 정작 예수님이 메시아로 오셨을 때 그들은 오히려 그분을 십자가에 못 박아 처형했습니다.

그것은 마치 모태신앙을 자랑하면서 제대로 신앙 생활하지 않는 사람과 비슷합니다. 교회를 다니지 않는 것은 아닙니다. 그들은 어머니 뱃속에서부터 다녔다는 사실을 강조합니다. 그렇지만 그들의 신앙은 형식적인 습관일 뿐입니다. 그들은 예수님이 십자가에서 우리의 죄를 대속하셨다는 것은 들어 알고 있지만, 실제로 예수와 함께 죽고 예수와 함께 사는 삶의 근본적인 변화를 체험하지는 못했습니다.

자신이 알고 있는 얄팍한 성경 지식과 경험으로 다른 사람들을 쉽게 판단하지만, 정작 그들 자신에게는 하나님의 은혜로 구원받은 감격이나 신앙 생활의 즐거움이 전혀 없습니다. 하나님 앞에 헌신하지는 않으면서, 자신의 기득권에 대해서 문제를 제기하는 사람들은 가차 없이 제거해버립니다.

조금 과장된 표현일지 모르지만, 오늘날 교회 안에 있는 이런 종류의 교인들이 바로 바울 당시의 유대인들과 같은 사람들입니다. 저는 목회자로서 바울의 심정을 충분히 이해할 수 있습니다. 제 마음 깊은 곳에도 이런 분들에 대한 끊임없는 고통과 번민이 있기 때문입니다. 그런 분들이 하나님의 은혜를 맛보면서 제대로 된 신앙 생활 하면 얼마나 좋을까요? 제가 아무리 애쓰고 노력해도 바뀌지 않는 모습을 보면서 절망할 때가 참 많이 있습니다.

약속의 자녀

바울은 이 문제와 씨름하면서 한 가지 귀한 깨달음을 얻게 되었습니다. 그것은 '육신의 자녀'와 '약속의 자녀'가 다르다는 사실입니다.

> 6그러나 하나님의 말씀이 폐하여진 것 같지 않도다. 이스라엘에게서 난 그들이 다 이스라엘이 아니요 7또한 아브라함의 씨가 다 그의 자녀가 아니라. 오직 이삭으로부터 난 자라야 네 씨라 불리리라 하셨으니 8곧 육신의 자녀가 하나님의 자녀가 아니요 오직 약속의 자녀가 씨로 여기심을 받느니라(롬 9:6-8).

바울은 아브라함 이야기를 묵상하다가, 그에게 여러 자녀가 있었지만 '약속의 자녀'는 오직 하나밖에 없었다는 사실을 깨닫게 되었습니다. '이스마엘'과 '이삭'은 모두 아브라함이 낳은 자식입니다. 엄밀하게 따지면 이스마엘이 장남입니다. 비록 몸종인 하갈을 통해 본 아들이었지만 이스마엘이 먼저 태어났습니다. 아브라함은 이스마엘을 상속자로 삼으려고 했습니다. 그러나 하나님은 이스마엘이 아니라 이삭을 선택하셨습니다. 왜냐하면 그가 '약속의 자녀', 즉 하나님이 약속하신 자녀이기 때문입니다.

따라서 이삭이 아브라함의 상속자가 된 것은 그가 이스마엘보다 월등하게 잘났기 때문이 아닙니다. 하나님께서 약속하셨고 또한 선택해주셨기 때문입니다. 하나님의 일방적인 사랑 때문입니다. 그렇다면 아브라함의 피가 섞인 후손들은 무조건 모두 이스라엘이라고 할 수 있을까요? 아닙니다. 오직 '약속의 자녀'만 '하나님의 자녀'로 여김을 받을 수 있습니다.

이 말씀을 메시지 성경은 다음과 같이 아주 적나라하게 표현합니다.

이스라엘 사람이라는 정체성을 부여해 준 것은 아브라함의 정자(精子)가 아니라,
하나님의 약속이었습니다(롬 9:8, 메시지).

만일 아브라함의 '정자'가 하나님의 백성인 이스라엘 사람의 정체성을 결정하는 것이었다면, 이스마엘의 후손이라고 하는 지금의 아랍 사람들이 모두 이스라엘 사람이 되어야 했습니다. 하지만 보십시오. 그들은 이스라엘과 적대적인 관계 속에 놓여있지 않습니까?

이런 일이 아브라함에게만 있었다면 이야기가 달라질 수 있습니다. 그러나 똑같은 일이 아브라함의 아들 이삭 때에도 반복됩니다.

10그뿐 아니라 또한 리브가가 우리 조상 이삭 한 사람으로 말미암아 임신하였는데 … 12리브가에게 이르시되 큰 자가 어린 자를 섬기리라 하셨나니 13기록된바 내가 야곱은 사랑하고 에서는 미워하였다 하심과 같으니라(롬 9:10-13).

이삭의 아내 리브가가 쌍둥이를 가졌습니다. 혈통적으로는 '에서'와 '야곱'이 조금도 다르지 않습니다. 같은 아버지와 같은 어머니를 통해서 거의 동시에 태어났습니다. 그들이 모두 아브라함의 자손 이스라엘이 되었습니까? 아닙니다. 형 에서는 버림을 받고 동생 야곱은 택함을 받았습니다. 그러니까 혈통적으로 아브라함의 자손이라고 해서 모두 다 하나님이 선택하시는 것은 아니라는 이야기입니다. 조금 더 비약해서 말하자면 아브라함의 후손 중에서도 구원받지 못한 사람들이 있었던 것입니다.

우리가 하나님의 자녀가 되는 것도 마찬가지입니다. 몇 대째 신앙 생활해오는 집안에 태어났다고 해서 무조건 구원받은 하나님의 자녀가 되

는 것이 아닙니다. 심지어 몇 대째 이어지는 목회자의 가정에 태어났다고 해서 처음부터 천국행 표를 가지고 오는 것은 아닙니다. 우리가 구원받아 하나님의 자녀가 되는 것은 오직 하나님께서 결정하시는 일입니다.

하나님의 결정권

그런데 하나님은 불공평하게 아무렇게나 기분 내키는 대로 선택하고 결정하지 않으십니다. 하나님께서 약속의 자녀를 선택하는 결정권을 발휘하실 때에 적용하는 분명한 기준이 있습니다. 그게 무엇일까요?

> 14그런즉 우리가 무슨 말을 하리요. 하나님께 불의가 있느냐. 그럴 수 없느니라. 15모세에게 이르시되 내가 긍휼히 여길 자를 긍휼히 여기고 불쌍히 여길 자를 불쌍히 여기리라 하셨으니…(롬 9:14-15).

바울은 출애굽기 33장에서 하나님이 모세에게 하신 말씀을 여기에 인용합니다. "내가 긍휼히 여길 자를 긍휼히 여기고 불쌍히 여길 자를 불쌍히 여기리라." 그런데 '긍휼히' 여기는 것이나 '불쌍히' 여기는 것의 의미가 그렇게 큰 차이가 없어 보입니다. NIV 성경은 이것을 각각 'mercy자비'와 'compassion함께 아파함'으로 번역합니다. 구약의 본문을 직접 읽어 보아도 이와 별로 다르지 않습니다.

> … 나는 은혜 베풀 자에게 은혜를 베풀고 긍휼히 여길 자에게 긍휼을 베푸느니라 (출 33:19b).

우리말 성경에는 '은혜'와 '긍휼'이라고 되어 있습니다만 NIV 성경에는 역시 'mercy'와 'compassion'으로 번역하고 있습니다. 그러니까 하나님이 모든 사람에게 적용하는 기준은 사실상 하나입니다. '은혜'입니다.

만일 하나님께서 엄격한 기준을 적용한다면 그 누구도 약속의 자녀가 될 수 없습니다. 그런데 긍휼히 여기는 마음으로, 불쌍히 여기는 마음으로, 은혜로 하나님은 '약속의 자녀'를 선택하신다는 것입니다. 이러한 하나님의 마음이 바로 예수 그리스도 십자가의 복음으로 나타난 것이지요.

그다음 말씀이 중요합니다. 16절입니다.

그런즉 원하는 자로 말미암음도 아니요 달음박질하는 자로 말미암음도 아니요 오직 긍휼히 여기시는 하나님으로 말미암음이니라(롬 9:16).

NIV 성경은 이 부분을 "It does not, therefore, depend on human desire or effort, but on God's mercy"라고 표현합니다. 인간의 '갈망'이나 '노력'에 달려있는 것이 아니라는 뜻입니다. 새번역성경은 "그것은 사람의 의지나 노력에 달려 있는 것이 아니라"라고 번역합니다.

무엇이 그렇다는 것입니까? 하나님이 약속의 자녀를 선택하시는 것이 그렇다는 것입니다. 다시 말씀드려서, 구원이란 인간의 의지와 노력으로 무언가 자격을 갖추어서 하나님으로부터 얻어낼 수 있는 것이 아닙니다. 오히려 하나님께서 은혜의 선물로 주시는 것입니다. 그 결정권은 오직 하나님에게 있습니다. 그 기준에 따라서 이삭과 야곱은 택함을 받고 이스마엘과 에서는 버림을 받았던 것입니다.

여기에서 문득 궁금해지는 것이 하나 있습니다. 그렇다면 아브라함과 이삭과 야곱으로 이어지는 '약속의 자녀'의 계보에서 발견되는 공통점이 무엇일까요? 하나님께서 그들이 공통으로 가지고 있는 무엇을 보시고 그들에게 약속의 자녀라는 은혜의 선물을 주신 것일까요? 앞으로 계속 이어지는 말씀 묵상을 통해서 그 대답이 주어질 것입니다.

어쨌든 오늘 우리가 확실하게 알게 된 것이 하나 있습니다. 그것은 선민 이스라엘의 정체성은 혈통적으로 이어지는 것이 아니라는 사실입니다. 오늘 본문을 시작하면서 바울은 "유대인들이 왜 십자가의 복음을 받아들이지 않느냐"는 문제를 가지고 씨름하기 시작했습니다. 그렇다면 오늘 말씀을 통해서 바울은 어떤 대답을 얻었을까요? 하나님이 택하신 백성이 왜 하나님의 복음을 받아들이지 않고 하나님의 일하심을 무시하고 있는 것일까요?

그것은 그들이 '약속의 자녀'가 아니기 때문입니다. 혈통적으로는 아브라함의 정자를 가지고 태어났는지는 모르지만, 영적으로는 아직 하나님의 택함을 받지 못한 것이지요. 교회를 오래 다녔다고 당연히 약속의 자녀로 택함을 받았다고 말할 수 없는 것도 같은 이유입니다.

우리는 어떻습니까? 우리는 죄와 죽음으로부터 구원받았습니까? 우리에게는 하나님의 자녀요 하나님 나라의 상속자라는 확신이 있습니까? 오늘도 구원받은 감격과 즐거움으로 인해 하나님 앞에 나와서 예배하고 있습니까? 그렇다면 우리는 '약속의 자녀'입니다. 우리가 '약속의 자녀'라는 증거는 단순히 교회에 출석하는 것이 아닙니다. 하나님의 은혜 안에서 신앙 생활 하고 있는 것이 바로 그 증거입니다.

묵상 질문: 나는 '약속의 자녀'로서 분명한 정체성을 가지고 있습니까?
오늘의 기도: 모태신앙을 자랑하지 않게 하옵소서. 먼저 택함 받은 은혜를 단지 기득권으로 여기지 않게 하옵소서. 약속의 자녀가 되어 누군가에게 복음이 흘러가는 통로로 선택받았음에 감격하여 신앙 생활 하게 하옵소서. 예수님의 이름으로 기도합니다. 아멘.

구원받은 사람이 선민이다!

읽을 말씀: 로마서 9:17-33

새길 말씀: 그런즉 우리가 무슨 말을 하리요. 의를 따르지 아니한 이방인들이 의를
얻었으니 곧 믿음에서 난 의요 의의 법을 따라간 이스라엘은 율법에 이
르지 못하였으니 어찌 그러하냐. 이는 그들이 믿음을 의지하지 않고 행
위를 의지함이라. 부딪칠 돌에 부딪쳤느니라(롬 9:30-32).

　　바울은 예수 그리스도의 복음을 거부하는 '선민選民 이스라엘'의 문제
와 씨름하다가 '육신의 자녀'가 모두 '약속의 자녀'는 아니라는 결론에 다
다르게 되었습니다. 아브라함의 정자를 이어받은 '혈통적인 후손'이 곧
하나님이 택하시는 '약속의 자녀'를 의미하는 것은 아니라는 것이지요.

　　만일 그들이 약속의 자녀였다면 어떻게든 '율법 외에 나타난 하나님
의 의'(롬 3:21)를 받아들였을 것입니다. 그러나 그들은 새로운 구원의 길
을 받아들이지 않음으로써, 스스로 '약속의 자녀'가 아니라는 자신의 정
체성을 드러냈습니다. 실제로 이삭과 야곱은 약속의 자녀로 택함을 받았

지만 이스마엘과 에서는 버림을 받았습니다. 어떤 사람은 약속의 자녀로 택했지만, 또 어떤 사람은 택하지 않으셨던 것이지요. 그 이유가 무엇일까요?

물론 누구를 선택하든지 그 결정권은 하나님에게 있습니다. 그러나 만일 독불장군식으로 결정한다면 하나님은 불공평한 분이 되고 말 것입니다. 택함을 받지 못한 사람의 입장에서는 억울한 일이 아닐 수 없기 때문입니다. 따라서 하나님의 선택에는 분명하고 공정한 기준이 있어야 합니다.

앞 장에서 우리가 살펴본 대로, 약속의 자녀를 선택하는 하나님의 기준은 뜻밖에도 '은혜'였습니다. "긍휼히 여길 자를 긍휼히 여기고, 불쌍히 여길 자를 불쌍히 여기신다"(롬9:15)고 하셨습니다. 그렇다면 하나님은 이삭과 야곱에게는 은혜를 베푸시고 이스마엘과 에서에게는 그러지 않았다는 뜻이 됩니다. '은혜'는 자격이 없는 사람에게 주시는 뜻밖의 선물입니다. 자격을 따지지 않고 주는 것이 은혜인데, 왜 이스마엘과 에서는 그 은혜에서 제외된 것일까요?

이 대목에서 우리는 하나님의 은혜에 문제가 있는 것이 아니라, 하나님의 은혜를 받아들이는 사람에게 어떤 문제가 있는 것은 아닌지 질문하게 됩니다. 다시 말해서 하나님의 은혜에 대한 반응이 약속의 자녀라는 정체성을 결정하게 된다는 사실입니다.

하나님의 절대주권

바울은 이것을 설명하기 위해서 하나님의 버림을 받은 파라오의 예를 듭니다.

17성경이 바로에게 이르시되 내가 이 일을 위하여 너를 세웠으니 곧 너로 말미암아 내 능력을 보이고 내 이름이 온 땅에 전파되게 하려 함이라 하셨으니 18그런즉 하나님께서 하고자 하시는 자를 긍휼히 여기시고 하고자 하시는 자를 완악하게 하시느니라(롬 9:17-18).

17절에 인용된 말씀은 일곱 번째 우박의 재앙을 예고하기에 앞서서 하나님께서 모세를 통해 파라오에게 하신 말씀입니다(출 9:16). 하나님은 파라오를 세워서 당신의 능력을 보이는 통로로 사용하시겠다고 선언하십니다. 이 선언에서 우리가 주목해야 하는 것은 하나님의 말씀에 대한 파라오의 반응에 따라서 그 결과가 달라지지 않을 것이라는 사실입니다. 파라오가 하나님의 일하심에 협력하든지 아니면 거역하든지 상관없이 하나님은 당신의 계획을 이루실 것입니다.

파라오는 후자를 선택했습니다. 하나님의 백성을 해방시키려는 하나님의 뜻을 거역했습니다. 그렇지만 결과는 달라지지 않습니다. 단지 파라오에게 하나님의 심판이 임했을 뿐입니다. 이것을 통해서 바울은 하나님이 약속의 자녀를 선택하시는 기준을 설명합니다. "하나님께서 하고자 하시는 자를 긍휼히 여기시고, 하고자 하시는 자를 완악하게 하신다."

그런데 "하나님께서 완악하게 하신다"고 하니까, 어떤 분들은 마치 하나님에게 무슨 책임이 있는 것처럼 생각합니다. 파라오에게는 본래 그럴 마음이 없었는데 하나님이 그를 완악하게 만드신 것처럼 오해하는 것이지요. 그런 뜻이 아닙니다. 파라오는 본래부터 완악한 사람이었습니다. 그래서 하나님의 말씀에 순종하지 않고 대적했던 것입니다. 이스라엘을 구원하시려는 하나님의 은혜에 대한 그와 같은 반응을 통해서 파라오는 자신의 본래 정체성을 드러낸 것이지요.

그런다고 해서 하나님의 구원 계획에 차질이 생겼습니까? 아닙니다. 그 결과는 조금도 달라지지 않았습니다. 모세와 이스라엘은 구원받았고, 파라오와 이집트는 하나님의 심판을 받았습니다. 그 일을 통해 하나님의 능력이 드러났고 하나님의 이름이 온 땅에 전파되었던 것입니다. 하나님께서는 긍휼히 여길 자를 긍휼히 여기시고 완악한 자를 완악하게 하심으로 당신의 뜻을 이루십니다.

지금 바울은 예수 그리스도의 복음을 받아들이지 않는 선민(選民) 이스라엘의 문제와 씨름하고 있는 중입니다. 유대인들은 선민을 자신의 기득권으로 생각하여 이 세상의 모든 사람을 구원하시려는 하나님의 계획을 선뜻 받아들이지 못하고 있습니다. 그것은 마치 출애굽 당시에 이스라엘 백성을 구원하시려는 하나님의 계획을 받아들이지 못했던 파라오와 같습니다. 하나님의 은혜에 대한 반응을 통해서 그들은 '약속의 자녀'가 아니라는 자신의 정체성을 스스로 드러내고 있는 것입니다.

그러나 이와 같은 하나님의 절대주권을 이해하지 못하는 사람들이 여전히 많이 있습니다. 그들은 이렇게 뒤틀어서 말할 것입니다.

혹 네가 내게 말하기를 그러면 하나님이 어찌하여 허물하시느냐. 누가 그 뜻을 대적하느냐 하리니…(롬 9:19).

이 부분을 메시지 성경으로 읽으면 더욱 실감납니다.

… 모든 것을 다 하나님이 결정하시는 것이라면, 어떻게 하나님이 우리에게 책임을 물을 수 있단 말인가? 큰 결정은 이미 다 버려져 있는데, 대체 우리가 할 수 있는 것이 무엇이란 말인가?(롬 9:19, 메시지).

정말 그럴듯하지 않습니까? 하나님이 모든 것을 다 결정해놓으셨다면, 인간의 실수나 잘못에 대해서 하나님이 책임을 묻는다는 것은 어불성설語不成說입니다. 왜냐하면 인간의 실수 또한 하나님의 결정이기 때문입니다. 예를 들어서 만일 하나님께서 가룟 유다에게 예수님을 팔아넘기는 역할을 하도록 결정해놓으셨다고 합시다. 그렇다면 그 일을 충실히 수행한 가룟 유다는 칭찬받을 사람이지 결코 심판받을 사람이 아닙니다!

논리적으로는 도무지 빠져나오지 못할 '딜레마'처럼 보입니다. 그러나 사실은 모든 인간을 구원하려는 하나님의 사랑과 은혜의 계획을 제대로 알지 못하기 때문에 스스로 빠지게 되는 함정입니다.

토기장이의 비유

바울은 이에 대하여 '토기장이 비유'를 통해서 대답합니다.

> 20이 사람아 네가 누구이기에 감히 하나님께 반문하느냐. 지음을 받은 물건이 지은 자에게 어찌 나를 이같이 만들었느냐 말하겠느냐. 21토기장이가 진흙 한 덩이로 하나는 귀히 쓸 그릇을, 하나는 천히 쓸 그릇을 만들 권한이 없느냐(롬 9:20-21).

바울의 논리는 이렇습니다. "하나님께서 이 세상의 모든 것을 일방적으로 결정하는 분이라고 네가 정말 믿는다면, 그것에 대해서 아예 불평조차도 하지 못할 것이다. 토기장이가 진흙으로 어떤 종류의 그릇을 만들었다 하자. 그 그릇이 왜 이렇게 만들었느냐고 토기장이에게 불평할 수 있겠는가? 그것은 토기장이가 가지고 있는 완전한 권리이다."

여기에서 토기장이는 하나님을, 진흙으로 만들어진 그릇은 사람을 의미합니다. 앞의 말을 뒤집으면 하나님의 절대주권을 인정하지 않으려고 하기 때문에 사람들이 그렇게 불평을 한다는 뜻입니다. 실제로 그렇습니다. 창조주 하나님을 믿지 않는 사람들이 오히려 불공평한 하나님을 들먹거리며 이러쿵저러쿵 문제 삼습니다. 하나님의 절대주권을 인정하는 사람들은 감히 그런 말을 꺼내지 않습니다.

게다가 이 세상을 향한 하나님의 통치방식은 하나님 편의주의가 아니라 인간의 구원을 위한 은혜와 사랑이라는 것을 알아야 합니다.

> 22만일 하나님이 그의 진노를 보이시고 그의 능력을 알게 하고자 하사 멸하기로 준비된 진노의 그릇을 오래 참으심으로 관용하시고 23또한 영광 받기로 예비하신 바 긍휼의 그릇에 대하여 그 영광의 풍성함을 알게 하고자 하셨을지라도 무슨 말을 하리요. 24이 그릇은 우리니 곧 유대인 중에서 뿐 아니라 이방인 중에서도 부르신 자니라(롬 9:22-24).

여기에서 바울은 '진노의 그릇the vessels of wrath'와 '긍휼의 그릇the vessels of mercy'을 비교하고 있습니다.

'진노의 그릇'은 멸하기로 준비된 그릇입니다. 그것을 통해서 하나님은 당신의 진노와 능력을 이 세상에 드러내실 것입니다. 즉 그 그릇에는 하나님의 진노가 담겨있다는 뜻입니다. 처음부터 '진노의 그릇'으로 만들어진 것은 아닙니다. 오히려 앞에서 언급되었던 파라오처럼 하나님의 뜻을 거역하여 스스로 '진노의 그릇'이 되었습니다. 그런데 어찌 된 일인지 하나님은 당장에 '진노의 그릇'을 깨뜨리지 않으십니다. 오래 참으심으로 관용하고 계십니다.

이에 비해 '긍휼의 그릇'은 하나님의 영광의 풍성함을 알리고자 준비하신 그릇입니다. 그렇다고 해서 이 그릇이 무슨 특별한 재료로 만들어진 것은 아닙니다. '진노의 그릇'과 마찬가지로 진흙으로 빚어졌습니다. 그러나 이 그릇은 하나님의 영광을 담고 있습니다. 하나님의 은혜와 사랑을 담고 있습니다. 그래서 하나님께서 지금 귀하게 쓰고 계시는 것입니다.

바울은 이 그릇을 가리켜서 '우리'라고 합니다. 그러면서 유대인 중에서뿐 아니라 이방인 중에서도 '부르신 자'라고 합니다. 자, 그렇다면 '우리'가 누구일까요? 그렇습니다. 예수 그리스도의 복음을 믿음으로 약속의 자녀가 된 그리스도인들입니다. '우리'는 '긍휼의 그릇'입니다. '약속의 자녀'입니다. 바울은 지금 무엇을 말하려고 하는 것일까요?

스스로 선민選民이라고 생각하는 유대인 중에서도 '진노의 그릇'과 '긍휼의 그릇'이 있다는 것입니다. 그것은 이방인들도 역시 마찬가지입니다. 그들은 유대인들이 생각하듯이 처음부터 지옥의 불쏘시개로 창조된 사람들이 아닙니다. 하나님은 그들도 구원하시기 원합니다. 그러나 유대인들과 마찬가지로 모두 구원받지는 못합니다. 그들 중에도 '진노의 그릇'과 '긍휼의 그릇'이 있기 때문입니다.

무엇이 그런 차이를 만드는 것일까요? 하나님의 은혜에 대한 반응의 차이입니다. 하나님은 누구든지 다 구원받기를 원하십니다. 그래서 은혜를 베풀어주십니다. 오직 은혜의 기준으로 '약속의 자녀'를 택하십니다. 그렇지만 이 세상에는 멸망하는 사람, 지옥 가는 사람이 많이 있습니다. 왜 그럴까요? 하나님의 은혜를 받아들이지 않기 때문입니다. 하나님의 구원을 거절하기 때문입니다. 이처럼 하나님의 은혜에 대한 반응을 통해서 하나님은 약속의 자녀를 선택하시는 것입니다. 그것은 유대인들이나 이방인들이나 하나도 다를 바가 없습니다.

그렇다면 하나님은 왜 '진노의 그릇'을 깨뜨리지 않고 관용하고 계시는 것일까요? 그들도 하나님의 은혜를 받아들임으로써 '긍휼의 그릇'이 되기를 원하시기 때문입니다. 그래서 지금도 오래 참으시며 기다려주시는 것입니다.

믿음에서 난 의

하나님은 아브라함을 믿음의 조상으로 삼으셨습니다. 그리고 이삭과 야곱을 '약속의 자녀'로 택하여주셨습니다. 그 반대로 똑같이 아브라함의 정자를 가지고 태어났지만 하나님은 이스마엘과 에서를 '약속의 자녀'로 택하지 않으셨습니다. 그와 같이 '약속의 자녀'를 구별하시는 기준은 하나님의 은혜에 대한 반응이라고 했습니다.

그렇다면 약속의 자녀들이 하나님의 은혜에 대하여 보이는 반응이 구체적으로 어떤 것일까요? 그것은 바로 '믿음'입니다.

> 30그런즉 우리가 무슨 말을 하리요. 의를 따르지 아니한 이방인들이 의를 얻었으니 곧 믿음에서 난 의요, 31의의 법을 따라간 이스라엘은 율법에 이르지 못하였으니 32어찌 그러하냐. 이는 그들이 믿음을 의지하지 않고 행위를 의지함이라. 부딪힐 돌에 부딪혔느니라(롬 9:30-32).

의를 따르지 아니한 이방인들이 의를 얻었다고 합니다. "의를 얻었다"를 메시지 성경은 "그들의 삶을 바로 세우시는 하나님의 일을 받아들였다"고 표현합니다. 이것을 바울은 '믿음에서 난 의'라고 합니다. 예수 그리스도의 복음에 나타난 '하나님의 의'를 믿음으로 받아들였다는 뜻입니다. 그래서 이방인들도 이제는 약속의 자녀가 되어서 믿음의 조상 아브라함의 계보에 들어갈 수 있게 되었던 것입니다.

이에 비해서 선민이라는 자부심이 있던 이스라엘은 '의의 법'을 따라가다가 '율법'에 이르지 못했다고 합니다. 즉 율법주의 종교 생활에 빠져 있다가 실제로는 하나님께서 주신 율법의 본래 정신도 잃어버리게 되었다는 것입니다. 그 이유를 바울은 이렇게 설명합니다. "이는 그들이 믿음을 의지하지 않고 행위를 의지함이라."

메시지 성경은 "그들이 하나님을 신뢰하는 대신에, 자기 자신을 앞세웠기 때문입니다. 그들은 자신들이 하고 있는 일에 푹 빠져 있었습니다"(Because instead of trusting God, they took over. They were absorbed in what they themselves were doing)라고 풀이합니다. 하나님의 일하심을 따라가는 대신, 자신이 하는 율법주의 종교 생활에 빠져있었던 것이지요. 그러다가 덜컥 '부딪힐 돌'에 부딪히고 말았던 것입니다. 마치 휴대폰을 보며 걸어가다가 전봇대에 부딪혀서 넘어진 격입니다.

그런데 여기에서 '부딪힐 돌the stumbling stone'이 구체적으로 무엇을 가리킬까요?

> 기록된 바 보라 내가 걸림돌과 거치는 바위를 시온에 두노니 그를 믿는 자는 부끄러움을 당하지 아니하리라 함과 같으니라(롬 9:33).

이 말씀은 이사야 28장 16절과 8장 14절을 섞어서 인용한 것입니다.

> … 내가 한 돌을 시온에 두어 기초를 삼았노니 곧 시험한 돌이요 귀하고 견고한 기촛돌이라. 그것을 믿는 이는 다급하게 되지 아니하리로다(사 28:16).
> 그가 성소가 되시리라. 그러나 이스라엘의 두 집에는 걸림돌과 걸려 넘어지는 반석이 되실 것이며 예루살렘 주민에게는 함정과 올무가 되시리니…(사 8:14).

이 두 구절에 나오는 돌은 모두 장차 오실 메시아에 대한 예언입니다. 전자는 믿음의 대상이 되는 긍정적인 의미로, 후자는 넘어지게 만드는 부정적인 의미로 사용되고 있습니다. 율법주의 종교 생활에 빠져 있는 자들에게는 걸려 넘어지는 반석이 되겠지만, 하나님의 은혜를 믿음으로 받아들이는 자들에게는 의지할 반석이 될 것이라는 말씀입니다. 선민 이스라엘은 바로 이 '부딪힐 돌'에 부딪히게 된 것입니다.

그런데 이것은 바울 당시 유대인들만의 문제가 아닙니다. 모태신앙을 자랑하면서 실제로는 제대로 된 신앙 생활을 하지 못하고 있는 오늘날의 그리스도인들에게도 그대로 드러나는 문제입니다. 교회를 오래 다녔다는 것이 중요한 일이 아닙니다. 교회에 출석하고 있다는 것이 약속의 자녀라는 증거가 아닙니다. 예수 그리스도의 십자가 복음에 드러난 '하나님의 의'를 믿음으로 받아들여, 하나님의 은혜와 사랑에 뛰어드는 것이 중요합니다.

예수 그리스도의 십자가 복음이 우리를 걸려 넘어지게 하는 걸림돌입니까? 아니면 우리를 하나님 나라의 상속자인 '약속의 자녀'로 만들어주는 구원의 반석입니까? 하나님의 은혜에 대한 믿음의 반응이 우리의 정체성을 결정합니다. 아브라함의 정자를 받은 사람이 '선민'이 아닙니다. 하나님의 은혜를 믿음으로 구원받은 사람이 '선민'입니다. 그들에게 아브라함은 '믿음의 조상'인 것입니다.

우리 모두 '약속의 자녀'라는 자부심을 가지고 당당히 믿음의 길을 걸어갈 수 있기를 간절히 소망합니다.

묵상 질문: 나는 하나님의 은혜에 어떤 반응을 보이고 있습니까?

오늘의 기도: 그리스도의 십자가 복음이 걸림돌이 되지 않게 하옵소서. 나를 약속의 자녀로 만들어주는 구원의 반석이 되게 하옵소서. 그리하여 하나님의 은혜를 믿음으로 받아들임으로 구원받은 선민이 되게 하옵소서. 예수님의 이름으로 기도합니다. 아멘.

구원에 이르는 가장 쉬운 길

읽을 말씀: 로마서 10:1-10

새길 말씀: 네가 만일 네 입으로 예수를 주라 시인하며 또 하나님께서 그를 죽은 자
가운데서 살리신 것을 네 마음에 믿으면 구원을 받으리라. 사람이 마음
으로 믿어 의에 이르고 입으로 시인하여 구원에 이르느니라(롬 10:9-10).

　바울은 지금 하나님의 백성, 선민이라고 하면서도 하나님의 복음을
받아들이지 않는 유대인의 문제와 씨름하고 있습니다.

　앞에서 바울은 유대인들과 출애굽 당시의 파라오를 비교하면서, 이
세상 사람들을 구원하시려고 하는 하나님의 은혜에 순종하지 않고 대적
한다는 점에서 다르지 않다고 했습니다. 하나님의 은혜에 대한 그와 같
은 반응을 통해서 그들이 약속의 자녀가 아니라는 사실을 스스로 드러내
고 있다고 했습니다.

　또한 '토기장이의 비유'를 통해서 하나님의 절대주권과 이 세상을 통
치하는 은혜의 방식에 대해서 설명한 후에, 유대인들은 율법주의 종교

생활에 빠져서 결국 '부딪힐 돌'에 부딪혔다고 했습니다. 바울의 결론은 이것입니다. '선민'이란 아브라함의 혈통을 '이어받은 사람'이 아니라, 하나님의 은혜를 믿음으로 '구원받은 사람'이라는 것입니다.

바울의 간구

그렇다면 어떻게 해야 할까요? 하나님의 은혜를 거부함으로써 스스로 약속의 자녀라는 정체성을 거부하고 있는 유대인들을 과연 어떻게 하는 것이 좋을까요? 바울의 번민이 더욱 깊어지고 있습니다. 이 씨름은 11장까지 계속 이어집니다.

> **형제들아 내 마음에 원하는 바와 하나님께 구하는 바는 이스라엘을 위함이니 곧 그들로 구원을 받게 함이라**(롬 10:1).

바울은 이스라엘의 구원을 마음에 원하고 있고, 또한 하나님께 구하고 있다고 합니다. 여기에서 '원하는 바'와 '구하는 바'에 주목할 필요가 있습니다. 이에 해당되는 헬라어는 각각 '유도키아εὐδοκία, eudokia'와 '데에시스δέησις, deésis'입니다. '유도키아'를 영어로 직역하면 'good-will선한 뜻' 또는 'good-pleasure선한 즐거움'가 됩니다. 이에 비해서 '데에시스'는 'supplication탄원', 또는 'entreaty간청'으로 표현합니다. 기도를 통해서 하나님께 애원하는 '간구懇求'를 의미합니다.

부모는 자녀들에 대한 선한 뜻을 가지고 있습니다. 이 세상에 자녀가 잘 되는 것을 바라지 않는 부모가 어디에 있겠습니까? 그렇게 마음에 품고 있는 '원하는 바'를 '유도키아'라고 합니다. 그러나 자녀를 위해 품고 있는 '선한 뜻'을 하나님 앞에 내어놓고 기도로 탄원하는 부모들은 생각보다 그리 많지 않습니다. 그러면서 스스로 좋은 부모라고 생각하면 안 됩니다. 진정한 사랑은 반드시 기도로 표현되어야 합니다.

바울은 동족 유대인에 대해서 마음으로 '원하는 바'가 있었습니다. 그것은 그들도 예수 그리스도의 복음을 받아들여 구원을 받는 것입니다. 동족 유대인을 향한 안타까운 마음을 바울은 이미 앞에서 이렇게 언급한 적이 있습니다.

> **나의 형제 곧 골육의 친척을 위하여 내 자신이 저주를 받아 그리스도에게서 끊어질지라도 원하는 바로라(롬 9:3).**

물론 바울이 그리스도에게서 끊어지는 것은 상상할 수도 없는 일입니다. 하나님께서 그를 놓지 않으실 것이기 때문입니다. 그렇지만 만일 그렇게 해서라도 유대인들이 구원을 받을 수만 있다면 좋겠다는 말입니다. 이것이 바로 '유도키아'입니다. 바울은 마음으로만 원하지 않았습니다. 하나님께 간절히 구했습니다. 그것이 '데에시스'입니다.

이와 같은 간절함 속에서 바울은 유대인의 문제를 본격적으로 '진단'하기 시작합니다. '판단判斷'과 '진단診斷'의 차이는 바로 여기에 있습니다. 상대방의 구원을 간절히 원하는 사람은 문제를 진단합니다. 진단의 목적은 치료하기 위해서입니다. 문제가 무엇인지 정확하게 알아야 치료가 가능해지는 법입니다. 판단은 진단과 다릅니다. 판단에는 상대에 대한 안타까움이나 치료의 동기가 전혀 없습니다. 그래서 상대방을 정죄하는 죄에 빠지게 되는 것이지요.

바울의 진단

바울은 유대인의 종교 생활을 다음과 같이 진단합니다.

²내가 증언하노니 그들이 하나님께 열심이 있으나 올바른 지식을 따른 것이 아니니라. ³하나님의 의를 모르고 자기 의를 세우려고 힘써 하나님의 의에 복종하지 아니하였느니라(롬 10:2-3).

유대인의 율법주의 종교 생활에 대한 바울의 진단은 두 가지입니다. "열심은 있으나 올바른 지식을 따르지 않았다"는 것과 "자기 의를 세우려다 하나님의 의에 복종하지 않았다"는 것입니다. 이 두 가지로 우리 자신의 신앙 생활을 한번 진단해볼 필요가 있습니다.

유대인들은 '열심'을 신앙 생활에 가장 가치 있는 덕목으로 생각했습니다. 이 점에 있어서는 한국교회도 별반 다르지 않습니다. 한자어 '열심熱心'이 의미하는 것처럼, 뜨겁게 열정적으로 신앙 생활 해야 하나님을 잘 섬기는 것이라고 사람들은 생각합니다. 그래서 라오디게아 교회의 미지근한 태도에 대한 주님의 책망에 크게 공감합니다(계 3:15-16). 그러나 '열심'보다 더 중요한 것이 있습니다. 그것은 복음에 대한 '올바른 지식'입니다.

'열심'에는 '올바른 지식'의 가이드가 반드시 필요합니다. 우리말 '열심'에 해당되는 헬라어는 '젤로스ζῆλος, zelos'인데, 이를 영어로는 'eagerness열망' 또는 'zeal열성'로 번역합니다. 그 외에 'rivalry경쟁'이라는 뜻도 있습니다. 그러니까 경쟁상대보다 더 잘하려는 마음의 동기에서 '열심'이 나온다는 것입니다.

물론 오늘날과 같은 무한경쟁 시대 속에서 살아남기 위해서 우리에게 '열심'은 필수적입니다. 그렇지만 신앙 생활에서의 '열심'은 다른 사람과의 경쟁에서 이기기 위한 것이 아닙니다. 오히려 다른 사람을 사랑하기 위한 '열심'이요, 이웃을 구원하기 위한 '열심'이어야 합니다.

그런데 유대인들은 이와 같은 올바른 지식이 없이 무작정 열심히만 했습니다. 그러다가 율법주의 종교 생활에 빠지게 되었습니다. 그것이 바로 유대인에 대한 바울의 두 번째 진단입니다. 그들은 '하나님의 의'가 무엇인지도 모르면서 오직 '자기 의'를 세우기 위해서 힘썼던 것입니다. 그러다가 결국 '하나님의 의'에 복종하지 않았다고 바울은 말합니다. 여기에서 바울이 말하는 '하나님의 의'는 바로 예수 그리스도의 복음에 나타난 '하나님의 의'를 가리킵니다(롬 1:17).

이와 같은 '진단'은 사실 바울 자신의 체험에서부터 나온 고백입니다. 예수님을 만나기 전까지 바울은 자신이 하나님을 잘 섬기는 줄 알고 있었습니다. 그는 모든 일에 열심이었습니다. 율법을 배우는 일에 있어서도, 율법을 지키는 일에 있어서도 둘째가라면 서러울 정도였습니다. 자신의 신앙적인 열심을 증명하기 위해서 바울은 그리스도인을 박해했고, 다메섹 원정에도 솔선수범하여 나섰습니다.

그러나 예수님을 만나고 나서야 비로소 자신의 열심히 하는 것이 오히려 하나님의 일에 방해가 되고 있었다는 사실을 깨닫게 됩니다. 그러고 나서 '열심'의 내용이 180도 달라졌습니다. '죽이는 열심'에서 '살리는 열심'으로 바뀌었던 것입니다.

이 대목에서 라오디게아 교회에 대한 주님의 책망에 대해서 살펴보아야 하겠습니다. 사도 요한이 요한계시록을 쓸 당시의 라오디게아는 아주 부요한 도시였습니다. 그렇지만 물이 모자라서 다른 지방에서 물을 공급받고 있었습니다. 동쪽으로 한 16킬로미터 떨어진 곳에 있는 '골로새Colossae'로부터 찬물을 공급받았습니다. 북쪽으로 10킬로미터 정도 떨어진 '히에라볼리Hierapolis'에서부터 뜨거운 온천수도 공급받았습니다. 말하자면 냉수와 온수가 공급되는 수도시설을 갖추고 살았던 것이지요.

문제는 먼 곳에서 물을 끌어오다 보니까 처음에는 분명히 냉수와 온수였는데 도중에 찬물도 뜨거운 물도 아닌 미지근한 물이 되곤 했다는 것입니다. 바로 이와 같은 상황에 빗대어 주님은 라오디게아 교회의 신앙상태를 책망하고 계시는 것입니다.

찬물은 차야 하고 뜨거운 물은 뜨거워야 합니다. 그래야 각각 유용하게 사용할 수 있습니다. 이 말씀을 처음의 '열심'이 식은 것을 책망하는 것으로 해석하면 안 되지요. 오히려 머리는 냉철한 이성을 가지고 있어야 하지만 가슴은 사랑으로 뜨거워야 한다는 말씀으로 이해하는 것이 맞습니다.

복음의 올바른 지식

신앙적인 열심보다 예수 그리스도의 복음에 대한 올바른 지식이 더 중요합니다. 바울은 복음의 올바른 지식을 이렇게 설명합니다.

> ⁴그리스도는 모든 믿는 자에게 의를 이루기 위하여 율법의 마침이 되시니라(롬 10:4).

여기에서 우리말 '마침'으로 번역된 헬라어는 '텔로스τέλος, telos'입니다. 이를 영어로는 'end끝', 'purpose목적' 또는 'conclusion결론' 등으로 번역합니다. 따라서 "그리스도가 율법의 마침이 되신다"는 말씀을 "그리스도께서 나타나심으로 율법은 끝이 났다"(공동번역)는 뜻으로 해석할 수도 있고, "그리스도가 오심으로 율법의 진정한 목적을 드러내셨다"는 뜻으로 해석할 수도 있습니다. 저는 후자로 이해합니다. 왜냐하면 주님은 "율법을 폐하러 오시지 않았다"고 분명히 말씀하셨기 때문입니다(마 5:17).

자, 그렇다면 율법의 목적이 무엇입니까? 이미 앞부분에서 바울은 율법이 필요한 이유를 이렇게 설명했습니다.

> 그러므로 율법의 행위로 그의 앞에 의롭다 하심을 얻을 육체가 없나니 율법으로는 죄를 깨달음이니라(롬 3:20).

이 말씀을 묵상하면서 율법이 필요한 두 가지 이유가 있다고 설명했지요. 율법은 죄를 깨닫게 함으로써 사람들의 입을 닫게 만든다는 것과, 율법의 행위로는 구원을 얻을 수 없다는 것을 알게 된다는 것이었습니다. 그렇다면 하나님은 구원을 받는데 아무런 소용이 없는 율법을 왜 주셨습니까? 그것은 예수 그리스도의 복음에 나타난 '하나님의 의'를 깨닫게 하기 위해서라고 했습니다.

오늘 4절 본문 말씀이 바로 그 점을 지적하고 있습니다. 예수 그리스도께서 오심으로 율법이 필요한 이유와 목적이 분명하게 드러났습니다. 율법으로는 그 누구도 하나님과 바른 관계를 맺지 못한다는 사실을 알게 된 것입니다. 그리고 오직 예수 그리스도를 믿음으로써 하나님 앞에 의롭다함을 얻고 구원을 받을 수 있다는 것이 선포되었습니다. 이와 같은 복음의 올바른 지식의 가이드가 있어야 하나님을 향한 '열심'이 바른 방향을 잡게 되는 것입니다.

잘 알지도 못하면서 무작정 열심히 신앙 생활하는 것은 아주 위험천만한 일입니다. 그러다가 빠지는 두 가지 함정이 있습니다. 그 하나는 '자기도취'이고 다른 하나는 '자포자기'입니다. 유대인의 율법주의 종교 생활은 '자기도취'의 함정으로 인도했습니다. 자기가 마치 의인이라도 된 듯이 다른 사람을 함부로 판단하고 정죄하는 죄를 짓게 했습니다.

반면에 나름대로 한때 열심히 신앙 생활하던 사람들이 어느 순간 한번 삐끗하고 나서 '자포자기'라는 함정의 나락으로 떨어지는 것을 종종 보게 됩니다. 자기 자신의 힘으로 해보려고 하기에 그렇습니다. 생각처럼 잘 안 되니까 실망하게 되고, 거기에다 이런저런 시험까지 겹치게 되면 아예 포기하고 마는 것입니다.

그렇기에 잘 알고 믿어야 합니다. 복음에 대한 정확한 지식이 없이 무작정 열심히 믿기만 하면 된다고 생각하니까 늘 실패하는 것입니다.

의에 이르는 두 가지 길

계속해서 바울은 하나님과 올바른 관계에 들어가는 두 가지 방법을 비교하여 설명합니다.

5모세가 기록하되 율법으로 말미암는 의를 행하는 사람은 그 의로 살리라 하였거니와 6믿음으로 말미암는 의는 이같이 말하되 네 마음에 누가 하늘에 올라가겠느냐 하지 말라 하니 올라가겠느냐 함은 그리스도를 모셔 내리려는 것이요 7혹은 누가 무저갱에 내려가겠느냐 하지 말라 하니 내려가겠느냐 함은 그리스도를 죽은 자 가운데서 모셔 올리려는 것이라. 8그러면 무엇을 말하느냐 말씀이 네게 가까워 네 입에 있으며 네 마음에 있다 하였으니 곧 우리가 전파하는 믿음의 말씀이라(롬 10:5-8).

'율법으로 말미암는 의'(the righteousness that is by the law)는 율법을 행함으로 하나님과 올바른 관계에 들어가서 구원을 받는 방법을 말합니다. 이것에 대해서 바울은 레위기 18장 말씀을 인용하여 설명합니다.

너희는 내 규례와 법도를 지키라. 사람이 이를 행하면 그로 말미암아 살리라. 나는 여호와이니라(레 18:5).

이 말씀은 "율법을 행하면 복을 많이 받으면서 살게 될 것이다"라는 뜻보다는 "율법을 행하지 않으면 죽을 것이다"라는 뉘앙스로 들립니다. 그래서 메시지 성경은 로마서 본문을 이렇게 풀이합니다.

모세가 기록했듯이, 한사코 율법 조문을 이용해 하나님 앞에 바로 서겠다는 자들은, 곧 그렇게 사는 -깨알 같은 계약서 조항들에 일일이 얽매여 사는!- 것이 결코

쉽지 않다는 사실을 알게 됩니다(롬 10:5, 메시지).

정말 그렇습니다. 율법을 온전히 지킴으로 하나님 앞에 의롭게 될 수 있다는 것은 사실 사막의 신기루와 같은 이야기입니다. 아무리 그렇게 행해도 결국 다다르지 못할 요원한 목표입니다. 그러나 다행스럽게도 그 것이 유일한 길이 아닙니다. '믿음으로 말미암는 의'(the righteousness that is by faith)가 있습니다. 이것은 예수 그리스도의 복음에 나타난 '하나님의 의'를 믿음으로써 하나님과 올바른 관계에 들어가는 길입니다.

이 길을 설명하기 위해서 바울은 신명기 30장 말씀을 길게 인용합니 다(신 30:12-14). 그냥 읽으면 무슨 뜻인지 감 잡기 쉽지 않지만, 간단하게 풀이하면 구원을 얻기 위해서 우리가 무얼 힘들게 해야 할 필요가 없다는 말씀입니다. 우리가 예수 그리스도의 복음을 단지 믿기만 하면 하나님께 서 우리를 의롭다고 인정해주십니다. 그것이 바로 '하나님의 의'입니다.

그렇다면 메시아를 모셔오겠다고 우리가 하늘에 올라갈 필요도 없습 니다. 또는 죽은 예수님을 다시 살리겠다고 우리가 무저갱無底坑, 즉 죽음 의 세계까지 내려갈 필요도 없습니다. 우리는 그냥 그 사실을 믿기만 하 면 되는 것입니다.

그런데 그 사실이 어디에 기록되어 있습니까? 하나님의 말씀에 기록 되어 있습니다. 그 말씀이 얼마나 가깝게 있는지 우리의 입에 있고 마음에 있습니다. 우리는 그것을 믿기만 하면 됩니다. 하나님이 우리의 구원을 위해 일해 놓으신 것을 믿음으로 받아들이기만 하면 되는 것입니다. 율법 을 지키기 위해서 허덕거리는 것과 비교하면 이 얼마나 쉬운 길입니까?

어떻게 구원을 받는가?

지금까지 바울은 유대인들의 종교 생활을 진단하면서 올바른 지식이

없는 '열심'의 위험성에 대해서 설명했습니다. 그리고 그들이 지키고 있
는 율법을 행함으로 구원을 얻는 길 말고 다른 길이 있다는 것을 소개했
습니다. 그것은 예수 그리스도의 복음에 나타난 하나님의 의를 믿음으로
받아들이는 길이라고 했습니다. 그러면서 그 길이 얼마나 쉬운지 설명했
습니다.

이제 바울은 실제로 구원을 받는 구체적인 방법을 이야기합니다.

> 9네가 만일 네 입으로 예수를 주로 시인하며 또 하나님께서 그를 죽은 자 가운데
> 서 살리신 것을 네 마음에 믿으면 구원을 받으리라. 10사람이 마음으로 믿어 의에
> 이르고 입으로 시인하여 구원에 이르느니라(롬 10:9-10).

예수 그리스도의 복음에 나타난 '하나님의 의'를 받아들여 구원을 받
는 방법은 먼저 "입으로 예수를 주로 시인하는 것"입니다. 여기에서 '시인
하다'에 해당되는 헬라어는 '호모로게오$\delta\mu o\lambda o\gamma \acute{\epsilon}\omega$ homologeó' 동사입니다. 영
어로는 'confess', 또는 'admit' 등으로 번역합니다. 본래의 의미는 '같은
일을 말하는 것'(to speak the same thing)입니다. 그러니까 베드로가 고백
했듯이 "예수님이 나의 주님이십니다!"라고 똑같이 말을 하면 된다는 겁
니다.

그다음 단계는 "하나님께서 그를 죽은 자 가운데서 살리신 것을 마음
에 믿는 것"입니다. 즉 예수님이 부활하셨다는 사실을 믿음으로 마음에
받아들이라는 겁니다. 그러면 구원을 받습니다! 이렇게 간단하고 쉬울
수가 있을까요. 그런데 이렇게 고백하는 것이 말처럼 쉽지는 않습니다.
왜냐하면 "마음으로 믿는다"라는 것은 개인적인 고백이지만, "입으로 시
인한다"는 것은 공개적인 고백이기 때문입니다.

초대교회의 순교자들은 예수 그리스도를 입으로 시인하다 순교자가
되었습니다. 그러나 그들은 찬송하면서 담대히 순교의 길을 갔습니다.

예수님이 부활하셨듯이 그들 또한 부활에 대한 분명한 믿음이 있었기 때문입니다.

그런데 구원을 받는다는 말을 나중에 죽어서 천국에 들어간다는 뜻으로 축소시키면 안 됩니다. 오히려 그렇게 고백하는 순간 천국이 나의 삶 속에 들어온다는 뜻입니다. 그래서 그 순간부터 기쁨과 감사가 넘치는 천국을 살기 시작하는 것이지요. 이 세상에서 천국을 경험하지 못하는 사람들이 어떻게 죽은 다음에 천국에 들어갈 수 있겠습니까? 또 들어간다고 해도 얼마나 어색하겠습니까?

아무튼 구원받는 방법이 너무나 쉽다고 생각할지 모릅니다. 아이러니한 것은 너무나 쉽기에 이 길을 선택하지 않는 사람들이 많다는 사실입니다. 율법주의 종교 생활에 익숙한 탓입니다. 구원을 얻기 위해서 무언가 자신들이 힘들게 일을 해야 한다고 생각하는 것이지요. 그 선입관을 버리는 것이 참 힘든 일입니다.

오늘 말씀 묵상을 메시지 성경의 풀이로 마무리하겠습니다.

이는 여러분이 무엇인가 "해버는" 것이 아닙니다. 여러분은 그저 하나님을 소리 내어 부를 뿐입니다. 그분께서 여러분을 위해 일하실 것을 신뢰하면서 말입니다. 이것이 바로 구원입니다(롬 10:10, 메시지).
You're not "doing" anything; you're simply calling out to God, trusting him to do it for you. That's salvation.

우리가 가지고 있는 신앙의 열심은 어떤 종류의 것입니까? 복음에 대한 올바른 지식으로 인도함을 받은 열심입니까? 이 세상에는 아직도 예수님을 영접하지 않고 멸망의 길을 선택하여 걸어가는 사람들이 많이 있습니다. 그 영혼을 구원하기 원하시는 하나님의 마음을 품고 하나님과 함께 일하는 우리의 나머지 생애가 되기를 간절히 소망합니다.

묵상 질문: 내가 가지고 있는 신앙의 열심은 과연 어떤 종류인가요?

오늘의 기도: 어떤 경우에도 율법주의 종교 생활의 함정에 빠지지 않게 하옵소서. 그리스도의 복음을 마음으로 믿고 입으로 시인함으로 구원에 이르는 길을 따르게 하옵소서. 죽어 가는 영혼들을 위해 뜨거운 심장으로 복음을 위해 일하는 우리가 되게 하옵소서. 예수님의 이름으로 기도합니다. 아멘.

순종할 때 믿음이 생긴다!

읽을 말씀: 로마서 10:11-21

새길 말씀: 그러나 그들이 다 복음을 순종하지 아니하였도다. 이사야가 이르되 주
여 우리가 전한 것을 누가 믿었나이까 하였으니 그러므로 믿음은 들음
에서 나며 들음은 그리스도의 말씀으로 말미암았느니라(롬 10:16-17).

앞 장에서 우리는 '구원에 이르는 가장 쉬운 길'에 대해서 살펴보았습
니다. 율법주의 종교 생활을 통해서 구원에 이르는 것은 이론상으로만
가능할 뿐, 실제로는 전혀 불가능합니다. 그렇지만 사람들은 자신의 힘
으로 어떻게든 해내려고 애를 씁니다. 만일 구원에 이르는 다른 길이 없
다면 그렇게라도 해야 할지 모릅니다.

그러나 하나님은 우리에게 율법 외의 다른 길을 분명히 보여주셨습
니다. 그것이 바로 예수 그리스도의 복음에 나타난 '하나님의 의'입니다.
우리는 단지 믿음으로 복음을 받아들여 그 길에 뛰어들기만 하면 됩니다.
그런데 유대인들은 쉬운 길을 버리고 그토록 힘든 율법주의 종교 생활에

매달리고 있었던 것입니다. 그것을 가리켜서 바울은 "열심은 있으나 올바른 지식을 따른 열심이 아니라"(롬 10:2)고 말합니다.

우리가 구원을 받는 가장 쉬운 방법이 있습니다. 앞 장에서 묵상한 9-10절 말씀을 다시 한 번 읽어보겠습니다.

> 9네가 만일 네 입으로 예수를 주로 시인하며 또 하나님께서 그를 죽은 자 가운데서 살리신 것을 네 마음에 믿으면 구원을 받으리라. 10사람이 마음으로 믿어 의에 이르고 입으로 시인하여 구원에 이르느니라(롬 10:9-10).

어떻게 구원을 받을 수 있습니까? 마음으로 믿는 '개인적인 고백'과 입으로 시인하는 '공개적인 고백'을 통해 우리는 구원에 이를 수 있습니다. 이보다 더 쉬운 구원의 길은 없습니다. 오늘은 그다음에 이어지는 말씀을 묵상하겠습니다.

누가 구원을 받는가?

11-13절입니다.

> 11성경에 이르되 **누구든지** 그를 믿는 자는 부끄러움을 당하지 아니하리라 하니 12유대인이나 헬라인이나 차별이 없음이라. 한 분이신 주께서 **모든 사람의** 주가 되사 그를 부르는 **모든 사람**에게 부요하시도다. 13**누구든지** 주의 이름을 부르는 자는 구원을 받으리라(롬 10:11-13).

누가 구원을 받을 수 있을까요? 그 대답은 '누구든지'와 '모든 사람'입니다. 예수님을 주님으로 시인하는 사람이라면 '누구든지' 구원을 받습니다. 마음으로 믿고 입으로 시인하는 '모든 사람'이 구원을 받습니다. 구원에 있어서는 어떤 차별도 없습니다. 유대인이기 때문에 받는 특별대우도 없고, 이방인이기 때문에 받는 불이익도 없습니다. 누구든지 믿기만 하면 구원을 받습니다. 그 반대도 마찬가지입니다. 누구든지 믿지 않으면 구원을 받지 못합니다.

이것은 성경 전체를 통해서 확인할 수 있는 진리입니다. 바울이 11절에서 인용한 말씀은 이사야 28장 16절입니다. 13절에서 인용한 말씀은 요엘 2장 32절입니다. 요한복음 3장 16절에서 우리 주님은 이렇게 말씀하셨습니다. "하나님이 세상을 이처럼 사랑하사 독생자를 주셨으니 이는 **그를 믿는 자마다** 멸망하지 않고 영생을 얻게 하려 하심이라." 예수님을 믿는 자라면 누구든지 영생을 얻을 수 있습니다. 이것이 일관된 하나님의 뜻입니다.

그런데 율법주의 종교 생활은 '구원'에 이런 저런 조건을 만들어 붙입니다. 유대인들은 하나님의 구원에 '선민選民'이라는 전제조건을 달았습니다. 먼저 할례를 받고 유대인이 되어야 구원을 받을 수 있다는 것입니다. 거기에다가 율법을 지켜야 구원을 받을 수 있다는 조건까지 더했습니다. 그래놓고 이방인들과 율법을 지키지 않는 사람들을 함부로 판단하고 정죄했습니다. 하나님께서 활짝 열어놓으신 구원의 문을 닫아버리려고 했던 것이지요.

제가 속한 감리교회의 장정이 얼마 전에 개정되었는데, 그 내용을 살펴보다가 한 가지 걱정스러운 대목을 발견하게 되었습니다. 그것은 '교인의 권리' 항목에 "세례받은 교인은 성찬식에 참례한다"라는 대목입니다. 그전까지는 "교인은 성찬식에 참례한다"로 되어있었는데, '교인'을 '세례받은 교인'으로 바꾸어 놓은 것이지요. 이게 무슨 뜻인지 아십니까? 세례받지 못하면 성찬식에 참례할 수 없다는 뜻입니다.

'성찬식'은 예수 그리스도의 복음을 가장 잘 설명해주는 예식입니다. 이 예식을 통해서 우리는 "우리가 아직 죄인 되었을 때에 우리를 위해 죽으심으로 하나님의 사랑을 확증해 주신" 십자가 사건을 재현하는 것입니다. 그런데 그 사건에 참례하는 데 자격을 두겠다니요! 그것은 십자가를 통해서 부어주신 구원의 은혜를 오직 세례받은 교인에게만 제한하겠다는 뜻입니다. 그것은 예수님이 세례받은 교인을 위해서만 십자가에 달려 죽었다고 주장하는 것과 크게 다르지 않습니다. 그것은 '세례'라는 잣대로 모든 사람을 위한 하나님의 은혜에 차별을 두겠다는 생각입니다.

이와 같은 주장과, 할례를 받고 선민選民이 되어야만 구원을 받을 수 있다는 유대인들의 주장과 무슨 차이가 있습니까? "예배를 통한 말씀과 성례전을 은혜의 수단이라고 믿는다"고 분명히 해놓고서, 그 은혜의 수단에 참례할 수 있는 자격 제한을 두는 것이 과연 어울리기라도 한단 말입니까? 만일 그런 식이라면 예배에 참례하는 자격도 세례받은 교인으로 한정해야 할 것입니다. 게다가 성찬식이 '교인의 권리'라니요. 차라리 '교인의 의무'라고 하면 또 모르겠습니다. 하나님의 은혜를 받을 차별화된 권리가 과연 누구에게 있다는 것입니까?

바로 이런 것들이 지금도 우리 안에 여전히 남아 있는 율법주의 종교생활의 잔재입니다. 하나님의 은혜 앞에서 그 어떤 제한도, 그 어떤 차별도 있어서는 안 됩니다. 누구든지 예수님을 믿으면 구원을 받습니다. 그 어떤 이유로도 부끄러움을 당하지 않습니다. 그래서 복음입니다.

복음의 전달통로

계속해서 바울은 예수 그리스도의 복음이 전달되는 통로를 설명합니다.

14그런즉 그들이 믿지 아니하는 이를 어찌 부르리요. 듣지도 못한 이를 어찌 믿으리요. 전파하는 자가 없이 어찌 들으리요. 15보내심을 받지 아니하였으면 어찌 전파하리요. 기록된 바 아름답도다 좋은 소식을 전하는 자들의 발이여 함과 같으니라(롬 10:14-15).

여기에서 바울은 우리가 믿음을 갖기까지 수많은 사람을 통한 여러 단계가 있었다는 것을 거꾸로 거슬러 올라가면서 설명합니다. 앞에서 바울은 누구든지 예수의 이름을 부르는 자는 구원을 받는다고 선포했습니다(13절).

그런데 예수의 이름을 부르려면 먼저 예수님을 믿어야 합니다. 예수님을 믿으려면 먼저 예수님에 대해서 들어야 합니다. 예수님에 대해서 들으려면 먼저 누군가가 예수님에 대해 이야기해주어야 합니다. 그와 같은 예수 그리스도의 복음을 전파하려면 먼저 보내심을 받아야 합니다. 바울은 여기에서 멈추지만 저는 그 앞에 한 단계가 더 있다고 봅니다. 보내심을 받으려면 먼저 누군가가 그 사람을 보내야 합니다. 그분이 누구입니까? 하나님이십니다.

이 말씀을 묵상하면서 온몸에 전율을 느끼지 않을 수 없었습니다. 왜냐하면 제가 예수님을 믿고 구원받기까지 수많은 사람을 통해 저에게까지 복음이 전해져왔다는 사실을 새삼스럽게 깨닫게 되었기 때문입니다. 저는 부모님을 통해서 예수님을 믿게 되었습니다. 제 아버님은 할머님을 통해서 믿게 되었습니다. 그리고 자녀 중에 주의 종이 세워지기를 평생 기도하셨던 할머님의 기도의 응답으로 목회자가 되셨습니다.

그렇다면 할머님은 누구를 통해서 복음을 믿게 되었을까요? 저는 알 수 없습니다. 생전에 할머님을 본 적도 없습니다. 그러나 분명히 누군가가 있었을 겁니다. 그렇게 거슬러 올라가다 보면 어디까지 가게 될까요? 바울과 아브라함을 거쳐서 마침내 하나님에게까지 다다르게 되는 것입니다.

그러니까 제 앞에 있는 믿음의 선배들이 모두 제가 구원받을 수 있도록 복음을 전하는 통로가 되어주었던 것입니다. 그 복음은 저를 통해서 또한 누군가에게 계속 흘러가게 될 것입니다. 그 끝에 누가 있을지, 또한 얼마나 많은 사람이 있을지 아무도 모릅니다. 그렇게 마지막 때까지 구원의 역사를 이루어 가시는 분이 바로 우리 하나님이십니다. 그러니 기쁜 소식을 전하는 이들의 발걸음이 얼마나 아름다운지요!

그러나 모든 사람들이 다 그들에게 전해진 복음을 받아들인 것은 아닙니다. 복음의 전달 통로가 끊어지거나 막혀버린 사람들도 적지 않습니다.

16그러나 그들이 다 복음을 순종하지 아니하였도다. 이사야가 이르되 주여 우리가 전한 것을 누가 믿었나이까 하였으니 17그러므로 믿음은 들음에서 나며 들음은 그리스도의 말씀으로 말미암았느니라. 18그러나 내가 말하노니 그들이 듣지 아니하였느냐. 그렇지 아니하니 그 소리가 온 땅에 퍼졌고 그 말씀이 땅 끝까지 이르렀도다 하였느니라(롬 10:16-18).

우리말 '순종하다'로 번역된 헬라어는 '후파쿠오ὑπακούω, hupakouó' 동사입니다. 로마서 6장 12절에서 바울은 "너희는 죄가 너희 죽을 몸을 지배하지 못하게 하여 몸의 사욕에 순종하지 말라."고 했는데, 여기에서 '순종하다'가 바로 '후파쿠오'입니다. 이는 '후포ὑπό, under'와 '아쿠오ἀκούω, hear'의 합성어로서, 고분고분 따른다는 의미입니다.

그렇다면 "그들이 다 복음을 순종하지 않았다"는 것이 무슨 뜻입니까? 모든 사람이 다 그렇게 복음에 고분고분 따른 것은 아니라는 뜻입니다. 그러면서 바울은 이사야의 말을 인용합니다. "주여, 우리가 전한 것을 누가 믿었나이까"(사 53:1). 이것은 이사야의 탄식입니다. 하나님이 전하라고 주신 말씀을 전했습니다. 그러나 믿는 사람이 없더라는 것입니다.

18절에서도 바울은 "그들이 듣지 않았느냐?"고 묻습니다. 그러면서 "그 말씀이 땅끝까지 이르렀다"라고 합니다. 무슨 뜻입니까? 복음은 이미 땅 끝까지 전해졌습니다. 그러나 그들이 모두 다 복음을 받아들인 것은 아니라는 말씀입니다. 그 이유가 무엇일까요? 그 설명이 바로 17절입니다.

> 그러므로 **믿음은 들음에서 나며** 들음은 그리스도의 말씀으로 **말미암았느니라** (롬 10:17).

아주 유명한 말씀입니다. 그런데 이게 무슨 뜻일까요? 공동번역 성경과 메시지 성경이 이 부분을 아주 잘 풀이하고 있습니다.

> 그러므로 **들어야 믿을 수 있고** 그리스도를 **전하는 말씀이 있어야** 들을 수 있습니다(롬 10:17, 공동번역).
> 중요한 것은 이것입니다. 신뢰할 수 있으려면 먼저 **귀 기울여 들어야 합니다.** 그러나 귀 기울여 들을 것이 있으려면 먼저 **그리스도의 말씀이 전해져야 합니다**(롬 10:17, 메시지).

저는 이것을 '복음을 전하는 자'와 '복음을 듣는 자'에게 동시에 요구하는 말씀으로 이해합니다. '복음을 듣는 자'에게는 먼저 '들을 귀'가 있어야 합니다. 귀 기울여 들어야 합니다. 사람들은 듣고 싶은 것만 들으려고 하는 경향이 있습니다. 자신의 관심 밖의 일들에 대해서는 잘 듣지 못합니다. 설교 시간에 딴생각만 하다가 가는데 무슨 믿음이 생기겠습니까? 먼저 잘 들어야 합니다. 이것이 바로 "믿음은 들음에서 난다"는 말씀의 뜻입니다.

그러나 이와 동시에 '복음을 전하는 자'가 복음을 제대로 전해야 합니다. '그리스도를 전하는 말씀'이 있어야 사람들이 들을 수 있습니다. 소문난 잔치에 먹을 것 없다고, 유명한 부흥강사를 모셔왔는데 들을 말씀이 없는 경우가 얼마나 많이 있는지 모릅니다. 자기 교회 자랑이나 하고 자기 지식과 경험을 자랑하는 그런 설교를 통해서 어떻게 믿음을 가질 수 있겠습니까?

따라서 성도들이 귀 기울여 들을 것이 있으려면, 먼저 '그리스도의 말씀'이 전해져야 합니다. 이것이 바로 "들음은 그리스도의 말씀으로 말미암는다"는 것입니다. 그리고 이 두 가지는 동시에 이루어져야 합니다. '복음을 전하는 자'와 '복음을 듣는 자' 모두에게 요구되는 말씀입니다. 그럴 때 복음의 전달통로가 시원하게 뚫리게 되고 그것을 통해서 믿음의 역사, 구원의 역사, 생명의 역사가 나타나는 것이지요.

이스라엘의 불순종

바울은 계속해서 유대인이 복음을 받아들이지 못하는 문제에 집중합니다.

> 그러나 내가 말하노니 이스라엘이 알지 못하였느냐. 먼저 모세가 이르되 내가 백성 아닌 자로써 너희를 시기하게 하며 미련한 백성으로써 너희를 노엽게 하리라 하였고…(롬 10:19).

지금 바울은 십자가의 복음을 거부하는 선민選民 이스라엘의 문제와 씨름하고 있는 중입니다. 조금 전에 바울은 복음을 듣는 자에게도 문제가 있을 수 있지만, 복음을 전하는 자에게도 문제가 있을 수 있다는 점을 이야기했습니다. 그렇다면 유대인이 예수 그리스도의 복음을 받아들이지 못하는 이유는 어디에 있을까요? 복음을 듣는 자입니까? 아니면 복음을 전하는 자입니까?

바울은 복음을 듣는 유대인 자신에게 문제가 있다고 이야기합니다. 이스라엘이 하나님의 말씀에 불순종했던 과거의 역사가 바로 그것을 증명하고 있다는 것이지요. 그러면서 모세 이야기를 꺼냅니다. 19절에 인용된 말씀은 신명기 32장 21절입니다.

> 그들이 하나님이 아닌 것으로 내 질투를 일으키며 허무한 것으로 내 진노를 일으켰으니 나도 백성이 아닌 자로 그들에게 시기가 나게 하며 어리석은 민족으로 그들의 분노를 일으키리로다(신 32:21).

"하나님 아닌 것으로 질투를 일으켰다"라는 말씀은 이스라엘 백성들의 우상숭배를 가리킵니다. 하나님께서 제일 싫어하는 것이 우상 숭배였습니다. 십계명 중에서 가장 앞에 놓인 세 가지 계명이 모두 우상 숭배와 관련된 것도 바로 그 때문이었습니다. 그런데 이스라엘 백성들은 하나님의 말씀에 불순종하여 끈질기게도 우상 숭배의 유혹에 넘어갔습니다. 그래서 하나님은 '백성이 아닌 자' 즉 선민이 아닌 이방인들을 사랑함으로써 이스라엘로 하여금 시기가 나게 하겠다고 말씀하신 것입니다.

그다음에 바울은 이사야의 예언을 언급합니다.

> 이사야는 매우 담대하여 내가 나를 찾지 아니한 자들에게 찾은 바 되고 내게 묻지 아니한 자들에게 나타났노라 말하였고…(롬 10:20).

이 말씀은 이사야 65장 1절을 인용한 것입니다.

> 나는 나를 구하지 아니하던 자에게 물음을 받았으며 나를 찾지 아니하던 자에게 찾아냄이 되었으며 내 이름을 부르지 아니하던 나라에 내가 여기 있노라 내가 여기 있노라 하였노라(사 65:1).

'나를 구하지 아니하던 자'와 '나를 찾지 아니하던 자' 그리고 '내 이름을 부르지 아니하던 나라'는 모두 이방인들을 가리킵니다. 그들이 하나님을 찾아와서 하나님을 믿는 백성이 되었다는 것입니다. 이에 비해서 이스라엘 백성들은 어떻게 했을까요?

> 이스라엘에 대하여 이르되 순종하지 아니하고 거슬러 말하는 백성에게 내가 종일 내 손을 벌렸노라 하였느니라(롬 10:21).

이것은 앞에서 인용된 이사야 65장 1절 뒤에 계속 이어지는 말씀입니다.

> 2내가 종일 손을 펴서 자기 생각을 따라 옳지 않은 길을 걸어가는 패역한 백성들을 불렀나니 3곧 동산에서 제사하며 벽돌 위에서 분향하여 내 앞에서 항상 내 노를 일으키는 백성이라(사 65:2-3).

이방인들은 제 발로 하나님을 찾아와서 하나님을 믿는 백성이 되는데, 선민 이스라엘 백성들은 오히려 하나님께서 종일 손을 펴서 불러도 거들떠보지도 않더라는 것입니다. 우상 숭배에 빠져서 그 앞에서 분향하느라 바빠서 하나님이 보이지 않는 것이지요.

바울은 지금 무슨 이야기를 하고 싶은 것일까요? 이스라엘의 불순종은 최근에 갑작스럽게 일어난 일이 아니라는 겁니다. 아주 오래된 못된 습성입니다. 그 악한 습성이 유대인들로 하여금 예수 그리스도의 복음을 거부하고 배척하게 만들고 있다는 것이지요.

21절을 메시지 성경은 이렇게 풀이합니다.

> 날이면 날마다 나는 두 팔 벌려 이스라엘을 불렀지만, 이런 수고에도 내게 돌아온 것은 냉대와 차가운 시선뿐이었다(롬 10:21, 메시지).
> Day after day after day, I beckoned Israel with open arms, And got

nothing for my trouble but cold shoulders and icy stares.

그들을 향해 두 팔을 벌리시는 하나님께 냉랭한 어깨와 차가운 시선으로 응대하는 이스라엘 백성들…. 그래도 여전히 그들을 향한 팔을 거두지 않으시는 하나님의 그 애절한 심정이 큰 아픔으로 다가왔습니다. 바울이 동족 이스라엘에 대해 품고 있는 마음도 이런 아픔이었을 것입니다.

복음에 순종할 때에 우리에게 믿음이 생깁니다. 믿음이 생길 때까지 복음에 순종하는 것을 유보하려고 하지 마십시오. 먼저 순종하기 시작하면 그다음에 믿음이 생기게 되어있습니다. 우리가 복음에 불순종하는 동안 하나님이 마음 아파하십니다. 문제는 하나님의 아픔이 그냥 아픔으로만 남아 있지 않다는 것입니다. 언젠가 진노로 바뀔 때가 반드시 옵니다. 그때가 오기 전에 빨리 회개하고 돌아와야 합니다.

우리에게까지 이렇게 복음이 전해진 것은 정말 놀라운 기적이요 하나님의 은혜입니다. 이 복음이 우리에게서 막히거나 끊어지지 않고 누군가에게 계속 흘러가야 합니다. 그러기 위해서 성령님께서 우리의 삶을 어루만져 주셔서, 만일 막힌 부분이 있다면 시원하게 뚫어주시기를 간구해야 하겠습니다.

묵상 질문: 나에게 전해진 복음이 지금 누군가에게 계속 흘러가고 있습니까?
오늘의 기도: 믿음이 생길 때까지 복음에 순종하는 것을 보류하지 않게 하옵소서. 나에게 전해진 복음에 순종하여 따르게 하시고, 또한 그 복음이 나에게서 막히거나 끊어지지 않고 누군가에게 계속 흘러가게 인도하옵소서. 예수님의 이름으로 기도합니다. 아멘.

은혜로 택하신 남은 자

읽을 말씀: 로마서 11:1-12

새길 말씀: 그런즉 이와 같이 지금도 은혜로 택하심을 따라 남은 자가 있느니라. 만
일 은혜로 된 것이면 행위로 말미암지 않음이니 그렇지 않으면 은혜가
은혜 되지 못하느니라(롬 11:5-6).

바울은 지금 십자가의 복음을 거부하는 선민選民 이스라엘의 문제와
씨름하고 있습니다. 앞 장에서는 "누가 구원을 받을 수 있는가?"라는 질
문에 대한 바울의 대답을 살펴보았습니다.

바울은 **누구든지** 믿기만 하면 구원을 받을 수 있지만, 그렇다고 해서
모든 사람이 구원을 받는 것은 아니라고 말합니다. 그 가장 중요한 이유
는 복음을 듣는 자들의 불순종이라고 했습니다. 유대인의 불순종은 오래
된 악한 습관이라는 점을 지적하면서 그래도 여전히 그들을 향한 구원의
팔을 거두지 않으시는 하나님에 대해서 이야기했습니다.

묵상을 마무리하면서 "복음에 순종할 때 믿음이 생긴다"라는 말씀을

드렸습니다. 믿음이 생기고 난 후에 복음에 순종할 수 있게 되는 것이 아닙니다. 복음에 순종하기 시작하면 믿음이 생기게 되어있습니다. 복음에 순종하는 사람들을 통해서 우리에게 복음이 전해졌습니다. 복음에 순종하는 그들이 바로 '약속의 자녀'입니다. 이 복음이 우리에게서 막히거나 끊어지지 않고 누군가에게 계속 흘러가게 하려면 우리 또한 복음에 순종해야 합니다. 그렇게 '약속의 자녀'가 대를 이어가는 것입니다.

어쨌든 지금까지의 논점을 바탕으로 하여 바울은 로마서 11장에 들어와서 복음을 거부하는 선민 이스라엘 문제에 대한 결론을 도출하려고 합니다.

하나님이 버리셨는가?

앞에서 바울은 하나님의 심정을 이렇게 표현했습니다.

> 날이면 날마다 나는 두 팔 벌려 이스라엘을 불렀지만, 이런 수고에도 내게 돌아온 것은 냉대와 차가운 시선뿐이었다(롬 10:21, 메시지).

그들을 향해 두 팔을 벌리시는 하나님께 차갑게 응대하는 이스라엘 백성들, 그래도 여전히 그들을 향한 팔을 거두지 않으시는 하나님의 애절한 마음을 이야기했습니다. 그리고 난 후에 오늘 본문에서 바울은 "하나님이 자기 백성을 버리셨느냐?"는 질문으로 시작합니다.

> 그러므로 내가 말하노니 하나님이 자기 백성을 버리셨느냐. 그럴 수 없느니라. 나도 이스라엘인이요 아브라함의 씨에서 난 자요 베냐민 지파라(롬 11:1).

"하나님이 자기 백성을 버리셨느냐?" 이 질문을 메시지 성경의 표현대로 바꾸면 "하나님께서, 이제 이스라엘이라면 넌더리가 나서 그들과 아예 절교하시려 한다는 말입니까?"가 됩니다. 이를 원어로 읽으면 "Does this mean that God is so fed up with Israel that he'll have nothing more to do with them?"이 됩니다. 여기에서 'fed up with'는 '지겹다', '신물 나다'라는 뜻의 숙어입니다. 한두 번도 아니고 거듭해서 불순종하는 이스라엘 백성에 대해서 넌더리가 난 하나님께서 이제는 이스라엘과의 관계를 완전히 끊으려고 하시는 것 아니냐는 질문입니다.

이 질문의 저변에는 우리 같았으면 이미 오래전에 그러고도 남았을 것이라는 생각이 깔려 있습니다. 정말 그렇습니다. 보통의 인간관계에선 이런 경우에 이미 오래전에 끝나버리고 말았을 것입니다. 그러나 하나님은 그러지 않습니다. "그럴 수 없다!" 바울의 대답입니다. 만일 하나님께서 이스라엘의 불신앙과 불순종을 이유로 그들과의 관계를 끊어버림으로 보복하신다면 여느 인간과 다를 바가 없습니다. 그리고 하나님의 방법은 그렇게 버리는 것이 아니라 어떻게든 세워주시는 것입니다.

아브라함을 보십시오. 우리는 그를 '믿음의 조상'이라 말하지만 본래 그에게는 믿음의 조상다운 모습이 전혀 없었습니다. 약속의 땅에 도착한 후에 그는 흉년을 이유로 그 땅을 떠나 이집트로 내려갑니다. 거기서 제 목숨 부지하겠다고 비겁하게 아내를 누이라고 속입니다. 약속의 자녀에 대한 말씀을 믿지 못하고 인간적인 편법을 사용하여 이스마엘을 얻습니다. 그게 아브라함의 본모습입니다. 그래도 하나님은 그를 '믿음의 조상'으로 세워 가셨던 것입니다.

다윗을 보십시오. 하나님께서 사무엘을 통해 그에게 기름을 부으셨을 때, 다윗의 중심을 보셨습니다. 당신의 마음에 합하는 자라고 칭찬하셨습니다. 한때는 정말 그랬습니다. 그러나 오래가지 않았습니다. 먹고 살만해지니까 죄의 유혹에 빠집니다. 간음죄와 살인죄를 저지릅니다. 그렇지만 하나님은 그를 회복시키셔서 유대인들이 가장 존경하는 성군聖君

으로 세워주셨습니다. 그렇게 다윗과 맺은 계약을 성실히 지키셨던 것입니다.

요나를 보십시오. 하나님은 그를 사랑하셔서 선지자로 세워주셨습니다. 니느웨에 가서 하나님의 말씀을 대언하게 했습니다. 그러나 그는 사명을 받은 즉시 불순종했습니다. 니느웨로 가지 않고 정반대 방향인 다시스로 갔습니다. 하나님은 요나를 처벌하지 않으시고 물고기 뱃속에 들어갔다 나오는 방식으로 그를 회복시키셨습니다. 그래서 마침내 니느웨로 가서 하나님의 말씀을 대언하게 했던 것입니다.

이런 예를 들자면 끝이 없습니다. 하나님은 자기 백성을 버리시는 분이 아닙니다. 한번 자기 백성으로 삼았다면 결코 포기하지 않으십니다. 아무리 불순종하고 배신한다고 하더라도 말입니다.

그러면서 바울은 "나도 이스라엘인이요 아브라함에서 난 씨요 베냐민 지파라"고 말합니다. 무슨 뜻입니까? 나도 불순종하던 이스라엘인이었지만 하나님이 나를 포기하지 않고 세워주셨다는 뜻입니다. 다시 말해서 "내가 바로 그 증거"라는 것이지요.

하나님이 남겨두셨다!

바울은 또 다른 한 가지 예로 엘리야 때의 일을 거론합니다.

하나님이 그 미리 아신 자기 백성을 버리지 아니하셨나니 너희가 성경이 엘리야를 가리켜 말한 것을 알지 못하느냐. 그가 이스라엘을 하나님께 고발하되…(롬 11:2).

엘리야는 "이스라엘을 하나님께 고발했다"라고 합니다. 누군가를 고발한다는 것은 그를 버렸다는 뜻입니다. 그래서 처벌해달라고 요구하는 것이지요. 엘리야는 하나님께 이스라엘을 처벌해달라고 요구했습니다. 엘리야가 고발한 것은 이스라엘 중의 몇몇 사람이 아닙니다. '이스라엘' 민족을 통째로 처벌하여 없애 달라는 것입니다. 도대체 무슨 죄를 저질 렀기에 그렇게 요구하는 것일까요?

> 3주여 그들이 주의 선지자들을 죽였으며 주의 제단들을 헐어 버렸고 나만 남았는 데 내 목숨도 찾나이다 하니 4그에게 하신 대답이 무엇이냐 내가 나를 위하여 바알에게 무릎을 꿇지 아니한 사람 칠천 명을 남겨 두었다 하셨으니… (롬 11:3-4).

엘리야는 이스라엘의 죄목을 세 가지로 지적합니다. 주의 선지자들을 죽였다는 것, 주의 제단들을 헐어 버렸다는 것 그리고 마지막으로 남은 자신을 죽이려고 한다는 것입니다.

이스라엘은 하나님께서 선택하신 하나님의 백성입니다. 그런데 하나님의 백성이라고 하면서 하나님의 말씀을 대언하는 선지자들을 모두 죽여 버리고, 하나님께 예배하는 제단들을 모두 허물어버리고, 이제 마지막으로 남은 엘리야까지 죽이려고 한다니, 어떻게 그럴 수가 있을까요? 그게 만일 사실이라면 하나님께서 이스라엘을 그냥 남겨두실 이유가 없습니다. 엘리야의 요구처럼 그들을 역사에서 완전히 지워버려야 합니다!

그러나 하나님은 엘리야에게 뭐라고 대답하십니까? "바알에게 무릎을 꿇지 않은 7천 명을 내가 남겨두었다!" 무슨 이야기입니까? 엘리야가 겉으로 판단할 때에는 자신을 제외한 나머지 이스라엘 사람들은 모두 심판을 받아야 할 것처럼 보였지만, 그중에는 아직도 하나님께서 남겨두신 신실한 사람들이 많이 있다는 말씀입니다. 하나님께서 당신의 은혜로 남겨두신 사람들이 여전히 많이 있다는 것입니다.

⁵그런즉 이와 같이 지금도 은혜로 택하심을 따라 남은 자가 있느니라. ⁶만일 은혜로 된 것이면 행위로 말미암지 않음이니 그렇지 않으면 은혜가 은혜 되지 못하느니라(롬 11:5-6).

성경에서 '남은 자remnant'는 매우 중요한 의미를 담고 있는 개념입니다. 이들은 본래 어떤 사건 이후에 남겨진 사람을 가리키는 말이었는데, 점점 그 개념이 발전해서 마지막 때에 하나님께서 불러 모으시고 구원하시는 하나님의 백성을 의미하는 단어로 쓰이게 되었습니다. 구약에서 '남은 자'를 가장 많이 사용한 사람은 바로 이사야 선지자입니다(사 4:2, 10:20-22, 11:10-16, 28:5, 37:32). 바울의 구원론에 있어서도 이 '남은 자'는 아주 중요한 역할을 합니다(롬 9:27, 11:5).

바울은 이 세상이 하나님의 심판을 받아 다 망한다고 하더라도 어느 시대에나 하나님의 은혜로 구원받는 '남은 자'는 반드시 있다고 믿었습니다. 엘리야 시대의 이스라엘에 7천 명의 '남은 자'가 있었듯이, 오늘날에도 역시 '남은 자'가 있다는 것이지요. 따라서 유대인들이 아무리 예수 그리스도의 복음을 받아들이지 않고 거부하고 있다고 하더라도, 그 중에는 반드시 남은 자가 있게 마련입니다. 그러니 하나님께서 이스라엘을 버리실 수 없다는 것입니다.

그런데 그 '남은 자'는 어떻게 선발되는 것일까요? 바울은 "하나님의 은혜로 택하심을 받는다"라고 말합니다. 그렇습니다. '남은 자'란 율법적인 행위와 업적으로 구원의 자격을 획득하는 사람이 아니라, 오직 하나님의 은혜로 구원을 받은 사람입니다.

공동번역 성경이 이 말씀을 가장 잘 풀이하고 있습니다.

이와 같이 지금도 은총으로 뽑힌 사람들이 남아 있습니다. 그 사람들은 자기 공로로 뽑힌 것이 아니라 하느님의 은총을 받아 뽑힌 것입니다. 만일 그들이 무슨 공

로가 있어서 뽑힌 것이라면 그의 은총은 은총이 아닐 것입니다(롬11:5-6, 공동
번역).

'Amazing grace'를 작사한 뉴턴John Newton 목사님이 임종 직전에 이런
말씀을 남겼다고 합니다.

내가 천국에 들어가는 순간에 놀라는 일이 세 번 있을 것이다. 첫 번째는 전혀
예상하지 못했던 사람들을 천국에서 만나게 될 때이고 두 번째는 당연히 천국
에 갈 것이라고 예상했던 사람들이 그곳에 없다는 사실을 알았을 때이며, 세
번째는 나 자신이 바로 그곳에 있다는 사실을 깨달았을 때이다.

천국에 들어가는 사람들은 어느 누구도 자신의 공로로 인해 당연히
구원받았다고 생각하지 않습니다. 오히려 '나 같은 죄인'이 구원받았다는
사실에 깜짝 놀라며 감격하게 됩니다.
　　바울 당시의 유대인 중에 과연 구원받을 자가 한 사람이라도 있을까
싶지만, 천국에 가면 전혀 예상하지 못했던 사람들을 만나게 될 수도 있
는 것입니다. 그것은 오직 하나님의 은혜에 달려있는 일이지, 우리가 지
레 짐작하거나 함부로 판단할 일이 아닙니다. 하나님은 어느 시대에나
구원받을 사람들을 반드시 남겨두십니다.

아직 희망이 남아있다!

구원은 오직 하나님의 은혜에 달려 있다는 사실과 하나님은 유대인
들 중에도 구원받을 사람들을 남겨두셨다는 사실을 인정한다고 합시다.
아무리 그런다고 하더라도 선민選民 이스라엘이 하나님의 복음을 거부하
고 있는 이 불편한 현실이 달라지지는 않습니다. 인류의 구원을 완성해

가시는 하나님의 일하심 속에서 이 문제를 어떤 방식으로 풀어서 설명할 수 있을까요?

> 그런즉 어떠하냐 **이스라엘이 구하는 그것을 얻지 못하고 오직 택하심을 입은 자가 얻었고 그 남은 자들은 우둔하여졌느니라**(롬 11:7).

이스라엘이 구하던 것은 '자기 의'였습니다. 자기 힘으로 하나님 앞에 바로 서려는 것이었습니다. 그러나 성공하지 못했습니다. 오히려 율법주의 종교 생활에 빠져서 다른 사람들을 판단하고 정죄하는 죄에 허덕거리며 살게 되었습니다.

그런데 이스라엘이 얻지 못한 것을 '택하심을 입은 자'가 얻었다고 합니다. 그들 중에도 하나님의 일하심을 믿음으로 받아들인 사람들이 있었다는 것입니다. 그들은 예수 그리스도의 복음에 나타난 '하나님의 의'를 얻었습니다.

그 나머지는 모두 우둔하여졌다고 합니다. 여기에서 '남은 자the rest'는 앞에서 바울이 말해온 '남은 자remnant'와 전혀 다른 의미입니다. 하나님의 은총으로부터 제외된 사람들입니다. 바울은 그들의 상태를 이사야와 시편의 말씀을 인용하여 설명합니다.

> 8기록된 바 하나님이 오늘까지 그들에게 혼미한 심령과 보지 못할 눈과 듣지 못할 귀를 주셨다 함과 같으니라. 9또 다윗이 이르되 그들의 밥상이 올무와 덫과 거치는 것과 보응이 되게 하시옵고 10그들의 눈은 흐려 보지 못하고 그들의 등은 항상 굽게 하옵소서 하였느니라(롬 11:8-10).

이 말씀을 자세히 설명하지는 않겠습니다. 왜냐하면 그다음 말씀이 더 중요하기 때문입니다.

11그러므로 내가 말하노니 그들이 넘어지기까지 실족하였느냐. 그럴 수 없느니라. 그들이 넘어짐으로 구원이 이방인에게 이르러 이스라엘로 시기 나게 함이니라. 12그들의 넘어짐이 세상의 풍성함이 되며 그들의 실패가 이방인의 풍성함이 되거든 하물며 그들의 충만함이리요(롬 11:11-12).

바울은 묻습니다. "그들이 넘어지기까지 실족하였느냐?" 여기에서 '그들'은 선민選民 이스라엘을 가리킵니다. 그들이 넘어져서 완전히 망해 버렸느냐는 질문입니다. 이스라엘 중 일부는 하나님의 은혜로 남은 자가 되어 구원을 받겠지만, 그 나머지는 희망이 전혀 없게 되었느냐는 질문입니다. 선민選民 이스라엘이 인류 구원을 위한 하나님의 일하심에 이제 아무 소용이 없게 되었느냐는 질문입니다.

바로 이 대목에서 바울은 이른바 '삼각관계 신학'으로 구원에 대한 새로운 비전을 풀어냅니다. "그들이 넘어짐으로 구원이 이방인에게 이르러 이스라엘로 시기 나게 함이라"라는 말씀이 바로 그것입니다.

쉽게 풀이하면 이렇습니다. 선민 유대인이 복음을 받아들이지 않음으로 구원이 이방인에게 이르렀습니다. 이방인들은 예수 그리스도의 복음을 받아들임으로 구원받은 하나님의 자녀가 되었던 것입니다. 그러자 이방인의 구원이 이번에는 유대인으로 하여금 질투를 일으키게 합니다. 그래서 결국 유대인도 그 구원을 받아들이게 된다는 것입니다.

그러니까 하나님은 이스라엘 백성들을 구원의 대상에서 완전히 배제해 버리고 그 구원을 이방인에게로 옮겨가신 것이 아니라는 겁니다. 오히려 이스라엘을 구원하기 위해서 우회 전술을 사용하신다는 것이지요. 그렇게 함으로써 이스라엘을 선택하신 본래의 목적, 즉 온 인류를 구원하시려는 하나님의 본래 계획을 완성해 가신다는 설명입니다. 이 이야기는 다음 장에서 조금 더 자세하게 다루게 될 것입니다.

메시지 성경의 해석이 이 말씀을 이해하는 데 큰 도움이 됩니다.

이런 질문이 나올 수 있습니다. '그렇다면 이제 그들은 완전히 끝난 것인가? 영원히 나가 버린 것인가?' 답은 분명합니다. 결코 그렇지 않습니다. **아이러니하게도, 그들이 퇴장하면서 열고 나간 문으로 이방인들이 입장할 수 있게 되었습니다.** 그런데 여러분도 아시는 것처럼, 지금 유대인들은 자신들이 무언가 좋은 것을 제 발로 차 버리고 나가 버린 것이 아닌가 하는 의구심을 갖기 시작했습니다. 한번 상상해 보십시오. 그들이 나가 버린 것이 온 세상에 걸쳐 이방인들이 하나님 나라로 몰려오는 일을 촉발시켰다면, 그 유대인들이 다시 돌아올 때는 그 효과가 과연 어떠하겠습니까? 그 귀향이 무엇을 가져올지 상상해 보십시오!(롬 11:11-12, 메시지).

"그들이 퇴장하면서 열고 나간 문으로 이방인들이 입장할 수 있게 되었다"(when they walked out, they left the door open and the outsiders walked in)는 표현이 아주 인상적입니다. 유대인의 실패조차도 구원을 위한 선한 재료로 사용하시는 하나님의 섭리를 다시 한 번 확인하게 해주는 말씀입니다. 유대인들이 문을 열고 나가 버린 것이 이방인들의 구원을 촉발시켰다면, 그들이 고향으로 다시 돌아올 때 과연 어떤 역사가 일어나겠습니까?

바울의 결론은 이것입니다. "유대인들에게 아직 희망이 있다! 구원의 문이 완전히 닫혀버린 것은 아니다. 이스라엘의 구원을 위해서라도 땅 끝까지 나아가 이방인들에게 복음을 전해야 한다." 이것은 성령을 통해서 바울에게 부어주신 하나님의 놀라운 통찰력입니다. '유대인과 이방인'의 양자선택either-or이 아닙니다. '유대인과 이방인' 모두를 포함하는both-and 하나님의 구원입니다.

우리가 하나님의 시선으로 세상을 보기 시작하면 하나도 버릴 것이 없습니다. 풀 한 포기, 나무 한 그루도 괜히 그 자리에 있는 것이 아닙니다. 은혜로 택하신 남은 자도 참으로 귀한 영혼이지만, 아직도 죄 가운데 씨름하고 있는 사람들도 구원받아야 할 영혼입니다. 하나님은 율법주의 종교 생활에 빠져 있는 사람도 구원의 길에 회복되기를 원하십니다.

하나님께서 이 세상을 향하여 품고 계시는 이와 같은 구원의 큰 그림을 우리도 볼 수 있어야 합니다. 그리하여 우리에게 주어진 삶의 자리에서 하나님의 목적에 유익하도록 쓰임 받는 자들이 되기를 간절히 소망합니다.

묵상 질문: 나는 '남은 자'입니까? 만일 그렇다면 어떻게 '남은 자'가 되었습니까?
오늘의 기도: 하나님의 시선으로 세상을 보게 하옵소서. 은혜로 택하신 남은 자도 참으로 귀한 영혼이지만, 죄 가운데서 여전히 씨름하고 있는 자들도 구원받아야 할 귀한 영혼임을 깨닫게 하옵소서. 예수님의 이름으로 기도합니다. 아멘.

로마서 묵상 27

이방인의 접붙임 구원

읽을 말씀: 로마서 11:13-24

새길 말씀: 또한 가지 얼마가 꺾이었는데 돌감람나무인 네가 그들 중에 접붙임이
되어 참감람나무 뿌리의 진액을 함께 받는 자가 되었은즉 그 가지들을
향하여 자랑하지 말라. 자랑할지라도 네가 뿌리를 보전하는 것이 아니
요 뿌리가 너를 보전하는 것이니라(롬 11:17-18).

　십자가의 복음을 받아들이지 않는 선민選民 이스라엘의 문제로 씨름
하고 있던 바울은, 인류 전체를 구원하시는 하나님에 대한 새로운 통찰
력을 갖게 되었습니다.

　앞 장에서 '삼각관계 신학'으로 설명 드린 대로, 지금은 비록 유대인들
이 복음을 거부하고 있지만 이방인이 구원받는 것을 보고 시기하는 마음
을 품게 된 이스라엘이 결국에는 복음을 믿고 구원을 받게 된다는 것입니
다(11절). 그렇게 함으로써 하나님께서 이방인과 유대인을 모두 구원하
신다는 것이 바울의 믿음이었습니다.

이와 같은 깨달음은 바울에게 이스라엘의 구원을 위해서라도 땅 끝까지 나아가 이방인들에게 복음을 전해야 한다는 강력한 동기가 되었습니다. 그렇습니다. 하나님은 그 누구도 버리지 않고 세워 가시는 분입니다. 이스라엘의 실패조차도 구원의 완성을 이루는 도구로 사용하시는 분입니다. 만일 우리가 하나님의 시선으로 세상을 보기 시작한다면 버릴 것이 하나도 없다는 사실을 알게 될 것입니다.

오늘은 이방인의 구원에 대한 바울의 비전에 대해서 함께 살펴보겠습니다.

이방인의 사도

13-14절입니다.

> 13내가 이방인인 너희에게 말하노라. 내가 이방인의 사도인 만큼 내 직분을 영광스럽게 여기노니 14이는 혹 내 골육을 아무쪼록 시기하게 하여 그들 중에서 얼마를 구원하려 함이라(롬 11:13-14).

여기에서 바울은 자신의 직분을 '이방인의 사도'라고 밝히면서, 그 직분을 영광스럽게 여긴다고 말합니다. "나는 이방인의 사도다!"(I am the apostle to the Gentiles!) 바울은 언제부터 이런 확신을 갖게 되었을까요?

그것은 다메섹 도상에서 예수님을 만나 소명을 받던 장면으로 거슬러 올라갑니다. 그 이야기가 사도행전 9장에 기록되어 있습니다.

> 주께서 이르시되 가라 이 사람은 내 이름을 이방인과 임금들과 이스라엘 자손들에게 전하기 위하여 택한 나의 그릇이라(행 9:15).

아나니아를 바울에게 보내시면서 주님이 일러주신 말씀입니다. 바울에게 주시는 소명이 이 말씀 속에 고스란히 담겨있습니다. 이를 NIV 성경으로 읽으면 바울이 받은 소명의 핵심이 더욱 분명하게 드러납니다.

This man is my chosen instrument to proclaim my name to the Gentiles and their kings and to the people of Israel.

여기에서 순서를 눈여겨보십시오. '이방인과 그들의 임금들에게' 주의 이름을 선포하는 것이 먼저입니다. '이스라엘 자손들에게'는 그다음입니다. 이 순서에 분명한 주님의 의도가 담겨있다고 봅니다. 이방인이 구원을 받음으로 결국 유대인도 구원을 받게 된다는 바울의 깨달음도 이와 밀접한 관련이 있는 것입니다. 어쨌든 초창기부터 바울은 자신이 이방인의 사도로 부름을 받았다는 사실을 잘 알고 있었습니다(갈 1:16).

오늘 본문에서도 바울은 자신이 이방인의 사도라는 직분을 자랑스럽게 감당하는 이유를 숨기지 않고 말합니다. 그것은 동족 유대인을 어떻게든 시기하게 하여 그들 중에서 얼마라도 구원하기 위해서라는 것이지요. 그런데 '시기심'을 통해서 구원한다는 말이 조금은 어색하고 불편하게 들릴 수도 있습니다. 이에 대한 메시지 성경의 풀이가 우리에게 큰 도움이 됩니다.

나는 이 사실을, 나의 동족인 이스라엘 사람들 가운데 있을 때 최대한 자랑하며 강조하곤 합니다. 나는 그들이 지금 스스로 놓치고 있는 것을 깨닫게 되고, 하나님께서 하고 계신 일에 동참하려는 마음을 품게 되기를 바라기 때문입니다.

여기에서 '이 사실'은 바울이 이방인의 사도로 부르심을 받았다는 것을 말합니다. 그것을 유대인들에게 자랑하며 강조하는 이유는 그들로 하여금 '스스로 놓치고 있는 것'(what they're missing)을 깨달아서 '하나님께서 하고 계신 일에 동참'(get in on what God is doing)하는 마음을 품게 하기 위해서라는 겁니다.

내 결심과 노력으로 해보려고 하다가 놓치는 것이 얼마나 많이 있는지 모릅니다. 단순히 하나님의 일하심에 믿음으로 뛰어들기만 하면 그냥 은혜로 얻을 수 있는 구원과 풍성한 삶을 다 놓치고 있는 것입니다. 유대인들이 뒤늦게라도 그것을 깨닫고 돌아올 수 있도록 바울은 지금 '이방인의 사도'로서 주어진 사명에 충성하고 있다는 것이지요. 이방인을 구원하는 것이 곧 유대인을 구원하는 '지름길'이기 때문입니다.

접붙임의 구원

그러면서 바울은 이방인들이 구원받게 된 것을 '접붙임'으로 설명합니다.

> 17또한 가지 얼마가 꺾이었는데 돌감람나무인 네가 그들 중에 접붙임이 되어 참
> 감람나무 뿌리의 진액을 함께 받는 자가 되었은즉 18그 가지들을 향하여 자랑하
> 지 말라. 자랑할지라도 네가 뿌리를 보전하는 것이 아니요 뿌리가 너를 보전하는
> 것이니라(롬 11:17-18).

우리말 '돌감람나무'에 해당되는 헬라어 '아그리엘라이오스ἀγριέλαιος, agrielaios'는 '아그리오스ágrios'와 '엘라이아elaía'의 합성어입니다. '아그리오스'는 '야생의wild', 또는 '경작되지 않은uncultivated'이란 뜻이고, '엘라이아'는 올리브 나무an olive tree를 의미합니다. 우리말 '참감람나무'가 바로 이 '엘라이아'를 번역한 것입니다.

'돌감람나무'는 아무렇게나 방치되어 있는 '야생 올리브나무a wild olive

tree'입니다. 이 나무는 가꾸지 않아서 키가 작을 뿐만 아니라 열매도 잘 맺히지 않습니다. 더러 맺힌다고 하더라도 식용으로 사용할 수 없는 그런 쓸모없는 나무입니다.

우리가 이미 짐작하고 있듯이 '올리브나무'는 이스라엘을, '야생 올리브나무'는 이방 나라를 상징하고 있습니다. 그런데 '올리브나무'에서 몇 개의 가지가 꺾였습니다. 그냥 어쩌다가 꺾인 것이 아닙니다. 그 나무를 돌보는 주인이 '가지치기'를 한 것입니다. 그리고 그 자리에 '야생 올리브나무'의 가지를 접붙였습니다. 그 가지들은 이제 올리브나무의 뿌리를 통해서 다른 가지들과 함께 진액을 공급받게 되었습니다. 그런데 접붙임 받은 가지들이 우쭐대면서 가지치기 당해서 떨어져 있는 가지들을 업신여길 수 있겠느냐는 것이지요.

마지막 말이 아주 중요합니다. "네가 뿌리를 보전하는 것이 아니요 뿌리가 너를 보전하는 것이니라." 메시지 성경은 이 부분을 "여러분이 그 뿌리에 생명을 공급하고 있는 것이 아니라, 그 뿌리가 여러분에게 영양을 공급하고 있는 것입니다"(you aren't feeding the root; the root is feeding you)라고 표현합니다. 접붙임을 받은 가지의 입장에서는 사실 자랑할 것이 하나도 없습니다. 그저 그렇게 붙어있다는 것 자체가 '은혜'요 '기적'입니다.

이것이 바로 이방인이 받은 구원에 대한 바울의 설명입니다. 그들은 '접붙임의 구원'을 받은 것입니다.

믿음으로 접붙임

그렇다면 원래의 올리브나무 가지들은 왜 가지치기를 당했을까요? 그리고 그 자리에 접붙임을 받은 야생 올리브나무 가지들은 왜 그런 은혜를 입게 되었을까요?

¹⁹그러면 네 말이 가지들이 꺾인 것은 나로 접붙임을 받게 하려 함이라 하리니 ²⁰옳도다 그들은 믿지 아니하므로 꺾이고 너는 믿음으로 섰느니라. 높은 마음을 품지 말고 도리어 두려워하라(롬 11:19-20).

'가지치기'를 당한 이유나 '접붙임'을 받은 이유나 모두 하나입니다. '믿음'입니다. 본래의 가지가 잘린 것은 믿지 않은 탓이고, 야생 올리브나무 가지가 접붙임을 받은 것은 믿었기 때문입니다. 그런데 어떤 가지가 믿음이 있는지, 또는 믿음이 없는지 어떻게 구분할 수 있을까요? 메시지 성경은 이렇게 표현합니다.

> 그들이 그렇게 가지치기 당한 것은, 그들이 믿음과 헌신을 통해 계속해서 그 뿌리에 연결되어 있지 않고 말라죽어 버렸기 때문입니다.
> But they were pruned because they were deadwood, no longer connected by belief and commitment to the root.

믿음이 없는 가지는 '마른가지deadwood'입니다. 나무에 붙어있기는 하지만 잎이 나지도 않고 열매도 맺지 못합니다. 그렇게 말라죽은 가지들을 가지치기해내고 그 자리에 새로운 가지들을 접붙임 한 것이지요. 우리가 예수 그리스도의 복음을 믿지 않았다면 그렇게 접붙임 받을 수도 없었을 것입니다. 그리고 접붙임을 받았다고 하더라도 "믿음과 헌신을 통해 계속해서 뿌리에 연결되어 있지 않는다면" 우리 또한 가지치기 대상이 될 수밖에 없습니다.

따라서 우리가 흔히 사용하는 "믿음이 좋다"는 말은 "나무에 잘 붙어 있다"는 뜻입니다. 그래서 뿌리로부터 영양을 공급받으면서 잎도 자라고 열매도 맺힌다는 뜻입니다.

그렇다면 나무에 붙어 있다는 것이 자랑거리일까요? 자랑한다면 누구에게 자랑할 수 있을까요? 나무에게 자랑할 수 있을까요? 아니면 다른 가지에게 자랑할 수 있을까요? 내게 믿음이 있다는 것은 '자랑거리'가 아니라 '감사거리'입니다. 나무에 붙어있는 것은 하나님의 놀라운 '은혜'이기 때문입니다.

바울은 말합니다. 그러니 "높은 마음을 품지 말고 도리어 두려워하라"(Do not be arrogant, but tremble). '높은high 마음'은 '오만한arrogant 마음'입니다. 본래부터 그런 줄로 착각하는 마음입니다. 당연하게 누리는 줄로 착각하는 마음입니다. 아닙니다. 우리에게 당연한 것은 아무것도 없습니다. 그런 은혜를 받을 자격이 우리에게 본래 없었습니다. 단지 예수 그리스도의 복음을 믿음으로 받아들였다는 이유 하나만으로 우리를 죄와 죽음으로부터 구원해주시고, 믿음의 조상 아브라함의 대를 이어가는 '약속의 자녀'로 삼아주신 것입니다.

그런데 한번 접붙임을 받았다고 해서 계속해서 기득권을 주장할 수 있는 것은 아닙니다. 물론 믿음이 있는 동안에는 계속해서 뿌리에 연결될 수 있겠지만, 만일 믿음이 사라지고 '마른가지'가 된다면 우리 또한 가지치기 대상이 될 수밖에 없습니다. 그래서 바울은 자만하여 뽐내는 가지가 되지 말고 '두려워하라'고 말하는 것입니다. 매년 연하고 푸릇푸릇한 잎사귀를 내는지, 또한 유익한 열매를 맺는지 잘 살펴야 하는 것입니다.

21하나님이 원 가지들도 아끼지 아니하셨은즉 너도 아끼지 아니하시리라. 22그 러므로 하나님의 인자하심과 준엄하심을 보라. **넘어지는 자들에게는 준엄하심 이 있으니 너희가 만일 하나님의 인자하심에 머물러 있으면 그 인자가 너희에게 있으리라. 그렇지 않으면 너도 찍히는 바 되리라**(롬 11:21-22).

앞에서 우리가 묵상해온 말씀이 여기 그대로 기록되어 있습니다. 이 부분을 메시지 성경으로 읽으면 더욱 실감납니다.

본래의 가지에 주저 없이 가위를 대신 하나님이시라면, 여러분에게는 어떠하시겠습니까? 그분은 조금도 주저하지 않으실 것입니다. 하나님은 온화하고 인자하신 분이지만, 동시에 가차 없고 엄하신 분이기도 하다는 사실을 반드시 명심하십시오. 그분은 **말라죽은 가지**에 대해서는 **가차 없으시되**, 접붙여진 가지에 대해서는 온화하십니다. 그분의 온화하심을 믿고 방자하게 굴 생각은 버리십시오. 여러분이 말라죽은 가지가 되는 순간, 여러분은 가차 없이 버쳐지게 됩니다(롬 11:21-22, 메시지).

하나님은 인자하신 분이지만 동시에 엄하신 분이기도 합니다. 말라죽은 가지를 쳐내실 때에는 엄하신 분이지만, 새로운 가지를 접붙이실 때에는 인자하신 분입니다. 바울은 말합니다. "인자하심에 머물러 있으면 그 인자가 너희에게 있으리라" 우리는 접붙임을 받은 가지라는 사실을 결코 잊지 말라는 말씀입니다. 그리고 오직 믿음으로 붙어있으라는 말씀입니다. 그러면 우리에게 하나님은 언제나 인자하신 분으로 남아계실 것입니다.

이스라엘의 접붙임

바울은 한 걸음 더 나아가서 가지치기 당했던 이스라엘도 다시 접붙임을 받을 수 있다고 말합니다.

23그들도 믿지 아니하는 데 머무르지 아니하면 접붙임을 받으리니 이는 그들을 접붙이실 능력이 하나님께 있음이라. 24네가 원 돌감람나무에서 찍힘을 받고 본성을 거슬러 좋은 감람나무에 접붙임을 받았으니 원 가지인 이 사람들이야 얼마나 더 자기 감람나무에 접붙이심을 받으랴(롬 11:23-24).

여기에서 '그들'은 원가지들을 가리킵니다. 가지치기 당해서 잘려나갔던 본래의 가지들입니다. 그들도 "믿지 아니하는 데 머무르지 아니하면 접붙임을 받는다"고 합니다. 믿지 않았던 탓으로 잘려나갔던 가지들이 계속 그 상태에 머물러있지 않고 나중에라도 믿음을 가지게 된다면, 그 가지들도 얼마든지 접붙임을 받아 원상회복될 수 있다는 말씀입니다.

누가 그렇게 하실 수 있습니까? 그들을 다시 접붙이실 능력은 오직 하나님께 있습니다! 하나님은 야생 올리브나무 가지를 꺾어다 접붙여서 살게 하신 분인데, 본래의 가지들을 다시 접붙이실 능력이 왜 없으시겠습니까! 그것은 하나님께 일도 아닙니다.

이 말씀은 하나님께서 "그렇게 하실 수 있다!"가 아니라 "그렇게 하려고 하신다!"라는 뜻으로 이해해야 합니다. 바울은 이스라엘을 회복하여 구원하는 것이 하나님의 간절한 소원이고 앞으로의 계획이라고 확신합니다. 이 대목에서 앞에서 건너 뛴 15절 말씀을 읽는 것이 좋겠습니다.

그들을 버리는 것이 세상의 화목이 되거든 그 받아들이는 것이 죽은 자 가운데서 살아나는 것이 아니면 무엇이리요(롬 11:15).

여기에서 '그들'은 이스라엘을 의미합니다. "그들을 버렸다"고 해서 하나님이 이스라엘을 완전히 포기하셨다고 생각하면 안 됩니다. 오히려 마른 가지를 쳐내는 모습으로 이해해야 합니다. "그것이 세상의 화목이 되었다" 이게 무슨 뜻일까요? 유대인이 복음을 거부함으로써 이방인에게 복음이 흘러가게 된 것을 의미합니다. 다시 말씀드려서 이방인들 중에서도 접붙임을 받는 사람들이 생기게 된 것이지요.

그다음 말씀이 중요합니다. '그 받아들이는 것'이 무엇일까요? 이것이 바로 이스라엘의 회복을 의미합니다. 이방인들이 믿음으로 구원받는 모습을 보면서 유대인들도 시기심이 생겨서 복음을 받아들이게 되고 한 하나님이 그들을 다시 원래의 자리로 받아들이게 된다는 것이지요. 그것이 '죽은 자 가운데서 살아나는 것' 즉 '부활'이라고 바울은 말합니다. 그러니까 선민 이스라엘이 다시 구원받는 부활의 사건이 있게 된다는 것입니다.

이 부분을 메시지 성경은 이렇게 풀이합니다.

이렇게 유대인들이 저지른 일이, 그들로서는 잘못한 일이었지만 여러분에게는 좋은 일이 되었다면, 그들이 그 일을 바로잡을 때는 과연 어떻게 될지 생각해 보십시오!

If the first thing the Jews did, even though it was wrong for them, turned out for your good, just think what's going to happen when they get it right!

이것이 바로 꺾어진 원가지가 다시 접붙임을 받게 되는 일을 말합니다. 무엇이 되었든지 접붙임을 받으려면 '믿음'이 있어야 합니다. 하나님께서 예수 그리스도의 십자가를 통해서 열어놓으신 구원의 길을 믿음으로 뛰어들어야 합니다. 그러면 이방인이든 유대인이든 누구나 구원을 받을 수 있는 것입니다.

우리는 예수 그리스도를 믿음으로 접붙임을 받은 사람들입니다. 믿음이 있는 동안 우리는 뿌리로부터 영양을 공급받을 수 있습니다. 그러나 믿음이 없으면 마른가지가 되고 맙니다. 이 일에는 유대인이든 이방인이든 차별이 없습니다. 모태신앙인이든 초보신앙인이든 상관없습니다. 믿음이 있는 동안에만 싹을 틔우고 꽃을 피우고 열매를 맺게 됩니다. 믿음이 없으면 마른 가지가 되고 결국 가지치기의 대상이 되고 맙니다.

매년 우리의 신앙을 점검해야 하는 이유가 바로 이 때문입니다. 우리는 '접붙임의 구원'을 받은 자들이라는 사실을 잊지 마십시오. 나무에 잘 붙어있는지 우리의 믿음을 늘 확인하고 새롭게 해야 합니다. 그리고 언

제나 하나님의 인자하심에 머물러 있도록 성령님의 도우심을 간구해야
합니다.

묵상 질문: 나는 지금 나무에 잘 붙어 있는 가지입니까?

오늘의 기도: 나 역시 '접붙임의 구원'을 받은 자임을 잊지 않게 하옵소서. 믿음이 있는 동안에만 싹을 틔우고 꽃을 피우며 열매 맺게 된다는 사실을 기억하게 하옵소서. 그래서 언제나 예수 그리스도 안에 머물러 있는 자가 되게 하옵소서. 예수님의 이름으로 기도합니다. 아멘.

취소되지 않는 사랑

읽을 말씀: 로마서 11:25-36

새길 말씀: 복음으로 하면 그들이 너희로 말미암아 원수 된 자요 택하심으로 하면 조상들로 말미암아 사랑을 입은 자라. 하나님의 은사와 부르심에는 후회하심이 없느니라(롬 11:28-29).

예수 그리스도의 십자가 복음을 받아들이지 않는 선민選民 이스라엘의 문제와 씨름하던 바울은 인류 구원에 대한 새로운 통찰력을 갖게 되었습니다. 예수 그리스도의 복음으로 인해 이방인에게 구원의 문이 활짝 열렸지만, 그렇다고 해서 하나님께서 선민 이스라엘을 포기하신 것은 아니라는 겁니다. 이방인들의 구원이 자극제가 되어 마침내 유대인들도 복음 앞에 돌아오게 될 때가 있다는 것입니다.

앞 장에서는 특히 '이방인의 접붙임 구원'에 대해서 살펴보았습니다. 바울은 이방인의 구원을 야생 올리브나무 가지가 원 올리브나무에 접붙임을 받게 된 것으로 설명하면서 유대인이 '가지치기'를 당한 것이나 이방인이 '접붙임'을 받은 것은 모두 '믿음'이 기준이 되고 있다고 했습니다. 그러면서 마지막 때에 이스라엘이 회복되는 것도 역시 믿음을 통한 접붙임으로 설명했습니다.

오늘 우리가 묵상할 말씀은 9장부터 이어온 선민選民 이스라엘 문제에 대한 바울의 결론입니다. 여기에서 바울은 이스라엘의 구원을 '유대인의 회복'(the restoration of the Jews) 사건으로 풀이하고 있습니다.

이스라엘의 회복

25-27절 말씀입니다.

> 25형제들아 너희가 스스로 지혜 있다 하면서 이 신비를 너희가 모르기를 내가 원하지 아니하노니 이 신비는 이방인의 충만한 수가 들어오기까지 이스라엘의 더러는 우둔하게 된 것이라. 26그리하여 온 이스라엘이 구원을 받으리라. 기록된 바 구원자가 시온에서 오사 야곱에게서 경건하지 않은 것을 돌이키시겠고 27내가 그들의 죄를 없이 할 때에 그들에게 이루어질 내 언약이 이것이라 함과 같으니라(롬 11:25-27).

바울은 마지막 때에 이스라엘이 회복되는 것을 가리켜서 '신비'라고 표현합니다. 이에 해당되는 헬라어가 '무스테리온μυστήριον, mustérion'인데, 여기에서 영어 'mystery'가 파생되었습니다. 이것은 단순히 감추어져 있는 '비밀secret'이 아니라, 하나님께서 그 의미를 드러내심으로 알게 되는 '신비'입니다. 신약성경 다른 곳에서는 '계시'(엡 3:3) 또는 '증거'(고전 2:1) 등으로 번역되고 있습니다.

바울은 이스라엘의 구원에 대해서 하나님이 드러내시는 신비의 내용을 "이방인의 충만한 수가 들어오기까지 이스라엘의 더러는 우둔하게 되지만, 결국에는 온 이스라엘이 구원을 받게 되는 것"으로 설명합니다. 여기에서 우리말 '우둔하게 되다'로 표현되고 있는 헬라어 '포로시스$\pi\omega\rho\omega\sigma\iota\varsigma$, pórósis'는 사실 '마음의 완고함'(hardness of heart)을 의미합니다.

그래서 이 부분을 공동번역 성경은 이렇게 번역합니다.

> … 그 진리란 이런 것입니다. 일부 이스라엘 사람들이 지금은 완고하지만 모든 이방인들이 하느님께 돌아오는 날에는 그 완고한 마음을 버릴 것이고 따라서 온 이스라엘도 구원받게 되리라는 것입니다…(롬 11:25b-26a).

많은 학자들은 "이방인의 충만한 수가 들어오기까지"를 누가복음 21장에서 우리 주님이 예언하신 '이방인의 때'와 연결하여 설명합니다.

> 그들이 칼날에 죽임을 당하며 모든 이방에 사로잡혀 가겠고 예루살렘은 이방인의 때가 차기까지 이방인들에게 밟히리라(눅 21:24).

이 예언은 주후 70년에 로마의 디도Titus 장군에 의해 예루살렘이 함락됨으로써 역사적인 현실이 됩니다. 나라가 망한 후에 유대인들은 세계 각국으로 흩어져 살게 되었습니다. 그 이유는 십자가의 복음을 거부하던 '완고함' 때문이었습니다. 바울은 '일부 이스라엘 사람'이라고 했지만 실제로는 거의 대부분이 우둔할 정도로 완고했기 때문입니다. 아무튼 유대인들에게 지난 2천 년의 역사는 '이방인의 때'가 차기를 기다려온 시간이었습니다.

이 시기는 또한 '이방인의 충만한 수'가 들어오는 시간이기도 했습니다. 예수 그리스도의 십자가 복음은 예루살렘과 온 유대와 사마리아를 거쳐서 땅끝으로 전해지기 시작했습니다. 안디옥교회가 파송한 바울을 통해서 십자가 복음은 터키와 유럽과 로마로 전해졌습니다. 그리고 영국과 미국을 거쳐서 전 세계로 계속 전파되었고, 우리나라에도 들어오게 되었습니다. 그러는 동안 수많은 이방인이 예수 그리스도를 믿음으로 구원받았습니다.

이제는 "이방인의 때가 거의 찼다"고 이야기하는 사람들이 많이 있습니다. 자기 민족의 언어로 복음을 듣지 못하는 사람이 거의 없다는 사실을 그 증거로 제시하기도 합니다. 만일 그것이 사실이라면 지금쯤에는 바울이 말한 이스라엘이 회복되는 일이 구체적으로 나타나야 합니다. 그래서 1948년에 이스라엘이 독립국가로 부활한 것을 그 예언의 성취로 이해하려고 하는 사람들도 있습니다.

분명히 말씀드리지만, 그것은 성경을 잘못 해석한 것입니다. 바울은 유대인들이 복음을 받아들여 구원을 받게 되는 '회복'을 말했지, 이스라엘이 정치적인 독립국가로 세워지는 것을 말하지 않았습니다. 만일 이스라엘이 복음을 받아들인 국가로 회복되었다면, 지금처럼 팔레스타인 사람들을 보안장벽 속에 가두어두고 박해하는 그런 악한 정책을 취하지는 않았을 것입니다. 제가 볼 때 팔레스타인 지역에서 이스라엘의 완악함은 아직도 현재진행형입니다.

저는 오히려 유대인 중에 예수를 믿는 사람들이 많아지고 있는 것을 이방인의 때가 차고 있는 증거라고 봅니다. 물론 이스라엘 안에 사는 유대인 중에서도 그리스도인들이 점차 늘어나고 있지만, 그 숫자는 아직 미미합니다. 그보다는 세계에 흩어져 있는 유대인 중에 그리스도인들이 많이 늘어나고 있다는 것이 훨씬 더 고무적입니다.

19세기에는 25만 명의 유대인이 기독교로 개종했다는 기록이 남아 있습니다. 그런데 2013년도 Pew Research Center의 통계에 따르면 미국에 사는 성인 유대인 중에 자신의 정체를 그리스도인이라고 밝힌 사람이 자그마치 160만 명이라고 합니다. 러시아에 살고 있는 유대인 17%가 자신의 종교를 기독교라고 말한다는 통계도 나와 있습니다.

우리는 하나님께서 마지막 때에 어떤 방식으로 이스라엘을 회복하실지 여전히 잘 모릅니다. 바울은 오늘 본문에서 "온 이스라엘이 구원을 받으리라"고 말하지만, 그것은 문자적으로 현재 지구상에 사는 모든 유대인이 회심하여 그리스도인이 된다는 뜻은 아닙니다. 오히려 눈에 띄는 유대인의 회심이 기폭제가 되어 하나님이 이루어 가시는 구원이 완성될 것이라는 확신으로 이해해야 할 것입니다.

어쨌든 놀라운 것은 지금으로부터 2천 년 전에 바울은 이미 이와 같은 이스라엘의 회복을 선포하고 있었다는 사실입니다. 이는 하나님이 부어주신 통찰력이 아니고서는 도무지 설명할 수 없는 일입니다.

하나님의 사랑과 긍휼

이스라엘의 회복은 하나님께서 완성해 가시는 구원의 과정이지 최고의 절정은 아닙니다. 오히려 우리는 이방인과 유대인을 모두 함께 아우르는 하나님의 구원 계획이 내포하고 있는 본질적인 의미에 대해서 더 주목해야 합니다.

하나님은 왜 이스라엘을 포기하지 않고 끝까지 회복하려고 하시는 것일까요? 그 이유가 무엇일까요?

> 28복음으로 하면 그들이 너희로 말미암아 원수 된 자요 택하심으로 하면 조상들로 말미암아 사랑을 입은 자라. 29하나님의 은사와 부르심에는 후회하심이 없느니라(롬 11:28-29).

여기에서 '그들'은 유대인을, '너희'는 이방인을 가리킵니다. '복음유앙겔리온, εὐαγγέλιον'은 예수 그리스도의 십자가 복음을 말합니다. 이 복음이 아니었다면 이방인들은 하나님을 믿지도 못했을 것이고 구원을 받지도 못했을 것입니다. 그러한 '복음'의 관점에서 보면 '유대인들'은 '원수 된 자' 즉 '하나님의 원수'입니다. 왜냐하면 하나님의 복음을 받아들이지 않고 오히려 대적했기 때문입니다.

그러나 그들의 잘못된 선택이 결과적으로는 이방인들에게 구원의 문이 열리는 계기가 되었습니다. 원 가지들이 꺾인 자리에 야생 올리브나무 가지들이 접붙임을 받게 된 것입니다. 그런 의미에서 새번역 성경은 "이스라엘 사람들은 여러분이 잘 되라고 하나님의 원수가 되었다"고 풀이합니다. 물론 그렇게 의도한 것은 아니었지만 결과적으로 그렇게 되었다는 뜻입니다.

그렇다고 해서 이스라엘 사람들이 처음부터 하나님의 원수였던 것은 아닙니다. 그들은 "조상들로 말미암아 사랑을 입은 자"라고 합니다. 누구의 사랑을 입었다는 것입니까? 하나님의 사랑을 입었다는 뜻입니다. 그들의 조상은 하나님이 선택하여 믿음의 조상으로 세우신 아브라함이요, 하나님이 선택하여 이집트에서 해방시킨 이스라엘입니다. 따라서 '택하심에클로게, ἐκλογή'을 받았다는 관점에서 보면, 유대인은 조상을 잘 둔 덕분에 기본적으로 하나님의 사랑을 받아온 사람들입니다.

그런데 바울은 왜 이 이야기를 하고 있는 것일까요? "하나님의 은사와 부르심에는 후회하심이 없다"는 메시지를 선포하기 위해서입니다. '후회가 없다'로 번역된 '아메타멜레토스ἀμεταμέλητος, ametamelétos'는 본래 '폐지하다' 또는 '취소하다'라는 뜻을 가지고 있습니다. 그래서 NIV 성경은 이 부분을 "for God's gifts and his call are irrevocable"로 번역합니다. 'irrevocable'은 '변경할 수 없다'는 의미입니다. 그러니까 하나님께서 한번 주신 '은혜의 선물카리스마, χάρισμα'이나 '선택의 은총클레시스, κλῆσις'은 어떤 경우에도 취소되거나 철회되지 않는다는 겁니다.

이 부분에 대한 메시지 성경의 풀이가 아주 재미있습니다.

하나님의 선물과 하나님의 부르심에는 완전한 보증이 붙어 있습니다. 결코 취소
되거나 무효가 될 수 없습니다.
God's gifts and God's call are under full warranty—never canceled,
never rescinded.

우리나라의 어느 자동차 회사는 10년 10만 마일 무상보증서비스를
제공한다고 합니다. 그러나 하나님의 '완전한 보증full warranty'에 비하면 아
무것도 아닙니다. 어떤 사고를 내도 원상 회복시켜 주십니다.

왜 그러시는 것일까요? 그 이유는 하나입니다. '사랑하여 택하셨기
때문'입니다. 바로 여기에 하나님이 그토록 끈질기게 이스라엘을 회복시
키려고 하는 근본적인 이유가 있는 것입니다. 그리고 이방인들을 향해
품고 계시는 하나님의 마음도 이와 다르지 않습니다.

30너희가 전에는 하나님께 순종하지 아니하더니 이스라엘이 순종하지 아니함으
로 이제 긍휼을 입었는지라. 31이와 같이 이 사람들이 순종하지 아니하니 이는
너희에게 베푸시는 긍휼로 이제 그들도 긍휼을 얻게 하려 하심이라(롬
11:30-31).

여기에서 '너희'는 이방인들입니다. 이방인들은 본래 하나님께 순종
하지 않던 사람들입니다. 하나님은 그들을 구원하기 위해서 먼저 이스라
엘을 선택하여 세우셨습니다. 하나님의 백성이 되는 지침으로 율법을 주
셨습니다. 그런데 이스라엘은 율법주의 종교 생활에 빠져서 하나님의 구
원계획을 이루지 못했습니다. 그래서 하나님은 구원의 문턱을 완전히 낮
추어서 예수 그리스도의 복음에 나타난 '하나님의 의'를 믿음으로 받아들
이는 자를 모두 구원하기로 하셨습니다.

이번에는 이스라엘이 거부하고 나섰습니다. 십자가의 복음을 자신의

기득권을 포기하는 것이라 생각했던 것입니다. 그들은 복음을 받아들이지 않고 오히려 하나님의 뜻에 불순종했습니다. 그러자 하나님은 전략을 수정하여 직접 이방인들을 향하기로 했고 그들에게 긍휼을 베푸셨습니다. 그랬더니 수많은 이방인이 하나님 앞에 나와서 구원을 받게 되었습니다.

그것이 전부는 아닙니다. 이방인들이 구원받는 모습에 자극을 받은 유대인들이 마침내 하나님께 돌아와 긍휼을 얻게 된다는 말씀입니다. 그 다음 32절 말씀이 중요합니다.

> 하나님이 모든 사람을 순종하지 아니하는 가운데 가두어 두심은 모든 사람에게 긍휼을 베풀려 하심이로다(롬 11:32).

바울은 하나님이 모든 사람에게 긍휼을 베풀기 위해서 불순종의 상태에 모두 가두어 두셨다고 합니다. '가두어 두셨다'고 해서 그들이 어쩔 수 없이 하나님께 불순종했다고 말하면 안 됩니다. 불순종은 인간의 선택이었습니다. 그러나 그와 같은 경험을 통해서 하나님의 긍휼을 받아들일 수 있게 되었다는 뜻입니다.

그런 점에서 유대인과 이방인이 다르지 않습니다. 이방인이 먼저 불순종했지만, 곧이어 유대인도 불순종했기 때문입니다. 불순종에도 베풀어주시는 하나님의 긍휼하심에 그들은 모두 항복하고 말았던 것이지요. 메시지 성경이 이 부분을 잘 풀이해주고 있습니다.

> 이렇게 혹은 저렇게, 하나님께서는 우리 모두로 하여금 한 번씩 다 바깥에 처해 보는 경험을 하게 하셨습니다. 이것은 그분께서 친히 문을 여시고, 우리를 다시 안으로 받아들이시기 위해서입니다(롬 11:32, 메시지).
>
> In one way or another, God makes sure that we all experience what

it means to be outside so that he can personally open the door and welcome us back in.

이것이 바로 하나님께서 끝까지 포기하지 않는 사랑과 긍휼로 마침내 완성해 나가실 인류 구원의 큰 그림입니다. 이와 같은 하나님의 은혜 앞에서는 그 누구도 차별을 받지 않습니다. 이방인과 유대인의 구분은 더 이상 의미가 없게 됩니다.

심지어 다른 사람의 불순종조차도 나를 구원하시는 하나님의 도구가 될 수 있습니다. 물론 그렇다고 해서 불순종이 정당성을 얻는 것은 아닙니다. 은혜를 더하게 하려고 죄를 지을 수는 없는 일입니다(롬 6:1). 단지 인간의 실패와 불순종도 하나님의 은혜 안에서는 얼마든지 구원의 재료로 사용될 수 있다는 것입니다.

결국 하나님께서 완성하실 구원의 하이라이트는 이스라엘의 회복이 아닙니다. 모든 인류의 구원이 하나님의 최종 목적입니다. 그리고 그 과정을 통해서 하나님의 능력과 지혜와 영광이 이 땅에 선포되는 것입니다. 사도 바울은 이와 같이 지금도 우리 가운데서 일하고 계시는 하나님의 신비를 깨달았을 때 너무나 감격스러웠습니다. 그래서 하나님을 찬양하지 않을 수 없었습니다.

바울의 찬양

33-35절 말씀입니다.

33깊도다 하나님의 지혜와 지식의 풍성함이여, 그의 판단은 헤아리지 못할 것이며 그의 길은 찾지 못할 것이로다. 34누가 주의 마음을 알았느냐. 누가 그의 모사가 되었느냐. 35누가 주께 먼저 드려서 갚으심을 받겠느냐(롬 11:33-35).

하나님 지혜의 깊이는 우리가 감히 헤아릴 수 없습니다. 하나님의 일 하심은 우리가 감히 짐작할 수도 없습니다. 특별히 우리의 구원을 위해 이루어 가시는 그 모든 일은 우리의 상상을 훌쩍 뛰어넘습니다. 우리는 그저 우리 눈에 보여주신 것만 알 뿐입니다. 그 나머지는 믿음으로 뛰어 들어가서 확인해 보아야 합니다. 하나님의 사랑을 신뢰하며 이끄심에 순 종하며 나아가야 합니다. 그러면 하나님께서 일하십니다. 모든 것이 합 력하여 선을 이루게 하십니다.

바울의 찬양 중에서 특히 제 마음에 강하게 부딪혀 온 부분은 35절 말씀입니다. "누가 주께 먼저 드려서 갚으심을 받겠느냐?" 이를 NIV 성 경은 "Who has ever given to God, that God should repay them?" 라고 합니다. 내가 먼저 하나님께 주어서(give) 하나님이 그것을 갚게 (repay) 하는 것, 이것이 바로 율법주의 종교 생활의 특징입니다. 자기 의를 쌓음으로 하나님께 구원과 복을 얻어내겠다는 태도입니다. 하나님 의 일하심을 깨닫지 못했기 때문에 그러는 것입니다.

그런데 우리의 신앙 생활 속에 은연중에 이런 태도가 곳곳에 자리 잡 고 있는 것을 발견합니다. 내가 기도를 많이 했기 때문에, 열심히 봉사했 기 때문에, 철저히 주일성수 했기 때문에, 헌금을 많이 했기 때문에 하나 님으로부터 이런저런 은혜와 축복을 받을 것이라 생각한다면 큰 착각입 니다. 하나님의 은혜 앞에서 내 공로는 그 어디에도 설 자리가 없습니다. 우리는 한량없는 하나님의 은혜에 감격하여 감사하는 마음으로 신앙 생 활을 할 뿐입니다.

9장부터 11장까지의 묵상을 통해서 바울이 얻은 결론은 36절 말씀입 니다.

> 이는 만물이 주에게서 나오고 주로 말미암고 주에게로 돌아감이라. 그에게 영광
> 이 세세에 있을지어다. 아멘(롬 11:36).

이 부분을 메시지 성경은 이렇게 표현합니다. "모든 것이 그분에게서 시작하고 그분을 통해 일어나며 그분에게서 마친다"(Everything comes from him; Everything happens through him; Everything ends up in him). 그렇습니다. 이 세상의 모든 것은 하나님이 시작하셨습니다. 지금도 하나님을 통해서 모든 일이 일어납니다. 그리고 그 모든 일은 결국 하나님 안에서 마치게 됩니다.

이것을 인정하는 것이 믿음입니다. 우리가 매사에 하나님을 인정한다면 우리의 생애가 이전과 달라질 수밖에 없습니다. 이전에는 자기중심적인 율법주의 종교 생활을 했습니다. 우리의 '열심' 가지고 일하면서 우리 자신의 '의'를 쌓으려고 했습니다. 이제는 그렇게 할 수 없습니다. 하나님의 일하심 속에 뛰어들게 됩니다. 온 몸을 주님께 맡기게 됩니다. 하나님이 이끄시는 대로 순종하며 살아갑니다. 그것이 바로 예수와 함께 죽고 예수와 함께 사는 신앙 생활인 것입니다.

우리의 구원을 위해 일하셨고 지금도 일하고 계시는 하나님의 놀라운 은혜 앞에서, 우리는 과연 무엇을 할 수 있을까요? 그것이 앞으로 우리가 묵상할 말씀의 내용입니다. 그것을 잘 모르더라도 오늘 우리가 할 수 있는 일이 있습니다. 그것은 하나님께 감사하는 것입니다. 찬양하는 것입니다. 하나님의 은혜 안에서 만족하며 사는 것입니다. 하나님이 우리의 삶을 통해서 일하게 하시는 것입니다.

성령님이 때마다 일마다 우리를 도와서 그렇게 살아가게 하실 것입니다.

묵상 질문: 결코 취소되지 않는 사람의 사랑을 받고 있다는 사실을 실감하고 있습니까?
오늘의 기도: 나는 언제나 실패하여 넘어지지만 하나님에게는 결코 실패가

없음을 믿습니다. 나를 향한 하나님의 사랑은 어떤 경우에도 취소되지 않는다는 말씀에 큰 위로를 받습니다. 오직 하나님의 은혜 안에만 거하도록 성령님, 연약한 나를 붙들어 주옵소서. 예수님의 이름으로 기도합니다. 아멘.

그리스도인의 예배생활

읽을 말씀: 로마서 12:1-2

새길 말씀: 그러므로 형제들아 내가 하나님의 모든 자비하심으로 너희를 권하노니
너희 몸을 하나님이 기뻐하시는 거룩한 산 제물로 드리라. 이는 너희가
드릴 영적 예배니라(롬 12:1).

    로마서는 모두 16장으로 되어 있습니다. 그 주제에 따라 정확하게 8장씩 두 부분으로 나누어집니다. 전반부(1-8장)에서 바울은 '구원을 위해서 일하시는 하나님'(God is working for salvation)에 대해서 이야기합니다. 이 세상을 창조하신 하나님께서 또한 이 세상이 직면하고 있는 죄와 죽음의 문제를 어떻게 해결하고 구원하려고 하시는지에 대한 큰 그림을 우리에게 보여줍니다.

    후반부(9-16장)에서는 인류 구원을 위한 '하나님의 일하심'이 우리의 구체적인 삶의 자리에 어떻게 적용될 수 있는지를 이야기합니다. 저는 이것을 '우리 가운데 일하시는 하나님'(God is working among us)으로 정리

했습니다. 바울이 가장 먼저 다룬 주제는 '선민選民 이스라엘' 문제였습니다. 하나님의 백성으로 택하심을 받은 유대인이 왜 하나님의 복음을 받아들이지 않는지, 그 모순과 딜레마를 설명하는 일에 9-11장까지 사용합니다.

이 문제와 씨름하는 가운데 바울은 유대인의 구원에 대한 새로운 통찰력을 갖게 되었습니다. 이방인들이 '접붙임의 구원'을 통해서 그 충만한 수가 들어오기까지 유대인들은 구원을 받지 못하고 있다가, 이방인들이 구원받는 모습에 자극을 받아서 뒤늦게 복음을 받아들이고 하나님의 자녀로 회복된다는 사실을 깨닫게 된 것입니다. 그래서 바울은 자신의 동족 유대인을 구원하기 위해서라도 땅 끝까지 가서 이방인들에게 복음을 전해야 한다고 믿었습니다.

바울은 유대인이든 이방인이든 이 세상의 모든 사람을 끝까지 포기하지 않고 끈질기게 구원하시는 하나님의 은혜를 깨닫게 되었습니다. 그 결론 말씀이 11장 마지막 절에 기록되어 있습니다.

이는 만물이 주에게서 나오고 주로 말미암고 주에게로 돌아감이라. 그에게 영광이 세세에 있을지어다. 아멘(롬 11:36).

이 세상의 모든 것은 하나님이 시작하셨습니다. 지금도 하나님을 통해서 모든 일이 일어나고 있습니다. 그리고 그 모든 일은 결국 하나님 안에서 마치게 되어 있습니다. 이것을 인정하는 것이 믿음입니다. 우리가 매사에 하나님을 인정한다면 우리의 생애가, 우리의 신앙 생활이 이전과 달라질 수밖에 없습니다.

이전에 우리는 자기중심적인 율법주의 종교 생활을 했습니다. 우리의 열심을 가지고 우리 자신의 의를 쌓으려고 했습니다. 그러나 이제는 그렇게 할 수 없습니다. 하나님의 일하심 속에 뛰어들게 됩니다. 온 몸을 주님께 맡기게 됩니다. 하나님이 이끄시는 대로 순종하며 살아가게 됩니다. 그것이 바로 예수와 함께 죽고 예수와 함께 사는 신앙 생활인 것입니다.

우리의 구원을 위해 일하셨고 지금도 우리 가운데서 일하고 계시는 하나님의 놀라운 은혜 앞에서, 우리는 과연 어떻게 살아가야 할까요? 우리의 신앙 생활에 있어서 이전과 달라져야 하는 모습은 구체적으로 어떤 것일까요? 바로 그것이 오늘부터 우리가 묵상하게 되는 나머지 로마서 말씀의 내용입니다.

새로운 예배

바울은 오늘 본문에서 '예수 믿는 사람' 그리스도인에게 나타나는 첫 번째 변화는 '예배생활'이라고 말합니다.

그러므로 형제들아 내가 하나님의 모든 자비하심으로 너희를 권하노니 너희 몸을 하나님이 기뻐하시는 거룩한 산 제물로 드리라. 이는 너희가 드릴 영적 예배니라(롬 12:1).

'그러므로'라는 말은 앞에서 설명한 내용을 잘 알고 있어야 지금부터 이야기하는 것을 또한 이해하고 받아들일 수 있다는 뜻입니다. 제가 앞에서 로마서 전반부의 내용과 후반부를 시작하는 9-11장까지의 내용을 간략하게라도 설명해드린 이유가 바로 이 때문입니다. 그 내용이 전제되어 있어야 지금부터 하는 이야기가 의미 있는 말씀으로 다가올 수 있기 때문입니다.

우리의 구원을 위해서 일해 오셨고 또한 지금도 우리 가운데서 일하고 계시는 하나님을 알게 된 사람은 가장 먼저 '예배'가 달라질 수밖에 없습니다.

구약시대의 예배는 하나님께 대속제물을 바치는 방식으로 진행되는 제사였습니다. 비둘기나 양이나 염소나 소나 어떤 짐승이든지 가져다가 그 머리에 손을 얹어서 자신의 죄를 떠넘기고 그 짐승을 죽여서 하나님께 바침으로 죄 용서함을 받고 하나님과의 관계를 회복하는 것이 예배였습니다.

그러나 그 효력이 오래 가지 않습니다. 일상의 삶으로 돌아가서 또 다시 죄에 빠져서 죄를 짓고 살게 됩니다. 그러다가 또 다시 하나님 앞에 짐승을 가지고 나와서 자신의 죄를 떠넘기고 죽여서 바칩니다. 그렇게 또 다시 죄 용서함을 받고 하나님과의 관계를 회복했다고 생각하고 일상의 삶으로 돌아가지만 똑같은 일이 반복됩니다. 매번 애꿎은 짐승들만 죽어나가지, 예배자의 삶에 그 어떤 근본적인 변화가 나타나지 않습니다. 그것이 바로 구약시대의 예배였습니다.

우리는 지금 대속제물을 바치는 방식으로 예배를 드리지는 않습니다. 그렇지만 실제적인 내용을 자세히 들여다보면 여전히 구약시대의 방식으로 예배를 드리는 사람들이 우리 중에 여전히 많이 있습니다. 짐승을 죽여서 바치는 대신에 헌금을 드리는 것이 달라졌을 뿐, 하나님께 죄를 회개하고 용서함을 받고 나가서 또 죄를 짓는 그런 일을 반복하는 것은 하나도 달라지지 않았습니다. 예수 그리스도의 십자가 복음으로 죄와 죽음의 문제가 근본적으로 해결되었음에도 우리는 여전히 똑같은 죄와 씨름하면서 살아갑니다. 그래서 예배가 달라지지 않는 것입니다.

우리가 정말 예수 그리스도의 십자가 복음을 믿는다면, 예수와 함께 죽고 예수와 함께 살아서 구원받은 하나님의 자녀가 되었다는 것을 믿어야 합니다. 이전에는 죄를 지으면 반드시 죽어야 하는 '죄와 사망의 법'의 적용을 받으며 살았지만, 이제는 성령님의 도움으로 넉넉히 죄를 이길 수 있는 '생명과 성령의 법'으로 살게 되었다는 것을 믿어야 합니다. 그런 사람들에게 가장 먼저 나타나는 변화가 바로 '예배'입니다. 예배하는 방식이 달라지는 것입니다.

그것을 가리켜서 바울은 "우리의 몸을 거룩한 산 제물로 드리는 영적 예배"라고 말합니다. 이 말씀에서 '몸body'과 '산 제물a living sacrifice'이라는 단어에 주목하십시오. 제사를 드리려면 반드시 제물이 있어야 합니다. 구약시대에는 짐승을 제물로 바쳤습니다. 새로운 예배에서 우리가 하나님께 드릴 제물은 '우리의 몸'입니다.

구약시대에는 짐승을 죽여서 바쳤습니다. 새로운 예배에서는 우리 몸을 '산 제물'로 바쳐야 합니다. 본래 제물은 살아 있을 수가 없습니다. 그런데 제물로 바쳐졌는데도 여전히 살아있습니다. 그래서 '산 제물'입니다. 이게 무슨 뜻입니까?

'예수 믿는 사람'은 예수 그리스도의 십자가 복음을 믿는 사람입니다. 우리의 옛 사람은 예수와 함께 십자가에 못 박혔다고 믿는 사람입니다. 그렇기 때문에 우리가 다시는 죄에게 종노릇하지 않게 되었다고 믿는 사람입니다(롬 6:6). 또한 우리가 그리스도와 함께 죽었기 때문에, 또한 그리스도와 함께 다시 살아났다고 믿는 사람입니다(롬 6:8). 예수와 함께 죽고 예수와 함께 살아난 사람이 바로 '예수 믿는 사람'입니다. 우리의 예배는 이와 같이 우리의 몸을 산 제물로 드리는 행위입니다.

그렇기 때문에 교회에 나와서 예배를 드리는 시간에만 우리 몸이 '산 제물'이 되는 것이 아닙니다. 우리의 일상적인 삶에서도 여전히 '산 제물'이 되어야 합니다. 그것을 바울은 '영적 예배'라고 합니다. 우리말 '영적'으로 번역된 헬라어는 '로기코스λογικός, logikos'라는 말인데, 여기에는 사실 '영적'이라는 뜻이 전혀 없습니다. 이 단어는 '로고스λόγος, reason'에서 파생된 말로써, 영어로 표현하면 'reasonable이성적인', 'rational'합리적인이라는 의미로 사용되는 말입니다. 그런데 이것을 우리말로는 '영적'이라고 번역한 것이지요.

그러니까 '영적 예배'는 사실 '이성적인 예배', '합리적인 예배'라고 해야 맞습니다. 물론 이때의 '이성'이나 '합리'는 사람들이 가지고 있는 생각을 말하는 것이 아닙니다. 오히려 하나님의 기준에서, 하나님이 이해하실 수 있는(divinely reasonable), 하나님이 생각하시는, 하나님께 논리적인 예배라는 뜻입니다. 그래서 '영적 예배'를 새번역 성경은 '합당한 예배'라고 하고, 공동번역 성경은 '진정한 예배'라고 표현하고 있는 것입니다.

하나님이 '예수 믿는 사람'에게 기대하고 계시는 예배는, 삶과 분리된 것이 아닙니다. 교회에 와서 예배할 때의 모습과 세상에서 살아갈 때의 모습이 달라지지 않는 것입니다. 그것이 하나님이 기대하시는 이성적이고 합리적인 예배입니다. 만일 우리가 전혀 다른 이중적인 모습으로 살아간다면 그것은 우리의 몸을 산 제물로 드리지 않았다는 뜻입니다. 그것은 짐승에게 내 죄를 떠넘기고 또 다시 예전의 악한 삶으로 돌아가는 구약의 예배를 반복하고 있다는 뜻입니다.

예수 그리스도를 십자가에 내어주시기까지 하면서 우리를 구원해 주신 하나님은 우리에게 더 이상 삶과 분리된 예배를 원하지 않으십니다. 삶이 곧 하나님께 드리는 예배가 되기를 원하십니다. 그것이 바로 바울이 말하고 있는 '영적 예배'인 것입니다.

메시지 성경은 1절 말씀을 이렇게 풀이합니다.

> 그러므로 나는, 이제 여러분이 이렇게 살기를 바랍니다. 하나님께서 여러분을 도우실 것입니다. 여러분의 매일의 삶, 일상의 삶-자고 먹고 일하고 노는 모든 삶-을 하나님께 헌물로 드리십시오. 하나님께서 여러분을 위해 하시는 일을 받아들이는 것이, 바로 여러분이 그분을 위해 할 수 있는 최선의 일입니다(롬 12:1, 메시지).

하나님께서 우리를 위해서 하시는 일을 받아들이는 사람들은 일상적인 삶을 하나님께 '헌물an offering'로 드립니다. 예배 시간에 드리는 헌금이

전부가 아닙니다. 우리가 매일 하는 일들, 자고 먹고 일하고 살아가는 모든 삶이 하나님께 드리는 헌물입니다. 그렇게 하려면 우리가 먼저 예수와 함께 죽고 예수와 함께 살아야 합니다. 우리가 결심하고 애써서 하는 것이 아니라, 우리 안에 살아계신 그리스도께서 그렇게 하시도록 해야 하는 것입니다.

새로운 변신

삶이 하나님께 드리는 예배가 되도록 하기 위해서 우리는 일상적인 삶에서 하나님의 뜻을 분별할 수 있어야 합니다.

> 너희는 이 세대를 본받지 말고 오직 마음을 새롭게 함으로 변화를 받아 하나님의 선하시고 기뻐하시고 온전하신 뜻이 무엇인지 분별하도록 하라(롬 12:2).

이 말씀에서 중요한 단어는 '본받지 말고'와 '변화를 받아'입니다. 이 말씀을 NIV 성경으로 읽으면 그 차이가 확실하게 드러납니다.

> Do not **conform** to the pattern of this world, but be **transformed** by the renewing of your mind. Then you will be able to test and approve what God's will is—his good, pleasing and perfect will."

여기에서 'conform'은 어떤 규칙이나 관습을 잘 따른다는 뜻입니다. 이것을 우리말 성경은 '본받는다'고 말합니다. 이에 비해서 'transform'은 모양form을 바꾼다trans는 뜻입니다. 왜 변신 로봇을 'transformer'라고 하지 않습니까? 모양을 바꿀 수 있기 때문입니다. 그러니까 이 말씀은, 이 세상의 패턴pattern에 적당히 순응하여 따르려고 하지 말고(do not conform), 오히려 마음의 갱신renewing을 통해 먼저 변신變身 하라는 것입니다 (be transformed). 그러고 나면(then) 무엇이 하나님의 뜻인지 분별할 수 있게 된다는 말씀입니다.

우리는 종종 이렇게 기도합니다. "하나님, 하나님의 뜻을 먼저 보여 주세요. 그러면 제가 그 뜻에 순종할게요." 아닙니다. 하나님의 뜻은 이미 다 드러나 있습니다. 앞에서 바울이 말한 것처럼, 이 세상의 모든 것은 하나님이 시작하고, 지금도 하나님을 통해서 모든 일이 일어나고 있고, 그 모든 일은 결국 하나님 안에서 마치게 되어 있습니다(롬 11:36).

그런데도 우리는 왜 하나님의 일하심을 보지 못하는 것일까요? 우리는 왜 매사에 하나님을 인정하지 못하는 것일까요? 우리는 왜 우리의 삶을 예배가 되도록 하지 못하는 것일까요?

왜냐하면 우리가 여전히 이 세대를 본받으며 이 세상의 패턴에 따라서 살고 있기 때문입니다. 그것은 우리가 변화를 받지 못했다는 뜻입니다. 마음이 새로워져서 예수의 패턴으로 변신해야 하는데, 그러지 못하고 있는 것이지요.

이것은 우리로 하여금 또다시 예수 그리스도의 십자가의 복음 앞에 서게 합니다. 십자가에서 예수와 함께 죽고 예수와 함께 살아야 하는데 그러지 못한 것입니다. 그래서 일상적인 삶에서 하나님의 일하심이 보이지 않고, 설령 하나님의 뜻을 알게 된다고 해도 그렇게 순종하며 살 수도 없는 것입니다.

이 말씀을 메시지 성경은 다음과 같이 풀이합니다.

문화에 너무 잘 순응하여 아무 생각 없이 동화되어 버리는 일이 없도록 하십시오. 대신에, **여러분은 하나님께 시선을 고정하십시오. 그러면 속에서부터 변화가 일어날 것입니다.** 그분께서 여러분에게 바라시는 것을 흔쾌히 인정하고, 조금도 머뭇거리지 말고 거기에 응하십시오. 여러분을 둘러싸고 있는 문화는 늘 여러분을 미숙한 수준으로 끌어 낮추려 하지만, 하나님께서는 언제나 여러분에게서 최선의 것을 이끌어 내시고 여러분 안에 멋진 성숙을 길러 주십니다(롬 12:2, 메시지).

우리는 세상 문화에 잘 적응하는 것well-adjusted이 성공의 지름길이라고 생각합니다. 그러나 너무나 잘 적응해서 하나님을 향한 시선을 잃어버렸습니다. 그래서 이 세상의 저질 문화에 젖어서 살아갑니다. 여기에서 벗어나려면 하나님을 향한 우리의 시선이 회복되어야 합니다. 하나님께 시선을 고정해야 합니다(Fix your attention on God).

그러면 '속에서부터' 변화가 일어납니다(You'll be changed from the inside out). 변화는 밖에서부터 시작되는 것이 아닙니다. 우리의 안에서부터 바깥쪽으로 변신하게 되어 있습니다. 그러면 하나님은 우리 안에 있는 최선의 것을 이끌어 내십니다(God brings the best out of you). 그 최선이 무엇입니까? 바로 예수의 패턴입니다. 우리가 예수의 패턴으로 변신하여 살게 되는 것입니다. 그렇게 우리의 삶이 예배가 되어가는 것입니다.

주일성수主日聖守가 귀한 일임에는 틀림없지만, 그것이 우리가 드리는 예배의 전부가 아닙니다. 하나님이 우리에게 기대하시는 예배는 우리의 몸을 거룩한 산 제물로 드리는 영적 예배입니다. 우리가 살아가는 삶의 자리에서 언제나 예수의 패턴을 드러내며 사는 것입니다. 그런데 이러한 변신은 우리의 결심과 노력으로 이룰 수 있는 것이 아닙니다. 우리가 예수와 함께 죽고 예수와 함께 살 때에 부어지는 은혜의 선물입니다.

그렇기 때문에 우리는 우리 안에 거하시며 우리의 연약함을 도우시는 성령님의 도우심을 언제나 간구해야 하는 것입니다.

묵상 질문: 나는 지금 구약 시대의 예배를 반복하고 있지 않습니까?
오늘의 기도: 내 안에 주님이 살아 계시기를 원합니다. 내 몸을 산 제물로 하나

님께 드리기를 원합니다. 그리하여 예배가 삶이 되고, 삶이 예배가 되기를 소원합니다. 성령님, 나를 다스려 주옵소서. 예수님의 이름으로 기도합니다. 아멘.

그리스도인의 교회생활

읽을 말씀: 로마서 12:3-8

새길 말씀: 우리가 한 몸에 많은 지체를 가졌으나 모든 지체가 같은 기능을 가진 것
이 아니니 이와 같이 우리 많은 사람이 그리스도 안에서 한 몸이 되어 서
로 지체가 되었느니라(롬 12:4-5).

우리는 지금 '교회 다니는 사람'이 아니라 '예수 믿는 사람'인 그리스
도인에게 나타나는 변화에 대해서 살펴보고 있습니다. 그 첫 번째 변화
는 바로 '예배생활'이었습니다. 자신의 몸을 '산 제물'로 드리는 새로운
'예배'가 시작되는 것입니다. 이는 일상의 삶이 곧 하나님께 드려지는 예
배와 헌물이 되는 것을 의미합니다. 그리하여 이 세대의 패턴에 순응하
여 따르지 않고 오히려 예수의 패턴을 드러내며 살아가게 되는 것입니다.

여기에서 우리가 조심해야 할 것이 한 가지 있습니다. 이러한 새로운
변화를 마치 우리 스스로가 감당해야 할 무거운 책임으로 받아들이는 것
입니다. 그것은 우리를 또다시 율법주의 종교 생활의 함정에 빠지게 합니

다. 은혜로 시작한 신앙 생활인데 또다시 율법으로 돌아가면 안 되지요.

'산 제물'로 드리는 예배는 매사에 하나님의 일하심을 인정하는 사람에게 주시는 하나님의 약속입니다. 따라서 지금 그렇게 살지 못한다고 실망할 필요 없습니다. 하나님께 시선을 고정하여 따라가면 언젠가 하나님은 우리 안에 있는 최선을 이끌어내실 것입니다.

마땅히 품을 생각

그다음에 바울은 그리스도인의 교회생활에서 나타나는 새로운 변화에 대해서 이야기합니다.

내게 주신 은혜로 말미암아 너희 각 사람에게 말하노니 마땅히 생각할 그 이상의 생각을 품지 말고 오직 하나님께서 각 사람에게 나누어 주신 믿음의 분량대로 지혜롭게 생각하라(롬 12:3).

여기에서 가장 먼저 주목하게 되는 것은 "내게 주신 은혜로 말미암아 너희 각 사람에게 말한다"라고 하는 대목입니다. 바울은 자신의 명성이나 권위에 의존하여 권면하지 않습니다. 사실 바울에게는 얼마든지 그렇게 말할 수 있는 자격이 있습니다. 그의 신학적인 깊이나 복음에 대한 열정이나 지금까지 일구어온 위대한 업적은 그의 권면을 더욱 권위 있게 할 수 있습니다. 그러나 바울은 일절 다른 이야기 하지 않습니다. 오직 하나님으로부터 받은 '은혜'를 힘입어서 권면한다고 합니다.

이는 "내가 나 된 것은 오직 하나님의 은혜"(고전 15:10)라는 바울의 고백으로 충분히 설명됩니다. 그는 하나님의 일하심에 믿음으로 뛰어들었고 하나님의 인도하심을 따라 지금까지 왔습니다. 그러니 그에게는 "내가 이루었다"고 말할 것이 하나도 없습니다. 오히려 "내가 모든 사도보다 더 많이 수고하였으나 내가 한 것이 아니요 오직 나와 함께 하신 하나님의 은혜"라고 말할 뿐입니다.

교회는 '하나님의 은혜'로 시작된 믿음의 공동체입니다. 예수 그리스도의 십자가 복음에 나타난 하나님의 은혜를 믿음으로 받아들인 사람들이 모인 곳입니다. 따라서 교회에서 최고의 권위는 '하나님의 은혜'이어야 합니다. 그것으로 충분합니다. 그런데 은혜가 없는 사람들이 자꾸 다른 권위를 내세우고 그것에 의존하려고 합니다. 그래서 교회가 교회답지 못하게 되는 것입니다.

바울은 "마땅히 생각할 그 이상의 생각을 품지 말고 … 믿음의 분량대로 지혜롭게 생각하라"고 합니다. 이 말씀은 신앙공동체 안에서 함께 신앙 생활 하는 사람들이 기본적으로 품고 있어야 하는 마음 자세입니다. '그 이상의 생각을 품다'로 번역된 '후페르프로네오$_{\upsilon\pi\epsilon\rho\varphi\rho\rho\nu\epsilon\omega, huperphroneó}$'는 '넘어서는$_{beyond}$'이란 뜻의 '후페르'와 '생각하다$_{think}$'라는 뜻의 '프로네오'가 합성된 단어입니다. 그러니까 어떤 '적절한 한계$_{proper limits}$'를 넘어서서 생각하는 것을 말합니다.

바울이 의미하는 '적절한 한계'가 무엇일까요? 그것은 앞에서 언급한 '하나님의 은혜'입니다. 하나님의 은혜로 구원받은 사람들은 마땅히 모든 것을 그 안에서 생각해야 합니다. 그런데 사람들은 '그 이상의 생각'을 품으려고 합니다. 하나님의 은혜를 넘어서서 생각하려고 한다는 것이지요.

공동번역 성경은 이를 "자신을 과대평가하지 말고 … 분수에 맞는 생각을 하십시오"로 풀이합니다. 스스로 대단한 사람이나 된 것처럼 착각하지 말고 겸손해야 한다는 말처럼 들립니다. NLT 성경도 "Don't think you are better than you really are"라고 번역합니다. "실제의 네 자신보다 더 나은 사람으로 생각하지 말라"는 뜻입니다. 공동번역과 비슷한 해석입니다.

그러나 이 말씀은 그보다 더 깊은 이야기를 담고 있습니다. 하나님의 일하심을 받아들여 구원받았다고 생각한다면, 신앙공동체 안에서 행하는 어떤 일이라도 내가 하는 것이 아니라 하나님이 하시는 것이 되도록 해야 한다는 뜻입니다. 메시지 성경이 이런 의미를 가장 잘 풀어내고 있습니다.

> … 여러분이 마치 하나님께 뭔가 좋은 것을 해드리고 있는 것처럼 착각하지 마십시오. 그렇지 않습니다. 실은, 하나님께서 여러분에게 온갖 좋은 것을 가져다주고 계신 것입니다. 우리가 우리 자신을 바르게 알게 되는 것은, 오직 하나님과 또한 그분이 우리를 위해 하고 계신 일에 주목할 때이지, 우리 자신과 또한 우리가 그분을 위해 하는 일에 주목할 때가 아닙니다(롬 12:3, 메시지).

이른바 '은혜를 받은 사람들'이 쉽게 빠지는 함정이 바로 이것입니다. 구원받았다는 감격에 무슨 일이든지 열심히 하려고 합니다. 하나님의 은혜를 조금이라도 갚아야 한다고 생각하는 것이지요. 그러면서 자신이 하나님께 뭔가 좋은 일을 해드리고 있다고 뿌듯해합니다.

문제는 그것이 결국 '자기 의'가 된다는 사실입니다. 자기가 하는 일에 주목하기 시작하면 그 마지막은 둘 중의 하나입니다. "하나님을 위해서 내가 이만큼 했어!"라는 자랑거리가 되거나, 아니면 "하나님을 위해서 해드린 것이 아무것도 없네!"라는 낙심거리가 되는 것이지요. 그것이 바로 은혜로 시작하여 율법으로 마치는 모습입니다.

우리가 무얼 얼마나 열심히 한다고 해서 그 놀라운 하나님의 은혜를 다 갚을 수 있겠습니까? 그것은 처음부터 아예 불가능한 일입니다. 그리고 은혜를 두고두고 갚으라고 하나님께서 우리에게 은혜를 베풀어주신 것이 아닙니다. 오히려 하나님이 우리 가운데 계속 이루어 가시는 일에 동참하라고 우리를 초대하신 것입니다. 그것은 우리가 하나님을 위해서 하는 일이 아닙니다. 오히려 하나님께서 우리를 위해서 계속하고 계시는 일입니다. 그 일에 우리가 뛰어드는 것이지요.

그런데 하나님은 우리를 무작정 그 일에 뛰어들게 하지 않으십니다. 그 일을 감당할 수 있도록 각 사람에게 '믿음의 분량'을 주십니다. 하나님이 주신 분량을 다른 사람의 것과 비교하려고 하면 안 됩니다. '상대적인 비교'가 바로 '율법주의 종교 생활'로 되돌아가는 지름길입니다. 다른 사람보다 더 잘하려고 하는 마음이 바로 '마땅히 생각할 그 이상의 생각'입니다. 중요한 것은 우리가 하나님의 일에 동참하여 따르고 있다는 것이지, 남들보다 얼마나 더 잘 하느냐가 아닙니다.

이와 같은 기본적인 마음 자세를 이야기한 후에 바울은 본격적으로 신앙공동체의 지체 의식에 대해서 설명하기 시작합니다.

공동체의 지체 의식

하나님이 우리 가운데 계속 이루어 가시는 일이 무엇일까요? 그것은 그리스도의 몸인 신앙공동체를 세워나가시는 것입니다.

> 4우리가 한 몸에 많은 지체를 가졌으나 모든 지체가 같은 기능을 가진 것이 아니니 5이와 같이 우리 많은 사람이 그리스도 안에서 한 몸이 되어 서로 지체가 되었느니라(롬 12:4-5).

바울은 신앙공동체인 교회와 구성원의 관계를 '몸'과 '지체'의 관계로 설명합니다. 우리말 '지체肢體'에 해당되는 헬라어는 '멜로스μέλος, melos'입니다. 물론 여기에는 팔다리를 뜻하는 '지체a limb'라는 의미도 있지만, 그보다는 '부분a part'이라고 하는 것이 더 적절한 표현이 아닐까 싶습니다. 팔다리 외에도 우리 몸을 구성하는 부분들이 아주 많이 있기 때문입니다.

어쨌든 몸을 이루는 부분들이 모두 같은 기능을 가지지 않았다고 바울은 말합니다. 만일 그렇다면 그것이야말로 정말 괴기한 모습이 될 것입니다. 생각해 보십시오. 온몸이 눈으로만 되어있거나, 팔다리만 잔뜩 붙어 있으면 과연 어떻겠습니까? 우리 주위를 한번 둘러보십시오. 나와 똑같은 사람이 하나도 없지 않습니까? 이처럼 서로 다른 모습으로 서로 다른 일을 한다는 것이 얼마나 다행스럽고 감사한 일인지 모릅니다.

물론 그 부분들이 따로 떨어져 있다면 아무런 소용이 없습니다. 함께 모여서 한 몸을 이룰 때에 각각의 부분들이 의미가 있게 됩니다. 그래서 메시지 성경은 이렇게 표현합니다.

> 우리 각자는 사람 몸의 다양한 부분과 같습니다. 각 부분은 전체 몸에서 의미를 얻습니다. 그 반대는 아닙니다(롬 12:4, 메시지).
> Each part gets its meaning from the body as a whole, not the other way around.

여기에서 "그 반대는 아니라"라는 말을 주목할 필요가 있습니다. 예를 들어서 손가락이 아무리 아름답게 생겼다고 하더라도, 그것 때문에 몸이 존재할 이유를 갖는 것은 아닙니다. 손가락 하나가 없어도 몸은 얼마든지 살 수 있기 때문입니다. 오히려 몸에 붙어 있지 않는 손가락이야말로 아무런 존재의 의미가 없습니다. 이처럼 신앙공동체인 교회도 서로 연결되어 한 몸을 이룰 때에 각각의 부분들이 존재 가치를 갖게 되는 것입니다.

요즘 들어 혼자서 조용히 신앙 생활하는 분들이 자주 눈에 뜨입니다. 매 주일 이 교회 저 교회를 탐방하는 이른바 '가나안 교인'들도 많이 있습니다. 그분들에게는 '자기 교회'가 없습니다. '자기 교회'가 없다는 이야기는 자신이 소속된 그리스도의 몸이 없다는 이야기입니다. 스스로는 하나님을 믿는다고 생각할지 모르지만, 그렇게 교회를 다니는 것은 '예수 믿는 사람'이 하는 신앙 생활이 아닙니다.

　그것은 마치 팔 하나, 귀 하나, 다리 하나가 따로따로 각자 예배드리러 오는 것과 같습니다. 그렇게 예배드리는 인원이 많다고 해서 그리스도의 몸이 세워지는 것이 아닙니다. 어느 한 교회에 진득하게 붙어 있어야 그리스도의 몸이 되어가는 것입니다.

　여기에서 가장 중요한 말씀은 "서로 지체가 되었다"라는 것입니다. NLT 성경은 이를 "we all belong to each other"라고 표현합니다. 우리는 서로에게 소속되었다는 뜻입니다. 각 사람이 서로에게 중요한 부분의 역할을 하고 있다는 것입니다. 나와 연결된 그 사람이 나에게 없어서는 안 될 존재이지만, 동시에 나도 그 사람에게 없어서는 안 될 존재입니다. 이것은 두 사람과의 관계에만 해당되는 일이 아닙니다. 우리 모두 그렇게 서로에게 소속되어 있다는 것입니다. 이것을 가리켜서 우리는 '지체의식'이라고 합니다.

　하나님은 '지체의식'을 통해 신앙공동체를 세워 가십니다. '자기 교회' 없이 혼자서 조용히 신앙 생활하는 분들에게는 물론 나름대로 이유가 분명히 있을 것입니다. 그러나 감히 말씀 드리지만 그것이 바로 '마땅히 생각할 그 이상의 생각'입니다. 싫든 좋든 하나님의 일하심에 동참하여 그리스도의 몸을 세워가야 합니다. 그 또한 우리가 하나님을 위해 하는 일이 아닙니다. 하나님께서 우리를 위해서 하고 계시는 일입니다.

하나님이 주시는 은사

　그래서 우리가 교회를 세워갈 수 있도록 하나님은 우리 각자에게 '믿음의 분량'을 주시고 또한 여러 가지 '은사'도 주시는 것입니다.

6우리에게 주신 은혜대로 받은 은사가 각각 다르니 혹 예언이면 믿음의 분수대

로, 7혹 섬기는 일이면 섬기는 일로, 혹 가르치는 자면 가르치는 일로, 8혹 위로하는 자면 위로하는 일로, 구제하는 자는 성실함으로, 다스리는 자는 부지런함으로, 긍휼을 베푸는 자는 즐거움으로 할 것이니라(롬 12:6-8).

여기에서 '은혜'는 '카리스χάρις, charis'를, '은사'는 '카리스마χάρισμα, charisma'를 번역한 것입니다. '카리스마'는 '카리스의 선물'(a gift of charis)입니다. 하나님은 우리를 '은혜'로 구원해주셨습니다. 그것만 해도 너무나 고마운데 또한 '은혜의 선물'인 '은사'를 우리에게 보너스로 주신 것입니다. 그 선물을 주신 이유가 있습니다. 신앙공동체를 세워나가는 하나님의 일에 동참하게 하기 위해서입니다.

우리에게 주신 은사가 각각 '다르다디아포로스, διάφορος'고 합니다. 왜 다를까요? 각각 필요하기 때문입니다. 어디에 필요하단 말입니까? 그리스도의 몸을 세우는 일에 필요합니다. 그런데 사람들은 참 이상하게도 '다름difference'을 있는 그대로 받아들이지 못합니다. 다른 사람과 비교하여 '차별'로 받아들입니다. 무엇이 더 중요하고 덜 중요한지 자꾸만 '서열'을 세우려고 합니다. 그것이 하나님의 일하심에 방해가 되는 줄도 모르고 말입니다.

이 부분에 대한 메시지 성경의 풀이를 읽어보아야 합니다.

그러므로 우리는 지음 받은 본연의 모습대로 살아가야 합니다. 시기심이나 교만한 마음을 품고서 다른 사람들과 자신을 비교해서는 안 됩니다. 자기가 아닌 무엇이 되려고 애쓰지 마십시오(롬 12:6a).
Let's just go ahead and be what we were made to be, without enviously or pridefully comparing ourselves with each other, or trying to be something we aren't.

은사는 하나님이 우리에게 주시는 '선물'입니다. 그리스도의 몸을 세워나가는 일에 무엇이 필요할지 알고 주신 것입니다. 우리가 하나님의 은혜로 구원받고 그리스도의 몸인 교회에 들어왔을 때, 하나님은 이미 우리에게 필요한 은사를 선물로 주셨습니다. 만일 다른 은사가 필요하다면 그때 또 주실 것입니다.

그런데 하나님이 주신 은사를 발견하여 잘 활용할 생각은 하지 않고, 다른 사람이 받은 그 '은사'를 굳이 받아야 하겠다고 졸라대는 사람들이 있습니다. 그것이 바로 '자기가 아닌 무엇이 되려고 애쓰는 것'이요 '마땅히 생각할 그 이상의 생각을 품는 것'입니다.

바울은 오늘 본문에서 일곱 가지 은사를 예로 들어 우리 가운데서 일하시는 하나님과 동역하기 위해서 우리가 마땅히 품어야 할 생각이 무엇인지 설명합니다. 그러나 일곱 가지 은사가 전부는 아닙니다. 내게 이 은사가 없다고 낙심하지 말 일입니다.

바울은 가장 먼저 "예언이면 믿음의 분수대로 하라"고 권면합니다. '예언프로페티아, προφητεία'은 미래의 일을 말하는 것이 아닙니다. 하나님의 말씀을 대언代言하는 것입니다. 교회 안에서 이 은사를 가지고 있는 사람이 바로 설교를 하는 목사님입니다. 그런데 "믿음의 분수대로 하라"는 말이 무슨 뜻일까요?

메시지 성경은 "설교하는 일이라면, 하나님의 메시지만을 전하고 그와 상관없는 내용을 전하지 마십시오"(If you preach, just preach God's Message, nothing else)라고 합니다. 하나님의 메시지를 전하지 않고 엉뚱한 내용을 말하는 목사님들이 강단을 어지럽히고 신앙공동체를 무너뜨리는 것을 봅니다. 자신이 무슨 대단한 사람이나 된 것처럼 생각하기 때문입니다. 마땅히 품을 생각을 품지 않고 있는 것이지요.

두 번째로 "섬기는 일이면 섬기는 일로 하라"고 합니다. '섬기는 일'은 '디아코니아διακονία, diakonia'입니다. 문자적으로는 "식탁에서 기다린다"

(waiting at table)는 뜻입니다. 여기에서 오늘날 '집사'라는 신령직분이 나왔습니다. 메시지 성경의 풀이가 재미있습니다. "돕는 일이라면, 도와주기만 하지 월권하지 마십시오"(if you help, just help, don't take over). 섬기고 나서 주인 노릇하려고 하면 안 됩니다. 섬기는 것으로 끝나야 합니다.

세 번째로 "가르치는 자면 가르치는 일로 하라"고 합니다. '가르치는 일'은 '디다스코$\delta\iota\delta\acute{a}\sigma\kappa\omega$, didaskó'입니다. 오늘날로 하면 '교사'에 해당되는 사역입니다. 바울 당시에는 '교사'가 '사도'에 버금가는 중요한 역할을 했습니다. 메시지 성경은 "가르치는 일을 한다면, 여러분이 가르치는 바를 고수하십시오"(if you teach, stick to your teaching)라고 풀이합니다. 가르침과 삶의 내용이 다르면 안 된다는 말씀입니다.

네 번째로 "위로하는 자는 위로함으로 하라"고 합니다. '위로하는 일'은 '파라칼레오$\pi\alpha\rho\alpha\kappa\alpha\lambda\acute{e}\omega$: parakaleó'입니다. 오늘날의 '권사' 직분에 해당되는 사역입니다. 이분들은 권면하고 위로하는 일을 해야 합니다. 메시지 성경은 "격려하고 안내하는 일이라면, 으스대지 않도록 조심하십시오"(if you give encouraging guidance, be careful that you don't get bossy)라고 합니다. 'get bossy'는 이래라저래라 명령하는 것을 말합니다. 그것은 권사가 마땅히 품을 생각이 아닙니다.

다섯 번째로 "구제하는 자는 성실함으로 하라"고 합니다. '구제'는 경제적으로 어려운 사람을 돕는 일입니다. 메시지 성경은 "곤란에 빠진 사람들을 원조하는 일에 부름을 받았다면, 늘 눈을 크게 뜨고 잘 살펴 신속하게 움직이도록 하십시오"(if you're called to give aid to people in distress, keep your eyes open and be quick to respond)라고 합니다.

여섯 번째로 "다스리는 자는 부지런함으로 하라"고 합니다. '다스리는 일$\pi\rho o\acute{\iota}\sigma\tau\eta\mu\iota$, proistemi'은 다른 사람 앞에 서서 이끌어가는 사역입니다. 오늘날의 '장로' 직분이 여기에 해당된다고 하겠습니다. 메시지 성경은 "책임자 위치에 있다면, 멋대로 권력을 휘두르지 마십시오"(if you're put in charge, don't manipulate)라고 합니다.

마지막으로 "긍휼을 베푸는 자는 즐거움으로 하라"고 합니다. '긍휼을 베푸는 일ἐλεέω, eleeó'을 메시지 성경은 "불우한 사람들과 더불어 일하는 것"(if you work with the disadvantaged)이라고 합니다. 그럴 때 "그들 때문에 화를 내거나 우울해지지 않도록 하십시오. 늘 얼굴에 미소를 띠고 일하십시오."(don't let yourself get irritated with them or depressed by them. Keep a smile on your face) 고 합니다.

어느 것 하나 쉬운 사역은 없습니다. 그렇기에 교회 안에서 그 일을 하시는 분들에게 우리가 존경하는 마음을 갖는 것입니다. 잊지 말아야 할 것은, 그 모든 사역이 우리가 하나님을 위해서 하는 일이 아니라는 사실입니다. 오히려 하나님께서 우리를 위해서 하고 계시는 일입니다. 우리를 위해서 그리스도의 몸인 교회를 세워나가시고, 이런저런 은사를 주셔서 그 일에 우리를 동참하게 하신 것입니다.

따라서 마땅히 품을 생각을 품어야 합니다. 하나님께서 나누어 주신 분량대로 성실하게 일하면 됩니다. 남들보다 더 잘하려고 하거나 그 일을 통해서 사람들에게 인정받으려고 하기에 일은 일대로 힘들어지고, 그 일로 인해서 오히려 신앙공동체에 어려움이 생겨나는 것입니다. 은혜로 시작한 신앙 생활을 율법주의 종교 생활로 마치지 마십시오.

우리가 주목해야 할 것은 '우리 자신'이나 '우리가 하는 일'이 아닙니다. 우리를 구원하시고, 지금도 우리를 위해 일하고 계신 '하나님'에게 시선을 고정해야 합니다. 그러면 우리가 함께 세워나가는 신앙공동체를 통해서 하나님 나라의 기쁨을 맛보게 될 것입니다. 그것이 지금도 하나님께서 우리 가운데서 일하고 계시는 이유입니다.

묵상 질문: 나와 연결되어 있는 지체들에게 얼마나 긍정적인 영향을 끼치고

있습니까?

오늘의 기도: 교회 안에서 나와 생각이 다른 이들을 만날 때, 오히려 그들로 인하여 감사하게 하옵소서. 그 형제가 없이 내가 존재할 수 없고, 또한 나 없이 그 형제가 존재할 수 없음을 알게 하셔서 더 낮아지고 더 겸손하게 하옵소서. 사랑과 이해, 합심으로 그리스도의 몸을 세워가게 하옵소서. 예수님의 이름으로 기도합니다. 아멘.

그리스도인의 윤리생활

읽을 말씀: 로마서 12:9-21

새길 말씀: 너희를 박해하는 자를 축복하라. 축복하고 저주하지 말라. 즐거워하는
자들과 함께 즐거워하고 우는 자들과 함께 울라(롬 12:14-15).

로마서 12장에 들어와서 바울은 그리스도인의 '예배생활'과 '교회생
활'에 대해서 차례대로 이야기했습니다. 그 말씀들을 묵상하면서 과거
율법주의 종교 생활에서는 감히 상상할 수도 없었던 근본적인 변화가 그
리스도인의 삶에 일어나고 있음을 감지하게 되었습니다. 그 변화는 그리
스도인이 유대인들보다 더 열심히 신앙 생활했기 때문에 나타난 것이 아
닙니다. 오히려 하나님의 일하심 속에 뛰어들었기 때문에 나타나는 결과
입니다.

오늘 본문은 '그리스도인의 윤리생활'에 대한 바울의 가르침을 담고
있습니다. 이 말씀을 묵상하기에 앞서서, 먼저 '윤리'에 대한 기본적인 이
해를 살펴볼 필요가 있습니다.

윤리생활의 기준

'윤리倫理'의 사전적인 의미는 '사람으로서 마땅히 행하거나 지켜야 할 도리'입니다. 그러나 '사람으로서'의 기준이 사실 애매합니다. '양심'을 그 기준으로 삼을 수도 있겠지만, 타락한 인간의 죄성에 양심의 명령이 무슨 효력이 있겠습니까? "사람의 탈을 쓰고 어떻게 그럴 수가 있느냐!"고 비난해보지만, 그런다고 해서 사람들이 양심적으로 행동하게 되는 것은 아니지요.

'법'으로 규정하고 강제할 수도 있을 겁니다. 그러나 '사람으로서'의 모든 기준을 법으로 정한다는 것은 처음부터 불가능한 이야기입니다. "사람이라면 마땅히 이래야 한다"는 것에 대해서 모든 사람의 생각이 같을 수가 없기 때문입니다. 그 합의를 도출해내는 것이 불가능한 일일뿐더러, 설혹 그런다고 하더라도 사람들이 그것에 따른다고 보장할 수도 없습니다. 기껏해야 범법자들만 양산해낼 뿐입니다.

그렇다면 '그리스도인의 윤리생활'의 기준은 무엇일까요? 흔히 '성경'이라고 말합니다. 물론 그렇습니다. 하나님의 말씀인 성경은 그리스도인들에게 최종적이고 절대적인 권위입니다. 그러나 구체적으로 성경의 그 무엇이 그리스도인의 윤리생활의 기준일까요? 유대인들은 '율법'을 그 기준으로 삼았습니다. 그런데 우리가 살펴보았듯이 그들의 율법주의 종교 생활은 '인간다움'에 대한 하나님의 기대에 미치지 못했습니다. 오히려 자기 편의에 따라 다른 사람들을 판단하고 정죄하는 잣대로 율법이 남용되었습니다.

따라서 "그리스도인으로서 우리는 어떻게 살아야 할 것인가?"라는 질문에 대해서 "오직 성경 말씀을 기준으로 하여 살아야 합니다!"라고 말하는 것은 부족한 대답입니다. 그것은 많은 그리스도인이 성경 말씀대로 산다고 하면서 실제로는 율법주의의 함정에 빠져서 유대인들의 전철을

답습하고 있는 현실을 보면 알 수 있습니다. "성경에 그렇게 기록되어 있으니 우리는 그렇게 살아야 한다!"라고 해서 실제로 그렇게 살게 되지 않는다는 것이 문제입니다.

때로 '당근'과 '채찍'의 전략을 쓰기도 합니다. 말씀대로 순종하면 '복'을 받을 것이고, 그렇지 않으면 '벌'을 받을 것이라고 가르치는 것이지요. 물론 몇몇 사람들에게는 효과가 있을지 모릅니다. 그러나 그것은 유대인들의 율법주의 종교 생활과 다를 것이 하나도 없습니다. 복 받으려고, 또는 벌 받지 않으려고 착하게 사는 것이 그리스도인의 윤리생활은 아닙니다.

그리스도인의 윤리생활에 대한 바울의 설명은 의외로 아주 단순합니다. "네가 왜 그렇게 살아야 하는지 아니? 그건 십자가 복음으로 너를 구원하신 하나님께서 지금도 너희 가운데에서 그렇게 일하고 싶어 하시기 때문이야!"

주님은 "아버지께서 이제까지 일하시니 나도 일한다"(요 5:17)고 말씀하셨습니다. 우리 그리스도인들도 마찬가지입니다. "하나님이 일하시니 우리도 일한다." 이것은 예수 그리스도의 십자가 복음으로 구원받은 그리스도인의 모든 생활, 즉 '예배생활'이나 '교회생활'이나 '윤리생활'에 있어서 변함없이 적용되는 한결같은 기준입니다.

성도간의 사랑

그리스도인의 윤리생활은 하나님 사랑으로부터 시작됩니다.

> 9사랑에는 거짓이 없나니 악을 미워하고 선에 속하라. 10형제를 사랑하여 서로 우애하고 존경하기를 서로 먼저 하며…(롬 12:9-10).

"사랑에는 거짓이 없다"에서 '사랑'은 '아가페^{ἀγάπη}'입니다. '거짓이 없다'에 해당되는 헬라어는 '아누포크리토스$\overset{\dot{\alpha}\nu\upsilon\pi\acute{o}\kappa\rho\iota\tau o\varsigma,\ anupokritos}{}$'인데, 이는 부정否定을 의미하는 접두어 '아ἀ'와 '후포크리노마이$\overset{\overset{\dot{}}{\upsilon}\pi o\kappa\rho\acute{\iota}\nu o\mu\alpha\iota}{}$' 동사가 합해진 말입니다. 이 '후포크리노마이'에서 영어단어 'hypocrisy위선'가 파생되었습니다. 그러니까 '아누포크리토스'는 '위선이 없다'는 뜻입니다. 이를 영어로는 'unfeigned꾸밈없는', 'sincere진실한' 등으로 표현합니다.

그리스도인의 사랑에는 위선이나 꾸밈이나 거짓이 없어야 합니다. 하나님의 사랑이 그렇기 때문입니다. NLT 성경은 "Don't just pretend to love others"이라고 표현합니다. "다른 사람을 사랑하는 척하지 말라"는 뜻입니다.

그다음 설명이 의외입니다. "악을 미워하고 선에 속하라." 이것이 사랑과 무슨 관계가 있는 것일까요? 왜냐하면 진정한 사랑에는 거짓이 없기 때문입니다. 위선이나 꾸밈이나 거짓은 모두 악에 속한 것입니다. 그리스도인의 사랑은 악으로 포장된 것이어서는 안 됩니다.

메시지 성경은 이 부분을 "악은 필사적으로 피하십시오. 선은 필사적으로 붙드십시오."(Run for dear life from evil; hold on for dear life to good)라고 풀이합니다. 사랑은 악을 눈감아 주는 것이 아닙니다. 목숨을 걸고 악으로부터 필사적으로 도망가는 것이 사랑입니다. 그러기 위해서 선을 필사적으로 붙잡는 것이 사랑입니다.

계속해서 "형제를 사랑하여 서로 우애하라"라고 합니다. 여기에서 '형제를 사랑하여'는 '테 필라델피아$\overset{\tau\overset{\smile}{\eta}\ \varphi\iota\lambda\alpha\delta\epsilon\varphi\acute{\iota}\alpha}{}$'를 풀이한 것입니다. '필라델피아'는 친구간의 사랑을 의미하는 '필로스philos'와 '형제'를 뜻하는 '아델포스adelphós'가 합성된 말입니다. 결국 '테 필라델피아'는 '형제사랑으로'(with the brotherly love)라는 뜻이 됩니다. 따라서 지금 바울은 성도 간의 사랑에 대해서 이야기하고 있다는 것을 알 수 있습니다. 성도들은 형제사랑으로 서로 우애友愛해야 합니다.

그다음 말씀이 아주 중요합니다. 바울은 "존경하기를 서로 먼저 하라"

고 합니다. 공동번역 성경은 "다투어 서로 남을 존경하는 일에 뒤지지 마십시오"라고 번역합니다. 그런데 그리스도인의 사랑을 이렇게 '경쟁적인 다툼'으로 설명하는 것은 적절하지 못하다는 생각이 듭니다.

메시지 성경은 이 부분을 "기꺼이 서로를 위한 조연이 되어 주십시오"라고 해석합니다. 영어원어로 읽으면 이렇게 되어있습니다. "practice playing second fiddle." 여기에서 'second fiddle'은 '제2 바이올린'을 의미합니다. 그러니까 "서로 제2 바이올린 연주자가 되도록 연습하라"라는 것입니다. "남을 존경한다"라는 것은 바로 이런 뜻입니다. 상대방이 돋보이도록 멋지게 화음을 넣어주는 것입니다.

그것도 '서로 먼저' 그렇게 하랍니다. 그것이 성도 간의 형제사랑입니다. 왜 우리가 그렇게 해야 할까요? 왜냐하면 그것이 우리 가운데에서 지금도 하나님이 하고 계시는 일이기 때문입니다. 하나님이 일하시니 우리도 그렇게 해야 하지 않겠습니까?

주를 섬기는 열심

11-13절입니다.

> 11부지런하여 게으르지 말고 열심을 품고 주를 섬기라. 12소망 중에 즐거워하며 환난 중에 참으며 기도에 항상 힘쓰며 13성도들의 쓸 것을 공급하며 손 대접하기를 힘쓰라(롬 12:11-13).

'게으른'으로 번역된 헬라어 '오크네로스ὀκνηρός, oknéros'는 '주저하는hesitating', '꾸물거리는dragging one's feet'이라는 뜻입니다. 무엇에 그렇게 게으르다는 것일까요? '주를 섬기는' 일에 꾸물거리고 있다는 것입니다. 이는 신앙공동체 안에서 자신에게 맡겨진 사역에 주저하는 모습을 설명하고 있는 것입니다. 그런데 왜 그럴까요?

그 설명이 뒤에 나옵니다. "열심을 품고…." 이에 해당되는 헬라어 '토 프뉴마티 제온테스'($\tau\hat{\omega}$ $\pi\nu\epsilon\acute{\upsilon}\mu\alpha\tau\iota$ $\zeta\acute{\epsilon}o\nu\tau\epsilon\varsigma$)를 영어로 직역하면 'fervent in spirit'이 됩니다. 그러니까 영혼의 열정, 즉 열심熱心이 식어버려서 그렇게 된 것입니다. 그래서 꾸물거리고 있는 겁니다.

그런데 왜 열정이 식어버렸을까요? 그것은 마치 유대인들이 자기 의를 세우려는 열심을 가지고 경쟁에서 이기기 위해 열정을 쏟았듯이(롬 10:2), 엉뚱한 일에 영적인 에너지를 쏟았기 때문입니다. 주님을 섬기는 일에 열심을 내지 않고 다른 일에 열심을 냈던 것입니다. 그러면서도 주님을 섬기는 줄 착각하고 있었던 것이지요.

그래서 메시지 성경은 이 부분을 "지쳐 나가떨어지지 않도록 하십시오. 늘 힘과 열정이 가득한 사람이 되십시오. 언제든 기쁘게 주님을 섬길 준비를 갖춘 종이 되십시오"(Don't burn out; keep yourselves fueled and aflame. Be alert servants of the Master, cheerfully expectant)라고 풀이합니다.

교회에서 이런저런 사역을 하다가 '탈진burn-out'하는 분들을 종종 보게 됩니다. 사역이 너무 과중해서 그렇게 되는 수도 있지만, 실제로는 불필요한 다른 문제로 인해서 탈진하게 되는 경우가 더 많이 있습니다.

저도 지금까지 목회를 해 오면서 '탈진'했다고 느끼던 때가 있었습니다. 제가 비교적 늦은 나이에 미국으로 유학을 떠날 결심을 하게 된 가장 중요한 이유가 그것이었습니다. 그런데 공부를 하면서 어느 책을 읽다가 제 탈진의 이유를 발견했습니다. 그 책에는 이렇게 쓰여 있었습니다.

많은 사람은 자신이 탈진했다고(burn-out)고 생각한다. 그러나 실제로는 탈진한 것이 아니라 정전(black-out)된 경우가 훨씬 더 많이 있다.

정말 그랬습니다. 하나님과의 접촉점을 잃어버린 것이 제 영혼의 열정이 식은 진짜 이유라는 사실을 깨닫게 되었습니다. 교회와 성도를 섬기는 목사로서 제가 해야 할 가장 중요한 일은 말씀을 준비하고 설교하는 것입니다. 그 일에 열정을 쏟지 않으니까 다른 일로 인해 쉽게 탈진하는 것이지요.

성도님들도 마찬가지입니다. 우리는 주님을 섬기도록 부름을 받았습니다. 교회 안에서 어떤 사역을 하든지 주님을 섬기는 겁니다. 그런데 사람을 섬긴다고 생각하니까 그 일이 힘들어지고, 왜 나만 그 어려운 일을 해야 하는지 짜증이 나고, 뒤에서 수군거리는 소리라도 들으면 시험에 들고 그래서 점점 열심이 식어버리는 것입니다.

다시 '열심'을 품어야 합니다. '내 열심'이 아니라 '주님의 열심'을 품어야 합니다. 하나님이 우리 가운데 하고 계시는 일에 대한 열심을 품어야 합니다. 그러면 그렇게 꾸물거리며 게으름을 피울 시간이 없습니다. 아무리 힘이 들어도 소망을 품고 즐거워하게 됩니다. 환난을 당할 때에도 참아낼 수 있고, 언제나 기도에 힘쓰게 됩니다. 성도들의 딱한 사정을 보면 가만히 있지 않고 도와주게 됩니다. 나그네를 보면 자원하여 정성껏 대접하게 됩니다.

그 모든 일의 출발은 '자신'이 아니라 '하나님'입니다. 하나님과의 접촉점이 유지될 때에만 우리는 열심을 품고 하나님의 일에 동참하게 되는 것입니다.

악을 이기는 윤리

그리스도인의 윤리생활과 세상 사람들의 윤리생활과의 가장 큰 차이는 '원수사랑'으로 드러납니다.

14너희를 박해하는 자를 축복하라. 축복하고 저주하지 말라. 15즐거워하는 자들

과 함께 즐거워하고 우는 자들과 함께 울라. 16서로 마음을 같이하며 높은 데 마음을 두지 말고 도리어 낮은 데 처하며 스스로 지혜 있는 체하지 말라(롬 12:14-16).

"너희를 박해하는 자를 축복하라"는 말씀은 주님께서 산상수훈에서 가르치신 말씀의 메아리처럼 들립니다.

43또 네 이웃을 사랑하고 네 원수를 미워하라 하였다는 것을 너희가 들었으나 44 나는 너희에게 이르노니 너희 원수를 사랑하며 너희를 박해하는 자를 위하여 기도하라(마 5:43-44).

이것은 우리가 가장 부담스럽게 생각하는 말씀 중의 하나입니다. 원수를 사랑하라는 말씀…. 원수는 우리를 해치는 사람입니다. 우리를 박해하는 사람입니다. 어떻게 그를 사랑할 수 있단 말입니까? 상식적으로는 원수를 미움의 대상으로 취급하는 것이 맞습니다. 그러나 주님의 가르침은 분명합니다. "원수를 사랑하고 박해하는 자를 위해 기도하라!" 어떻게 그럴 수 있을까요?

주님의 제자들은 아마도 불가능하다고 생각했을 것입니다. 그러나 바울은 그 말씀을 우리의 삶에 적용하는 것이 가능하다고 말하고 있습니다. 어떻게 '원수사랑'이 가능할까요? 축복하면 됩니다. 바울이 말하는 '축복'은 '기도'입니다. 원수를 하나님의 손에 올려드리는 것입니다. 이것은 뒤의 19절 말씀과도 연결됩니다.

내 사랑하는 자들아 너희가 친히 원수를 갚지 말고 하나님의 진노하심에 맡기라. 기록되었으되 원수 갚는 것이 내게 있으니 내가 갚으리라고 주께서 말씀하시니라(롬 12:19).

여기에서 '친히 원수를 갚는 것'을 '저주curse'라고 한다면, '하나님의 진노하심에 맡기는 것'을 소극적인 의미에서 '축복bless'이라고 할 수 있습니다. 바울이 말하는 '축복'은 그보다 더 적극적인 의미를 담고 있습니다. 우리 자신을 기준으로 삼으면 원수를 미워하고 저주하는 것이 당연한 일이 됩니다. 그러나 하나님을 기준으로 삼으면 달라질 수밖에 없습니다. 왜냐하면 하나님의 구원계획 속에는 우리를 박해하는 그 사람의 영혼까지도 포함되어 있기 때문입니다.

이에 비하면 그다음 말씀은 조금 쉬워 보입니다. "즐거워하는 자들과 함께 즐거워하고, 우는 자들과 함께 울라." 메시지 성경의 표현대로 하면 이렇습니다. "친구들이 행복해할 때 함께 기뻐해 주십시오. 그들이 슬퍼할 때 함께 울어 주십시오." 이건 식은 죽 먹기겠지요? 천만의 말씀입니다. 이것은 원수를 사랑하고 축복해주는 것만큼이나 어려운 일입니다. 사촌이 땅을 사면 배가 아프고, 다른 사람의 불행을 자기의 행운으로 여기는 것이 우리의 현실이기 때문입니다.

그다음 말씀도 마찬가지입니다. "서로 마음을 같이하며 높은 데 마음을 두지 말라"고 합니다. 메시지 성경은 이 부분을 "서로 잘 지내십시오. 혼자 잘난 척하지 마십시오"라고 풀이합니다. "도리어 낮은 데 처하며 스스로 지혜 있는 체하지 말라"는 말씀은 "별 볼 일 없는 이들과도 친구가 되십시오. 대단한 사람인 양 굴지 마십시오"라고 합니다.

이 또한 쉽지 않는 일입니다. 그러나 그리스도인은 그렇게 할 수 있습니다. 왜냐하면 그것이 하나님께서 정말 하고 싶어 하는 일이기 때문입니다. 그들을 향한 하나님의 마음을 잘 알고 있기 때문입니다.

오늘 말씀의 하이라이트는 20-21절입니다.

20네 원수가 주리거든 먹이고 목마르거든 마시게 하라. 그리함으로 네가 숯불을 그 머리에 쌓아 놓으리라. 21악에게 지지 말고 선으로 악을 이기라(롬 12:20-21).

"상대방이 어떤 사람인가?"에 따라서 우리가 취해야 할 행동을 결정하지 말라는 말씀입니다. 오히려 "상대방의 필요가 무엇인가?"에 따라서 우리가 행동을 취하면 됩니다. '원수사랑'이 무슨 대단한 게 아닙니다. 그가 원수일지라도 만일 배고파하면 먹을 것을 주고, 목말라하면 마실 것을 주면 됩니다. 그것이 '원수사랑'입니다. 그를 향한 하나님의 마음을 우리가 조금만 품는다면 얼마든지 그렇게 할 수 있습니다.

그보다 더 중요한 것은 원수에게 친절을 베풀었을 때에 나타나는 결과입니다. 바울은 "악에게 지지 말고 선으로 악을 이기라"고 말합니다. 그것이 바로 '원수사랑'의 결과입니다. 그런데 어떻게 이길 수 있다는 말입니까? 무엇을 보아서 선으로 악을 이겼다고 말할 수 있을까요? 이 부분에 대한 메시지 성경의 풀이가 아주 감칠맛 납니다.

Don't let evil get the best of you; get the best of evil by doing good.

여기에서 'get the best of'는 '이기다'라는 뜻으로 사용되는 숙어입니다. 그러나 저는 그냥 직역을 하여 '최선을 얻다'로 풀이하는 것이 훨씬 더 자연스럽다고 생각합니다. "악이 너의 최선을 가지게 하지 말라. 오히려 착한 일을 함으로 악의 최선을 얻어내라."

우리가 친절을 베푼다고 해도 '원수'가 하루아침에 갑자기 '친구'로 변하는 것은 아닙니다. 기껏해야 마음속으로 '숯불을 머리에 쌓아놓은 것' 같은 부끄러움을 느낄 뿐입니다. 그러나 만일 그와 같은 양심의 가책이 원수가 가지고 있는 최선이라고 하더라도, 원수로부터 그것을 얻어냈으니 참 잘한 일 아니겠습니까? 반대로 원수의 악에 대해서 만일 우리가 악한 것으로 갚는다면, 그것은 결국 우리의 최선을 악에게 빼앗긴 꼴이 되고 마는 것입니다.

그러니 악이 우리를 이기도록 그냥 놔두지 마십시오. 오히려 선을 행함으로써 악을 이겨내십시오. 우리가 그렇게 살아가야 하는 이유가 있습니다. 그것은 십자가 복음으로 우리를 죄와 사망에서 구원하신 하나님께서 지금도 우리 가운데에서 그렇게 일하고 싶어 하시기 때문입니다. 하나님이 일하시니 우리도 그렇게 일할 뿐입니다. 그 결과는 언제나 우리에게 놀라운 기쁨과 즐거움으로 다가오게 될 것입니다.

묵상 질문: 나는 원수를 사랑하고 있습니까? 아니면 미워하고 있습니까?
오늘의 기도: 상대방에 따라서 나의 행동이 달라지지 않게 하옵소서. 상대방이 원수라 할지라도, 그에게 필요한 것을 채워줄 수 있게 하옵소서. 나를 사랑하신 하나님의 마음으로 그를 대하게 하옵소서. 예수님의 이름으로 기도합니다. 아멘.

그리스도인의 시민생활

읽을 말씀: 로마서 13:1-7

새길 말씀: 각 사람은 위에 있는 권세들에게 복종하라. 권세는 하나님으로부터 나지 않음이 없나니 모든 권세는 다 하나님께서 정하신 바라. 그러므로 권세를 거스르는 자는 하나님의 명을 거스름이니 거스르는 자들은 심판을 자취하리라(롬 13:1-2).

'그리스도인'은 예수 그리스도의 십자가 복음에 나타난 '하나님의 의'를 믿음으로써 죄와 사망의 권세로부터 구원받은 사람들입니다. 예수와 함께 죽고 예수와 함께 살아남으로 이제는 내 안에 내가 살아 있는 것이 아니라 그리스도께서 살아 계시다고 믿는 사람들입니다. 이와 같은 그리스도인의 새로운 정체성은 또한 새로운 삶의 태도를 요구합니다. 바울이 로마서 12장부터 다루고 있는 주제입니다.

바울은 삶이 예배가 되는 달라진 '예배생활'에 대해서 가장 먼저 이야기했습니다. 그리고 그리스도인이 함께 세워가는 신앙공동체의 '교회생활과 세상 사람들과의 여러 관계에 적용해야 하는 '윤리생활'에 대해서 차례대로 설명했습니다. 이 말씀을 묵상해오면서 우리는 그 모든 생활에 한결같이 적용되고 있는 한 가지 기준을 발견했습니다. 그것은 "하나님이 일하시니 우리도 일한다"는 것입니다.

율법주의 종교 생활의 굴레에서 완전히 해방된 우리 그리스도인들은 더 이상 하나님의 축복이나 심판이 동기가 되어 일하지 않습니다. 오히려 우리 가운데 일하고 계시는 하나님의 마음을 따라서 일합니다. 하나님의 시선으로 세상을 바라보고 사람을 바라봅니다. 그리고 하나님의 일하심에 믿음으로 뛰어듭니다. 그렇게 변화된 예배와 교회와 삶을 통해서 이 세상을 하나님의 나라로 바꾸어 가는 것입니다.

그런데 이것이 전부는 아닙니다. 가장 힘든 숙제가 하나 더 남아있습니다. 그것은 "세상 권세와의 관계 속에서 과연 어떤 태도를 취해야 할 것인가?"하는 문제입니다. 다시 말씀드려서 '그리스도인의 시민생활'에 관한 문제입니다.

이중(二重) 시민권자

이 문제는 우리 그리스도인이 두 개의 국적을 가지고 있는 '이중 시민권자'라는 사실에서부터 출발합니다. 그리스도인이 가지고 있는 첫 번째 국적은 '천국'입니다. 빌립보서 3장에서 바울은 이렇게 말합니다.

그러나 우리의 시민권은 하늘에 있는지라. 거기로부터 구원하는 자 곧 주 예수 그리스도를 기다리노니…(빌 3:20).

"우리의 시민권은 하늘에 있다!"(Our citizenship is in heaven!) 이 확신은 우리에게 죽음 권세를 두려워하지 않는 담대한 믿음과 함께 약속의 자녀로서의 자부심과 긍지를 드러냅니다. 우리가 지금은 비록 여기 이 세상에 두 발을 딛고 살고 있지만, 주님께서 재림하시는 날 우리의 진짜 소속이 드러날 것입니다. 그리스도인은 '천국 시민권자'입니다.

그러나 주님의 재림이 아직 이루어진 것은 아닙니다. 언제 올지도 알 수 없습니다. 그동안 우리는 이 세상의 국적을 가지고 이 세상의 시민으로 살아가야 합니다. 바울은 '로마 시민권자'였습니다. 우리는 대한민국의 국적을 가지고 있습니다. 우리가 소속되어 있는 이 세상의 국가가 우리에게 요구하는 책임과 의무가 있습니다. 이 땅에서 머무는 동안 우리는 그것을 감당하면서 살아가야 합니다.

모든 그리스도인은 이처럼 두 국가 사이에 끼어 있습니다. 어떤 사람들은 천국 시민권을 더 소중히 여기고, 이 세상의 시민권을 소홀히 취급합니다. 아니 오히려 이 세상과 천국을 서로 대립하는 구조로 이해하기도 합니다. 어떤 사람들은 그 반대로 이 세상의 시민권을 더 소중히 여겨서, 천국 시민권을 소홀히 취급합니다. 죽고 난 이후를 대비한 보험용으로만 생각합니다. 그래서 죽을 때까지 장롱에 처박아 둡니다.

바울은 그 어느 쪽의 태도에도 동의하지 않습니다. 천국 시민권과 함께 지상의 시민권을 모두 소중히 여기고 있기 때문입니다. 또 그래야 하는 분명한 이유가 있다고 말합니다. 오늘 우리가 묵상할 내용입니다.

위에 있는 권세들

바울은 권세들에게 복종하라고 권면합니다.

> 1각 사람은 위에 있는 권세들에게 복종하라. 권세는 하나님으로부터 나지 않음이 없나니 모든 권세는 다 하나님께서 정하신 바라. 2그러므로 권세를 거스르는 자는 하나님의 명을 거스름이니 거스르는 자들은 심판을 자취하리라(롬 13:1-2).

이것은 학창 시절 제가 도무지 받아들일 수 없었던 말씀이었습니다. 왜냐하면 당시 우리나라는 군사 독재 정권의 지배 아래 있었기 때문입니다. 인권을 유린하고 국민의 자유를 억압하는 독재정권을 하나님으로부터 난 권세라고 인정할 수 없었던 것입니다.

더더군다나 그 권세에 복종한다는 것은 제 양심이 허락하지 않았습니다. 서슬 퍼런 왕정에 저항하여 하나님의 말씀으로 담대히 비판했던 구약의 예언자들이 저에게 훨씬 더 매력적이었습니다. 반면 바울은 역사의식도 민족의식도 없는 사람으로 보였습니다.

실제로 지금까지의 역사를 통해서 부당하게 권력을 잡은 독재정권들이 가장 선호했던 성경 말씀이 바로 오늘 본문입니다. 그리고 독재정권에 대항하여 투쟁하던 수많은 젊은이가 이 말씀으로 인해 시험 들어 교회를 떠나가기도 했습니다. 젊은 날의 저도 이 말씀에 거의 실족하여 넘어질 뻔했습니다.

그러나 "성경은 하나님의 말씀이다"라는 기본적인 믿음이 저에게 있었습니다. 만일 이 말씀이 성경에 포함되어 있다면, 거기에는 어떤 이유가 분명히 있을 것이라 생각했습니다. 당장은 이해할 수 없지만, 언젠가 그 메시지를 이해할 수 있는 날이 오리라 믿었습니다.

그리고 그날이 왔습니다. 제가 목회를 시작한 이후였습니다. 교회와 성도들을 섬기기 시작하면서 목회자요 복음전도자였던 바울을 조금씩 이해하게 된 것입니다. 그러면서 이 말씀이 악한 정권에 대한 무비판적인 복종을 강요하는 것이 아니라, 오히려 그리스도인이 아무리 천국 시민권자라고 하더라도 이 세상의 국가 권력을 무시해서는 안 된다는 것이 핵심 메시지라는 사실을 깨닫게 되었습니다.

오늘 본문에서 바울은 "각 사람은 위에 있는 권세들에 복종하라"라고 했습니다. 그리고 "권세는 하나님으로부터 나지 않음이 없다"라고 했습니다. 우리말 성경으로 읽어도 앞의 '권세들'은 복수이고 뒤의 '권세'는 단

수라는 것을 알 수 있습니다. 헬라어 원어로도 그렇습니다. '권세들'은 '엑수시아이스(ἐξουσίαις)'이고, '권세'는 '엑수시아(ἐξουσία)'입니다. '엑수시아이스'는 '엑수시아'의 복수형입니다.

'엑수시아'를 영어로 'authority권한, 권위'라고 번역합니다. 이것이 복수형 'authorities'가 되면 '당국자' 또는 '관계자'라는 뜻이 됩니다. 특히 정부에서 요직에 있는 사람들을 가리킬 때 이 말을 사용합니다. 그래서 NIV 성경도 '권세들'을 'the governing authorities'로, '권세'를 그냥 'authority'로 표현합니다. 따라서 오늘 본문은 이렇게 바꾸어 표현할 수 있습니다. "각 사람은 위에 있는 당국자들에게 복종하라. 왜냐하면 그들에게 주어진 권위는 하나님으로부터 난 것이기 때문이다."

여기에서 '복종하다'에 해당되는 헬라어 '후포타소(ὑποτάσσω: hupotassó)'를 직역하면 '밑에 두다'(I place under)가 됩니다. 즉 상대방의 권위를 인정한다는 뜻입니다. 우리말 '복종服從'도 '옷을 차려입고'(服), 즉 예를 갖추어, '따른다(從)'는 뜻입니다. 역시 상대방의 권위를 존중한다는 뜻입니다. 이것은 일반적인 상황을 전제로 한 이야기입니다. 여기에 독재정권이라는 특수 상황까지 미리 대입하여 고민할 필요가 없습니다.

우리 주님도 당국자들의 권위를 인정하셨습니다. 빌라도가 자신에게 놓아줄 권한도 십자가에 못 박을 권한도 있다고 말하자, 예수님은 "위에서 주지 아니하셨더라면 나를 해할 권한이 없었을 것"(요 19:11)이라고 대답하셨습니다. 이때의 '권한'이 바로 '엑수시아'입니다. 예수님은 자신을 십자가에 못 박는 당국자가 가진 권세도 하나님께서 주신 것이라고 인정하셨습니다. 그리고 그 권세에 복종하여 십자가에 달려 죽으셨습니다.

물론 예수님 당시의 로마를 가리켜서 '선한 권력'이라고 말할 수는 없습니다. 로마제국은 그 어느 나라보다 강한 정복욕에 사로잡혀 있었습니다. 팔레스타인을 다스리는 책임자로 와 있던 빌라도 역시 정직한 당국자는 아니었습니다. 그는 옳고 그름보다 정치적인 이익을 앞세워서 상황을 판단했습니다.

그에 비하면 예수님은 하나님의 아들입니다. 천국의 상속자입니다. 빌라도가 감히 넘보지 못할 분입니다. 그러나 이 세상에서 예수님은 로마제국의 일개 당국자인 빌라도의 권위를 존중하여 따랐습니다. 왜냐하면 빌라도에게 권위를 주신 하나님을 믿었기 때문입니다.

바울은 말합니다. "모든 권세는 하나님이 정하셨다. 따라서 권세를 거스르는 자는 하나님의 명령을 거스르는 것이다" 헬라어 원어로 읽어보면 앞의 '권세'는 그에 상응하는 단어가 없습니다. 그러나 문맥상으로는 '엑수시아이스' 즉 '당국자들'을 가리키는 말로 보입니다.

그래서 NLT 성경은 이 부분을 "those in positions of authority have been placed there by God"이라고 번역합니다. "그 당국자들은 하나님에 의해 그 자리에 놓여있게 되었다"라는 뜻입니다. 악하면 악한 대로, 선하면 선한 대로 하나님이 당신의 뜻을 위해 그들을 세워 사용할 것입니다. 그러니 그 권세를 거스르는 자는 하나님의 명령을 거스르는 것이 되는 셈이지요.

이와 같은 바울의 의도를 메시지 성경이 가장 잘 짚어서 다음과 같이 설명해줍니다.

> 훌륭한 시민이 되십시오. 모든 정부는 다 하나님의 주권 아래 있습니다. 평화와 질서가 있다면 거기에는 하나님의 질서가 있는 것입니다. 그러므로 책임성 있는 시민으로 사십시오. 만일 여러분이 국가에 대해 무책임하다면 여러분은 하나님과의 관계에 있어 무책임한 것이며, 하나님은 여러분에게 책임을 물으실 것입니다(롬 13:1-2, 메시지).

"그러므로 책임성 있는 시민으로 사십시오"(So live responsibly as a citizen). 바로 이것이 바울이 말하려고 하는 메시지의 핵심입니다. 천국의 시민권자라고 해서 지상 국가의 권위들을 무시하고 아무렇게나 살면 안 됩니다. 그것은 마치 미국 시민권자라고 하면서 한국의 법이나 당국자들의 권위를 우습게 여기는 일부 몰지각한 부유층 교민들의 모습과 다르지 않습니다. 그들에게는 하나님이 직접 책임을 물으실 것입니다.

하나님의 사역자들

바울은 한 걸음 더 나아가 당국자들을 가리켜서 '하나님의 사역자들'이라고 합니다.

> 3다스리는 자들은 선한 일에 대하여 두려움이 되지 않고 악한 일에 대하여 되나니 네가 권세를 두려워하지 아니하려느냐. 선을 행하라. 그리하면 그에게 칭찬을 받으리라. 4그는 하나님의 사역자가 되어 네게 선을 베푸는 자니라. 그러나 네가 악을 행하거든 두려워하라. 그가 공연히 칼을 가지지 아니하였으니 곧 하나님의 사역자가 되어 악을 행하는 자에게 진노하심을 따라 보응하는 자니라(롬 13:3-4).

여기에서 '다스리는 자들'은 헬라어로 '아르콘테스ἄρχοντες, archóntes'입니다. 영어로는 'rulers', 'leaders' 등으로 번역됩니다. 앞에서 언급한 '당국자들' 중에서 특히 공권력을 행사하는 사람들을 가리키는 말입니다. 바울이 염두에 두고 있는 '다스리는 자들'은 물론 로마제국의 당국자들입니다. 당시 로마제국은 유대인과 그리스도인에 대해서 적대적이었습니다. 그래도 바울은 그들을 가리켜서 '하나님의 사역자'라고 말합니다.
'사역자'에 해당되는 헬라어 '디아코노스διάκονος, diakonos'는 우리말 성경의 다른 곳에서는 '일꾼'으로 번역되고 있습니다(엡 3:7; 골 1:25; 딤전 4:6). 이들이 하는 일은 법을 집행하면서 질서를 유지하는 것입니다. 예를 들어서 도둑이나 강도를 잡고 치안을 유지하는 경찰들이 바로 이에 해당되는 사람들이라 할 수 있습니다.

공권력이 바로 세워져 있어야 사회의 질서가 잡힙니다. 과거 독재정권 시절에 우리나라 경찰은 '민중의 지팡이'가 아니라 '민중의 몽둥이' 역할을 했다는 비판을 받았습니다. 그런데 민주화 과정을 거치면서 경찰은 완전히 '동네북' 신세로 전락했습니다. 공권력이 바닥에 떨어졌습니다. 그것은 결코 바람직한 모습이 아닙니다. 공권력의 권위를 인정하지 않으면서 어떻게 사회의 질서가 유지될 수 있겠습니까?

어쨌든 공권력은 선한 사람들을 철저히 지켜주고 악한 사람들을 강하게 징계하는 역할을 잘 해야 합니다. 그래야 사람들이 선을 행하려고 하고, 악을 행하는 자들은 두려워하게 되는 것입니다. 그와 같이 사회를 유지하는 기본적인 기능은 하나님이 허락하시는 영역입니다. 아무리 악한 정부라고 하더라도 무정부상태보다는 낫습니다. 그래서 바울은 다스리는 자들을 가리켜서 '하나님의 사역자들' 즉 '하나님의 일꾼들'이라고 부르는 것입니다. 공동번역 성경은 '하느님의 심부름꾼'이라고 합니다.

그런데 하나님을 믿는 사람들만 '하나님의 일꾼' 혹은 '하나님의 심부름꾼'이라고 불릴 수 있는 것은 아닙니다. 하나님은 당신이 창조하신 세상을 돌보고 인류의 역사를 이끌어가기 위해 그 누구라도 당신의 사역자로 삼으실 수 있습니다.

구약시대 바빌론의 왕 '느부갓네살'을 보십시오. 그는 아주 잔인한 왕이었습니다. 예루살렘을 함락시키고 유다를 멸망시킨 장본인이었습니다. 느부갓네살은 유다 왕 시드기야가 보는 앞에서 아들들을 모두 죽였습니다. 그리고 그의 두 눈을 뽑고 쇠사슬로 결박하여 바빌론까지 포로로 잡아갔습니다. 그런데 놀랍게도 하나님은 그를 '내 종'이라고 말씀하십니다.

보라 내가 북쪽 모든 종족과 내 종 바벨론의 왕 느부갓네살을 불러다가 이 땅과 그 주민과 사방 모든 나라를 쳐서 진멸하여 그들을 놀램과 비웃음거리가 되게 하며…(렘 25:9).

느부갓네살왕은 하나님을 믿는 사람이 아니었습니다. 바빌론은 패역한 정권이었습니다. 그렇지만 하나님은 당신의 택한 백성 이스라엘을 징벌하는 막대기로 그를 사용하셨습니다. 그런 의미에서 그는 '하나님의 종'이었던 것입니다.

페르시아 제국의 고레스 왕도 역시 마찬가지입니다. 하나님은 그를 '내 목자'(사 44:28)라고 부릅니다. 하나님을 모른다는 점에서 고레스나 느부갓네살 왕이나 전혀 다르지 않았습니다. 그렇지만 하나님은 바빌론에 포로로 잡혀 와있던 이스라엘 사람들을 풀어주어 고향으로 돌아가게 하는 일에 고레스를 사용하셨습니다. 그러니 '하나님의 목자'인 것이지요.

하물며 정당하게 세워진 권력 기관의 당국자들은 더 말할 것도 없습니다. 그들 또한 하나님의 사역자입니다. 물론 당사자들은 하나님의 심부름꾼이라는 사실을 인정하지 않을 것입니다. 그들은 하나님을 믿는 사람이 아니기 때문입니다. 그러나 그리스도인들이 볼 때 그들은 하나님의 사역자들입니다. 특히 복음 전도자 바울에게 로마제국은 땅끝까지 복음을 전하기 위해서 하나님이 미리 준비해놓은 도구였습니다.

당시 세계를 제패하고 있던 로마제국으로 인해 언어와 화폐가 통일되었습니다. 도로망이 잘 정비되어 어디든지 갈 수 있었습니다. 로마 군인들이 곳곳에 지키고 있어서 치안 상태가 아주 좋았습니다. 만일 수십 개의 나라로 쪼개져 있었다면 바울은 국경을 넘기가 쉽지 않았을 것입니다. 그런데 어느 곳으로 가든지 불편함이 없었습니다. 게다가 바울에게는 로마 시민권이 있었습니다. 날개를 단 셈입니다.

하나님의 일하심으로 보면 이 모든 일은 결코 우연이 아닙니다. 우리 주변에도 예수 믿지 않는 사람 중에 '하나님의 사역자들'이 많이 있습니다. 그들이 예수님을 믿으면 더욱 좋겠지만 하나님은 악한 정권의 하수인들조차도 당신의 뜻을 이루는 일에 심부름꾼으로 사용하십니다. 물론 악한 당국자들은 그들의 행위에 대해서 하나님의 심판을 받게 되어있습니다. 그러나 그들도 얼마든지 하나님의 일꾼으로 사용될 수 있다는 사실을 우리는 인정해야 합니다. 그러니 공권력을 무시할 이유가 하나도 없는 것입니다.

이 부분에 대한 메시지 성경의 풀이입니다.

> **책임 있게 사는 시민이 되십시오.** 그러면 아무 문제가 없을 것입니다. 정부가 하는 일은 여러분에게 득이 될 것입니다. 그러나 만일 여러분이 법을 사방팔방으로 어기고 다닌다면 조심하십시오. 경찰은 그저 멋으로 있는 것이 아닙니다. 하나님은 질서를 유지하는 일에 관심이 있으시고, 그분은 그 일에 그들을 사용하십니다. 이것이 여러분이 책임 있게 살아야 하는 이유입니다(롬 13:3-4, 메시지).

여기에서도 "책임성 있게 사는 시민이 되라"(Be a responsible citizen)고 바울이 요구합니다. 이것이 핵심적인 메시지입니다. 이 세상이 아무리 악하다고 해도 하나님은 그 속에서 여전히 일하고 계십니다. 그러니 지상 국가의 시민으로서 아무렇게나 살면 안 되는 것입니다.

납세의 의무

바울은 마지막으로 납세의 의무를 이야기합니다.

> 5그러므로 복종하지 아니할 수 없으니 진노 때문에 할 것이 아니라 양심을 따라 할 것이라. 6너희가 조세를 바치는 것도 이로 말미암음이라. 그들이 하나님의 일

꾼이 되어 바로 이 일에 항상 힘쓰느니라. 7모든 자에게 줄 것을 주되 조세를 받을 자에게 조세를 바치고 관세를 받을 자에게 관세를 바치고 두려워할 자를 두려워 하며 존경할 자를 존경하라(롬 13:5-7).

그리스도인은 벌이 무서워서가 아니라 자기 양심을 따르기 위해서라 도 권위에 복종해야 합니다. 그런데 여기에서 '양심'은 무엇을 말할까요? 예수 믿지 않는 사람들과 같은 '양심'이 아닙니다. 예수와 함께 죽고 예수 와 함께 산 그리스도인의 양심은 바로 '예수님'입니다. 예수님이 하시기 때문에 우리도 하는 겁니다. 하나님이 일하시기 때문에 우리도 일하는 것입니다.

그러면서 바울은 납세에 대해서 이야기합니다. 국가를 경영하기 위 해서는 반드시 세금이 필요합니다. 국민은 당연히 납세의 의무를 져야 합니다. 바울은 세금을 거두는 책임의 사람들을 '하나님의 일꾼'이라고 부릅니다. 그런데 우리의 현실은 어떻습니까? 사람들은 어떻게 하면 세 금을 내지 않을까 궁리합니다. 탈세로 부를 축적하는 사람들이 많이 있 습니다.

로마의 식민지였던 당시의 유대인들에게 세금은 정치적인 저항의 의 미가 담겨있었습니다. 그래서 예수님을 책잡으려고 하던 무리가 "가이사 에게 세를 바치는 것이 옳은지"에 대해서 예수님께 질문했습니다. 그때 주님이 뭐라고 대답했습니까?

가이사의 것은 가이사에게, 하나님의 것은 하나님께 바치라(눅 20:25).

무슨 뜻입니까? 하나님께 헌금을 바치는 것만큼이나 세금을 내는 것 이 중요하다는 뜻입니다. 그것이 지상 국가의 시민으로서 마땅한 도리이 기 때문입니다. 물론 국민의 혈세를 엉뚱한 일에 사용하는 악한 위정자들로 인해서 속상할 때가 많이 있습니다. 그렇다고 해서 납세의 의무에서 자유로워지는 것은 아닙니다. 하나님 앞에 정직한 십일조를 드리는 것처럼, 우리는 세금도 정직하게 내야 합니다. 그것이 구원받은 그리스도인들의 마땅한 시민생활입니다.

메시지 성경의 풀이로 오늘 묵상을 마무리합니다.

> … 단순히 벌을 피하기 위해서가 아니라, 그렇게 사는 것이 바른 것이기 때문입니다. 여러분이 세금을 내는 이유도 바로 이것입니다. 질서가 유지되도록 하기 위해서입니다. 시민으로서 여러분의 의무를 다하십시오. 세금을 내고, 청구서를 지불하고, 지도자들을 존중하십시오(롬 13:5-7, 메시지).

이 세상은 우리가 영원히 거할 곳이 아닙니다. 우리는 천국 시민권자입니다. 그러나 이 세상에서 사는 동안에 우리가 해야 할 일이 있습니다. 그것은 이 땅을 구원하기 위해서 여전히 일하고 계시는 하나님의 일하심에 뛰어드는 것입니다. 하나님은 세상에 부여한 권위와 당국자들을 통해서도 그 일을 하고 계십니다. 그러니 우리 그리스도인들이 그 일에 협조하는 것은 지극히 마땅한 일입니다.

이 땅에서 '책임성 있는 시민'으로 살지 못하면서 천국에서 '책임성 있는 시민'으로 살 수 있으리라 생각하지 마십시오. 천국은 현실 도피처가 아닙니다. 우리 그리스도인은 어디서든지 당당한 시민으로 살아야 합니다. 그럴 때 하나님의 나라는 더욱 힘 있게 확장되어 갑니다. 이 땅에서 우리의 삶이 그렇게 사용되기를 간절히 소망합니다.

묵상 질문: 나는 지금 '책임성 있는 시민'으로 살고 있습니까?
오늘의 기도: 이 세상이 아무리 악하다 해도 그 속에서 하나님께서 여전히 일

하고 계심을 잊지 않게 하옵소서. 이 땅에 사는 동안 책임성 있는 시민으로 마땅히 해야 할 일을 함으로써 하나님 사역에 동참하는 자녀들이 되게 하옵소서. 예수님의 이름으로 기도합니다. 아멘.

사랑의 빛

읽을 말씀: 로마서 13:8-14

새길 말씀: 피차 사랑의 빛 외에는 아무에게든지 아무 빚도 지지 말라. 남을 사랑하
는 자는 율법을 다 이루었느니라(롬 13:8).

　　앞 장에서 '그리스도인의 시민생활'에 대해 묵상하면서, 그리스도인
들은 하늘나라와 이 세상 나라의 '이중=▦ 시민권'을 가지고 있다는 것을
알게 되었습니다. '권리'는 반드시 '책임'을 동반하게 되어 있습니다. 바울
은 그리스도인들이 이 땅의 국적을 가지고 있는 사람으로서 마땅히 감당
해야 할 책임이 있는데, 그것을 회피하면 안 된다고 말합니다. 특히 이
세상의 질서를 유지하는 위정자들에게 하나님께서 부여하신 권위를 결
코 가볍게 여기지 말 것을 권면합니다.

　　그런데 실제로는 이 세상의 권세를 무시하는 그리스도인들이 생각보
다 많이 있습니다. 천국을 마치 '현실도피처'나 '조세피난처' 정도로 생각
하는 사람들도 적지 않습니다. 이 땅에서 어떻게 살든지 간에 천국에 들

어가기만 하면 그만 인줄 압니다. 아닙니다. 이 땅에서 '책임성 있는 시민'으로 살지 못하면 천국에서도 '책임성 있는 시민'으로 살 수 없습니다. 그리스도인은 이 땅에서부터 당당한 시민으로 살아야 합니다. 그러기 위해서는 우리에게 주어진 책임과 의무를 다해야 하는 것입니다.

우리가 그렇게 해야 하는 이유는 사실 천국에 들어가기 위해서가 아닙니다. 천국 시민권은 우리가 예수 그리스도의 복음을 믿음으로 받아들일 때에 이미 우리에게 주어졌습니다. 그렇다면 왜 그렇게 해야 하는 것입니까? 왜냐하면 그리스도인의 양심은 예수 그리스도이기 때문입니다. 그리스도가 우리 가운데 이미 그렇게 일하고 계시기 때문입니다. 그래서 우리도 양심에 따라 그렇게 하는 것입니다.

사랑의 빚

오늘 본문에서 바울은 '사랑의 빚'에 대한 이야기를 끄집어내면서, '사랑은 율법의 완성'이라고 말합니다. 조금 전까지만 해도 이 세상의 권세에 대한 그리스도인의 태도를 이야기해왔는데, 갑자기 '사랑' 이야기를 하니까 뜬금없이 보일 수도 있습니다. 그러나 이 말씀은 내부적으로 아주 치밀하게 연결되어 있습니다.

앞 장에서 묵상한 말씀에서 바울은 '납세의 의무'에 대해서 이야기하면서 마지막에 이렇게 말했습니다.

모든 자에게 줄 것을 주되 조세를 받을 자에게 조세를 바치고 관세를 받을 자에게 관세를 바치고 두려워할 자를 두려워하며 존경할 자를 존경하라(롬 13:7).

"모든 자에게 줄 것을 주라"의 헬라어 원어 '아포도테 파신 타스 오필라스ἀπόδοτε πᾶσιν τὰς ὀφειλάς'를 영어로 직역하면 "Render to all their dues"가 됩니다. 'dues'는 '회비'나 '사용료'처럼 마땅히 내야할 부과금을 말합니다. '조세'나 '관세'도 여기에 포함됩니다. 그런데 이에 해당되는 헬라어 '오필라스ὀφειλάς, opheilas'는 본래 'debts빚'이라는 뜻입니다. 그러니까 "모든 자에게 줄 것을 주라"는 이야기는 "모든 사람에게 빚진 것을 다 갚으라."는 뜻입니다.

요즘 사회적으로 이슈가 되는 여러 가지 문제에 연류가 된 사람들 중에 종종 극단적인 선택을 하는 사람을 접하게 됩니다. 엄격하게 말해서, 그것은 문제를 해결하는 방법이 아닙니다. 스스로는 자신의 죽음으로 빚을 갚았다고 생각할지 모릅니다. 그렇지만 그것은 하나님의 심판대 앞에서 청산해야 할 빚으로 고스란히 남아있게 됩니다. 차라리 이 세상에 살아 있으면서 어떤 방식으로든 조금이라도 빚을 더 갚는 것이 지혜로운 선택입니다. 제가 앞에서 천국을 '조세피난처'로 생각하면 안 된다고 말씀드린 이유가 바로 이 때문입니다.

어쨌든 그다음에 이어지는 말씀이 바로 오늘 본문입니다.

피차 사랑의 빚 외에는 아무에게든지 아무 빚도 지지 말라. 남을 사랑하는 자는 율법을 다 이루었느니라(롬 13:8).

"피차 사랑의 빚 외에는 아무 빚도 지지 말라"에서 '빚을 지다'에 해당되는 헬라어가 '오필로ὀφείλω opheilō'인데, 앞에서 언급한 '오필라스빚'의 동사형입니다. 우리말로는 '사랑의 빚'이라고 번역되어 있습니다만, 원어를 살펴보면 사실 '빚'이라고 번역할만한 말이 따로 없습니다. 새번역 성경이 이 부분을 가장 잘 번역하고 있습니다.

서로 사랑하는 것 외에는 아무에게도 빚을 지지 마십시오(롬 13:8a, 새번역).

앞에서 바울은 "모든 사람에게 빚진 것을 다 갚으라"고 말했습니다. 오늘 본문에서 "서로 사랑하는 것 외에는 아무에게도 빚을 지지 말라"고 합니다. 이게 무슨 뜻입니까? '빚'은 어떤 식으로든 빚을 진 상대방에게 갚아야 하는 것입니다. 다른 사람에게 돈을 빚졌다면 이자를 붙여서 돈으로 갚아야 하고, 만일 돈으로 갚을 수 없다면 옥살이를 해서라도 갚아야 합니다.

그러나 사랑은 다릅니다. 다른 사람에게 신세를 지고 도움을 받는다는 의미에서 사랑도 '빚'이라고 할 수 있지만, '사랑의 빚'은 상대방에게 갚을 길이 없습니다. 우리 모두 부모님으로부터 갚을 길이 없는 사랑의 빚을 지고 이 세상에 태어났습니다. 특히 어머니들은 자신의 생명을 걸고 우리를 태어나게 하셨습니다. 또 우리를 위해서 어떤 희생도 마다하지 않으셨습니다. 우리가 철이 들어 효도하려고 애쓴다지만, 그것으로는 부모님의 사랑을 백만분의 일도 갚을 수 없습니다.

우리가 할 수 있는 일이 있다면, 부모님으로부터 받은 사랑을 우리의 자녀들에게 그대로 베풀어주는 것입니다. 그래서 '내리 사랑'이라고 하지 않습니까? 아래에서 위로는 도무지 사랑을 갚을 길이 없기 때문에, 받은 사랑을 아래로 흘러가게 하는 것입니다.

하나님으로부터 받은 사랑도 마찬가지입니다. 예수님의 비유 중에서 일만 달란트의 빚을 탕감받은 종처럼(마 18:21-35), 우리는 하나님으로부터 엄청난 사랑을 받았습니다. 그것은 도무지 갚을 길이 없습니다. 그래서 우리는 형제를 사랑하는 것입니다. 하나님으로부터 받은 사랑을 누군가에게 흘러가게 하는 것입니다. 만일 우리가 서로 사랑하고 용서하지 않는다면, 그때에는 하나님께서 그 빚을 도로 갚으라고 그러실 것입니다.

오늘 본문에서 바울이 말하려는 메시지는 바로 이것입니다. 사람들과의 금전거래나 국가가 요구하는 의무에 있어서는 결코 빚을 져서는 안 되지만, 사랑하는 일에 있어서는 서로 빚을 지라는 것입니다. 그리고 그 사랑의 빚을 다른 사람에게 갚으면서 살라는 것입니다. 마치 부모님에게 받은 사랑을 자녀에게 베풀어주듯이, 그렇게 다른 사람에게 받은 사랑을 또 다른 사람에게 흘러 보냄으로써 마침내 율법을 완성하게 된다는 것입니다.

> 9간음하지 말라, 살인하지 말라, 도둑질하지 말라, 탐내지 말라 한 것과 그 외에 다른 계명이 있을지라도 네 이웃을 네 자신과 같이 사랑하라 하신 그 말씀 가운데 다 들었느니라. 10사랑은 이웃에게 악을 행하지 아니하나니 그러므로 사랑은 율법의 완성이니라(롬 13:9-10).

이 말씀에서 우리는 예수님의 음성을 듣습니다. 율법 중에서 어느 계명이 가장 크냐고 묻는 어느 율법사의 질문에 주님은 이렇게 대답하셨습니다.

> 37예수께서 이르시되 네 마음을 다하고 목숨을 다하고 뜻을 다하여 주 너의 하나님을 사랑하라 하셨으니 38이것이 크고 첫째 되는 계명이요 39둘째도 그와 같으니 네 이웃을 네 자신 같이 사랑하라 하셨으니 40이 두 계명이 온 율법과 선지자의 강령이니라(마 22:37-40).

구약 성경에 기록된 율법이 모두 613개가 있다고 합니다. 그중에서 365개는 '하지 말라'(DON'Ts)는 계명이고, 248개는 '하라'(DOs)는 계명입니다. '하지 말라'는 것을 모두 하지 않고, '하라'는 것을 모두 행한다면 율법이 완성될까요? 우리 인간은 그렇게 할 수 없는 존재라는 것이 유대인의 율법주의 종교 생활을 통해서 드러났습니다. 그런데 율법을 완성하는 길이 있습니다. 그것은 '사랑'입니다. 하나님을 사랑하고 또한 이웃을 사랑하는 것입니다.

"하나님을 사랑하라"는 말씀은 하나님으로부터 받은 사랑을 누군가에게 흘러 보내라는 뜻입니다. "이웃을 사랑하라"는 말씀도 역시 마찬가지입니다. 누군가에게 받은 사랑을 다른 사람에게 흘려보내는 것입니다. 그렇게 사랑하는 사람은, 오늘 본문에서 바울이 말한 것처럼, 이웃에게 악을 행할 수 없습니다. 굳이 율법의 조항을 들먹거리지 않더라도 이웃에게 해를 끼치는 일을 할 수 없습니다. 그렇기에 '사랑한다'는 것은 율법을 완성하는 일이 되는 겁니다.

메시지 성경은 이렇게 풀이합니다.

> 율법 조문은 … 결국 모두 합치면 "다른 사람을 자기 자신처럼 사랑하라"는 것입니다. 여러분이 사랑하고 있다면 여러분은 결코 잘못할 수 없습니다. 율법 조문에 들어 있는 모든 것을 합치면, 그 합은 바로 사랑입니다(롬 13:9-10, 메시지).

"율법 조문의 합은 사랑이다!"(the sum total is love) 정말 그렇습니다. 율법을 완성하는 길은 오직 '사랑'에서 찾아야 합니다. 받은 대로 다른 사람에게 흘려보내기만 하면 됩니다. 물이 낮은 곳으로 흐르듯이, 사랑은 약한 사람에게로 흘러가게 되어 있습니다. 우리가 왜 그렇게 해야 할까요? 왜냐하면 하나님이 지금도 우리 가운데서 그렇게 일하고 계시기 때문입니다.

그리스도의 옷

그다음에 바울은 "그리스도의 옷을 입으라"고 권면합니다. 이 또한 앞의 말씀과 따로 떨어져 있는 것이 아닙니다.

> 또한 너희가 이 시기를 알거니와 자다가 깰 때가 벌써 되었으니 이는 이제 우리의

구원이 처음 믿을 때보다 가까웠음이라(롬13:11).

여기에서 '시기時期'에 해당하는 헬라어는 '카이로스καιρός, kairos'입니다. 헬라어에는 시간을 의미하는 두 가지 말이 있습니다. '크로노스χρόνος, chronos'와 '카이로스καιρός, kairós'가 그것입니다. '크로노스'는 수평적으로 흘러가는 시간이라면, '카이로스'는 하나님께서 개입하시는 특별한 의미가 있는 수직적인 시간입니다. 인류의 역사에서도 그렇고, 개인의 삶에서도 그렇고 하나님이 특별히 개입하는 시간이 있습니다.

사람마다 '카이로스'의 양태가 다르지만, 누구나 공통으로 경험해야 하는 피할 수 없는 '카이로스' 사건이 하나 있습니다. 그것은 바로 '죽음'입니다. 바로 그때 우리 인생의 '크로노스' 시간은 멈추게 됩니다. '카이로스' 시간은 우리가 정할 수 없습니다. 오직 하나님께서 정하십니다. 오늘 본문에서 바울이 말하는 '카이로스'의 시기는 '주님의 재림'을 가리킵니다. 그것은 인류 역사의 종말을 의미합니다. 그때 이 세상의 '크로노스' 시간이 멈추게 될 것입니다.

그런데 바울은 '이 시기' 즉 '카이로스'의 시간이 가까이 왔다는 사실을 안다고 말합니다. 어떻게 알 수 있다는 것일까요? 왜냐하면 "우리의 구원이 처음 믿을 때보다 가깝기 때문"입니다. 정말 그렇습니다. 우리가 예수 믿은 지가 30년이 되었다면, 그만큼 예수님의 재림이 가까워졌다는 뜻입니다. 어떤 분들은 다음과 같이 말할지도 모릅니다.

"초대교회 시절부터 따지면 2천 년이 지나도록 주님이 재림하지 않았는데, 그까짓 30년이 무슨 대수입니까? 그렇다고 당장이라도 주님의 재림이 임할 것처럼 어떻게 말할 수 있겠습니까?"

물론 그 말도 맞습니다. 주님이 언제 오실지 아무도 모릅니다. 앞으로 또 다른 2천 년이 더 지나야 될 지도 모르는 일입니다. 확실한 것은 우리 인생의 종말이 그만큼 더 가까이 왔다는 사실입니다. 우리의 '크로노스'

시간이 멈추고 나면 그때에는 주님의 재림을 준비할 시간이 우리에게 더이상 주어지지 않는다는 사실입니다. 그러니 자다가 깰 때입니다. 깨어나지 않고서는 새 날을 시작할 수 없습니다.

교회 다니는 사람 중에 아직도 영적인 수면 상태를 벗어나지 못하는 사람들이 제법 많이 있습니다. 아마도 예수님을 믿었으니까 교회를 다녔겠지요. 그러나 처음 교회를 다니기 시작한 그 날부터 지금까지 많은 시간이 흘렀음에도 아직도 영적으로 깨어나지 못하고 있습니다. 그렇게 계속 시간만 보내다가 언제 죽음이라는 '카이로스'의 시간을 맞이할지 모릅니다. 그때에 과연 '예수 믿는 자'로 죽음을 맞이하게 될까요? 물론 교회장教會葬으로 장례식을 치러드리기는 하겠지만, 그렇다고 해서 과연 천국에 입성한다고 보장할 수 있을까요? 그러니 빨리 잠에서 깨어나야 합니다.

이 부분을 메시지 성경으로 읽으면 새로운 느낌으로 다가옵니다.

> **그날그날 해야 할 일에 너무 열중해 지친 나머지, 그만 지금이 어떤 때인지 잊고 살아서는 안 됩니다. 하나님을 망각하고서 꾸벅꾸벅 졸며 살지 않도록 조심하십시오. 이제 밤이 끝나고 새벽이 밝아 오고 있습니다. 일어나서, 하나님이 하고 계신 일에 눈을 뜨십시오! 이제 하나님께서, 우리가 처음 믿었을 때 시작하신 그 구원 사역에 마무리 손질을 하고 계십니다**(롬 13:11, 메시지).
>
> Be up and awake to what God is doing! God is putting the finishing touches on the salvation work he began when we first believed.

'잠에서 깨어나는 것'을 메시지 성경은 '하나님이 하고 계신 일에 눈을 뜨는 것'으로 풀이합니다. 하나님께서 우리 가운데서 처음 시작하는 구원 사역에 마무리 손질을 하고 계시는데, 그것에 눈을 뜨고 동참해야 한다는 것이지요. 우리가 해야 할 일이 무엇일까요? 바로 '사랑'입니다. 하나님의 사랑을 받은 자로서 누군가에게 그 사랑을 흘러가게 하는 것입니다.

¹²밤이 깊고 낮이 가까웠으니 그러므로 우리가 어둠의 일을 벗고 빛의 갑옷을 입자. ¹³낮에와 같이 단정히 행하고 방탕하거나 술 취하지 말며 음란하거나 호색하지 말며 다투거나 시기하지 말고 ¹⁴오직 주 예수 그리스도로 옷 입고 정욕을 위하여 육신의 일을 도모하지 말라(롬 13:12-14).

아침에 잠자리에서 일어나면 사람들은 옷부터 갈아입습니다. 만일 밤에 입었던 잠옷을 그대로 입고 침대에서 뒹굴고 있다면 아직 깨어난 것이 아닙니다. 벗어버릴 것을 벗어버리고 입어야 할 것을 입어야 비로소 깨어났다고 말할 수 있습니다. 바울은 벗어버릴 것을 '어둠의 일'(the deeds of darkness)이라고 표현합니다. 그리고 구체적으로 '방탕, 술 취함, 음란, 호색, 다툼, 시기'를 그 예로 듭니다.

그렇다면 입어야 할 것은 무엇일까요? 그것은 '주 예수 그리스도로 옷 입는 것'(clothe with the Lord Jesus Christ)입니다. 이것은 지금까지 바울이 로마서를 통해서 거듭 이야기해왔던 '예수와 함께 죽고 예수와 함께 사는 삶'을 의미합니다. 예수 그리스도의 옷으로 갈아입지 않고서는 깨어났다고 말할 수 없고, 깨어나지 않고서는 임박한 카이로스의 때를 준비할 수 없다는 것입니다.

바로 이 말씀으로 인해서 영적인 잠에서 깨어난 한 사람이 있었습니다. 성 아우구스티누스(St. Augustinus, 354-430)입니다. 아우구스티누스는 이교도 아버지와 독실한 그리스도인 어머니 모니카 사이에서 태어났습니다. 그는 어릴 적부터 철저하게 기독교식으로 교육을 받았습니다. 그런데 어머니는 아우구스티누스의 지적인 수준을 감당하지 못했습니다. 그의 질문에 적절한 답을 주지 못하고 무조건 믿음을 강요했습니다. 이에 회의를 느낀 아우구스티누스는 교회를 떠나 '마니교'라는 종교에 심취해서 9년을 지냈습니다.

마침내 마니교에도 진리가 없음을 확인하고 방황하던 중에 그는 밀

라노에 가서 그 지역 주교였던 암브로시우스(Ambrosius, 340-397)의 설교를 듣고 큰 감동을 받게 됩니다. 그러면서 다시 성경을 공부하기 시작했습니다. 그러나 무언가 달라져야 한다는 것은 느끼고 있는데 어떻게 달라질 수 있는지 알지 못했습니다.

너무나 답답하여 어느 정원의 무화과나무 밑에서 울고 있다가, 우연히 아이들이 노래하는 소리를 듣게 됩니다. 다른 내용은 들리지 않고 "톨레 레게, 톨레 레게"라는 말만 들리는 겁니다. "톨레 레게Tolle lege"는 "집어 들고 읽으라"(Pick it up, and read it)는 뜻입니다. 그래서 성경을 찾아서 펼쳤더니, 바로 오늘 본문 말씀이 나왔습니다.

오직 주 예수 그리스도의 옷을 입으라!

이 말씀은 아우구스티누스의 잠자던 영혼을 깨우고 그의 생애를 통째로 바꾸기에 충분했습니다. 바로 그날이 아우구스티누스의 생애에 하나님이 개입하신 카이로스의 시간이 되었던 것입니다. 그는 고향으로 돌아와서 모든 재산을 가난한 사람들에게 다 나누어 주고 수도원 생활을 시작했습니다. 평생 하나님을 사랑하는 일에 모든 에너지를 집중하면서 살아갔습니다. 그리고 그는 2천 년 기독교 교회사에 있어서 바울 이래 가장 위대한 신학자가 되었습니다.

무엇이 아우구스티누스를 바꾸었습니까? '예수 그리스도의 옷'이 그를 바꾸었습니다. 사람들은 누구나 어떤 형태로든 옷을 입고 살아갑니다. 지금 우리가 입고 있는 옷은 무엇입니까? '자기 의'의 옷입니까? 세상의 '지식'이나 '부'나 '명예'의 옷입니까? 그 옷이 '카이로스'의 때에 과연 우리의 영혼을 책임질 수 있겠습니까?

우리에게 아직 생명이 있는 동안에 빨리 옷을 갈아입어야 합니다. 하루라도 빨리 예수 그리스도의 옷으로 갈아입고 예수님이 우리 가운데서 행하고 계시는 일에 뛰어들어야 합니다. 우리가 하나님으로부터 값없이 받은 놀라운 은혜와 사랑을 누군가에게 흘려보내기 시작해야 합니다. 그렇게 살다가 하나님의 카이로스의 시간을 맞이하게 되는 날, 우리는 하나님이 우리 안에 시작하신 구원 사역이 완성되는 것을 보게 될 것입니다.

묵상 질문: 나는 하나님께 받은 사랑을 지금 누구에게 흘려보내고 있습니까?
오늘의 기도: 나를 구원해 주신 주님의 놀라운 은혜와 사랑에 진심으로 감사를 드립니다. 값없이 받은 그 은혜와 사랑을 누군가에게 계속 흘려보낼 수 있게 하옵소서. 그렇게 율법을 완성하며 살다가 그리스도의 재림을 맞이하게 하옵소서. 예수님의 이름으로 기도합니다. 아멘.

형제를 비판하지 말라!

읽을 말씀: 로마서 14:1-12

새길 말씀: 믿음이 연약한 자를 너희가 받되 그의 의견을 비판하지 말라. 어떤 사람
은 모든 것을 먹을 만한 믿음이 있고 믿음이 연약한 자는 채소만 먹느니
라. 먹는 자는 먹지 않는 자를 업신여기지 말고 먹지 않는 자는 먹는 자
를 비판하지 말라. 이는 하나님이 그를 받으셨음이라(롬 14:1-3).

앞 장에서 우리는 "서로 사랑하는 것 외에는 아무에게도 빚을 지지
말라"는 말씀과 "오직 주 예수 그리스도의 옷을 입고 임박한 카이로스의
때를 준비하라"는 말씀을 묵상했습니다. 이 두 말씀은 서로 밀접하게 연
결되어 있습니다. 서로 사랑하려면 그리스도의 옷을 입어야 합니다. 예
수님의 마음을 품고 예수님의 시선으로 바라볼 때에 우리는 아낌없이 흘
려보내는 사랑을 할 수 있습니다. 그렇게 사랑하지 않으면서 우리는 임
박한 카이로스의 때를 제대로 준비할 수 없습니다.

그다음에 바울은 믿음의 형제를 비판하는 문제로 시선을 돌립니다.

이것은 오늘날에도 여전히 성도들 사이에서 흔하게 목격되고 있는 문제인데요, 특히 스스로 "믿음이 강하다", "믿음이 좋다"고 생각하는 사람들이 이 함정에 쉽게 빠지는 것을 볼 수 있습니다. 임박한 카이로스의 때를 준비하면서 서로 사랑하면서 살기에도 바쁜 그리스도인들의 발목을 잡는 이 문제를 바울은 심각하게 생각하고 있습니다.

믿음이 연약한 자

1절입니다.

믿음이 연약한 자를 너희가 받되 그의 의견을 비판하지 말라(롬 14:1).

여기에서 우리가 먼저 주목해야 할 것은, '믿음이 연약한 자'는 '믿음이 없는 자'가 아니라는 사실입니다. NLT 성경은 이를 "other believers who are weak in faith"라고 표현하는데 그들도 역시 '신자'(believers)입니다. 단지 믿음에 있어서 약할 뿐입니다(weak in faith). 그러니까 지금 바울이 다루려고 하는 것은 '신자信者'와 '불신자不信者' 사이의 갈등이 아니라 '신자'와 또 다른 '신자' 사이의 갈등에 관한 문제입니다.

"믿음이 연약하다"라는 것이 무슨 뜻일까요? 우리는 초신자들이 이 표현을 자주 사용하는 것을 봅니다. 신앙 생활을 시작한지 얼마 되지 않는 분들이 스스로 '믿음의 연약함'을 인정하곤 합니다. 그러나 바울이 말하고 있는 '믿음이 연약한 자'는 그와 같은 초신자들을 가리키는 말이 아닙니다. 뒤에 붙여진 "그의 의견을 비판하지 말라"에서 짐작할 수 있듯이, 이들은 '다른 의견을 가지고 있는 사람들'입니다.

그래서 메시지 성경은 "fellow believers who don't see things the way you do"라고 표현합니다. 직역하면 "너희가 하는 방식대로 일

들을 보지 않는 동료 신자들"입니다. 다시 말해서 "너희와 생각이 다른 그리스도인들"이라는 뜻입니다. 만일 구원의 문제에 대해서 다른 생각이 있다면, 그때는 '동료 신자들'이 아니라 '불신자들'입니다. 그러나 그 외의 다른 이슈에 대해서는 얼마든지 다른 생각을 가질 수도 있습니다. 문제는 그것으로 인해 신자들 사이에 갈등과 대립이 생길 수 있다는 사실입니다.

바울은 두 단어를 대비하여 권면합니다. "너희가 받되… 비판하지 말라." 여기에서 '받다'로 번역된 헬라어는 '프로슬람바노προσλαμβάνω, proslamba-nó' 동사입니다. 이것은 그냥 받아들이는 정도가 아니라 아주 '공격적으로 수용하는'(aggressively receive) 태도를 말합니다. 그리고 '비판하다'는 '디아크리노διακρίνω, diakrinó' 동사입니다. 이 말은 '디아diá'와 '크리노krinó'의 합성어인데, '디아'는 '철저히thoroughly'라는 뜻이고, '크리노'는 '판단하다to judge'라는 뜻입니다.

로마서 2장에서 바울은 '남을 판단하고 정죄하는 죄'의 심각성에 대해서 이미 이야기했습니다. 그것은 하나님의 구원 계획을 멸시하는 죄라고 말하기도 했습니다. 그때 '판단하다'가 바로 '크리노' 동사였습니다. 그러니까 오늘 본문에서 바울이 언급하는 '비판하다디아크리노'는 사실상 '판단하다크리노'라는 말보다 훨씬 더 강한 표현이라는 것을 알 수 있습니다. '비판'이 그냥 문제가 있다는 점을 지적하는 정도가 아니라는 것이지요.

그래서 새번역 성경은 이렇게 표현합니다. "여러분은 믿음이 약한 이를 받아들이고, 그의 생각을 시빗거리로 삼지 마십시오." '시빗거리'는 옳으니 그르니 하면서 말다툼의 내용이 될 만한 것을 말합니다. 다시 말해서 상대방의 생각이나 주장에 대해서 시시비비是是非非를 가리는 싸움으로 만들지 말라는 겁니다. 오히려 적극적으로 그들의 의견을 받아들이라는 겁니다. 왜냐하면 그들이 비록 약한 믿음을 가지고 있기는 하지만, 우리와 같은 '신자信者'들이기 때문입니다.

무엇을 먹을 것인가

그렇다면 '강한 믿음' 또는 '약한 믿음'은 어떤 이슈를 통해서 드러나게 될까요?

2어떤 사람은 모든 것을 먹을 만한 믿음이 있고 믿음이 연약한 자는 채소만 먹느니라. 3먹는 자는 먹지 않는 자를 업신여기지 말고 먹지 않는 자는 먹는 자를 비판하지 말라. 이는 하나님이 그를 받으셨음이라(롬 14:2-3).

믿음의 강함과 연약함을 드러내는 이슈는 뜻밖에도 '음식 문제'였습니다. 유대인들은 전통적으로 먹을 수 있는 음식과 그렇지 않는 음식을 구분해왔습니다. 그 근거는 레위기 11장과 신명기 14장에 기록되어 있는 '정한 짐승과 부정한 짐승' 리스트입니다.

이스라엘 성지순례를 다녀오신 분들은 갈릴리 호수에 메기들이 많이 살고 있는데, 유대인들은 그것을 먹지 않는다는 사실을 알게 되실 것입니다. 왜냐하면 메기는 비늘이 없는 물고기이기 때문입니다. 지금도 유대인들은 먹거리에 대해서 매우 까다롭습니다. 세계 어디로 가든지 '코셔Kosher' 인증을 받은 제품들만 먹습니다.

바울 당시의 교회에서 이슈가 되고 있던 문제는 '육류meat'였습니다. 그 당시 로마제국 안에서 대부분의 육류는 우상에게 바쳐진 제물이 시장으로 흘러나와 유통되고 있던 것이었습니다. 유대인들이나 그리스도인들의 입장에서 그 고기는 사실상 우상에게 바쳐진 제물이었습니다. 그래서 그 고기를 먹는다는 것은 곧 우상을 섬기는 것이라고 생각하여 육류 섭취를 거부하고 오직 채소만을 먹어야 한다고 주장하는 사람들이 생기게 되었던 것입니다. 그러나 대부분의 그리스도인들에게, 특히 이방인 성도들에게 그것은 아무런 문제가 되지 않았습니다.

바울은 그처럼 먹을 것과 먹어서는 안 될 것을 예민하게 구별하는 사람들을 가리켜서 오히려 '믿음이 연약한 자'라고 부르고 있습니다. 왜냐하면 그들은 아직도 율법과 형식에 얽매여 있었기 때문입니다. 그렇지만 사실 이것은 예수를 믿고 구원받는 기독교 신앙의 본질에 비추어 볼 때에 전혀 문제 삼을만한 거리가 아닙니다. 그렇지만 이런 지엽적인 문제에 예민하게 반응하는 사람들이 있었던 것입니다. 그것은 오늘날에도 역시 마찬가지입니다.

바울이 이 문제를 심각하게 다루고 있는 이유는, 신자들끼리 서로 상대방을 비판하는 '시빗거리'로 삼고 있다는 점입니다. 아무것이나 먹는 사람은 가려서 먹는 사람을 '율법주의자'라고 업신여기는 반면에, 가려서 먹는 사람은 아무것이나 먹는 사람을 가리켜서 '불경건한 자'라고 비난하고 있었던 것이지요.

어떤 이슈이든지 만일 '옳고 그름'의 문제가 되어 성도들 사이에 다툼이 벌어지면, 교회는 어떤 모양으로든 큰 상처를 입을 수밖에 없습니다. 왜냐하면 교회는 서로 사랑하면서 임박한 카이로스의 때를 준비해 가는 믿음의 공동체이기 때문입니다. 그와 같은 비본질적인 문제로 인해서 영적인 에너지를 빼앗기고 서로를 향해서 흘러가던 사랑이 멈추게 되면 어떻게 되겠습니까? 교회의 교회다움을 잃어버리게 되고, 결국에는 정말 해야 할 일을 못 하는 껍데기만 남게 되는 것입니다.

자, 그렇다면 이 문제를 어떻게 해야 할까요? '믿음이 강한 자'가 '믿음이 연약한 자'를 적극적으로 받아들이면 됩니다. 그래야 하는 이유가 있다고 바울은 말합니다.

이는 하나님이 그를 받으셨음이라(for God has accepted them).

물론 우리는 그 사람들의 의견에 전적으로 동의하지 않습니다. 그렇게까지 예민하게 반응할 필요가 없다고 생각합니다. 그것은 '율법주의 종교 생활'의 잔재처럼 보이기도 합니다. 그러나 그들의 의견을 비판하여 시시비비를 가리려고 하지 말고, 그냥 받아 들여주라는 겁니다. 왜냐하면 그들도 우리와 마찬가지로 하나님께서 구원해 주신 사람들이기 때문입니다.

그 반대의 경우도 역시 마찬가지입니다. 음식 문제에 대해서 예민하지 않은 사람들을 보면서 경건하지 않다고 비판할 것이 아니라, 그들도 우리와 똑같이 예수 그리스도의 복음을 믿음으로 구원받은 하나님의 자녀라고 인정해주면 됩니다. 나와 생각이 조금 다르다고 해서 서로 등 돌리고 담 쌓아놓고 지내면 그게 어디 그리스도인입니까?

> 남의 하인을 비판하는 너는 누구냐. 그가 서 있는 것이나 넘어지는 것이 자기 주인에게 있으매 그가 세움을 받으리니 이는 그를 세우시는 권능이 주께 있음이라 (롬 14:4).

그리스도인은 예수님을 주님으로 고백하는 사람입니다. 나를 세워가시듯이 그를 세워가실 분은 주님이십니다. 만일 그들이 잘못 생각하고 있다면 주님이 고쳐주실 것입니다. 신앙의 본질적인 문제가 아니라면 우리가 나서서 간섭하거나 일일이 코치해줄 필요가 없습니다. 그것은 주님께서 알아서 하실 일입니다.

이 부분에 대한 메시지 성경의 풀이가 아주 실감납니다.

> … 그러나 두 사람 모두 그리스도의 식탁에 초대받은 손님입니다. 만일 그들이 상대가 무엇을 먹는지, 혹은 무엇을 먹지 않는지를 두고 서로 비난에 열을 올린다면, 이는 참으로 무례하기 그지없는 일이지 않겠느냐? … 바로잡아야 할 것과 익혀야 할 예절 등이 있다면, 하나님이 알아서 하실 것입니다. 여러분의 도움 없

이도 말입니다(롬 14:3-4, 메시지).

"God can handle that without your help." "하나님이 네 도움 없이도 잘 다루실 수 있어!" 이 말씀이 제 마음에 강하게 부딪혀 옵니다. 하나님이 어련히 알아서 잘 빚어 가실 텐데, 우리가 이러쿵저러쿵 간섭하는 것은 주제 넘는 일 아니겠습니까? 나와 생각이 다른 사람들을 하나님의 일하심에 맡겨드리는 사람이 '믿음이 강한 자'입니다. 우리 모두 그렇게 되기를 간절히 소망합니다.

어느 날을 지킬 것인가

바울은 '음식 문제' 이외에 또 다른 이슈를 언급합니다. 그것은 구약의 절기와 안식일 준수에 관한 이른바 '날의 문제'입니다.

> **어떤 사람은 이 날을 저 날보다 낫게 여기고 어떤 사람은 모든 날을 같게 여기나니 각각 자기 마음으로 확정할지니라**(롬 14:5).

유대인들은 전통적으로 구약 성경에 기록되어 있는 절기들을 중요하게 생각해왔습니다. 특히 유월절과 오순절과 초막절에는 모두 예루살렘 성전으로 가서 절기를 지켰습니다. 예수님도 공생애 기간 동안 이 절기 때마다 한 번도 빠지지 않고 예루살렘으로 올라가셨습니다. 자연스럽게 그리스도인들은 이 절기들을 지켜야 하느냐에 대한 논란이 교회 안에 대두되었습니다. 거기에다가 안식일인 토요일에 예배를 드려야 하는지, 아니면 주님께서 부활하신 안식일 다음 날, 즉 주일主日에 예배를 드릴 것인지의 문제도 생겨났습니다.

어떤 사람은 "이날을 저 날보다 낫게 여겼다"라고 합니다. 구약 성경의 절기들을 지켜야 한다는 생각이 있는 사람들이었습니다. 이들 중에는 초하루 규례도 지켜야 한다고 주장하는 사람도 있었습니다(골 2:16). 이렇게 생각하는 사람들은 대부분 유대인이었습니다. 요즘에도 어느 날을 지킬 것인지의 문제를 중요하게 생각하는 사람들이 많이 있습니다. 그 반면 어떤 사람은 "모든 날을 같게 여겼다"라고 합니다. 그러니까 굳이 특정한 날에 맞추어 예배를 드릴 필요는 없다고 생각한 것이지요. 이들은 대부분 이방인이었습니다.

이 문제에 대한 바울의 대답은 이렇습니다. "각각 자기 마음으로 확정할지니라" 이게 무슨 뜻일까요? 메시지 성경은 "양쪽 모두 나름의 이유가 있습니다. 각자 자유롭게 자기 양심의 신념을 따르면 됩니다"라고 풀이합니다. 그러나 이런 식의 풀이에는 조금 문제가 있습니다. 왜냐하면 자기 양심의 신념에 따라서 갈라서는 것을 용인하는 말처럼 들리기 때문입니다. 실제로 시한부 종말론에서 출발한 이단 분파인 '제7일 안식일 예수재림교회'는 구약 시대처럼 토요일 안식일을 지켜야 한다고 주장하고 있습니다. 그러면 그 또한 양심의 신념에 따른 정당한 선택일까요?

오늘 본문에서 바울이 말하려고 하는 강조점은, 어느 날을 지키든지 그 신앙적인 동기가 분명해야 한다는 것입니다. 그 동기에 대해서 6-9절까지 길게 설명하고 있습니다.

> 6날을 중히 여기는 자도 주를 위하여 중히 여기고 먹는 자도 주를 위하여 먹으니 이는 하나님께 감사함이요 먹지 않는 자도 주를 위하여 먹지 아니하며 하나님께 감사하느니라. 7우리 중에 누구든지 자기를 위하여 사는 자가 없고 자기를 위하여 죽는 자도 없도다. 8우리가 살아도 주를 위하여 살고 죽어도 주를 위하여 죽나니 그러므로 사나 죽으나 우리가 주의 것이로다. 9이를 위하여 그리스도께서 죽었다가 다시 살아나셨으니 곧 죽은 자와 산 자의 주가 되려 하심이라(롬 14:6-9).

바울이 말하는 신앙적인 동기는 단 하나입니다. '주님을 위해서'입니다. 어떤 날을 따로 정해서 예배를 드린다고 하더라도 그것은 오직 '주님을 위해서'여야 한다는 것입니다. '음식 문제'도 마찬가지입니다. 아무것이나 가리지 않고 먹는 사람이나, 가려서 먹는 사람이나 모두 '주님을 위해서' 그렇게 해야 합니다. 왜냐하면 우리 그리스도인은 "주를 위해서 살고, 주를 위해서 죽는 사람"이기 때문입니다. 우리는 사나 죽으나 주님의 소유입니다. 그러니 무슨 일을 하더라도 '주님을 위해서' 할 수밖에 없습니다.

만일 이런 동기가 있다면 문제 될 것이 하나도 없습니다. 그러나 '주님을 위해서' 목숨을 거는 것이 아니라, 어느 특정한 날을 지키기 위해서 목숨을 건다면 이야기가 달라집니다. 그 사람들은 그리스도인이라고 할 수 없습니다. 바로 이것이 앞에서 언급한 안식교가 이단일 수밖에 없는 여러 가지 이유 중의 하나입니다. 그들은 토요일을 사수死守하기 위해서 기독교와 결별한 사람들입니다. 그들까지 우리가 품을 이유는 없는 것입니다.

예배 시간도 마찬가지입니다. 우리나라에서는 전통적으로 일요일 11시 예배를 고수해왔습니다. 그러나 11시 예배만 대大예배라고 생각하고 나머지는 소小예배로 취급하거나, 아니면 11시 예배를 사수死守해야 한다고 고집한다면 큰 문제가 있습니다. 주님을 위해서 예배하는 일에 시간은 전혀 문제될 것이 없기 때문입니다.

이스라엘에서 한국 교민들은 토요일에 모여서 예배를 드립니다. 이스라엘에서는 그날이 휴일이기 때문입니다. 요르단에서 한국 교민들은 금요일 오전에 예배를 드린다고 합니다. 왜냐하면 요르단에서는 그날이 휴일이기 때문입니다. 일요일에 예배를 드리지 않는다고 그들의 신앙에 문제될 것이 하나도 없습니다. 주님을 섬기는 일에는 조금도 다름이 없기 때문입니다. 지금 바울은 이 이야기를 하는 것입니다.

형제에 대한 비판

오늘 본문에서 바울은 '음식 문제'와 '날의 문제'만을 거론했지만, 그리스도인들의 의견이 서로 엇갈릴 수 있는 문제들은 이보다 훨씬 더 많이 있습니다. 정치 문제, 사회 문제, 경제 문제, 또는 교회의 현안에 대한 여러 가지 문제에 대해서 얼마든지 서로 다른 의견을 가질 수 있습니다.

그러나 정말 중요한 것은 "우리가 주님을 위해 살고, 주님을 위해 죽을 수 있는 사람인가?" 하는 정체성의 문제입니다. 만일 그리스도인으로서 우리의 정체성에 동의한다면 나와 다른 의견에 대해서 비판하지 말아야 합니다.

그런데 실제로는 그 일에 민감한 정도가 아니라 아예 목숨을 거는 사람들이 생각보다 많이 있습니다. 상대방이 자신의 의견이 잘못되었다는 것을 인정하고 항복할 때까지 계속 비판하는 사람들이 있습니다. 그것이 정말 큰 문제입니다.

> 10네가 어찌하여 네 형제를 비판하느냐. 어찌하여 네 형제를 업신여기느냐. 우리가 다 하나님의 심판대 앞에 서리라. 11기록되었으되 주께서 이르시되 내가 살았노니 모든 무릎이 내게 꿇을 것이요 모든 혀가 하나님께 자백하리라 하였느니라. 12이러므로 우리 각 사람이 자기 일을 하나님께 직고하리라(롬 14:10-12).

나와 의견이 다르다는 사실을 수용하지 못하고 형제를 비판하거나 업신여기는 것은 그리스도인으로서 "마땅히 생각할 그 이상의 생각을 품는 것"입니다(롬 12:3). 바울은 그리스도인들이 마땅히 생각해야 할 '적절한 한계proper limits'가 분명히 있다고 말했습니다. 그것이 무엇입니까? '하나님의 은혜'입니다. 우리에게 베풀어주신 '하나님의 은혜' 안에서 이런저런 문제도 생각하고 믿음의 형제들도 생각해야 합니다. 그런데 자신이 재판장이나 된 것처럼 옳고 그름을 판단하겠다고 나서서 다른 형제를 비판한다면, 그것은 '하나님의 은혜'를 넘어선 주제넘은 행동입니다.

그런 사람들은 아마도 '믿음이 강한 자'라고 스스로 생각할지 모릅니다. 대단한 착각입니다. 바울이 볼때에 그들이야말로 '믿음이 연약한 자'입니다. 오히려 나와 다른 의견을 가진 사람들을 넉넉히 품어줄 수 있는 사람이 '믿음이 강한 자'입니다. 그런데 교회 안에서는 어떤 사람들의 목소리가 큽니까? '믿음이 연약한 자'들이 다른 사람들을 비판하는 목소리가 더 큽니다. 그러나 실제로는 자신의 믿음이 약하다는 것을 스스로 만천하에 공개하고 있는 것입니다.

그들에게 바울은 경고합니다. "우리가 다 하나님의 심판대 앞에 서리라. 우리 각 사람이 자기 일을 하나님께 직고直告하리라" '믿음이 연약한 자'들은 하나님 앞에 가서도 다른 사람을 향한 불평과 비판을 길게 늘어놓을 것입니다. 그때 하나님은 뭐라고 말씀하실까요? "너나 잘 할 것이지…" 그러지 않으실까요?

메시지 성경의 풀이로 오늘 말씀 묵상을 마무리하겠습니다.

> 그러므로 형제를 비판하는 여러분은 지금 무엇을 하는 것입니까? 자매 앞에서 잘난 척하는 여러분은 지금 무엇을 하는 것입니까? 여러분은 스스로 어리석은 사람, 아니 그보다 못한 사람이 되고 있을 뿐입니다. 결국 우리 모두는 다 함께 하나님을 뵐 때에 심판대에 나란히 무릎 꿇게 될 사람들입니다. **여러분이 비판적이고 잘난 척하는 태도를 취한다고 해서, 그 심판대에서 여러분의 자리가 한 치라도 더 높아지는 것은 아닙니다.** … 그러므로 여러분은 여러분 일에 전념하십시오. 하나님 앞에서 여러분 자신의 삶만으로도 여러분은 이미 할 일이 많습니다 (롬 14:10-12).

주님의 재림을 준비할 시간이 우리에게 그리 많이 남아있지 않습니다. 서로 사랑하며 살기에도 빠듯한 시간입니다. 우리에게는 옳고 그름을 따지겠다고 혈기 부릴 시간도 없습니다. 그럴 시간에 한 영혼이라도 더 위로하고 한 영혼에게라도 더 복음을 전해야 합니다. 그렇게 살다가 주님 앞에 서게 될 때 우리 입에서 기쁨의 찬송이 나오게 되는 것입니다.

우리 생애의 나머지 날들이 이러한 믿음의 모습으로 가득 채워지기를 간절히 소망합니다.

묵상 질문: 나와 다른 의견을 가진 믿음의 형제를 어떻게 대하고 있습니까?
오늘의 기도: 옳고 그름을 따지겠다고 교회 안에서 혈기 부리지 않게 하옵소서. 서로 사랑하며 살기에도 빠듯한 시간입니다. 한 사람이라도 더 위로하고 한 영혼에게라도 더 복음을 전하며 살게 하옵소서. 예수님의 이름으로 기도합니다. 아멘.

사랑으로 덕을 세우라!

읽을 말씀: 로마서 14:13-23

새길 말씀: 만일 음식으로 말미암아 네 형제가 근심하게 되면 이는 네가 사랑으로

　　　　　행하지 아니함이라. 그리스도께서 대신하여 죽으신 형제를 네 음식으로

　　　　　망하게 하지 말라(롬 14:15).

　　독일 속담에 "하나님이 교회를 세우면 악마는 그 옆에 예배당을 세운다"라는 말이 있다고 합니다. 물론 같은 '교회'요 같은 '예배당'입니다. 그러나 마귀에게 조금이라도 틈을 보이면 '하나님의 교회'가 한순간에 '악마의 예배당'으로 바뀔 수 있다는 그런 뜻입니다. 마귀에게 문을 열어주는 때가 언제일까요? 그것은 성도들끼리 서로 미워하고 분을 품게 될 때입니다.

　　에베소교회에 보낸 편지에서 바울은 이렇게 말했습니다.

　　분을 내어도 죄를 짓지 말며 해가 지도록 분을 품지 말고 마귀에게 틈을 주지 말라

(엡 4:26-27).

　신앙 생활을 오래 하다보면 다른 성도들에게 화가 날 때도 있습니다. 특히 나와 다른 의견을 고집하는 사람들을 보면 마음이 상할 때가 많이 있습니다. 그 마음을 오래 품고 있으면 안 됩니다. 왜냐하면 그것이 바로 마귀에게 틈을 보이는 것이며, 교회의 문을 마귀에게 열어주는 것이기 때문입니다.

　앞 장에서 우리는 "형제를 비판하지 말라"는 말씀을 묵상했습니다. 나와 다른 의견을 가지고 있다고 해서 그것에 대해서 공개적으로 비판하는 것은 피해야 한다고 바울은 말했습니다. 아무리 좋은 의도로 그랬다고 하더라도, 그것은 성도들 사이에 시빗거리를 만드는 일이 됩니다. 그러면 옳고 그름과 상관없이 신앙공동체는 큰 상처를 입게 되어 있습니다. 마귀에게 틈을 보이게 되는 것입니다. 따라서 나와 다른 생각을 가지고 있는 '믿음이 연약한 자'를 오히려 공격적으로 품어주는 '믿음이 강한 자'가 되어야 한다고 했습니다.

　오늘 우리가 묵상하는 말씀은 그 연장선상에 놓여 있습니다. 앞 장의 말씀은 "비판하지 말라"는 부정적인 강조점을 가지고 있었다면, 오늘 말씀은 "사랑으로 덕을 세우라"는 긍정적인 강조점을 가지고 있다는 차이가 있습니다.

결심해야 할 일

13절입니다.

그런즉 우리가 다시는 서로 비판하지 말고 도리어 부딪칠 것이나 거칠 것을 형제 앞에 두지 아니하도록 주의하라(롬 14:13).

여기에서 우리말 '비판하다'라는 헬라어로 '디아크리노$_{\delta\iota\alpha\kappa\rho\iota\nu\omega, \text{diakrinó}}$'가 아니라 그냥 '크리노$_{\kappa\rho\iota\nu\omega, \text{krinó}}$' 동사입니다. 로마서 2장에서 '판단하다'로 번역된 바로 그 단어입니다. 재미있는 것은 우리말 '주의하다'에 해당되는 헬라어도 역시 '크리노' 동사라는 사실입니다. 그래서 개역성경을 자세히 보면 '또는 판단하라'라는 주해가 붙어있습니다. '크리노' 동사의 두 가지 용례를 알고 있으면 왜 그렇게 다른 의미로 사용되었는지 이해할 수 있습니다.

'크리노' 동사는 'judge$_{판단하다}$'라는 뜻과 'decide$_{결정하다}$'라는 뜻을 모두 가지고 있습니다. 그러니까 우리말 '비판하다'는 첫 번째 용례에 따라, '주의하라'는 두 번째 용례에 따라 번역한 것이지요. 그렇지만 저는 '서로 비판하지 말고'는 '서로 판단하지 말고'로, '주의하라'는 '결심하라'로 바꾸어 번역하는 것이 더 좋을 것이라 생각합니다.

실제로 새번역 성경이 그렇게 풀이하고 있습니다.

> 그러므로 이제부터는 서로 남을 **심판하지** 마십시다. 형제자매 앞에 장애물이나 걸림돌을 놓지 않겠다고 **결심하십시오**(롬 14:13, 새번역).

거듭 말씀드리는 것이지만 심판$_{판단}$은 하나님의 몫입니다. 우리가 남을 심판하려고 한다면 그것은 스스로를 하나님의 자리로 높이는 불경스러운 행동이 됩니다. 그래서 하나님의 교회가 악마의 예배당으로 바뀌게 되는 것입니다.

따라서 우리가 해야 할 일은 아주 단단히 결심하는 것입니다. 믿음의 형제자매 앞에 그 어떤 '장애물$_{obstacle}$'이나 '걸림돌$_{stumbling block}$'을 놓아두지 않겠다고 결심하는 것입니다. 그들이 실족하여 넘어지면 우리도 함께 넘어지기 때문입니다.

앞에서 바울은 '음식 문제'를 예로 들어 설명했었습니다. 그렇다면 그 문제를 이 대목에 적용하게 되면 어떻게 될까요?

> 14내가 주 예수 안에서 알고 확신하노니 무엇이든지 스스로 속된 것이 없으되 다만 속되게 여기는 그 사람에게는 속되니라. 15만일 음식으로 말미암아 네 형제가 근심하게 되면 이는 네가 사랑으로 행하지 아니함이라. 그리스도께서 대신하여 죽으신 형제를 네 음식으로 망하게 하지 말라(롬 14:14-15).

바울은 "주 예수 안에서 알고 확신한다"고 말합니다. 바울 자신이 가지고 있는 이 확신은 예수님께서 주신 것이라는 선언입니다. 그 내용은 "무엇이든 부정한 음식은 없다"는 것입니다. 단지 "부정하다고 생각하는 그 사람에게만 부정한 것이 된다"는 것입니다. 따라서 바울 자신은 고기를 먹지 못할 이유가 없습니다. 그것이 우상에게 바쳐진 제물이든 아니든, 본래 부정한 음식이 아니기 때문입니다. 이것이 바울을 비롯한 대다수 그리스도인이 그리스도 안에서 누리고 있는 '자유함'입니다.

그런데 그것이 전부는 아닙니다. 어떤 형제들은 그것을 부정하다고 여기고 있습니다. 그렇기 때문에 그 사람에게 그것은 부정한 음식입니다. 만일 그들이 보는 앞에서 내가 자유롭게 고기를 먹는다거나, 아니면 더욱 적극적으로 그들에게 고기를 먹으라고 권면한다면 어떻게 될까요? 틀림없이 그들이 '근심하게' 될 것입니다. 마음이 상하게 되고 시험에 들 것이 뻔합니다.

그들을 진심으로 사랑하고 있다면 혹시라도 그들이 실족하여 넘어질지도 모르는 '걸림돌'을 그들 앞에 놓아두지는 않겠지요. 그렇다고 우리의 자유함을 잃어버리게 될까요? 아닙니다. 그만큼 형제를 아끼고 사랑하는 것입니다.

우리가 그래야 하는 이유가 있습니다. 그것은 "그리스도께서 그 형제를 위하여 죽으셨다"는 사실입니다. 그 형제를 구원하기 위해서 예수님께서 십자가를 지셨는데, 그까짓 음식 문제로 인해서 그 형제를 망하게 해서야 되겠습니까!

　물론 음식 문제로 인해 그들이 시험에 드는 것을 정당하다고 말할 수는 없습니다. 그들이 시험에 드는 진짜 이유는 믿음이 연약하기 때문입니다. 그러나 믿음이 연약한 형제가 시험에 들지 않도록 그 앞에 걸림돌을 놓아두지 않는 것이 형제로서 마땅한 사랑의 배려입니다. 따라서 그들의 연약한 믿음을 판단하려고 하지 말고, 오히려 그렇게 도와주기를 결심해야 한다고 바울은 말하고 있는 것입니다.

　이 부분에 대한 메시지 성경의 풀이가 아주 실감나게 다가옵니다.

> … 만일 여러분이 다른 사람이 먹는 것과 먹지 않는 것을 가지고 큰 화젯거리로 만들어 그들을 혼란에 빠뜨린다면, 여러분은 지금 그들과 사랑의 교제를 나누는 것이 아닙니다. 그렇지 않습니까? 기억하십시오. 그리스도께서 바로 그들을 위해 죽으셨습니다. 그런데 여러분은, **고작 음식 문제로 그들을 지옥에 보내겠다는 말입니까?** 하나님이 축복하신 음식이 영혼을 독살하는 일에 이용되도록 놔두겠다는 말입니까?(롬 14:15, 메시지).

　여기에서 우리는 한 사람의 영혼을 천하보다 귀히 여기는 예수님의 마음을 느낄 수 있습니다. 이와 같은 예수님의 마음은 예수와 함께 죽고 예수와 함께 사는 그리스도인에게서 역시 발견됩니다.

하나님의 나라

16-18절입니다.

16그러므로 **너희의 선한 것이 비방을 받지 않게 하라.** **17**하나님의 나라는 먹는 것과 마시는 것이 아니요 오직 성령 안에 있는 의와 평강과 희락이라. 18이로써 그리스도를 섬기는 자는 하나님을 기쁘시게 하며 사람에게도 칭찬을 받느니라 (롬 14:16-18).

선한 것으로 오히려 사람들의 비방을 받았던 경험이 있습니다. 좋은 뜻으로 한 일이었는데 나중에 비방거리가 되어 돌아온 적도 있습니다. 그럴 때 어떤 마음이 들던가요? 물론 화가 났을 겁니다. 우리의 선한 의도를 헤아리지 못하는 사람들이 야속하게 느껴졌을 겁니다. 그러면 대개 이렇게 결심하는 것으로 끝나지요. "내가 다시는 그 일 하나 봐라!" 그리고 마음 문을 닫아 버리고, 선한 일을 하지 않습니다.

여기에서 우리가 놓쳐버리기 쉬운 진실이 하나 있습니다. 그것은 "선한 의도로 얼마든지 잘못된 선택을 할 수 있다"는 사실입니다. 우리가 선한 의도를 가지고 있다는 것이 전부가 아닙니다. 그것이 실제로 믿음의 형제에게 또는 믿음의 공동체에 어떤 선한 결과로 나타나기 위해서는 우리에게 하나님의 지혜가 필요한 것입니다.

상대방이 가지고 있는 문제를 고쳐주고, 공동체를 바로 세우려고 하는 것은 물론 선한 일입니다. 그러나 많은 경우에 좋은 의도를 가지고 잘해보려고 시작한 일이 오히려 공동체의 평화를 깨는 결과로 나타나기도 합니다. 언제 그렇게 될까요? 그것이 '시빗거리'가 될 때입니다. 왜 시빗거리가 될까요? '옳고 그름'의 문제로 접근하기 때문입니다. 사랑의 바탕 위에 서 있지 않기 때문입니다. 그렇습니다. 사랑이 없이는 사람도, 가정도, 교회도 절대 변하지 않습니다.

그렇기에 우리가 분명히 알아야 할 것이 있습니다. "하나님의 나라는 먹는 것과 마시는 것이 아니라"라는 사실입니다. 무엇을 먹는 것이 옳은 일인지, 무엇을 마시는 것이 잘못된 일인지 판단하고 그것을 잘 지켰다고 해서 하나님의 나라가 이루어지는 것이 아니라는 말씀입니다.

오히려 하나님의 나라는 성령을 통해서 맛보는 '바른 관계'(의)와 '평화로움'(평강)과 '기쁨'(희락)입니다. '바른 관계'는 옳고 그름을 판단함으로써 세워지지 않습니다. 성령의 감동으로, 구원의 감격으로 세워집니다. '평화로움'은 나와 상대방 사이에서만 이루어지는 것이 아닙니다. 서로가 하나님과 바른 관계를 맺고 있을 때에 주어지는 것입니다. '바른 관계'와 '평화로움' 속에서 우리는 진정한 '기쁨'을 맛보게 됩니다. 그럴 때 우리가 살아가는 삶의 자리에 하나님의 나라가 세워지고 또한 점점 확장되어 가는 것입니다.

우리가 믿음의 공동체 안에서 함께 주님을 섬기는 것은 바로 이 때문입니다. 교회 안에는 우리와 다른 의견을 가진 사람들도 있고, 우리가 보기에 믿음이 연약한 사람들도 있습니다. 그렇지만 주님의 마음을 품고 그들이 실족하지 않도록 품어주고 사랑으로 배려하면서 주님을 섬겨나가는 신앙 생활을 해나갈 때, 그 일을 통해서 우리는 하나님을 기쁘시게 할 뿐만 아니라 세상 사람들에게도 칭찬을 받게 되는 것입니다.

그것이 바로 하나님께서 우리 가운데서 하고 계시는 일입니다. 그 일에 지금 우리가 동참하고 있는 것이지요.

아름다운 포기

하나님의 일에 동참하기 위해서 우리가 포기해야 할 것이 있습니다.

19그러므로 우리가 화평의 일과 서로 덕을 세우는 일을 **힘쓰나니** 20음식으로 말미암아 **하나님의 사업을** 무너지게 하지 말라. 만물이 다 깨끗하되 거리낌으로 먹는 사람에게는 악한 것이라. 21고기도 먹지 아니하고 포도주도 마시지 아니하고 무엇이든지 네 형제로 거리끼게 하는 일을 아니함이 **아름다우니라**(롬 14:19-21).

여기에서 우리말 '힘쓰다'에 해당되는 '디오코διώκω, diókó' 동사는 마치 먹이를 쫓는 맹수처럼 맹렬히 추격한다는 의미를 가지고 있습니다 (pursue, aggressively chase). 우리 그리스도인들이 그렇게 맹렬히 추구해야 하는 일이 무엇입니까? 다른 사람의 잘못을 바로 잡는 일입니까? 교회가 가지고 있는 그릇된 관행을 발본색원하는 일입니까? 아닙니다. '화평의 일'과 '덕을 세우는 일'을 그렇게 해야 합니다. 그것이 우리 가운데 성령님께서 하시는 일입니다.

저는 성도님들과 함께 예배를 드릴 때마다 이와 같이 성령님께서 하시는 일을 확인하며 감격합니다. 우리 중에 완벽한 사람은 한 사람도 없습니다. 게다가 사회 통념상 서로 잘 어울리는 사람들도 아닙니다. 그럼에도 함께 하나님께 예배하며 하나님을 찬양하고 함께 하나님의 은혜를 맛보고 함께 어울려 성도의 교제를 나눕니다.

정말 놀라운 것은 처음에는 까칠한 성격에 불편한 기색으로 교회에 나오던 분들도 몇 해 함께 신앙 생활 하는 가운데 이제는 서로 비슷비슷해져 간다는 사실입니다. 마치 평생을 같이 지내온 사이처럼 됩니다. 그것이 성령님께서 하시는 일이 아니고 무엇이겠습니까?

바울은 말합니다. "음식으로 말미암아 하나님의 사업을 무너지게 하지 말라!" '하나님의 사업τὸ ἔργον τοῦ θεοῦ'이란 이와 같이 하나님의 교회를 '평화로움'과 '덕스러움'으로 세워 가는 일을 말합니다. 그 일을 '음식 문제'로 인해 무너뜨리지 말라는 것입니다. 이 말은 그까짓 '음식 문제'로도 얼마든지 무너질 수 있다는 뜻으로 들립니다. 그러니 조심하라는 것이지요.

주님이 세우신 교회는 외부적인 박해로는 결코 무너지지 않습니다. 지난 2천년 기독교의 역사가 그것을 증명하고 있습니다. 차라리 순교를 당해서 죽임을 당하고 예배당이 파괴되는 한이 있더라도 교회는 무너지지 않았습니다.

그러나 내부적인 문제로 인해 쉽게 허물어지는 공동체는 많이 있어왔습니다. 지금도 그런 일들을 흔하게 목격할 수 있습니다. 왜 그렇게 되었는지 역추적해보면 열이면 열 모두 별 것 아닌 문제로부터 시작되었다는 사실을 알게 됩니다. 바울이 이야기하고 있는 '음식 문제'와 비슷한 일들로 인해서 공동체의 평화로움과 덕스러움이 깨지는 것을 봅니다. 그러니 '음식 문제'가 별 것 아닌 게 아니지요.

따라서 음식 문제와 관련해서 우리가 결심해야 할 것이 있다고 바울은 말합니다. 이 세상에 깨끗하지 않은 음식은 없지만, 만일 어떤 음식을 먹는 것이 다른 사람에게 거리낌이 되고 죄를 짓게 하는 원인이 된다면 차라리 포기하자는 겁니다. 고기를 먹거나 포도주를 먹는 것이 우리에게는 전혀 문제가 될 일이 아니지만, 만일 믿음이 연약한 사람들이 그것으로 인해 시험에 들거나 그로 인해 공동체의 평화로움에 손상을 입게 된다면, 차라리 먹지 않는 것이 좋지 않겠느냐는 겁니다.

저는 그것을 '아름다운 포기'라고 표현하고 싶습니다. 하나님이 이룩해 놓으신 믿음의 공동체를 위해서 '나의 옳음'과 '나의 자유함'까지도 내려놓는 것입니다. 그렇게 믿음이 연약한 형제의 눈높이까지 낮추는 것입니다. 마치 하늘 보좌 버리시고 사람이 되어 자기를 낮추시고 죽기까지 복종하셨던 주님처럼 말입니다. 그렇게 할 수 있는 사람이 정말 '믿음이 강한 자'입니다. 강한 자만이 아름다운 포기를 할 수 있는 것입니다.

하나님 앞에 간직한 믿음

그다음 말씀이 아주 중요합니다.

22네게 있는 믿음을 하나님 앞에서 스스로 가지고 있으라. 자기가 옳다 하는 바로 자기를 정죄하지 아니하는 자는 복이 있도다. 23의심하고 먹는 자는 정죄되었나니 이는 믿음을 따라 하지 아니하였기 때문이라. 믿음을 따라 하지 아니하는 것은 다 죄니라(롬 14:22-23).

"네게 있는 믿음을 하나님 앞에서 스스로 가지고 있으라." 이 말씀이 무슨 뜻일까요? NIV 성경은 이 부분을 "So whatever you believe about these things keep between yourself and God"라고 번역하고 있습니다. "이 일들에 대한 당신의 믿음이 무엇이든지 간에 당신과 하나님 사이에 간직하고 있으라"는 뜻입니다.

우리가 '믿음이 연약한 형제'의 눈높이에 맞추어 포기하는 것들이 있다고 해서, '나의 옳음'이나 '나의 자유함'이 없어지는 것은 아닙니다. 고기를 먹든지 포도주를 먹든지 아니면 채식을 하든지 여전히 우리에게는 아무런 문제가 되지 않습니다. 무엇보다도 그것이 '구원의 문제'와 전혀 상관없다는 것이 분명한 우리의 확신입니다. 그 믿음을 하나님과의 비밀로 간직하고 있으라는 것입니다.

그 다음 말씀을 보십시오. "자기가 옳다 하는 바로 자기를 정죄하지 아니하는 자는 복이 있도다" 이것은 또 무슨 말씀일까요?

예를 들어 고기 먹는 문제를 생각해보지요. 고기를 먹는 것은 우리에게 아무런 문제가 되지 않습니다. 집에서는 마음껏 먹을 수 있습니다. 그런데 교회에 오면 고기를 먹는 것을 죄라고 생각하는 형제를 만납니다. 그러면 그의 눈높이에 맞추어 고기를 먹지 않습니다. 모두 옳은 일입니다. 그러나 만일 자신의 행동이 달라지는 것에 대해서 죄책감을 갖게 된다고 생각해 보십시오. 스스로 정직하지 못하다는 생각을 할 수도 있지 않겠습니까?

바울의 결론은 이것입니다. "의심하고 먹는 자는 정죄되었다." 집에서 고기를 먹으면서 "정말 이래도 괜찮은가?" 의심한다면 그 행동은 이미 잘못된 것입니다. 교회에서 고기를 먹지 않으면서 "내가 외식하는 것 아닌가?" 의심한다면 그 행동 또한 이미 잘못된 것입니다. '정죄'는 믿음이 없는 사람에게 사탄이 주는 마음입니다. 믿음으로 하는 행동에 대해서 사탄은 결코 '정죄'로 장난질할 수 없는 것입니다.

메시지 성경으로 오늘의 말씀 묵상을 마무리합니다.

> 각자 자신과 하나님과의 관계를 가꾸어 나가되, 여러분의 방식을 다른 사람들에게 강요하지는 마십시오. 만일 여러분의 행위와 신념이 일치한다면, 여러분은 행복한 사람입니다. … 여러분이 사는 방식과 여러분이 믿는 바가 일치하지 않는 것은 잘못입니다(롬 14:22-23, 메시지).

어떤 분들에게는 신앙 생활이 복잡하고 어려운 것처럼 느껴질 수 있습니다. 나 혼자서 조용히 하는 것이 아니기 때문입니다. 하나님과 나와의 관계만 가꾸어 나가는 것이 아니라 다른 사람들과의 관계도 가꾸어 가야 합니다. 그에 따라서 때로 나의 자유가 제한되는 불편함도 겪게 됩니다.

그러나 내가 가꾸어 나가는 것이 아닙니다. 하나님이 나를 믿음의 사람으로 빚어가고 계십니다. 믿음의 형제자매들도 마찬가지입니다. 그들도 지금 하나님이 빚어가고 계십니다. 따라서 우리는 그저 하나님을 믿으면 됩니다. 우리 가운데 일하시는 하나님을 신뢰하면서 따라가면 됩니다. 그러면 하나님이 일하십니다. 마침내 우리의 구원을 완성하십니다. 그때에는 우리의 사는 방식과 우리의 믿음이 일치하게 될 것입니다.

그때까지 "믿음의 주요 또 온전하게 하시는 예수를 바라보며"(히 12:2) 묵묵히 이 길을 걸어가십시다. 오늘도 주님과 동행하는 복된 하루가 되기를 간절히 소망합니다.

묵상 질문: '자유함'과 '사랑의 배려'가 서로 충돌할 때, 나는 무엇을 선택하겠

습니까?

오늘의 기도: 이제부터는 어떤 이유로든 형제를 비판하거나 정죄하지 않게 하옵소서. 때로 나의 자유가 제한되는 불편함을 겪더라도, 믿음이 연약한 형제들이 시험에 들지 않도록 배려하게 하옵소서. 어떤 경우에도 주님의 사랑이 내 안에서 식지 않게 하옵소서. 예수님의 이름으로 기도합니다. 아멘.

서로 받아들이는 공동체

읽을 말씀: 로마서 15:1-13

새길 말씀: 이제 인내와 위로의 하나님이 너희로 그리스도 예수를 본받아 서로 뜻
이 같게 하여 주사 한마음과 한 입으로 하나님 곧 우리 주 예수 그리스
도의 아버지께 영광을 돌리게 하려 하노라(롬 15:5-6).

이제 로마서 묵상의 막바지에 이르렀습니다. 로마서 전체의 주제는
'하나님의 일하심'입니다. 전반부(1-8장)는 우리의 '구원을 위해서 일하시
는 하나님'에 대한 이야기를, 후반부(9-16장)는 '우리 가운데 일하시는 하
나님'에 대한 이야기를 다루고 있습니다. 그런데 "우리 가운데 일하신다"
고 했을 때 하나님께서 하고 계시는 그 구체적인 일은 무엇일까요?

그것은 바로 믿음의 공동체인 교회를 세우는 것입니다. 하나님은 그
리스도인의 새로워진 예배를 통해서, 신앙공동체의 교회생활을 통해서,
또한 윤리생활과 시민생활을 통해서 그리스도의 몸인 교회를 이 땅에 세
워나가고 계십니다. 우리 그리스도인들은 하나님이 하고 계시는 그일에

동참하도록 초대를 받은 사람인 것입니다.

로마서 14장에서 바울은 교회 안에 있는 '믿음이 연약한 자'의 의견을 비판하지 말라고 권면했습니다. '믿음이 연약한 자'는 교회를 다니기 시작한지 얼마 되지 않은 초신자를 가리키지 않습니다. 그들은 '음식 문제'나 '날의 문제'에 있어서 여전히 율법과 형식에 얽매여 있는 사람들입니다. 예수를 믿고 구원받기는 했지만 율법주의의 태도를 완전히 벗어버리지 못하고 있는 사람들입니다.

바울은 그들의 연약한 믿음을 판단하려고 하지 말고, 오히려 예수 그리스도의 마음으로 넉넉히 품어주라고 권면합니다. 그들이 혹시라도 시험에 들어 넘어지지 않도록 사랑으로 세심하게 배려하라고 말합니다. 왜냐하면 그들을 구원하기 위해서 예수 그리스도께서 대신하여 죽으셨기 때문입니다. 만일 그들이 넘어진다면 지금까지 하나님께서 이룩해놓으신 사업이 또한 무너질 수도 있기 때문입니다.

믿음의 공동체는 '믿음이 강한 자'가 지켜나가야 합니다. 어떤 사람들이 '믿음이 강한 자'입니까? 믿음이 연약한 형제를 품어주는 사람이 '강한 자'입니다. 믿음이 연약한 형제의 수준까지 눈높이를 낮추어 주는 사람이 '강한 자'입니다. 그러기 위해서 자신의 자유함도 기꺼이 포기할 수 있는 사람이 '강한 자'입니다. 그런 사람들로 인해서 하나님이 이룩해 놓으신 믿음의 공동체가 더욱 든든히 세워져가는 것입니다.

믿음이 강한 우리

오늘 우리가 묵상하는 로마서 15장은 로마서의 결론 부분으로, 사도 바울이 로마교회 성도들에게 정말 하고 싶었던 말씀이 기록되어 있습니다. 그것은 예수 그리스도의 복음 안에서 '서로 받아들이는 공동체'가 되어야 한다는 것입니다.

¹**믿음이 강한 우리는 마땅히 믿음이 약한 자의 약점을 담당하고 자기를 기쁘게 하지 아니할 것이라. ²우리 각 사람이 이웃을 기쁘게 하되 선을 이루고 덕을 세우도록 할지니라**(롬 15:1-2).

여기에서 바울은 '믿음이 강한 우리'라고 말합니다. 로마교회 성도들과 바울을 묶어서 '믿음이 강한 자'로 기정사실화하고 있는 것입니다. 바울은 로마교회 성도들을 잘 알지 못했습니다. 한 번도 로마에 가본 적이 없습니다. 게다가 실제로 로마교회 성도들은 대다수가 초신자들이었습니다. 특출한 영적인 지도자 없이 자생적으로 만들어진 믿음의 공동체였습니다. 그래도 그들을 향해서 바울은 '믿음이 강한 우리'라고 말하고 있는 것입니다.

여기에서 바울이 말하고 있는 '믿음이 강한 자'는 굳이 신앙 생활을 오래 한 사람일 필요가 없다는 사실을 알 수 있습니다. 성경에 대한 지식이 많을 필요도 없습니다. 기도를 열심히 하는 사람일 필요도 없습니다. '믿음이 강한 자'는 교회 안에서 큰 목소리를 내는 사람들이 아닙니다. 다른 사람들의 잘못을 대놓고 지적하는 사람들이 아닙니다. 자신의 주장을 끝까지 관철해가는 사람들이 아닙니다. 바울이 말하는 '믿음이 강한 자'는 '믿음이 약한 자의 약점을 담당하는 자'입니다.

여기에서 우리말 '약점'에 해당되는 헬라어 '아스데네마ἀσθένημα, asthené-ma'는 물론 'weakness약함'라는 의미도 있지만, 그 외에도 'doubt의심', 'hesitation주저', 'failing실패'이라는 뜻도 가지고 있습니다. 또한 우리말 '담당하다'에 해당되는 헬라어 '바스타조βαστάζω, bastazó' 동사는 'carry운반하다', 'bear견디다', 'take up이미 끝난 데서 시작하여 계속하다'이라는 뜻을 가지고 있습니다.

'믿음이 약한 자'는 매사에 의심이 많은 사람입니다. 중요한 순간에 결단하지 못하고 늘 우물쭈물합니다. 그리고 별것 아닌 문제로 인해 자주 시험에 들어 넘어집니다. '믿음이 강한 자'는 그들의 약점을 담당합니다. 그들이 마땅히 져야 할 짐을 대신 운반해줍니다. 그들의 우유부단함을 끝까지 참아줍니다. 그리고 그들이 실패하여 넘어진 곳에서부터 다시 일어나서 앞으로 나아갈 수 있도록 도와줍니다.

또한 믿음이 강한 사람은 "자기를 기쁘게 하지 않는다"(not to please ourselves)고 합니다. 이것을 새번역 성경은 "자기에게 좋을 대로만 하지 않는다"라고 표현합니다. 아무리 교회를 오래 다녔다고 해도, 아무리 기도생활을 열심히 한다고 해도, 자기에게 좋을 대로만, 다시 말씀드려서 자기중심적으로만 신앙 생활 하는 사람들은 결코 '믿음이 강한 자'가 아닙니다. 공동체 안에서 믿음이 연약한 형제들에 대한 관심을 가지고 있어야 믿음이 강한 사람입니다.

그렇기 때문에 믿음이 강한 사람은 이웃을 기쁘게 하여 선을 이루고 공동체에 덕을 세웁니다. 여기에서 우리말 '덕을 세우다'로 번역된 헬라어 '오이코도메οἰκοδομή, oikodomé'라는 말은 단순히 '세우는 행동'(the act of building)을 가리키는 말입니다. 다시 말해서 세우는 것이 덕德입니다. 믿음의 공동체가 세워지는 일에 관심을 가지고 있는 사람이 바로 '믿음이 강한 자'입니다.

오늘 본문을 메시지 성경은 다음과 같이 풀이합니다.

> 우리 가운데 믿음이 강건한 사람들은, 약해서 비틀거리는 사람들을 보면 다가가 손 내밀어 도와야 합니다. 그저 자기 편한 대로만 살아서는 안 됩니다. 힘은 섬기라고 있는 것이지, 지위를 즐기라고 있는 것이 아닙니다. 우리는 늘 "어떻게 하면 도움을 줄 수 있을까?" 물으며, 주변 사람들의 유익을 도모할 필요가 있습니다 (롬 15:1-2, 메시지).

믿음이 강한 사람들은 약한 사람들을 보고 그냥 지나치지 않습니다.

다가가서 "어떻게 도와줄까요?"(How can I help you?)라고 묻습니다. 그리고 실제로 자신의 힘이 닿는 대로 그들을 섬깁니다. 이런 사람들이 많으면 많을수록 그 교회는 건강한 교회입니다.

그러나 신앙 생활을 시작한 지 얼마 되지 않았다는 이유로, 아니면 교회를 오래 다녔다는 이유로 다른 사람들에게 섬김을 받을 것만을 기대하는 사람들이 많으면 많을수록 그 교회는 작은 문제로도 쉽게 무너지는 믿음의 공동체가 되는 것입니다.

그리스도를 본받아

그런데 우리는 왜 믿음이 연약한 형제들을 섬기는 일에 대해서 그렇게 관심을 가지고 있어야 하는 것일까요? 왜냐하면 예수 그리스도께서 그렇게 하셨기 때문입니다.

> 그리스도께서도 자기를 기쁘게 하지 아니하셨나니 기록된 바 주를 비방하는 자들의 비방이 내게 미쳤나이다 함과 같으니라(롬 15:3).

만일 예수님께서 자기를 기쁘게 하려고 하셨다면, 하늘 보좌를 버리고 이 땅에 내려오실 이유가 없었습니다. 천국에서 천군천사의 호위를 받으면서 영원무궁토록 찬송을 받으며 지내시면 됩니다. 그러나 우리 주님은 그렇게 하지 않으셨습니다. 오히려 우리의 수준으로 내려오셔서 우리의 연약함을 대신 감당하셨습니다. 메시지 성경은 이렇게 표현합니다.

> 예수께서 하신 일이 바로 이것입니다. 그분은 사람들의 어려움을 외면한 채 자기 편한 길을 가지 않으셨습니다. 그분은 그들의 어려움 속으로 직접 뛰어드셔서 그들을 건져 주셨습니다(롬 15:3a, 메시지).

He didn't make it easy for himself by avoiding people's troubles, but waded right in and helped out.

예수님은 죄와 씨름하며 힘겹게 살아가는 우리의 어려움을 외면하지 않으셨습니다. 오히려 우리가 씨름하고 있는 죄의 문제를 해결하기 위하여 십자가에 자신의 몸을 던지셨습니다. 그리하여 우리가 율법주의 종교 생활에 실패하여 넘어진 그 자리에서 다시 일어나서 하나님을 향한 믿음의 길, 생명의 길을 걸어가게 하셨습니다.

우리가 더 이상 우리 자신의 기쁨을 구하지 않고 우리보다 연약한 사람들에 대해서 관심을 가지고 그들을 섬기려고 하는 이유는 바로 이 때문입니다. 그것이 우리를 죄와 사망의 권세에서 구원하신 예수님의 패턴이기 때문입니다. 사람들의 어려움을 외면하지 않는 것이 바로 예수 그리스도를 믿는다는 의미이기 때문입니다.

> 5이제 인내와 위로의 하나님이 너희로 그리스도 예수를 본받아 서로 뜻이 같게 하여 주사 6한마음과 한 입으로 하나님 곧 우리 주 예수 그리스도의 아버지께 영광을 돌리게 하려 하노라(롬 15:5-6).

한 걸음 더 나아가 바울은 하나님께 기도합니다. 로마교회 성도들이 예수 그리스도를 본받아 예수님과 같은 마음을 품을 수 있게 해달라고, 그래서 하나님 아버지께 영광을 돌릴 수 있게 해달라고 말입니다. 여기에서 "예수 그리스도를 본받는다"라는 것은 "예수 그리스도의 패턴을 가진다"라는 뜻입니다. 예수님에게는 패턴이 있습니다. 그것이 무엇입니까? 사람들의 어려움을 모르는 체 외면하지 않는 것입니다.

예수님의 패턴인 사람들도 역시 마찬가지입니다. 믿음의 공동체 안에서 어떤 문제와 씨름하고 있는 사람들을 발견하면 가만히 있지 않습니다.

먼저 다가가서 어떻게 도와줄까 묻습니다. 그리고 가능한 방법을 찾아 도와줍니다. 그것이 바로 하나님께 영광을 돌려드리는 길입니다.

그러기 위해서는 하나님의 '인내'와 '위로'가 필요합니다. 우리말 '인내'에 해당되는 헬라어는 '휘포모네$_{(\upsilon\pi o\mu o\nu\acute{\eta},\ hupomon\acute{e})}$'입니다. 이는 '휘포$_{under}$'와 '메노$_{remain}$'가 합성된 말입니다. 그러니까 '인내한다'는 것은 누군가의 아래에 거한다는 뜻입니다. 누구 아래에 거해야 할까요? 하나님 아래에 거해야 합니다. 그래서 '하나님의 인내'입니다.

그런데 사람들의 어려움을 외면하지 않고 도와주려고 하는데 왜 인내가 필요할까요? 왜냐하면 사람들이 그것을 받아들이지 않기 때문입니다. 앞 장에서 묵상한 말씀처럼, 오히려 선한 의도를 비방거리로 삼으려고 하는 사람들이 있기 때문입니다(롬 14:16). 그래도 굳이 도와주려고 하는 이유가 무엇일까요? 그들이 믿음 안에 바로 세워져야 믿음의 공동체가 또한 바로 세워지기 때문입니다. 그래서 인내가 필요한 것입니다.

'위로'도 역시 마찬가지입니다. 하나님의 위로가 있어야 우리는 그 일을 감당할 수 있습니다. 잘 보십시오. '사람들의 위로'가 아니라 '하나님의 위로'입니다. 많은 사람이 선한 일을 시작했다가 오히려 상처받고 포기하는 경우가 많이 있습니다. 그 이유는 '사람들의 위로'를 기대하기 때문입니다. 주변에서 '수고한다'라고 '애쓴다'라고 말해주는 사람들을 기대했는데, 아무도 알아주지 않을 때 실망하고 주저앉게 되는 것이지요.

우리가 어려움을 당한 사람들을 도와주는 이유는 그것이 하나님의 관심사이기 때문입니다. 그렇다면 하나님의 위로로 충분하지 않겠습니까? 사람의 위로를 기대하는 사람은 믿음이 약한 사람입니다. 그러나 하나님의 위로로 만족하는 사람은 믿음이 강한 사람입니다. 그런 사람들이 낙심하지 않고 끝까지 예수님의 패턴에 따라 살아갈 수 있습니다. 그리하여 마침내 하나님 아버지께 영광을 돌릴 수 있는 것입니다.

서로 받으라!

7-9절 말씀입니다.

7그러므로 그리스도께서 우리를 받아 하나님께 영광을 돌리심과 같이 너희도 서로 받으라. 8내가 말하노니 그리스도께서 하나님의 진실하심을 위하여 할례의 추종자가 되셨으니 이는 조상들에게 주신 약속들을 견고하게 하시고 9이방인들도 그 긍휼하심으로 말미암아 하나님께 영광을 돌리게 하려 하심이라…(롬 15:7-9a).

여기에서 '받다'로 번역된 헬라어는 '프로슬람바노προσλαμβάνω, proslamba-nō' 동사입니다. 14장에서 바울이 '믿음이 연약한 자를 받고 비판하지 말라'(롬 14:1)고 했을 때 '받다'가 바로 이 동사입니다. 그때 말씀드렸듯이, 이것은 그냥 받아들이는 정도가 아니라 아주 '공격적으로 수용하는aggressively receive' 태도를 말합니다. 만일 하나님께서 우리에게 이런저런 자격을 따지셨다면 그 누구도 받아들이실 수 없었을 것입니다. 그러니까 아무런 자격도 따지지 않고 무조건 받아들이는 태도가 바로 '프로슬람바노'입니다.

믿음의 공동체도 그래야 한다는 겁니다. 바울 당시에는 유대인과 이방인 사이의 관계로 인해 심각한 갈등을 겪는 교회들이 많이 있었습니다. 앞 장에서 바울이 설명했던 '믿음의 연약한 자'의 문제도 결국 유대인과 이방인 사이에서 벌어지는 갈등이었습니다. 그러나 하나님의 교회는 유대인도 이방인도 들어올 수 있는 곳이어야 합니다. 다른 조건은 필요 없습니다. 예수를 믿기만 하면 누구나 받아주는 곳이 교회입니다.

부자이든 가난한 사람이든, 배운 사람이든 배우지 못한 사람이든, 나이 든 사람이든 젊은 사람이든, 남자이든 여자이든, 교회가 받아들이지 못할 사람은 하나도 없습니다. 정치적인 견해가 보수적이든 진보적이든, 결혼을 했든 안 했든 또는 이혼하여 갈라섰든 재혼했든, 한국 사람이든 외국 국적을 가진 사람이든, 교회가 용납하지 못할 사람은 하나도 없습니다. 누구나 들어와서 예수 그리스도 안에서 하나가 될 수 있는 곳이 바로 교회입니다.

왜 그래야 합니까? 그리스도께서 우리를 받으셨기 때문입니다. 우리가 아직 죄인 되었을 때 우리를 위해 죽으심으로 하나님의 사랑을 확증하셨기 때문입니다. 우리가 유대인이기 때문에 받으신 것도 아니고, 이방인이기 때문에 받지 않으신 것도 아닙니다. 단지 우리를 사랑하셔서 받으셨습니다. 이처럼 하나님의 사랑에는 차별이 없습니다. 그렇기에 우리도 서로 받아야 합니다. 그럴 때 하나님의 영광을 드러낼 수 있는 것입니다.

이 부분을 메시지 성경은 다음과 같이 풀이합니다.

> 그러므로 여러분은 하나님의 영광을 위해 서로를 두 팔 벌려 받아들이십시오. 예수께서 그렇게 하셨습니다. 이제 여러분이 그렇게 할 차례입니다! 하나님의 목적에 늘 충실하셨던 예수께서, 먼저 유대인들에게 특별히 다가가셔서, 그들의 조상이 받은 옛 약속들을 실현시키셨습니다. 그 결과로, 이방인들이 자비를 경험하고, 하나님께 감사드릴 수 있게 되었습니다…(롬 15:7-9a, 메시지).

이제 우리가 그렇게 할 차례입니다. 서로를 두 팔 벌려 받아들이면 하나님이 영광을 받으십니다. 그러나 우리가 이런저런 이유를 붙여서 자격을 제한하고 받아들이지 않으면 하나님이 통곡하십니다. 그런 교회를 세우겠다고 독생자를 십자가에 내어주신 것이 아니기 때문입니다.

이 땅의 모든 교회가 세상을 향해 활짝 문이 열린 공동체가 되기를 소망합니다. 그 문을 통해 들어오는 사람이 누구이든지 두 팔 벌려 환영하는 공동체가 되기를 소망합니다. '믿음이 연약한 사람들'은 그렇게 할 수 없습니다. 오직 '믿음이 강한 사람들'만이 교회를 하나님이 기뻐하시는 믿음의 공동체로 만들어갈 수 있습니다.

'믿음이 강한 자'는 신령 직분과 상관없습니다. 신앙 생활의 연륜과도 상관없습니다. 오직 하나님의 은혜로 구원받은 감격을 가진 사람, 그래서 우리 주님의 마음을 품고 살아가기로 작정한 사람들이라면 누구나 '믿음이 강한 자'입니다. 우리 가운데 일하시는 하나님께서 우리를 그렇게 빚어 가십니다.

묵상 질문: 나는 지금 '그리스도의 본'을 따라서 살고 있습니까?
오늘의 기도: 우리의 믿음을 강하게 하사 믿음이 연약한 자들을 돌보게 하옵소서. 나 자신의 유익보다 형제의 유익을 먼저 구하게 하옵소서. 그리하여 그리스도 안에서 서로 받아들여 한 몸을 이루는 사랑의 공동체를 만들어가게 하옵소서. 예수님의 이름으로 기도합니다. 아멘.

바울의 하나님 자랑

읽을 말씀: 로마서 15:14-21

새길 말씀: 그러므로 내가 그리스도 예수 안에서 하나님의 일에 대하여 자랑하는
것이 있거니와 그리스도께서 이방인들을 순종하게 하기 위하여 나를 통
하여 역사하신 것 외에는 내가 감히 말하지 아니하노라(롬 15:17-18).

앞 장에서 묵상한 말씀에서, 바울은 '믿음이 연약한 자들'의 약점을
담당해주는 '믿음이 강한 자들'을 통해서 하나님께서 세워 가시는 신앙공
동체, 즉 '서로 받아들이는 공동체'에 대한 비전을 이야기했습니다.

교회는 예수를 믿기만 하면 누구나 받아주는 곳이어야 합니다. 먼저
믿는 우리도 사실 그렇게 받아들여진 사람들입니다. 우리가 아직 죄인
되었을 때에 그리스도께서 우리를 위해 죽으심으로 우리를 받아주셨습
니다. 그러니 우리도 서로 받아들이는 것이 마땅합니다.

'서로 받아들이는 공동체'는 이 세상의 구원을 위해서 하나님께서 처
음부터 한결같이 품고 계셨던 비전입니다. 하나님은 이 일을 감당하도록

먼저 이스라엘을 선택해주셨는데, 그들은 그릇된 선민사상에 빠져서 오히려 유대인과 이방인 사이에 높은 담을 쌓아놓았습니다. 그러나 예수 그리스도께서 오셔서 십자가를 지심으로 중간에 막힌 담을 모두 허물어 버리셨던 것입니다.

> 14그는 우리의 화평이신지라. 둘로 하나를 만드사 원수 된 것 곧 중간에 막힌 담을 자기 육체로 허시고 15법조문으로 된 계명의 율법을 폐하셨으니 이는 이 둘로 자기 안에서 한 새 사람을 지어 화평하게 하시고 16또 십자가로 이 둘을 한 몸으로 하나님과 화목하게 하려 하심이라…(엡 2:14-16).

교회는 예수를 믿음으로써 하나가 되어가는 공동체입니다. 우리끼리만의 하나 됨이 아닙니다. 이 세상의 모든 사람과 하나 되는 것입니다. 그러기 위해서 교회는 '서로 받아들이는 공동체'가 되어야 합니다. 아니 '되어야 한다'라고 해서 실제로 그렇게 되는 것은 아닙니다. 하나님께서 우리 가운데 이미 그렇게 일하고 계시다고 하는 것이 더 정확한 표현입니다. 우리는 그저 하나님의 일하심에 믿음으로 뛰어들 뿐입니다.

여기까지가 로마서를 통해서 바울이 전하려고 했던 본론적인 핵심 메시지입니다. 그다음부터 바울은 십자가의 복음이 자신의 삶에 어떻게 작용되었는지에 대해서 개인적인 간증을 진술하고 있습니다.

그리스도의 일꾼

오늘 우리가 살펴보려고 하는 본문의 내용은 '하나님의 일하심에 대한 바울의 자랑'입니다.

> 14내 형제들아 너희가 스스로 선함이 가득하고 모든 지식이 차서 능히 서로 권하

는 자임을 나도 확신하노라. 15그러나 내가 너희로 다시 생각나게 하려고 하나님께서 내게 주신 은혜로 말미암아 더욱 담대히 대략 너희에게 썼노니 16이 은혜는 곧 나로 이방인을 위하여 **그리스도 예수의 일꾼**이 되어 하나님의 복음의 제사장 직분을 하게 하사 이방인을 제물로 드리는 것이 성령 안에서 거룩하게 되어 받으실 만하게 하려 하심이라(롬 15:14-16).

바울은 로마교회 성도들을 향해서 '내 형제들아'라고 아주 친근하게 부릅니다. 사실 바울은 로마교회 성도들을 그리 잘 알지 못했습니다. 로마교회를 방문한 적도 없고 성도들을 만나본 적도 없습니다. 그러나 로마서를 통해서 지금까지 복음이 무엇인지, 복음을 통해서 하나님께서 일해오신 것이 무엇인지를 마음을 다해 열심히 설명하다가 보니까, 이제는 '내 형제들'이 되었던 것입니다.

우리가 그리스도 안에서 함께 예배하며 교제하다 보면, 정말 친형제들보다 더 가까운 관계를 맺게 됩니다. 주님도 "누가 내 어머니이며 동생들이냐?"(막 3:33)고 물으시고 나서 "누구든지 하나님의 뜻대로 행하는 자가 내 형제요 자매요 어머니다"(막 3:35)라고 말씀하셨지요. 믿음의 길을 함께 걷는 사람들이 바로 '내 형제들'입니다.

어쨌든 자신의 친근함을 이렇게 표현한 후에, 바울은 로마교회 성도들을 추켜세웁니다. "나는, 여러분 마음에 선함이 가득하고 온갖 지식이 넘쳐서, 서로 권면할 능력이 있음을 확신합니다"(새번역). 아마도 지금까지 바울이 이야기해온 내용들이 로마교회 성도들에게 다소 거친 비판의 목소리로 들려졌을 수도 있으리라 생각했던 모양입니다. 자신의 본심은 그런 뜻이 아니었음을 양해해달라는 것이지요.

그러면서 바울은 자신이 체험한 '하나님의 은혜'를 이야기하기 시작합니다. 그것은 한 마디로 "이방인을 위한 그리스도의 일꾼이 된 것"이었습니다. 저는 여기에서 '일꾼'이라는 표현에 주목하게 되었습니다. 왜냐하면 바울이 지금까지 자신을 소개할 때에 늘 '그리스도의 종'이라고 말해왔기 때문입니다.

> 예수 그리스도의 종 바울은 사도로 부르심을 받아 하나님의 복음을 위하여 택정함을 입었으니…(롬 1:1).

여기에서 '종'에 해당되는 헬라어는 '둘로스δοῦλος, doulos'입니다. 이는 주인에게 예속되어 있는 남성 노예를 가리키는 말입니다. 그러니까 자신의 주인은 예수 그리스도라는 것을 이런 식으로 표현하고 있는 것이지요. 그런데 우리말 '종'으로 번역되는 또 다른 헬라어가 있습니다. 그것은 '후페레테스ὑπηρέτης, hupéretés'라는 말인데요, 이 말이 등장하는 곳은 바울이 아그립바 왕에게 자신의 회심 사건을 증언하는 대목입니다.

> 일어나 너의 발로 서라. 내가 네게 나타난 것은 곧 네가 나를 본 일과 장차 내가 네게 나타날 일에 너로 종과 증인을 삼으로 함이니…(행 26:16).

여기에서 '종'은 '둘로스'가 아니라 '후페레테스'입니다. '후페레테스'는 '~밑의under'라는 뜻의 '휘포hypó'와 '노 젓다'라는 뜻의 '에레쏘éressó'가 합성된 말입니다. 이 말은 배의 밑창에서 지휘관의 북소리에 맞추어 노를 젓는 사람들을 가리킵니다. 물론 이들은 모두 '노예'였습니다.

영화 '벤허'를 보신 분들은 배가 파선될 때까지 노예들이 계속해서 노를 젓던 장면을 기억하실 것입니다. 이들은 밖에 어떤 상황이 벌어지는지 알지 못합니다. 배가 어느 방향으로 가는지도 알 수 없습니다. 그냥 북소리에 맞추어 노를 저을 뿐입니다. 바로 이것이 예수님을 만나 회심한 이후에 바울이 최초로 갖게 된 자의식이었습니다.

그 이후로 바울의 자의식은 '후페레테스'에서 '둘로스'로 바뀌었습니다. 물론 주인에게 예속되어 있다는 점에서는 달라지지 않았지만, 적어도 배 밑창에 갇혀있지는 않습니다. 다시 말해서 처음에는 아무것도 모르고 무작정 일했다면, 이제는 하나님이 어디로 이끄시는지 알고 순종하여 따르게 되었다는 것이지요.

오늘 본문에서 바울은 한 단계 더 나아가서 '일꾼'의 자의식을 드러내고 있는 것입니다. 우리말 '일꾼'으로 번역된 헬라어는 '리투르고스λειτουργός, leitourgos'인데, 이들도 역시 '종'이지만 '공동체의 유익을 위해서 일하는 공적인 종'입니다. 이들에게는 어느 특정한 사역이 책임으로 주어져있습니다. 이것을 영어로는 'minister'라고 번역합니다. 우리말 '사역자'에 해당되는 말입니다.

앞에서 언급한 '후페레테스'나 '둘로스'와 비교하여 '리투르고스'의 가장 큰 차이는 '자율성'에 있습니다. 주인의 명령을 받으면 '후페레테스'나 '둘로스'는 무조건 기계적으로 순종했지만, '리투르고스'는 주인이 왜 그 명령을 내렸는지 속뜻을 알아차리고 그 의도에 따라서 자율적으로 주어진 사역을 감당합니다. 이와 같은 변화를 통해서 우리는 개인적인 믿음의 성숙을 가늠해볼 수 있습니다.

처음에 우리는 왜 주일성수를 해야 하는지, 왜 기도생활을 해야 하는지 잘 몰랐습니다. 그냥 하라고 하니까 했습니다. 그런데 신앙 생활이 거듭되면서 우리는 점점 그 이유를 알게 됩니다. 이제는 기계적으로 순종하는 것이 아니라 모든 일에 있어서 하나님의 뜻을 분별하고 자율적으로 자신의 삶에 적용하면서 살기 시작합니다. 이것이 바로 '노예a slave'로 출발하여 '종a servant'을 거쳐 '일꾼a minister'으로 성숙해 가는 과정입니다.

바울은 자신의 사명을 '이방인을 제물로 드리는 복음의 제사장'이라는 말로 표현합니다. 이것은 바울이 앞에서 언급한 '이방인의 사도'(롬 11:13)를 가장 잘 설명한 말씀입니다. '이방인의 사도'는 단지 이방인에게 복음을 전하는 사람이 아닙니다. 실제로 그들이 복음을 받아들이고 하나님께 돌아와서 산 제물이 되도록 하는 사람입니다.

물론 바울이 애쓰고 노력한다고 되는 일이 아닙니다. 오히려 하나님께서 먼저 시작하신 그 일에 바울이 믿음으로 뛰어든 것이지요. 그러니 바울이 무얼 자랑하겠습니까?

나를 통해 일하시는 하나님

17-19절입니다.

> 17그러므로 내가 그리스도 예수 안에서 하나님의 일에 대하여 자랑하는 것이 있거니와 18그리스도께서 이방인들을 순종하게 하기 위하여 나를 통하여 역사하신 것 외에는 내가 감히 말하지 아니하노라. 그 일은 말과 행위로 19표적과 기사의 능력으로 성령의 능력으로 이루어졌으며 그리하여 내가 예루살렘으로부터 두루 행하여 일루리곤까지 그리스도의 복음을 편만하게 전하였노라(롬 15:17-19).

바울은 "내가 그리스도 예수 안에서 하나님의 일에 대하여 자랑하는 것이 있다"라고 말합니다. 공동번역은 이 부분을 "나는 그리스도 예수와 한 몸이 되어 하느님을 위하여 일하는 것을 자랑으로 여깁니다"라고 표현합니다. 그렇습니다. 하찮은 인생을 살고 있던 내가 하나님을 위하여 일할 수 있게 되었다니 그 얼마나 자랑스럽습니까? 예수 믿는 사람들에게는 적어도 이런 자부심과 자긍심이 있어야 합니다.

그다음 말씀이 중요합니다. 바울은 "그리스도께서 이방인들을 순종하게 하기 위하여 나를 통하여 역사하신 것 외에는 내가 감히 말하지 아니 하노라!" 이게 무슨 뜻입니까? 역시 공동번역 성경이 가장 잘 풀이하고 있습니다. "이방인들을 하느님께 복종시키신 분은 그리스도이시고 나는 다만 그분의 일꾼 노릇을 했을 따름이라는 것을 강조하고 싶습니다."

누가 그 일을 했습니까? 그리스도께서 하셨습니다. 그렇다면 바울은 무얼 했습니까? 그리스도의 일꾼 노릇을 했을 뿐입니다.

주의 일을 감당하는 사역자를 두 가지 유형으로 나눌 수 있습니다. 똑같은 주의 일을 하는데, 어떤 사람은 주님을 위해 자신이 일합니다. 그러나 어떤 사람은 주님이 그 사람을 통해서 일하십니다. 무엇이 다릅니까?

예수님을 만나기 전의 바울은 전자의 유형이었습니다. 하나님을 위해서 열심히 일했습니다. 그러나 그 열심히 함은 결과적으로 하나님을 대적하는 일이 되었습니다. 예수님을 만나고 난 후에 바울은 후자의 유형으로 바뀌었습니다. 똑같이 열심히 일하지만 주체가 달라졌습니다. 주님이 주체가 되셨습니다. 바울은 주님이 하시는 일에 뛰어든 것입니다. 내가 열심히 일하면 쉽게 탈진합니다. 그러나 주님이 나를 통해 일하시면 결코 탈진하는 법이 없습니다.

바울은 주님께서 자신을 통해서 어떻게 역사했는지 이야기합니다. "그 일은 말과 행위로, 표적과 기사의 능력으로, 또한 성령의 능력으로 이루어졌다." 그를 통해 주님이 말씀하셨고, 또한 그를 통해 주님이 표적과 기사를 나타내셨습니다. 그를 통해 주님은 성령의 능력을 드러내셨습니다.

그러면서 "예루살렘으로부터 일루리곤까지 두루 행했다"라고 말합니다. '일리리쿰Illyricum'은 마케도니아의 북서쪽, 지금의 알바니아(본인들은 일리리쿰의 후예라 자처함), 몬테네그로, 보스니아, 크로아티아, 슬로베니아에 해당되는 지역입니다. 바울이 일루리곤을 방문한 기록은 성경 다른 곳에서는 발견되지 않습니다. 추정하기로는 로마서를 기록한 것이 바울의 세 번째 선교여행 때의 일이었으니까, 아마도 이때에 '일루리곤'까지 여행하지 않았을까 싶습니다(행 20:2).

어쨌든 그 흔적을 따라가 보면 얼마나 긴 여행이었는지 알 수 있습니다. 열흘 남짓의 성지순례도 우리에게는 쉽지 않은데, 그와 같은 바울의 선교여행은 감히 상상할 수도 없는 일입니다. 얼마나 피곤하고 힘든 여정이었을까요? 바울은 그 일을 넉넉히 감당했습니다. 그를 통해서 하나님이 일하셨던 것입니다. 이것은 결코 자기 자랑이 아닙니다. 하나님 자랑이요, 하나님의 일하심에 대한 자랑입니다.

바울의 선교 원칙

20-21절입니다.

> 20또 내가 그리스도의 이름을 부르는 곳에는 복음을 전하지 않기를 힘썼노니 이는 남의 터 위에 건축하지 아니하려 함이라. 21기록된 바 주의 소식을 받지 못한 자들이 볼 것이요 듣지 못한 자들이 깨달으리라 함과 같으니라(롬 15:20-21).

여기에서 바울은 복음을 전할 때 일관되게 유지해왔던 원칙이 있었음을 밝힙니다. 그것은 "그리스도의 이름을 부르는 곳에는 복음을 전하지 않는 것"입니다. 다시 말해서 그리스도의 이름이 알려지지 않은 곳에 가서 복음을 전하는 것입니다. 바울은 이를 "남의 터 위에 건축하지 않는 것"이라고 덧붙여서 설명합니다. 그러면서 이사야 52장 15절 말씀을 인용합니다. 그러니까 이 원칙이 성경에 기초하고 있다는 설명입니다.

이 원칙을 문자적으로 이해하면 안 됩니다. 왜냐하면 바울이 그토록 가고 싶어 하는 로마에 이미 교회가 세워져 있기 때문입니다. 그렇다면 다른 사람이 복음을 전해 놓은 곳에는 가지 않겠다는 바울의 말은 식언食言이 되고 맙니다. 여기에서 바울의 말하려고 하는 것이 무엇일까요? 그것은 복음을 주도권 쟁탈을 하는 수단으로 삼지 않겠다는 말입니다.

이 말씀 속에서 우리는, 전도라는 미명 아래 아무런 양심의 거리낌도 없이 교인 쟁탈전을 벌이고 있는 한국교회에 대한 경고의 메시지를 읽게 됩니다. 수단과 방법을 가리지 않고 어떻게든 교인 수를 부풀려놓기만 하면 된다고 생각하는 이유가 무엇일까요? 복음을 자신의 성공이나 교회의 부흥을 위한 수단으로 삼기 때문입니다. 복음은 우리의 욕심을 달성하기 위한 수단이 아닙니다. 복음은 우리가 이 땅에 존재하는 목적입니다.

바울의 자랑을 한 마디로 "하나님이 일하셨습니다!"라고 요약할 수 있을 것입니다. 바울이 참 수고를 많이 했지만, 그것은 바울이 한 일이 아닙니다. 그를 통해서 하나님께서 일하셨습니다. 바울이 온갖 고난과 박해를 견디어왔지만, 그것은 바울이 견뎌낸 일이 아닙니다. 그를 통해서 하나님께서 인내하셨습니다.

지금도 하나님은 당신이 하고 계시는 일에 믿음으로 뛰어드는 사람들을 찾고 계십니다. 마치 "내가 누구를 보내며 누가 우리를 위하여 갈까?"라는 하나님의 독백을 듣고 "내가 여기 있나이다. 나를 보내소서" 자원하여 나섰던 이사야처럼, 우리 중에 그런 사람들이 등장하기를 하나님은 기다리고 계십니다.

우리 모두 하나님의 일하심 속으로 뛰어듭시다. 하나님께서 우리를 통해서 마음껏 일하실 수 있도록 우리의 삶을 내어드립시다. 그러면 우리의 인생 마지막 순간에 우리도 "하나님이 일하셨습니다!"라고 담대하게 고백할 수 있을 것입니다.

묵상 질문: 하나님을 위해 내가 일합니까, 아니면 하나님이 나를 통해 일하십니까?

오늘의 기도: 하나님의 일하심 속으로 뛰어들 수 있는 믿음의 용기를 주옵소서. 주님이 나를 통해 마음껏 일하시도록 내 삶을 온전히 내어드릴 수 있게 하옵소서. 그리하여 인생의 마지막 순간에 "하나님이 일하셨습니다!"라고 고백할 수 있게 하옵소서. 예수님의 이름으로 기도합니다. 아멘.

로마서 묵상 38

바울의 기도 요청

읽을 말씀: 로마서 15:22-33

새길 말씀: 그러나 이제는 내가 성도를 섬기는 일로 예루살렘에 가노니 이는 마게
도냐와 아가야 사람들이 예루살렘 성도 중 가난한 자들을 위하여 기쁘
게 얼마를 연보하였음이라. 저희가 기뻐서 하였거니와 또한 저희는 그
들에게 빚진 자니 만일 이방인들이 그들의 영적인 것을 나눠 가졌으면
육적인 것으로 그들을 섬기는 것이 마땅하니라(롬 15:25-27).

앞 장에서 우리는 바울의 신앙 간증에 대해서 살펴보았습니다. 바울
의 간증을 한마디로 말하면 '하나님 자랑'이었습니다. 하나님께서 자신을
통해서 어떻게 일하셨는지를 드러내어 자랑하는 것입니다. 이것이 진정
한 '간증干證'입니다.

지금까지 '간증 집회'라는 형식을 통해서 들어온 이야기 중에는 '하나
님 자랑'보다 '자기 자랑'에 치우친 것이 훨씬 더 많이 있었습니다. 심지어
자신의 화려했던 과거의 전과를 마치 무슨 큰 훈장이라도 되는 듯이 자세

히 떠벌리는 사람들도 있었습니다. 아무리 그 모든 죄를 용서받아 새사람이 되었다고 하지만, 죄는 죄입니다. 여전히 부끄러운 일입니다. 우리의 간증은 '하나님의 일하심'에 집중되어야 합니다. "하나님이 일하셨습니다!" 그것으로 충분합니다.

이제 바울은 로마서를 마무리하면서 자신의 로마 방문 계획에 대해서 밝히고, 그에 앞서서 예루살렘 교회 성도들에게 연보를 전달하러 가는 일에 대해 기도를 부탁합니다. 오늘 우리가 묵상할 말씀의 내용입니다.

바울의 로마 방문 계획

22절입니다.

> 그러므로 또한 내가 너희에게 가려하던 것이 여러 번 막혔더니…(롬 15:22).

먼저 바울은 로마교회를 방문하려던 시도가 "여러 번 막혔다"는 사실을 감추지 않고 이야기합니다. '여러 번'이라는 말로 미루어보아 이러한 시도가 최근에 시작된 것은 아닌 듯싶습니다. 적어도 2차 선교여행 때부터 바울은 로마 방문 계획이 있었던 것으로 보입니다. 그러나 번번이 실패하고 말았던 것이지요.

어떤 일이든 자신의 계획대로 이루어지지 않을 때 사람들은 그것을 '실망'으로 받아들입니다. 그러나 바울은 그것을 '성령의 인도하심'으로 받아들였습니다. 2차 선교여행을 시작할 때만 해도 바울이 가려고 했던 '땅끝'은 아시아 지방이었습니다. 그런데 그 길이 막혔었습니다. 사도행전 16장에 그 당시 상황이 잘 기록되어 있습니다.

> 6성령이 아시아에서 말씀을 전하지 못하게 하시거늘 그들이 브루기아와 갈라디

아 땅으로 다녀가 7무시아 앞에 이르러 비두니아로 가고자 애쓰되 예수의 영이 허락하지 아니하는지라(행 16:6-7).

아시아에서 말씀을 전하지 못하게 하신 분도 '성령'이시고, 비두니아로 가는 길을 막으신 분도 '예수의 영', 즉 '성령'이었습니다. 지금 바울은 예수 그리스도의 복음을 전하기 위해서 선교여행을 하는 중입니다. 그렇다면 '성령님'께서 그 일을 도와주셔야 하는 것이 맞지 않습니까? 그런데 왜 그 길을 자꾸 막으시는 것일까요?

왜냐하면 바울이 '복음'을 전하려고 하기 때문입니다. 만일 다른 이유로 여행하고 있다면 성령님이 굳이 간섭하실 이유가 없었을 것입니다. 그러나 복음을 전하기 위한 여행이라면 이야기가 달라집니다. 복음이 가장 먼저 시급하게 전달되어야 할 곳이 있었던 것입니다. 그곳으로 가게 하려면 바울의 본래 계획이 수정되어야 했습니다.

8무시아를 지나 드로아로 내려갔는데 9밤에 환상이 바울에게 보이니 마게도냐 사람 하나가 서서 그에게 청하여 이르되 마게도냐로 건너와서 우리를 도우라 하거늘 10바울이 그 환상을 보았을 때 우리가 곧 마게도냐로 떠나기를 힘쓰니 이는 하나님이 저 사람들에게 복음을 전하라고 우리를 부르신 줄로 인정함이러라(행 16:8-10).

성령님이 바울을 인도하시려고 하는 곳은 '유럽'이었습니다. 마게도니아 사람의 환상을 보여주시고 그곳으로 건너가게 하셨던 것입니다. 그렇게 해서 빌립보와 데살로니가와 베뢰아와 아덴을 거쳐서 바울은 고린도까지 가게 되었던 것입니다. 아마도 이 여행하는 동안 바울은 하나님의 인도하심이 로마를 향하고 있다는 사실을 직감했을 것입니다. 그리고 그때부터 로마 방문의 꿈을 꾸게 되었을 것입니다.

바울은 고린도에서 1년 6개월을 머물게 되었는데, 아마도 이때 로마 방문을 처음으로 시도했을 것으로 보입니다. 왜냐하면 뱃길로 가장 가까운 곳이었기 때문입니다. 그러나 당시에는 클라우디우스 황제가 유대인을 로마에서 추방한 직후였기 때문에 그 시도가 성사되지 못했습니다(행 18:2). 그래서 바울은 에베소를 거쳐서 다시 안디옥으로 되돌아갈 수밖에 없었습니다.

얼마 후에 다시 시작된 3차 선교여행에서 바울의 최종목적지는 분명히 로마였습니다. 에베소에서 2년 이상 체류한 후에 바울은 또다시 마케도니아를 거쳐서 이곳 고린도까지 오게 되었습니다. 그러나 이번에는 또 다른 이유로 성사되지 못했습니다. 그 이유에 대해서 바울은 조금 후에 자세히 설명합니다.

어쨌든 이렇게 여러 번 길이 막히면서도 로마 방문을 포기하지 않았던 이유가 무엇일까요? 그 이유는 바로 '스페인 선교'였습니다.

> 23이제는 이 지방에 일할 곳이 없고 또 여러 해 전부터 언제든지 서바나로 갈 때에 너희에게 가기를 바라고 있었으니 24이는 지나가는 길에 너희를 보고 먼저 너희와 사귐으로 얼마간 기쁨을 가진 후에 너희가 그리로 보내주기를 바람이라(롬 15:23-24).

'서바나'는 오늘날 '스페인'을 가리킵니다. 스페인으로 가기 전에 먼저 로마교회를 방문하여 그들과 함께 교제를 나눈 후에, 그들의 후원을 얻어 스페인으로 가려는 것이 바울의 계획이었던 것입니다. 여기에서 우리는 바울의 시선이 언제나 땅끝을 향하고 있다는 사실을 또다시 확인할 수 있습니다.

그런데 "너희가 그리로 보내주기를 바란다"라고 하면서 당당히 후원을 요청하는 바울의 모습이 매우 인상적입니다. 로마교회 성도들은 이와 같은 바울의 요구에 상당한 부담감과 거부감을 느꼈을지도 모릅니다. 바울이 그것을 모를 리 없습니다. 그렇지만 떳떳하게 요청할 수 있었던 것은, 자신의 개인적인 유익이나 욕망을 성취하기 위한 것이 아니었기 때문입니다.

바울의 요구는 철저히 하나님을 위한 것이었고, 또한 궁극적으로는 로마교회 성도들을 위한 것이었습니다. 만일 그들의 헌금을 통해서 다른 지역에 복음이 전해질 수 있다면, 그것은 오히려 로마교회 성도들을 향한 하나님의 축복이 아닐 수 없습니다. 그러니 선교 후원을 요청하는 일에 주저할 필요가 없는 것이지요.

어쨌든 이번에도 바울의 로마 방문 계획은 무산되고 말았습니다. 더 중요한 미션이 바울에게 있었기 때문입니다.

예루살렘 교회를 위한 연보

그것은 예루살렘 교회에 연보를 전달하는 일이었습니다.

> 25그러나 이제는 내가 성도를 섬기는 일로 예루살렘에 가노니 26이는 마게도냐와 아가야 사람들이 예루살렘 성도 중 가난한 자들을 위하여 기쁘게 얼마를 연보하였음이라. 27저희가 기뻐서 하였거니와 또한 저희는 그들에게 빚진 자니 만일 이방인들이 그들의 영적인 것을 나눠 가졌으면 육적인 것으로 그들을 섬기는 것이 마땅하니라(롬 15:25-27).

바울의 마음에는 로마교회를 거쳐서 스페인으로 선교여행을 하려는 계획으로 가득 차 있었습니다. "그러나 이제는" 예루살렘으로 간다고 합니다. 땅끝으로 복음을 전하는 일이 물론 중요합니다. 그러나 그보다 앞서서 해야 할 일도 있는 것입니다. 그것은 예루살렘교회 성도들을 섬기는 일이었습니다.

당시에 팔레스타인에 기근이 심해서 경제적으로 매우 궁핍한 상황이었습니다. 예루살렘교회는 상당수의 성도가 신앙에 대한 박해를 피해서 빠져나간 상태였습니다. 남아있는 성도들은 대부분 도움이 필요한 사람들이었습니다. 에베소에 머물고 있을 때 그 소식을 접하게 된 바울은, 이방인교회 성도들에게 예루살렘교회를 돕는 연보를 요청하게 됩니다(고전 16:1-2). '연보捐補'란 오늘날의 '구제헌금'과 같습니다.

바울은 모교회인 예루살렘교회를 돕는 일에 이방인교회들이 십시일반 함께 나서게 된 것을 매우 중요한 사건으로 여기고 있습니다. 그것은 단지 어려운 성도들을 구제하는 것 이상의 의미가 있기 때문입니다. 그것은 이방인교회가 지고 있는 '복음의 빚'을 갚는 일이요, 유대인 중심의 교회와 이방인 중심의 교회들이 하나가 되는 역사적인 사건이었습니다.

땅끝 선교도 중요하지만 그보다는 하나 됨이 먼저입니다. 하나가 되려면 상대방의 필요를 채워주는 섬김이 있어야 합니다. 그렇게 먼저 하나 되지 않으면 땅끝으로 나아갈 수도 없을 뿐더러, 억지로 나아간다고 하더라도 교회는 더욱 큰 분열의 아픔을 겪게 되어있습니다. 그것은 결코 하나님이 원하시는 일이 아닙니다. 그래서 바울은 로마행을 유보하고 '그러나 이제는' 예루살렘으로 가기로 한 것입니다.

여기에서 '저희는 그들에게 빚진 자'라는 말을 곱씹어서 생각해 볼 필요가 있습니다. '저희'는 마케도니아와 아가야에 있는 이방인교회 성도들을 가리킵니다. '그들'은 예루살렘교회 성도들을 가리킵니다. 그런데 정말 이방인교회 성도들이 예루살렘교회 성도들에게 빚을 진 것일까요?

만일 그들이 빚을 진 사람이 있다면, 그 사람은 그들에게 직접 복음을 전해준 '바울'일 것입니다. 만일 그들이 빚을 진 교회가 있다면, 그 교회는 바울을 선교사로 파송한 '안디옥교회'일 것입니다. 빚을 갚으려고 한다면 바울에게 갚거나 안디옥교회에 갚는 것이 맞습니다. 그런데도 바울은 이방인교회들이 예루살렘교회에 빚진 자라고 말하고 있는 것입니다. 어떻게 그럴 수 있을까요?

왜냐하면 예루살렘교회는 예수 그리스도의 복음으로 세워진 최초의 교회이기 때문입니다. 그 이후에 세워진 교회들은 모두 예루살렘교회로부터 나왔습니다. 예루살렘교회가 복음을 전하지 않았더라면 안디옥교회도 없었을 것이고, 안디옥교회가 바울을 선교사로 파송하지도 않았을 것입니다. 그러니 영적으로 큰 빚을 지고 있는 것이지요. 그 빚을 어려움을 당하고 있는 모교회 성도들을 위한 연보로 갚으려고 하는 것입니다.

이 얼마나 아름다운 모습입니까? 구제헌금을 없애고 모두 해외선교비로 지출하는 것을 큰 자랑으로 여기는 교회들은 이 대목을 깊게 묵상해 보아야 할 것입니다. 선교가 중요한 일임에 틀림없지만, 그보다 섬김과 하나 됨이 우선입니다.

> 28그러므로 내가 이 일을 마치고 이 열매를 그들에게 확증한 후에 너희에게 들렀다가 서바나로 가리라. 29내가 너희에게 나아갈 때에 그리스도의 충만한 복을 가지고 갈 줄을 아노라(롬 15:28-29).

여기에서 '확증하다'에 해당되는 헬라어 '스프라기조σφραγιζω, sphragizó' 동사는, 본래 '봉인하다to seal'라는 뜻입니다. 소유권을 이전할 때에 그것을 증명하는 도장을 찍는 행위를 의미합니다. 무엇보다도 이 구제헌금을 제안한 사람이 바울이고, 이 헌금의 의미를 예루살렘교회 성도들에게 가장 잘 설명할 수 있는 사람도 바울입니다. "뭐니 뭐니 해도 머니가 문제"라고 교회 안에서도 재정의 사용에 있어서 깨끗하지 못하면 오히려 큰 시험거리가 됩니다. 그러니 바울이 이 일에 책임을 지는 것이 마땅합니다.

이 책임을 감당하기 위해서 바울은 로마 방문 계획을 뒤로 미루었던 것입니다. 그러나 그 꿈을 포기한 것은 아닙니다. 바울은 "내가 너희에게 나아갈 때 그리스도의 충만한 복을 가지고 갈 줄을 안다"라고 말합니다. 바울이 가져갈 '그리스도의 충만한 복'이 무엇일까요?

메시지 성경은 이 부분을 "나의 방문이 그리스도께서 여러분에게 주시는 넘치는 복 가운데 하나가 되었으면 좋겠습니다"(My hope is that my visit with you is going to be one of Christ's more extravagant blessings)로 풀이합니다.

바울의 방문이 복입니다. 바울을 통해서 직접 듣게 될 예수 그리스도의 복음이 복입니다. 바울 자신이 그리스도의 충만한 복입니다. 하나님은 아브라함을 부르실 때 "너는 복이 될지라"(창 12:2)라고 말씀하셨습니다. 아브라함이 복입니다. 우리도 마찬가지입니다. 구원받은 하나님의 자녀들은 그 자체로 복 덩어리가 되는 것입니다.

세 가지 기도 요청

마지막으로 바울은 로마교회 성도들에게 세 가지의 기도를 요청합니다.

> 30형제들아 내가 우리 주 예수 그리스도와 성령의 사랑으로 말미암아 너희를 권하노니 너희 기도에 나와 힘을 같이하여 나를 위하여 하나님께 빌어 31나로 유대에서 순종하지 아니하는 자들로부터 건짐을 받게 하고 또 예루살렘에 대하여 내가 섬기는 일을 성도들이 받을 만하게 하고 32나로 하나님의 뜻을 따라 기쁨으로 너희에게 나아가 너희와 함께 편히 쉬게 하라(롬 15:30-32).

첫 번째 기도 요청은 "유대에서 순종하지 아니하는 자들로부터 건짐을 받는 것"입니다. 무엇에 순종하지 않는다는 것일까요? 예수 그리스도의 복음에 순종하지 않는 자들입니다. 이들은 그리스도인을 박해하는 유대인들을 말합니다. 복음에 순종하지 않으면 복음을 거부하고 박해하는 자리에 서게 됩니다.

그런데 이러한 기도요청을 통해서 우리는 바울이 장차 당하게 될 박해와 고난에 대해서 어느 정도 예상에 있었다는 사실을 알게 됩니다. 실제로 바울이 로마서를 쓰고 난 후에 고린도를 떠나서 예루살렘을 향하던 중에 밀레도에 도착했을 때, 에베소교회 장로들에게 다음과 같이 말했습니다.

> 22보라 이제 나는 성령에 매여 예루살렘으로 가는데 거기서 무슨 일을 당할는지 알지 못하노라. 23오직 성령이 각 성에서 내게 증언하여 24내가 달려갈 길과 주 예수께 받은 사명 곧 하나님의 은혜의 복음을 증언하는 일을 마치려 함에는 나의 생명조차 조금도 귀한 것으로 여기지 아니하노라(행20:22-24).

바울은 성령님을 통해서 예루살렘에서 당할 결박과 환난을 미리 알고 있었습니다. 그렇지만 자신이 감당해야 할 사명을 위해서 생명도 아끼지 않았던 것입니다. 만일 우리가 바울의 입장이었다면 어떻게 했을까요? '땅끝 선교'를 핑계로 고린도에서부터 로마 방문을 강행하지 않았을까요? 바울이 만일 그랬다면 기독교의 역사가 완전히 달라졌을 것입니다.

바울은 로마교회 성도들에게 기도를 부탁하고 예루살렘으로 갔습니다. 그리고 실제로 결박과 환난을 당합니다. 그러나 바울은 로마 군인들의 호위를 받으며 마침내 로마로 직행합니다. 물론 죄수의 신분이었지만 말입니다. 바로 이것이 하나님께서 일하시는 방식입니다. 하나님은 모든 것이 합력하여 선을 이루게 하십니다.

두 번째 기도 요청은 **"자신이 섬기는 일이 예루살렘교회 성도들이 받을 만하게 되는 것"**이었습니다. 이방인교회 성도들의 연보가 예루살렘교회 성도들에게 기쁨이 될지, 아니면 다른 문제를 만들어낼지에 대해서 바울은 염려하고 있었던 것입니다.

로마서 14장에서 "너희의 선한 것이 비방을 받지 않게 하라"(롬 14:16)고 말했습니다. 선한 의도가 비방거리로 되돌아오는 경우가 많다는 것을 바울은 잘 알고 있었습니다. 그래서 그 문제를 놓고 로마교회 성도들에게 기도를 요청하고 있는 것입니다.

나누려고 하는 물질이 시험거리가 되지 않도록 우리는 기도해야 합니다. 주는 쪽에서도 받는 사람을 속박하는 사슬이 되지 않도록 주의해야 하고, 받는 쪽에서도 주는 사람들의 선한 동기를 있는 그대로 인정하고 '사랑의 빚'으로 감사하게 받아야 합니다. 그럴 때에 나눔이 하나님의 은혜가 되고, 하나 됨의 열매로 나타나게 되는 것입니다. 그러니 하나님의 지혜를 구하지 않을 수 없는 것입니다.

실제로는 어떻게 되었을까요? 이방인교회의 연보가 예루살렘교회 성도들에게 전달된 이 일은 기독교 역사에 있어서 매우 중요한 상징적인 의미를 갖는 역사적인 사건으로 남게 되었습니다.

세 번째 기도 요청은 "기쁨으로 너희에게 나아가 함께 편히 쉬는 것"이었습니다. 즉 로마 방문 계획이 성사되기를 위해서 기도를 요청하고 있는 것입니다. 그런데 '함께 편히 쉬다'고 해서 바울이 육체적인 편안함을 기대하고 있는 것은 아닙니다. 우리말 '편히 쉬다'는 헬라어 '수나나파오마이συναναπαύομαι, sunanapauomai'를 번역한 것인데, 이는 영어 'refresh'에 해당되는 말입니다. 그러니까 다시 회복되어 생기를 되찾게 되는 것을 말합니다.

실제로 바울은 죄수의 몸으로 로마에 도착했습니다. 로마에 오기 전부터 오랫동안 옥에 갇혀서 생활했습니다. 로마로 오는 동안 유라굴로라는 광풍을 만나 죽을 뻔했던 고비를 넘기기도 했습니다. 그러나 바울은 로마교회 성도들로 인해서 새로운 힘과 용기를 얻었습니다.

바울이 로마에 도착했을 때 로마교회 성도들은 "압비오 광장과 트레이스 타베르네까지" 마중을 나왔다고 합니다(행 28:15). 압비오 광장은 로마에서부터 약 70km 지점에 있었고, '세 여관'이라는 뜻의 '트레이스 타베르네'는 로마에서부터 약 50km 지점에 있었습니다. 그곳까지 로마교회 형제들이 와서 바울을 기다리고 있었던 것입니다! 그들과의 만남이 바울에게 얼마나 큰 용기와 힘이 되었을까요.

이처럼 바울이 요청한 기도는 모두 응답되었습니다. 하나님의 일하심을 신뢰하며 순종하여 따르는 자들의 기도에 하나님은 언제나 더 좋은 것으로 채워주십니다. 그리하여 우리가 더욱더 하나님의 일하심에 집중하며 살아갈 수 있게 해 주시는 것입니다.

오늘도 우리의 모든 문제를 하나님께 아뢰고 나서, 우리 앞에 놓인 믿음의 길을 계속해서 걸어가십시다. 하나님이 우리를 통해서 일하실 것입니다.

묵상 질문: 복음의 빚을 갚기 위해 나는 어떤 일을 하고 있습니까?

오늘의 기도: 나에게 복음을 전해 준 사람들을 위해 기도하기를 쉬지 않게 하옵소서. 그들의 필요를 채우는 일과 사랑을 나누는 일에 게으르지 않게 하옵소서. 복음의 빚진 자로서 마땅히 해야 할 섬김의 일을 잘 감당하게 하옵소서. 예수님의 이름으로 기도합니다. 아멘.

바울의 동역자들

읽을 말씀: 로마서 16:1-16

새길 말씀: 너희는 그리스도 예수 안에서 나의 동역자들인 브리스가와 아굴라에게
　　　　　 문안하라. 그들은 내 목숨을 위하여 자기들의 목까지도 내놓았나니 나
　　　　　 뿐 아니라 이방인의 모든 교회도 그들에게 감사하느니라. 또 저의 집에
　　　　　 있는 교회에도 문안하라(롬 16:3-5a)

　　앞에서 말한 것처럼 로마서의 본론적인 내용은 15장으로 일단락되었
습니다. 그것은 15장을 마무리하는 다음과 같은 인사말을 통해서 알 수
있습니다.

　　평강의 하나님께서 너희 모든 사람과 함께 계실지어다. 아멘(롬 15:33).

　　사실 이것으로 편지를 끝낸다고 하더라도 어색하지 않습니다. 그러
나 이와 같은 인사말은 전혀 바울답지 않다는 것이 문제입니다. 베드로

와 요한의 경우에는 '평강'을 비는 것으로 편지를 마무리하기도 합니다만(벧전 5:14, 요삼 1:15), 바울 서신은 언제나 '은혜와 평강'을 비는 것으로 시작하여(살전 1:1), '은혜'를 비는 것으로 편지를 끝냅니다(살전 5:28). 단 한 번의 예외도 없는 것으로 보아, 여기에는 바울의 분명한 의도가 담겨있음을 알게 됩니다.

이와 같은 형식에 비추어 본다면 로마서의 경우에도 시작과 끝이 분명합니다. '은혜와 평강'을 비는 것으로 시작하였고(롬 1:7), '은혜'를 비는 것으로 마쳐야합니다(롬 16:20). 그렇다면 15장을 마무리하는 이 인사말은 무슨 의미가 있는 것일까요?

우선 이 대목에서 편지쓰기가 한동안 중단되었다는 추정이 가능합니다. 편지를 진짜 마무리하기 전에 한동안의 시간이 필요했던 것이지요. 무엇을 위한 시간이었을까요? 16장을 쓰기 위한 시간이었습니다. 16장에는 로마교회의 성도의 이름이 길게 나열되어 있습니다. 가능한 한 많은 이름을 수집하기 위해서 그만큼의 시간이 필요했던 것이지요.

바울은 아직 로마를 방문한 적이 없습니다. 로마교회 성도들을 개인적으로 잘 알지 못합니다. 그렇지만 그렇게 많은 성도의 이름을 기록할 수 있었던 것은 이런저런 관계들을 통해서 수집하는 노력을 기울였기 때문에 가능한 일이었습니다.

그런데 바울은 왜 로마교회 성도들의 이름을 가능한 한 길게 나열하고 싶었던 것일까요? 무엇보다도 그들 한 사람 한 사람에 대한 바울의 관심을 표현하고 싶었을 것입니다. 그중에는 전부터 개인적으로 알고 있는 사람들도 더러 있었지만, 그렇지 않다하더라도 바울이 자신의 이름을 언급한다는 사실만으로도 그들에게는 큰 격려가 될 것이기 때문입니다.

제가 우리 교회에 부임하기 전에 교회 요람을 보내달라고 청빙위원회에 공식적으로 요청했었습니다. 성도님들의 이름에 먼저 익숙해질 필요가 있다고 생각했기 때문입니다. 그때의 자료에는 교우 사진첩도 없었고 가족관계를 설명하는 내용도 실리지 않았습니다. 그래서 나름대로 분석하면서 관계를 추측해야 했습니다. 그러면서 어떤 모습일까 상상하면서 정말 열심히 성도님들의 이름을 외웠습니다. 그런 노력이 우리 교회에 정착하는 데 큰 도움이 되었습니다.

사실 이것은 목회자라면 당연히 가져야 할 관심입니다. 바울에게도 그와 같은 목회적인 관심이 있었던 것입니다. 로마서 16장에 기록된 이름들 중에 과거부터 인연을 맺어오고 있었던 바울의 동역자는 그다지 많지 않았습니다. 그러나 나머지 사람들도 로마교회에 보낸 바울의 편지를 읽고 난 후에 모두 바울의 동역자가 되었습니다. 자신들의 이름이 편지 속에 기록되어 있었기 때문입니다.

선한 목자는 "자기 양의 이름을 각각 불러 인도하여 낸다"(요 10:3)라고 주님이 말씀하셨습니다. 이름을 안다는 것은 그만큼 중요한 일입니다. 특히 목회자들에게는 더더욱 그렇습니다. 오늘은 바울이 로마서 16장에 기록하고 있는 로마교회 성도들의 면면에 대해서 가능한 대로 살펴보겠습니다.

메신저 뵈뵈 집사

1-2절입니다.

1내가 겐그레아 교회의 일꾼으로 있는 우리 자매 뵈뵈를 너희에게 추천하노니 2 너희는 주 안에서 성도들의 합당한 예절로 그를 영접하고 무엇이든지 그에게 소용되는 바를 도와줄지니 이는 그가 여러 사람과 나의 보호자가 되었음이라(롬 16:1-2).

'뵈뵈Phebe'는 이 로마서를 직접 가지고 가서 로마교회에 전달한 메신

저였습니다. 바울은 뵈뵈를 겐그레아 교회의 일꾼으로 소개하면서 '넉넉한 환대'로 맞아줄 것을 부탁했습니다. 겐그레아Cenchrea는 고린도의 동쪽에 위치한 항구의 이름입니다. 아마도 고린도교회가 확장되면서 만들어진 지교회로 보입니다. 뵈뵈는 그 교회의 '일꾼'이었다고 합니다.

여기에서 '일꾼'으로 번역된 '디아코논διάκονον, diakonon'은 '여성 집사a deaconess'를 의미합니다. 여성 집사직분에 대한 설명은 있었지만(딤전 3:11), 실제로 언급된 사람은 '뵈뵈'가 처음입니다. 바울 당시 유대인 남자들은 아침마다 여자로 태어나지 않은 것을 감사하며 기도했다고 하는데, 그런 시대에 바울이 여성 집사를 로마서를 전달할 메신저로 세웠다는 것은 아주 놀라운 일입니다. 그만큼 뵈뵈에 대한 바울의 신뢰가 있었다는 이야기입니다.

바울은 뵈뵈에 대해서 '여러 사람과 나의 보호자'라는 설명을 덧붙이고 있습니다. 여기에서 '보호자'로 번역된 '프로스타티스προστάτις, prostatis' 역시 '여성 후견인a female guardian'을 의미합니다. 일반적으로 '후견인後見人'이란 부모가 없는 아동을 돌보는 역할을 하는 사람을 말하는데, 아마도 뵈뵈는 배우자가 없었던 바울이나 그 외의 다른 사역자들에게 필요한 여러 가지 생활의 편의를 제공해주는 역할을 감당했던 것으로 보입니다.

어쨌든 뵈뵈는 로마서를 로마교회에 전달하는 중요한 일을 잘 수행했습니다. 그리고 그 후에는 바울이 로마에 올 때까지 로마교회 성도들과 함께 지내면서 신앙 생활 했던 것으로 알려지고 있습니다. 따라서 바울이 로마에서 옥중생활을 하는 동안에도 뵈뵈는 바울의 '보호자' 역할을 했을 것이 분명합니다. 그런 의미에서 뵈뵈는 바울이 가장 먼저 언급해야 할 중요한 동역자였습니다.

브리스가와 아굴라 부부

이제 바울은 로마교회 성도들을 이야기하기 시작하는데, 가장 먼저 언급된 사람들은 아굴라 부부였습니다.

> 3너희는 그리스도 예수 안에서 나의 동역자들인 브리스가와 아굴라에게 문안하라. 4그들은 내 목숨을 위하여 자기들의 목까지도 내놓았나니 나뿐 아니라 이방인의 모든 교회도 그들에게 감사하느니라. 5또 저의 집에 있는 교회에도 문안하라…(롬 16:3-5a).

바울이 아굴라 부부를 처음 만났던 곳이 바로 고린도였습니다(행 18:1-3). '아굴라Aquila'는 소아시아의 본도Pontus 출신의 유대인입니다. 어떤 이유에서인지 로마에 가서 살았습니다. 학자들은 아굴라가 아마도 노예 신분이었을 것으로 추측합니다. 그의 아내 '브리스길라Priscilla' 또는 '브리스가'는 로마인으로서, 명문 가문 출신입니다. 아굴라가 브리스가 집안의 노예로 있었는데, 나중에 주인에 의해서 자유인이 되었고 그 집안의 브리스길라와 결혼하게 되었다는 것이지요.

신약성경에 이들 부부 이름이 모두 7번 언급되는데, 그중에 다섯 번은 '브리스가'를 먼저 언급합니다. 당시 사회에서 부부의 이름 중에 아내의 이름을 먼저 언급하는 것은 아주 이례적인 일인데, 이는 아마도 브리스가와 아굴라의 출신 신분 차이 때문이 아닐까 싶습니다. 어쨌든 이들 부부는 로마에서 살고 있었는데, 클라우디우스 황제 때에 로마에 살던 유대인에게 추방령이 내려지자, 그곳을 떠나서 여기 고린도에 내려와서 살게 되었던 것입니다.

유대인에 대한 추방령은 주후 49년에 내려졌습니다. 당시 로마에 거주하던 유대인들 사이에서 이루어지고 있던 선교활동에 대해서 일부 유대인들의 강력하게 반발하면서 그로 인해 분쟁과 혼란이 일어났습니다. 거기에다 로마인 부녀자들이 복음을 받아들인 일로 심기가 불편했던 로마 귀족층 남자들이 적극 행동하여 나섬으로써 마침내 추방령이 내려지게 된 것입니다.

로마인이었던 브리스길라는 추방대상이 아니었는데도 남편을 따라와서 타향살이하게 되었습니다. 이와 같은 아내의 순종으로 미루어보아, 아마도 이들 부부가 로마에서부터 예수 그리스도에 대한 믿음을 받아들였던 것으로 보입니다.

그런데 아굴라 부부가 고린도에 와서 생업으로 삼았던 일은 공교롭게도 천막을 만드는 것이었습니다. 바울 또한 같은 기술을 가지고 있었지요. 그들이 고린도에서 만나게 된 것은 결코 우연이 아니었습니다. 그것은 하나님의 예비하심이었습니다. 바울은 생활비를 벌기 위해서 천막을 만드는 일을 찾았을 것이고, 자연스럽게 거기에서 자리 잡고 있던 아굴라를 만나 그의 집에 함께 살면서 일을 하게 되었습니다.

그것은 바울에게는 아테네 선교의 실패로 인해 의기소침했던 마음을 추스르는 회복의 시간이 되었고, 아굴라 부부에게는 복음의 진수를 배울 수 있는 절호의 기회가 되었습니다. 결국 아굴라 부부는 바울의 동역자로 평생 주께 헌신할 것을 결심합니다. 1년 6개월 동안의 고린도 체류를 마치고 바울이 에베소로 떠날 때 아굴라 부부도 함께 고린도 생활을 청산하고 아예 짐을 싸서 바울을 따라갔습니다(행 18:18-19).

그 후에 아굴라 부부는 클라우디우스 황제가 죽었다는 소식을 듣고 로마로 다시 돌아갔습니다. 거기에서도 그들은 신실하게 하나님을 섬기며 자신의 집을 예배 처소로 개방하며 헌신했습니다. 오늘 본문에서 바울은 그 사실을 밝히고 있습니다. 어쨌든 바울이 로마교회 성도 중에 가장 먼저 아굴라 부부를 언급하고 있는 것은, 그들이 바울에게 늘 신실한 동역자였을 뿐만 아니라 현재 로마교회와의 가장 중요한 연결고리가 되고 있기 때문입니다.

만일 아굴라 부부가 로마에서 추방되기 이전부터 로마교회의 구성원이었다면, 바울이 그 많은 로마교회 성도들의 이름을 알고 있었다는 사실이 자연스럽게 설명됩니다. 아굴라 부부와 함께 지내면서 직간접적으로 그들과 교류하였을 것이기 때문입니다. 만일 그렇지 않다고 해도 아굴라 부부가 로마로 돌아간 이후에 바울은 그들을 통해 로마교회 소식을 전해 들었을 것이 분명합니다.

어쨌든 아굴라 부부는 고린도에서 처음 바울을 만난 이후로 늘 바울의 신실한 동반자요 조력자였습니다. 바울이 로마교회를 그렇게 방문하고 싶어 했던 이유도 아굴라 부부가 거기에 있었기 때문입니다. 그리고 앞 장에서 우리가 살펴본 대로, 바울이 죄수의 몸으로 로마에 입성할 때 그 먼 곳까지 마중 나왔던 로마교회 성도 중에 아굴라 부부도 틀림없이 있었을 것입니다.

에배네도와 마리아

5b-6절입니다.

5… 내가 사랑하는 에배네도에게 문안하라. 그는 아시아에서 그리스도께 처음 맺은 열매니라. 6너희를 위하여 많이 수고한 마리아에게 문안하라(롬 16:5b-6).

그다음에 바울은 에배네도Epenetus를 언급하면서, "아시아에서 그리스도께 처음 맺은 열매"라고 소개합니다. 바울이 아시아에서 본격적으로 선교활동을 한 것은 3차 선교여행 때였습니다. 그가 아시아 지방의 수도였던 에베소에 도착했을 때 성령을 받지 못했던 열두 명의 제자를 만나게 됩니다(행 19:1-7). 그들은 바울을 통해서 성령 세례를 받고 방언과 예언을 하게 됩니다. 에배네도는 아마도 그 열두 명 중의 하나가 아니었을까 싶습니다.

어쨌든 바울은 에베소에 체류하는 2년 동안 오직 제자 양육에만 힘썼습니다. 바울에게 훈련받은 제자들이 아시아 여러 지역으로 흩어져 많은 교회를 세웠는데, 요한계시록에 나오는 일곱 교회가 바로 그때 세워진 교회들입니다. 에배네도 역시 그때 중요한 역할을 했을 것으로 보입니다. 바울이 '처음 맺은 열매'(the first-fruits)로 기억하고 있다는 것은 그의 회심이 바울에게 그만큼 아주 인상적이었다는 뜻입니다. 물론 두 번째, 세 번째 열매도 있었을 테지만 말입니다.

그런데 에배네도는 지금 로마에 와있습니다. 어떤 이유로 로마에 가게 되었는지 알 수 없지만, 바울이 2차 선교여행을 마무리하면서 고린도를 떠날 때 함께 에베소로 옮겨와서 그곳에서 지내던 아굴라 부부의 로마 귀환과 어떤 연관성이 있지 않을까 싶습니다. 그러지 않고서 아무런 연고도 없는 로마로 선뜻 가게 되지는 않았을 것입니다. 바울이 아굴라 부부에 바로 이어서 에배네도를 언급하고 있는 것도 그와 같은 짐작을 뒷받침해주고 있습니다. 어쨌든 아굴라 부부와 함께 에배네도가 지금 로마교회에 있다는 사실은 바울에게 큰 힘이 되었을 것입니다.

그다음에 바울은 '마리아Mary'를 언급합니다. 당시에 '마리아'는 워낙 흔한 이름이었기 때문에 누구를 가리키고 있는지 우리로서는 알 길이 없습니다. 단지 '너희를 위하여 많이 수고한'이라는 설명을 통해서, 우리는 그 '마리아'가 바울과 특별한 관계를 맺고 있던 사람은 아니라는 사실을 알 수 있습니다. 그러나 로마교회 성도들은 그 '마리아'가 누구인지 다 알고 있었을 것입니다. 그 '마리아'는 그들을 위하여 많이 수고한 사람이기 때문입니다.

어느 교회이든지 성도들을 위해서 '많이 수고한' 마리아가 반드시 있게 마련입니다. 마리아는 대개 나이가 지긋한 분입니다. 신앙의 연륜이 있는 분입니다. 특히 마리아는 성도들의 식사를 제공하며 섬기는 일에 헌신하시는 분입니다. 마리아가 해준 밥을 먹어보지 못한 로마교회 성도들은 한 사람도 없습니다. 마리아는 늘 이름도 없이 빛도 없이 겸손하게 그 일을 하시는 분입니다. 우리 교회에도 '마리아'가 여러분 계십니다.

그런데 바울은 로마교회의 '마리아'를 알고 있었던 것입니다! 이것이 로마교회 성도들에게, 특별히 '마리아' 본인에게 얼마나 큰 감동이 되었을까요?

바울의 친척

로마교회 성도들 중에는 바울의 친척들이 있었습니다.

> 내 친척이요 나와 함께 갇혔던 안드로니고와 유니아에게 문안하라. 그들은 사도들에게 존중히 여겨지고 또한 나보다 먼저 그리스도 안에 있는 자라(롬 16:7).

바울은 '안드로니고Andronicus'와 '유니아Junia'를 묶어서 '내 친척'이요 '나와 함께 갇혔던 사람들'이라고 소개합니다. 11절에서도 '내 친척 헤로디온에게 문안하라'고 되어 있습니다. 그뿐만 아니라 고린도에 있는 사람들을 언급하면서 세 사람이나 더 '나의 친척'이라고 소개합니다(롬 16:21). 그 어디에서도 등장하지 않던 바울의 친척들이 로마서 16장에만 갑작스럽게 여섯 명이나 한꺼번에 등장하고 있는 것이 조금은 의아스럽습니다.

그런데 여기에서 우리말 '친척'으로 번역된 헬라어 '슁게네스συγγενής, suggenes는 '친척a relative'이라는 뜻도 있지만 '동족kinsman'이라는 뜻도 가지고 있습니다. 우리가 이미 살펴본 로마서 9장에서 바울은 "나의 형제 곧 골육의 친척을 위하여 나 자신이 저주를 받아 그리스도에게서 끊어질지라도 원하는 바라"(롬 9:3)고 말했습니다. 이때 '친척'은 '동족'이라는 의미로 사용되었습니다. 그러니까 바울이 말하는 '친척'은 우리가 사용하듯이 그렇게 아주 가까운 친척을 가리키는 말은 아닌 듯싶습니다.

그러나 '안드로니고'와 '유니아'의 경우에는 바울과 함께 갇혔다 (fellow-prisoners)는 사실이 강조됩니다. 어떤 사건 때문이었는지 모르지만 함께 옥살이를 했다는 것이지요. 물론 예수 그리스도에 대한 신앙을 지키기 위해서였을 것입니다. 그렇다면 설혹 친척이 아니었다고 하더라도 그 일을 함께 겪고 나면 친척 이상이 되고도 남습니다. '학교 동기'도 평생을 가는데, '박해 동기'는 영원을 가고도 남습니다. 그러니 그들이 지금 로마교회에서 신앙 생활하고 있다는 것이 바울에게 얼마나 든든한 일이었겠습니까?

노예 형제들

로마교회를 구성하는 성도 중에는 노예 출신들이 제법 많이 있었습니다.

또 주 안에서 내 사랑하는 암블리아에게 문안하라(롬 16:8).

'암블리아Amplias'는 노예에게만 붙여지던 이름이었습니다. 특히 황제의 집안에 소속되어 있던 노예들에게서 이 이름이 흔히 발견되었다고 합니다. 로마교회에는 이렇게 이름이 알려진 노예도 있었지만, 이름이 알려지지 않은 노예들도 많이 있었습니다. 이들은 '아리스도블로의 권속'(the household of Aristobulus, 10절)이나 '나깃수의 가족(the household of Narcissus)중 주 안에 있는 자들'(11절)로 표현되고 있습니다.

'권속眷屬'이란 한집안 식구를 의미하는데, 여기에는 그 집에서 일하고 있는 노예들도 포함되어 있습니다. '가족'도 역시 마찬가지입니다. 당시에는 노예제도가 합법화되어 있던 사회였습니다. 인간관계에서는 엄연히 계급이 존재했습니다. 그러나 하나님 앞에서는 차별이 없었습니다. 누구나 동등했습니다. 누구든지 하나님의 은혜로 구원받아 하나님의 자녀가 될 수 있었습니다. 그와 같이 노예와 주인이 함께 예배할 수 있는 곳이 바로 교회였던 것입니다.

바울은 그들의 존재를 잘 알고 있었고 또한 공개적으로 '사랑'한다고 고백하고 있습니다. 이 말이 그들에게 얼마나 큰 격려가 되었을까요?

루포와 그의 어머니

눈에 띄는 이름이 하나 더 있습니다.

주 안에서 택하심을 입은 루포와 그의 어머니에게 문안하라. 그의 어머니는 곧 내 어머니니라(롬 16:13).

'루포Rufus'의 이름이 우리에게 익숙한 것은 마가복음에 기록되어 있기 때문입니다.

마침 알렉산더와 루포의 아버지인 구레네 사람 시몬이 시골로부터 와서 지나가는데 그들이 그를 억지로 같이 가게 하여 예수의 십자가를 지우고… (막 15:21).

루포의 아버지 시몬은 예수님을 대신하여 억지로 십자가를 지고 갔습니다. 그러나 후에 그는 예수 그리스도를 믿고 따르는 제자가 되었습니다. 그리고 시몬의 아들 루포는 '주 안에서 택하심을 입고' 그의 어머니와 함께 지금 로마교회를 섬기고 있는 것입니다.

바울은 루포의 어머니를 '곧 내 어머니'라고 이야기하면서 친밀감을 드러내고 있습니다만, 저는 바울이 개인적으로 루포의 어머니와 특별한 친분 관계를 가지고 있었다고 생각하지는 않습니다. 오히려 루포의 집안에 얽혀진 이야기를 알고 나서 어머니에 대한 존경심을 갖게 된 것이 아닐까 싶습니다.

하나 됨의 연결고리

그 외에도 로마서 16장에는 많은 사람의 이름이 기록되어 있습니다. '우르바노'와 '스다구'(9절), '아벨레'(10절) '드루배나' '드루보사' 자매와 '버시'(12절), '아순그리도와 블레곤과 허메와 바드로바와 허마'(14절) 그리고 '빌롤로고와 율리아와 네레오와 그의 자매와 올름바'(15절)입니다. 저는 바울이 이들에 대해서 모두 자세히 알고 있었다고 생각하지는 않습니다. 그러나 이렇게 그들의 이름을 기록했다는 것이 중요합니다. 그들이 장차 바울의 동역자들이 될 사람들이기 때문입니다.

다양한 이름만큼이나 다양한 배경을 가진 사람들이 로마교회를 통해서 그리스도의 몸을 이루고 있었습니다. 그들을 하나로 묶은 연결고리는 무엇일까요? 그것은 바로 '주 안에서*in Christ*'입니다.

그리스도 예수 안에서 나의 동역자들인… (3절).

나보다 먼저 그리스도 안에 있는 자라(7절).

주 안에서 내 사랑하는…(8절).

그리스도 안에서 우리의 동역자인… (9절).

그리스도 안에서 인정함을 받은… (10절).

주 안에서 수고한… 주안에서 많이 수고하고 사랑하는… (12절).

주 안에서 택하심을 입은… (13절).

로마교회 성도들은 이미 '주 안에서' 살고 있었습니다. 예수와 함께 죽고 예수와 함께 살고 있었던 것입니다. 그들을 향해 바울은 이렇게 말합니다.

그리스도의 모든 교회가 다 너희에게 문안하느니라(16절).

그렇습니다. 로마교회 성도들만 '주 안에서' 사는 것이 아닙니다. 마케도니아와 아가야와 소아시아와 갈라디아와 저 멀리 안디옥과 예루살렘 교회 성도들도 모두 '주 안에서' 사는 사람들입니다. 그 모든 믿음의 공동체가 '그리스도의 몸 된 교회'입니다. 이와 같은 공교회(公敎會) 속에서 우리 교회도 2천 년 전의 예루살렘교회나 로마교회와 생생하게 연결되고 있는 것입니다.

따라서 한 교회를 섬기는 한 사람은 그냥 한 사람이 아닙니다. 그리스도의 몸을 이루기 위해서 없어서는 안 될 중요한 지체입니다. 그것이 바로 오늘 본문에서 바울이 로마교회 성도들의 이름을 가능한 한 많이 기록하려고 애쓴 이유입니다.

우리도 마찬가지입니다. 우리 한 사람, 한 사람은 하나님 앞에 정말 귀한 존재입니다. 그리스도의 몸을 완성하기 위하여 없어서는 안 될 지체입니다. 우리가 바로 서면 그리스도의 몸이 바로 섭니다. 바로 그것을 위해서 지금도 우리 가운데서 하나님이 일하고 계십니다. 자부심과 함께 책임감으로 이 일에 믿음으로 함께 동참하는 우리가 되기를 간절히 소망합니다.

묵상 질문: 함께 신앙 생활하는 지체들을 믿음의 동역자로 여기고 있습니까?
오늘의 기도: 나와 연결되어 있는 지체들이 얼마나 귀한 존재인지 알게 하옵

소서. 그리스도의 몸을 완성하기 위해 결코 없어서는 안 될 믿음의 동역자들임을 깨닫게 하옵소서. 그들과 함께 그리스도의 몸을 세워가는 일에 기쁨으로 동참하게 하옵소서. 예수님의 이름으로 기도합니다. 아멘.

나의 복음, 예수 그리스도

읽을 말씀: 로마서 16:17-27

새길 말씀: 나의 복음과 예수 그리스도를 전파함은… 이 복음으로 너희를 능히 견
고하게 하실 지혜로우신 하나님께 예수 그리스도로 말미암아 영광이 세
세무궁하도록 있을지어다. 아멘(롬 16:25-27).

로마서 묵상 마지막 시간입니다. 지금까지 우리는 "하나님이 일하십
니다!"라는 키워드로 로마서를 묵상해왔습니다. 전반부(1-8장)의 중심 주
제는 "구원을 위해 일하시는 하나님"(God is working for salvation)이었습
니다. 우리를 구원하기 위한 하나님의 일하심은 "예수 그리스도의 복음에
나타난 하나님의 의"로 그 내용을 요약할 수 있습니다. 이 말씀 묵상을 통
해서 우리는 구원이란 '인간의 의'를 쌓음으로써 획득하는 것이 아니라 '하
나님의 의'를 믿음으로써 은혜의 선물로 받는 것임을 알게 되었습니다.

후반부(9-16장)의 중심 주제는 "우리 가운데 일하시는 하나님"(God is
working among us)이었습니다. 하나님은 우리의 구원을 완성하기 위하여

지금도 우리 가운데서 일하고 계시는데, 그 구체적인 내용은 그리스도의 몸인 교회를 세워나가는 것입니다. 따라서 그리스도께서 아무런 자격도 따지지 않고 우리를 받으신 것처럼, 우리도 또한 서로 받아들이는 공동체가 되어야 한다고 했습니다. 아니 "되어야 한다"라고 해서 실제로 그렇게 되는 것이 아닙니다. 우리는 단지 하나님의 초대에 믿음으로 응답할 뿐입니다.

바울은 하나님의 일하심에 믿음으로 뛰어든 사람이었습니다. 그의 사역을 한 마디로 말하면 '다리 놓기'라고 할 수 있습니다. 바울은 하나님과 사람 사이에 '구원의 다리'를 놓고, 유대인과 이방인 사이에 '평화의 다리'를 놓고, 교회와 교회 사이에 '하나 됨의 다리'를 놓는 일에 온전히 헌신했습니다. 앞 장에서 묵상한 말씀 중에서, '로마교회'와 '그리스도의 모든 교회' 사이에 '공교회公敎會'의 다리를 놓는 장면이 가장 압권이었습니다.

마지막 조언

이제 로마교회에 보내는 편지를 마무리하면서 바울은 로마교회 성도들에게 마지막 조언을 남깁니다. 그것은 하나 됨을 파괴하는 자들에 대한 경계입니다.

> 17형제들아 내가 너희를 권하노니 너희가 배운 교훈을 거슬러 분쟁을 일으키거나 거치게 하는 자들을 살피고 그들에게서 떠나라. 18이같은 자들은 우리 주 그리스도를 섬기지 아니하고 다만 자기들의 배만 섬기나니 교활한 말과 아첨하는 말로 순진한 자들의 마음을 미혹하느니라(롬 16:17-18).

바울의 생각은 분명합니다. 어떤 이유로든 믿음의 공동체 안에서 다툼과 분열을 일으키는 것은 하나님의 일하심을 대적하는 행위라는 것입니다. 문제는 그런 자들이 어느 교회에나 있다는 사실입니다. 나름대로는 열심히 신앙 생활을 한다고 하지만, 실제로는 불필요한 분쟁을 일으키는 장본인이 되고 있다는 것입니다.

바울은 단호하게 말합니다. "그들은 우리 주 그리스도를 섬기는 사람들이 아니다. 오히려 자기들의 배만 섬기고 있다!" 메시지 성경은 이 부분을 "그들은 우리 주님이신 그리스도를 위해 살 뜻이 없는 자들입니다. 그들은 다만 무언가를 얻어 낼 목적으로 이 일에 들어온 것입니다"(They have no intention of living for our Master Christ. They're only in this for what they can get out of it)라고 풀이합니다.

그들이 만일 그리스도를 위해 살 뜻을 조금이라도 가지고 있다면 주님께서 우리 가운데서 어떤 일을 하고 계시는지 헤아려 알려고 할 것입니다. 만일 그런다면 그들은 공동체의 '하나 됨'과 '세워짐'에 관심을 가지게 될 것입니다. 그것이 하나님께서 하시는 일이기 때문입니다. 그러나 '하나 됨'이 아니라 '갈라짐'을 조장하거나, '세워짐'이 아니라 '무너짐'을 만들어 낸다면 그들은 주님의 뜻과는 전혀 상관없는 사람입니다. 오직 사적인 욕심으로 자기 뱃속을 채우기 위해서 '교회 다니는 사람'일 뿐입니다.

그런데 그들은 자신의 속내를 감추는 일에 전문가들입니다. 그럴 듯한 명분과 달콤한 말로 특히 순진한 사람들의 마음을 속여 먹습니다. 때로는 자신의 행동을 정의로 포장하기도 하고, 때로는 거짓말로 문제를 확대재생산 하기도 합니다. 만일 이런 사람들이 교회에 있다면 우리는 어떻게 해야 할까요?

바울의 조언은 "그들에게서 떠나라!"는 것입니다. 그들에게서 떠나려면 우리가 교회를 나가야 한다는 뜻일까요? 아니면 그들을 교회에서 내쫓아야 한다는 뜻일까요? 우리말 '떠나다'에 해당되는 헬라어 '에클리노 κκλίνω, ekklinó' 동사는 '~로부터 벗어나다out from'라는 뜻의 '에크ek'와 '구부리다_{bend}'라는 뜻의 '클리노_{klinō}'가 합해진 말입니다. 그러니까 그들을 구부리려고 하는 것에서 벗어나라는 뜻입니다.

우리가 그들을 구부린다고 바로 세워지는 것 아닙니다. 오히려 말에 대한 오해가 더 커질 뿐입니다. 그럴 때는 '그들과 거리를 두는 것'(Stay away from them)이 상책입니다. 물론 그런다고 해서 그들을 적대시할 필요는 없습니다. 그들은 오히려 그것을 원합니다. 편을 가르고 다툼을 만들어내는 것이 그들의 목표이기 때문입니다. 따라서 그들과는 적당한 거리를 두고 우리가 마땅히 해야 할 일에 집중하면 됩니다. 그것이 무엇입니까? 하나님께서 우리 가운데 일하시는 것입니다. 믿음의 공동체를 세워나가는 것입니다.

그러나 다행스럽게도 현재 로마교회에는 그런 문제가 없다는 사실을 기뻐한다고 바울은 말합니다.

> 19너희의 순종함이 모든 사람에게 들리는 지라. 그러므로 내가 너희로 말미암아 기뻐하노니 너희가 선한 데 지혜롭고 악한 데 미련하기를 원하노라. 20평강의 하나님께서 속히 사탄을 너희 발아래에서 상하게 하시리라. 우리 주 예수의 은혜가 너희에게 있을지어다(롬 16:19-20).

여기에서 '순종함'은 주님에 대한 신앙의 태도를 의미합니다. 이를 공동번역 성경은 '충성스러운 신앙 생활'로 번역하고 있습니다. 앞에서 바울이 경계했던 다툼이나 분열을 일으키는 사람들이 로마교회에 아직까지 없다는 것을 이런 식으로 표현하고 있는 것이지요. 그것은 참으로 다행스럽고 기쁜 일입니다. 그러나 경계심을 늦추어서는 안 됩니다.

바울의 권면은 "선한 데 지혜롭고 악한 데 미련하라"라는 것입니다. 그런데 이게 무슨 뜻일까요? 앞에서 바울은 순진한 자들을 미혹하는 그럴 듯한 명분과 달콤한 말의 위험에 대해서 지적했습니다. 겉으로는 선함으로 포장되어 있지만 실제로는 악함으로 채워진 경우들이 많이 있다는 것입니다. 따라서 선한 것이 진짜 선한 것인지 잘 분별할 수 있는 지혜가 필요합니다. 메시지 성경은 이를 "'좋은' 것이라도 그것이 정말로 좋은 것인지 분별해 낼 수 있어야 한다"(making sure every "good" thing is the real thing)고 풀이합니다.

그렇다면 "악한 데 미련하라"는 말씀은 무슨 뜻일까요? 우리말 '미련한'으로 번역된 헬라어 '아케라이오스ἀκέραιος, akeraios'는 본래 '섞이지 않은unmixed'이라는 뜻입니다. 그러니까 "악한 것에 물들지 말라."는 것이지요. 이를 메시지 성경은 "달콤한 말을 들려주는 악에 대해서는 순진한 사람이 되지 마십시오"(Don't be gullible in regard to smooth- talking evil)라고 풀이합니다. 'a gullible person'은 '속이기 쉬운 사람'을 가리킵니다. 순진한 사람을 속이려고 하는 사람이 물론 잘못이지만, 그렇게 쉽게 속아 넘어가는 사람에게도 문제가 있습니다.

결국 사탄의 속임수에 넘어가지 않으려면 늘 깨어 있어야 합니다. 사탄의 시험은 언제나 교회의 하나 됨을 무너뜨리는 방식으로 다가온다는 사실을 우리는 기억하고 있어야 합니다. 그러나 사탄의 시험을 두려워할 필요는 없습니다. 우리가 마땅히 해야 할 하나님의 일에 집중하고 있다면 얼마든지 이겨낼 수 있기 때문입니다. 평강의 하나님께서 우리를 도와주셔서 사탄의 궤계를 우리의 발아래 굴복시켜 주실 것입니다.

고린도교회의 동역자들

바울은 고린도교회에 있는 동역자들의 문안 인사를 덧붙입니다.

21나의 동역자 디모데와 나의 친척 누기오와 야손과 소시바더가 너희에게 문안하느니라. 22이 편지를 기록하는 나 더디오도 주 안에서 너희에게 문안하노라.

23나와 온 교회를 돌보아 주는 가이오도 너희에게 문안하고 이 성의 재무관 에라스도와 형제 구아도도 너희에게 문안하느니라(롬 16:21-23).

처음에 바울은 디모데Timothy를 '아들'이라고 불렀습니다(고전 4:17). 어느 면으로 보아도 바울은 디모데에게 아버지와 같은 존재였습니다. 실제로 디모데는 아버지를 섬기는 마음으로 바울을 따랐습니다. 바울이 가는 곳이라면 어디라도 따라갔고, 바울이 시키는 심부름이라면 어떤 것이라도 기꺼이 했습니다. 그러나 이제 바울은 디모데를 '나의 동역자'(my fellow worker)라고 부르면서 로마교회 성도들에게 소개하고 있는 것입니다.

또 바울은 자신의 친척 세 명을 소개합니다. '누기오Lucius'와 '야손Jason'과 '소시바더Sosipater'가 그들입니다. '누기오'는 안디옥교회의 지도자 중의 한 사람이었던 '구레네 사람 루기오'(행 13:1)와 동일 인물일 가능성이 있습니다. '야손'은 바울이 데살로니가에서 선교할 때에 그에게 숙식을 제공해주다가 봉변을 당했던 '야손'(행 17:5)일 가능성이 있고, '소시바더'는 3차 선교여행 때에 바울과 함께 고린도에서 출발했던 '베뢰아 사람 부로의 아들 소바더Sopater와 동일 인물일 가능성이 있습니다(행 20:4).

이들이 모두 동일 인물이 아니라고 하더라도, 바울의 친척 세 사람이 바울의 선교여행에 동참하고 있다는 것은 정말 특별한 일이 아닐 수 없습니다. 믿음과 삶이 일치하지 않고서는 가까운 가족에게 전도하기가 쉽지 않기 때문입니다. 바울의 위대함은 여기에서도 드러납니다. 가족이 모두 예수님을 믿는 복된 가정이 되려면, 누군가 바울의 역할을 하는 사람이 꼭 있어야 합니다. 그리고 그 사람은 정말 존경받아 마땅합니다.

그 외에도 바울은 자신의 서신을 대필해주던 '더디오Tertius'와 고린도교회를 돌보아주는 '가이오Gaius'를 소개하고 있습니다. 특히 가이오는 자신의 집을 교회의 모임 장소로 제공했을 뿐만 아니라 바울이 머물 수 있도록 숙식을 제공해주었습니다. 바울은 가이오의 집에서 더디오와 함께 머물면서 로마서를 썼을 것입니다. 그리고 고린도의 재무관^{treasurer}이었던 '에라스도_{Erastus}'와 또 다른 형제 '구아도_{Quartus}'의 이름도 소개합니다.

앞에서 바울의 사역을 '다리 놓기'로 설명했습니다. 바울은 로마서를 통해서 로마교회 성도들과 고린도교회 성도들 사이의 다리를 놓았을 뿐만 아니라, 2천 년 전의 교회와 지금 우리 사이에도 이해의 다리를 놓았습니다. 이 사역은 우리를 통해서도 계속 이어져야 합니다.

나의 복음

바울은 하나님께 영광을 돌림으로써 로마서를 마무리합니다.

> 25나의 복음과 예수 그리스도를 전파함은 영세 전부터 감추어졌다가 26이제는 나타내신 바 되었으며 영원하신 하나님의 명을 따라 선지자들의 글로 말미암아 모든 민족이 믿어 순종하게 하시려고 알게 하신 바 그 신비의 계시를 따라 된 것이니 이 복음으로 너희를 능히 견고하게 하실 27지혜로우신 하나님께 예수 그리스도로 말미암아 영광이 세세무궁 하도록 있을지어다. 아멘(롬 16:25-27).

이 말씀을 묵상하면서 제 눈에 번쩍 뜨이는 말씀이 하나 있었습니다. 그것은 바로 '나의 복음'(My Good News)이었습니다. 제가 미국에서 유학할 때에 설교학 교수님을 통해 받은 도전이 바로 그것이었기 때문입니다.

매 시간마다 한 사람씩 설교하고 그에 대해서 서로 피드백을 해주는 형식으로 수업이 진행되었습니다. 제 차례가 되어 나름대로 잘 준비했다고 생각한 설교를 했습니다. 그런데 제 설교를 모두 듣고 나서 그 교수님이 제게 이렇게 물으셨습니다.

What is Your Good News in this sermon?

이 설교에 담겨 있는 '나의 복음'을 한 마디로 요약해 보라는 것이었습니다. '복음'은 물론 '예수 그리스도'입니다. 그러나 교리로 설명하는 복음이 아니라, '나의 삶'과 '나의 말'로 전해지는 구체적인 복음의 내용이 무엇인가 하는 질문입니다. 그 질문을 받은 이후로 설교에 대한 이해가 달라졌습니다. 말씀을 묵상하는 눈도 달라졌습니다. 제 삶에 다가오는 '복음'을 발견하려고 애쓰게 되었고, 그것을 전하려고 노력하게 되었습니다.

오늘 본문에서 바울은 자신의 복음이 무엇인지 이렇게 이야기합니다.

하나님께서는 내가 전하는 복음 곧 예수 그리스도에 관한 선포로 여러분을 능히 든든히 세워주십니다(롬 16:25, 새번역).

하나님께서 예수 그리스도에 관해서 선포하는 '나의 메시지'를 통해서 사람들의 믿음을 굳세게 세워주신다고 바울은 말합니다. 바로 이것이 로마서 묵상의 결론입니다.

우리는 로마서를 통해서 '하나님의 일하심'을 묵상했습니다. 예수 그리스도의 십자가 복음으로 나타난 우리의 구원을 위한 하나님의 일하심과 지금도 우리 가운데서 믿음의 공동체를 세워 가시는 하나님의 일하심을 묵상했습니다.

그렇다면, 이제부터는 '내가 전하는 복음', '내가 가르치는 복음', '내가 선포하는 복음'이 있어야 합니다. 그 복음을 통해서 하나님께서 사람들의 믿음을 세워주신다는 확신을 가지고 담대히 선포하는 '나의 복음'이 있어야 하는 것입니다.

혼자만 간직하고 있는 복음은 복음이 아닙니다. 나에게 전해진 복음은 또한 누군가에게 계속 전해져야 합니다. 내가 전하는 복음으로 인해 누군가의 믿음이 견고해진다면, 그것은 또한 나의 믿음이 견고해졌다는 증거입니다. 그렇게 성숙한 신앙인으로 함께 세워져 감으로써 우리는 하님께 영광을 돌릴 수 있는 것입니다.

　그러나 그 또한 하나님께서 이루어 가시는 일입니다. 하나님은 우리에게 책임을 떠맡기고 수수방관하고 계시지 않습니다. 하나님이 시작하셨고 또한 하나님이 완성하실 것입니다. 단지 하나님은 우리에게 하나님의 일하심에 동참할 수 있는 기회를 주시려고 하십니다. 믿음으로 뛰어드는 사람에게 하나님은 더욱 큰 은혜를 부어주셔서 그 일을 넉넉히 감당할 수 있게 하시는 것입니다.

　그 어떤 경우에도 이 사실을 잊지 마십시오. 우리가 일하는 것이 아닙니다. 하나님이 일하십니다. 하나님이 이루십니다.

　　　모든 것이 그분에게서 시작하고
　　　Everything comes from him;
　　　그분을 통해 일어나며
　　　Everything happens through him;
　　　그분에게서 마친다.
　　　Everything ends up in him.
　　　영원토록 영광! 영원토록 찬양!
　　　Always glory! Always praise!
　　　아멘(롬 11:36, 메시지).

묵상 질문: 누군가에게 전할 수 있는 '나의 복음'을 가지고 있습니까?

오늘의 기도: 하나님이 시작하셨고 또한 하나님이 완성하실 구원의 역사에 믿음으로 뛰어들게 하옵소서. 그리하여 하나님의 일하심에 동참하는 자가 되어, 내게 전해진 복음이 내 삶과 말을 통해서 누군가에게 계속 향기롭게 흘러가게 하옵소서. 예수님의 이름으로 기도합니다. 아멘.

하나님이 일하셨습니다!

주안에서 사랑하는 성도님들에게,

사순절 특별새벽기도회를 통해서 '로마서'를 묵상한 것은 지난 2018년의 일이었습니다. 저에게 사순절은 '영적인 밭갈이'의 기간입니다. 하나님을 기다리는 농부는 쟁기질을 한다고 하지요. 아무 일도 하지 않고 가만히 앉아서 기다리는 것이 진정한 기다림은 아닐 것입니다. 이른 비와 늦은 비를 통해서 부어주실 하나님의 은혜를 정말 사모하며 기다린다면 적어도 쟁기질부터 시작해야 합니다. 그런 농부의 심정으로 매년 사순절마다 하나님의 말씀을 하나씩 묵상해왔습니다.

그러나 '로마서'는 혼자의 힘으로는 결코 넘을 수 없는 높은 산봉우리였습니다. 사실 제 목회의 경륜으로 보아 이제는 감히 도전해 볼 수 있을 것이라 생각하고 '로마서'를 선택했습니다. 이왕에 하는 것이라면 제대로 된 완벽한 강해를 해보리라 마음먹기도 했습니다. 그런데 얼마 지나지 않아서 그 또한 제 욕심이라는 사실을 깨닫게 되었습니다. 모두 내려놓고 하나님의 인도하심에 따르기로 했습니다. 그랬더니 정말 하나님이 놀랍게 일하셨습니다!

그때의 감격을 성도님들과 목회서신으로 나누었는데, 여기에 그대로 옮겨봅니다.

40일 특새를 마치는 날, 오랜만에 미세 먼지가 걷히고 맑은 하늘이 드러났습니다. 아니 사실은, 그동안 미세 먼지가 심했다는 이야기만 들었지 실제로 체험해볼 기회가 없었습니다. 매일 분초를 다투면서 사순절 특새의 말씀 묵상에 집중하느라 하늘을 쳐다볼 여유도 없었기 때문입니다. 겨우 내내 한 번도 손대지 않았던 창문 블라인드를 활짝 걷어보았습니다. 그랬더니 창 밖으로 수백 개의 목련 꽃봉오리가 한꺼번에 개화할 준비를 이미 마쳐놓고 있었습니다. 사순절 특새를 시작할 때만 해도 겨울이었는데, 이제는 완연한 봄이 된 것입니다.

매년 경험하는 일이지만 저에게 사순절은 죽었다가 다시 깨어나는 절기입니다. 40일 동안 하루도 거르지 않고 매일 말씀을 준비하여 전하는 것은 정말 피를 말리는 작업입니다. 올해는 특별히 로마서를 묵상해보기로 오래전부터 작정하고 있었던 터라, 별생각 없이 연초의 목회계획을 통해서 선포했었습니다. 그런데 사순절이 점점 다가오면서 제 마음에 얼마나 큰 부담이 되던지요. 그러나 이 또한 하나님의 인도하심이라 생각하고 무조건 덥석 뛰어들었습니다. 몇 번의 후회와 고비가 있었지만 어쨌든 이렇게 40일을 완주하게 되었습니다.

감사한 것은 올해도 사순절 특새에 동참해주신 성도님들이 많이 계셨다는 사실입니다. 어느 성도님은 특새에 참여하기 위해 일부러 운전면허를 취득하기도 했습니다. 초보운전의 두려움에도 죽으면 죽으리라 작정하고 거의 매일 나오셨습니다. 설교 노트를 적는 성도님들의 열기도 정말 대단했습니다. 최근에 우리 교회에 등록하신 분이 제게 그러시는데, 설교 시간에 우리 교회 성도님들이 졸지 않고 말씀에 집중하는 모습이 참으로 인상적이었다고 하십니다. 그러니 제가 어떻게 말씀 준비를 소홀히 할 수 있겠습니까?

물론 부족한 제 역량으로 인해 로마서를 보다 깊이 있게 묵상하지 못한 것이 못내 아쉬움으로 남아있습니다. 그러나 그 또한 제게 주어진 상황에서 최선의 열매를 거둔 것으로 생각하고 있습니다. 말씀과 씨름할 때마다 하나님은 저에게 더도 덜도 아니고 꼭 '일용할 양식'만큼만 주셨습니다. 그렇게 하루하루 쌓은 묵상이 이제 제법 두꺼운 분량이 되었습니다.

그 무엇보다도 '하나님의 일하심'에 초점을 맞추어 로마서를 묵상할 수 있게 된 것이 저를 향한 하나님의 특별한 은혜였음을 고백하지 않을 수 없습니다. 이번 로마서 묵상을 통해서 '열심히 믿는 것'보다 '잘 믿는 것'이 더 중요하다는 평소의 제 확신이 틀리지 않았다는 사실을 확인하는 기쁨이 있었습니다. 그리고 율법주의에 빠지지 않으면서도 열심히 신앙 생활 할 수 있는 길을 발견하는 즐거움도 있었습니다. 십자가 복음의 메시지로 충분하다는 사실에 해방감을 느끼기도 했고, '나의 복음'에 대한 새로운 도전으로 가슴이 벅차오르기도 했습니다.

이 모두 이번 사순절 특새를 통해서 저에게 베풀어주신 은혜였습니다. 하나님이 일하셨습니다! 말씀의 씨앗을 우리의 마음 밭에 뿌리신 하나님께서 또한 30배, 60배, 100배의 결실로 친히 거두실 것을 확신합니다.

로마서 묵상은 '하나님의 일하심'에 대한 새로운 안목을 갖게 해주었습니다. 모든 성경이 '하나님의 일하심'에 대한 증언이라는 사실을 깨닫게 해주었습니다. 그다음에 이어지는 사순절 특새에서 '창세기'와 '요한계시록'을 묵상하게 된 것도 바로 그 때문입니다. 그렇게 '창조의 하나님 God of Creation'과 '구원의 하나님 God of Salvation'과 '완성의 하나님 God of Completion'이 바로 한 분 하나님이심을 확인하는 기쁨을 맛보았습니다.

하나님께서 로마서를 통해서 지금까지 수많은 사람의 인생을 바꾸어 오셨습니다. 저도 그중의 하나임을 감히 고백합니다. 이 세상을 창조하실 때에 시작하셨고 또한 십자가의 복음을 통해서 선포하셨던 '하나님 나라'가 완성되는 그 날까지 하나님의 인도하심을 따라 겸손하게 목회의 길을 걸어보리라 다짐합니다.

2020년 4월 29일
그리스도의 종 한강중앙교회 담임목사 유 요 한